Dr. Otto Georg Thierack (1889–1946)

Rechtshistorische Reihe

Band 325

Peter Lang
Frankfurt am Main · Berlin · Bern · Bruxelles · New York · Oxford · Wien

Konstanze Braun

Dr. Otto Georg Thierack
(1889 – 1946)

Peter Lang
Europäischer Verlag der Wissenschaften

Bibliografische Information Der Deutschen Bibliothek
Die Deutsche Bibliothek verzeichnet diese Publikation in der Deutschen Nationalbibliografie; detaillierte bibliografische Daten sind im Internet über <http://dnb.ddb.de> abrufbar.

Zugl.: Kiel, Univ., Diss., 2005

Diese Arbeit wurde von Herrn Prof. Dr. Jörn Eckert
zur Aufnahme in diese Reihe empfohlen.

Gedruckt auf alterungsbeständigem,
säurefreiem Papier.

D 8
ISSN 0344-290X
ISBN 3-631-54457-X

Printed in Germany 1 2 3 4 6 7

www.peterlang.de

Meinen Eltern

Vorwort

Die vorliegende Arbeit wurde von der Rechtswissenschaftlichen Fakultät der Christian-Albrechts-Universität zu Kiel im Februar 2005 als Dissertation angenommen.

Mein besonderer Dank gilt zunächst Herrn Professor Dr. Jörn Eckert, der in mir das Interesse für die Rechtsgeschichte geweckt hat. Er hat die Anregung zu dem Thema gegeben und die Fertigstellung der Arbeit durch freundliche Unterstützung gefördert. Ihm verdanke ich die Aufnahme in die Rechtshistorische Reihe. Besonders danke ich auch Herrn Professor Dr. Hans Hattenhauer dafür, daß er das Voranschreiten der Arbeit immer wohlwollend begleitet hat.
Darüber hinaus bin ich Herrn Prof. Dr. Eckert sowie Herrn Professor Dr. Hattenhauer für die sehr zügige Erstattung der Gutachten dankbar.

Mein Dank gilt ferner dem Land Schleswig-Holstein, das mein Forschungsvorhaben mit einem Promotionsstipendium unterstützt hat.

Den Mitarbeitern des Bundesarchivs in Berlin, des Landesarchivs in Berlin, des Instituts für Zeitgeschichte in München, des Sächsischen Hauptstaatsarchivs in Dresden sowie des Staatsarchivs Nürnberg danke ich für ihre Hilfe bei der Quellensuche.

Dafür, daß er mir bei Anfertigung dieser Arbeit immer mit hilfreichen Hinweisen und Anregungen und mit viel Verständnis zur Seite gestanden hat danke ich Herrn Ralf Schlottau.
Meinem Bruder Rüdiger Braun danke ich für die geduldige Hilfe bei technischen Problemen.

Meinen Eltern gehört meine ganz besondere Dankbarkeit. Sie haben mich stets und in jeder Hinsicht rückhaltlos unterstützt und mir geholfen, meine Ziele zu verwirklichen. Diese Arbeit haben sie in zahlreichen Gesprächen mit vielen Anregungen gefördert. Ihnen ist diese Arbeit gewidmet.

Kiel, im August 2005

Konstanze Braun

Inhaltsverzeichnis

Abkürzungsverzeichnis ... 15

I. Einleitung ... 17

II. Herkunft ... 19

III. Ausbildung ... 20
1. Schule ... 20
2. Studium und Erstes Staatsexamen ... 20
a) Marburg ... 20
b) Leipzig ... 21
3. Promotion ... 23
4. Referendariat und Zweites Staatsexamen ... 23

IV. Justizdienst in Sachsen ... 25

V. Sächsischer Justizminister ... 26
1. Sachsen und das sächsische Justizministerium vor 1933 ... 26
a) Politische Situation Sachsens in der Weimarer Republik ... 26
b) Die sächsischen Justizminister in der Weimarer Republik ... 30
c) Aufstieg und Machtergreifung der Nationalsozialisten in Sachsen ... 33
aa) Aufstieg der Nationalsozialisten in Sachsen ... 33
bb) Die Machtergreifung in Sachsen ... 35
2. Thieracks Berufung zum sächsischen Justizminister ... 38
3. Amtsführung Thieracks ... 43
a) Aufgabenverteilung im sächsischen Justizministerium ... 43
b) Personelle Umgestaltung der sächsischen Justiz ... 44
c) Tätigkeit auf dem Gebiet des Strafrechts und des Strafvollzugsrechts ... 46
d) Juristenausbildung ... 49
e) Gleichschaltung der sächsischen Juristen ... 51
f) Verordnung gegen Störer des nationalsozialistischen Aufbaus ... 52
g) Einrichtung des Sondergerichts Freiberg ... 52
4. Thieracks Mitarbeit an der „Verreichlichung" der Justiz ... 52

VI. Vizepräsident des Reichsgerichts ... 59
1. Berufung und Amtsantritt ... 59
2. Tätigkeit am Reichsgericht ... 60

VII. Präsident des Volksgerichtshofes ... 64
1. Errichtung des Volksgerichtshofes ... 64
2. Berufung Thieracks ... 65
rack im Amt des Präsidenten des VGH ... 67

a) Der Volksgerichtshof zum Zeitpunkt von Thieracks Amtsübernahme .. 67
b) Thieracks Auffassung über die Aufgaben des Volksgerichtshofes und seiner Richter ... 68
c) Entwicklung des Volksgerichtshofes unter Thieracks Präsidentschaft .. 73
aa) Thieracks Bemühungen um die Gleichstellung mit dem Reichsgericht ... 73
bb) Geschäftsführung Thieracks ... 75
cc) Geschäftsentwicklung am Volksgerichtshof ... 79
(1) Erweiterung der Zuständigkeiten ... 80
(2) Die Besetzung des Gerichts ... 81
(3) Die durchgeführten Gerichtsverfahren ... 83
dd) Die Problematik der Schutzhaft ... 87
ee) Der Fall Elias ... 92
ff) Der Fall Grünspan ... 109
4. Thierack als Richter am Volksgerichtshof ... 116

VIII. Reichsjustizminister ... 126
1. Vorgänger im Amt ... 126
a) Dr. h.c. Franz Gürtner ... 126
b) Prof. Dr. Dr. h.c. Franz Schlegelberger ... 127
2. Berufung und Amtsantritt ... 130
3. Präsident der Akademie für Deutsches Recht und Leiter des Rechtswahrerbundes ... 138
a) Akademie für Deutsches Recht ... 139
aa) Thierack als Mitglied der Akademie für Deutsches Recht ... 141
bb) Thierack als Präsident der Akademie für Deutsches Recht ... 145
b) Nationalsozialistischer Rechtswahrerbund ... 148
4. Auftrag zur Neuordnung der Justiz ... 151
5. Führung der Geschäfte im Reichsjustizministerium ... 160
a) Geschäftsverteilung im Reichsjustizministerium ... 160
b) Arbeit im Ministerium ... 161
c) Thierack und Rothenberger ... 163
d) Verhältnis zur Partei und ihren Organisationen ... 169
e) Verhältnis zu Freisler ... 170
6. Abgabe von Kompetenzen der Justiz an Polizei und SS ... 175
a) Urteilskorrektur durch polizeiliche Sonderbehandlung ... 176
b) Auslieferung „Asozialer“ aus dem Strafvollzug zur „Vernichtung durch Arbeit“ ... 179
c) Übergang der Staatsanwaltschaft auf die Polizei ... 186
d) Konkurrenz von Strafgesetzen und Polizeiverordnungen ... 189
e) Abgabe der Strafverfolgung gegen Juden, Polen, Zigeuner, Russen und Ukrainer an die Polizei ... 192
f) Prügelstrafe für Jugendliche ... 198

g) Das Gemeinschaftsfremdengesetz 201
7. Todesurteile und ihre Vollstreckung 206
a) Strafrecht als Instrument der „Volkshygiene“ 206
b) Behandlung von Gnadenverfahren und Vollstreckungspraxis 209
c) Massenhinrichtungen in Plötzensee 216
8. Lenkung der Rechtsprechung 220
a) Lenkungsmaßnahmen vor Thieracks Amtsantritt 220
b) Von Thierack eingeführte Lenkungsmaßnahmen 222
c) Direktes Eingreifen in Verfahren durch Thierack 233

IX. Ende der Amtszeit im Reichsjustizministerium, Internierung und Selbstmord 239

X. Die geplante Anklage in Nürnberg 242

XI. Das Sühneverfahren vor der Spruchkammer Berlin 244
1. Ermittlungsverfahren und Antrag auf Eröffnung des Sühneverfahrens 245
2. Prozeß und Urteil 247

XII. Schlußbetrachtung 250

Quellen- und Literaturverzeichnis 255
1. Quellen aus Archivbeständen 255
a) Bundesarchiv Berlin 255
b) Institut für Zeitgeschichte 255
c) Sächsisches Hauptstaatsarchiv Dresden 255
d) Staatsarchiv Nürnberg 256
e) Landesarchiv Berlin 256
2. Literaturverzeichnis 257

Anhang 267
A. Zweites Gesetz zum Abschluß der Entnazifizierung vom 20. Dezember 1955 - Auszug- 267
B. Zweites Gesetz zum Abschluß der Entnazifizierung vom 20. Dezember 1955 in der Fassung vom 24.10.1956 271
C. Protokoll der Verhandlung vor der Spruchkammer Berlin vom 16. Januar 1961- Auszug - 272
D. Entscheidung der Spruchkammer Berlin vom 16. Januar 1961 273
E. Tabellarischer Lebenslauf Otto Georg Thieracks 286

Abkürzungsverzeichnis

a.E.	am Ende
BA	Bundesarchiv
BNSDJ	Bund Nationalsozialistischer Deutscher Juristen
DDP	Deutsche Demokratische Partei
DJ	Deutsche Justiz
DJZ	Deutsche Juristenzeitung
DNVP	Deutschnationale Volkspartei
DR	Deutsches Recht
DRiZ	Deutsche Richterzeitung
DVP	Deutsche Volkspartei
Gestapo	Geheime Staatspolizei
GVG	Gerichtsverfassungsgesetz
HJ	Hitler-Jugend
Hrsg.	Herausgeber
HS	Halbsatz
JuS	Juristische Schulung
JW	Juristische Wochenschrift
JZ	Juristenzeitung
KPD	Kommunistische Partei Deutschlands
MSPD	Mehrheitssozialisten
NJW	Neue Juristische Wochenschrift
NSDAP	Nationalsozialistische Deutsche Arbeiter-Partei
NSKK	Nationalsozialistisches Kraftfahrerkorps
NSRB	Nationalsozialistischer Rechtswahrerbund
RG	Reichsgericht
RGBl.	Reichsgesetzblatt
RGSt	Entscheidungen des Reichsgerichts in Strafsachen
RJGG	Reichsjugendgerichtsgesetz
RStGB	Strafgesetzbuch für das Deutsche Reich vom 15. Mai 1871
SA	Sturmabteilung
SAP	Sozialistische Arbeiterpartei
SD	Sicherheitsdienst
SPD	Sozialdemokratische Partei Deutschlands
SS	Schutzstaffel
USPD	Unabhängige Sozialdemokratische Partei Deutschlands
VfZ	Vierteljahreshefte für Zeitgeschichte
VO	Verordnung
WP	Wirtschaftspartei
ZAkDR	Zeitschrift Akademie für Deutsches Recht

I. Einleitung

Dr. Otto Georg Thierack (1889 – 1946) war von August 1942 bis zum Zusammenbruch des Dritten Reiches Reichsjustizminister. Bevor er von Hitler auf diesen Posten berufen wurde, war er sechs Jahre Präsident des Volksgerichtshofes.

Über Thieracks Vorgänger im Reichsjustizministerium, Dr. h.c. Franz Gürtner[1] und Prof. Dr. Dr. h.c. Franz Schlegelberger[2] wird allgemein geurteilt, sie seien keine überzeugten Nationalsozialisten gewesen. Obwohl sie keine aktive Opposition zum nationalsozialistischen Regime gezeigt hätten, hätten sie dennoch versucht, Schlimmeres zu verhindern.[3] Thierack dagegen steht in dem Ruf, als überzeugter Nationalsozialist die Vorstellungen Hitlers über die Justiz verwirklicht zu haben, auf alle Forderungen der Partei und ihrer Führung eingegangen zu sein und die Unabhängigkeit der Justiz vollends aufgehoben zu haben.[4]

Zwar werden Thierack und sein Wirken als Reichsjustizminister und als Präsident des Volksgerichtshofes in fast allen einschlägigen Werken zum Thema Justiz und Nationalsozialismus in Teilbereichen dargestellt. Dennoch ist bisher mit Ausnahme einer biographischen Skizze von Agatha Kobuch[5] keine Biographie Thieracks veröffentlicht worden. Dies erscheint umso erstaunlicher, als es Arbeiten über Gürtner[6], Schlegelberger[7] und auch über Rothenberger[8] als Vertreter des Reichsjustizministeriums im Dritten Reich sowie über die

---

[1] Gürtner bekleidete das Amt des Reichsjustizministers von Juni 1932 bis zu seinem Tod am 19.1.1941.

[2] Schlegelberger wurde nach dem Tod Gürtners mit der kommissarischen Leitung des Reichsjustizministeriums betraut. Er leitete das Ministerium bis zur Ernennung Thieracks im August 1942.

[3] So Reitter, Franz Gürtner, Politische Biographie eines deutschen Juristen 1881 – 1941, S. 219, 193 f., 221; Weinkauff, Die deutsche Justiz und der Nationalsozialismus – ein Überblick, S.14; Hattenhauer, Vom Reichsjustizamt zum Bundesministerium der Justiz, S. 97; Wulff, Staatssekretär Prof. Dr. Dr. h.c. Franz Schlegelberger 1876 – 1970, S. 54; Radbruch, Des Reichsjustizministeriums Ruhm und Ende, in Süddeutsche Juristen-Zeitung 1948, 57, 60.

[4] Vgl. Weinkauff, Die deutsche Justiz und der Nationalsozialismus – ein Überblick, S. 150, 152; Radbruch, Des Reichsjustizministeriums Ruhm und Ende, in Süddeutsche Juristen-Zeitung 1948, 57, 64.

[5] Kobuch, Otto Georg Thierack (1889 – 1946), in Sächsische Justizminister, acht biographische Skizzen.

[6] Reitter, Franz Gürtner, Politische Biographie eines deutschen Juristen 1881 – 1941.

[7] Wulff, Staatssekretär Prof. Dr. Dr. h.c. Franz Schlegelberger 1876 – 1970; Förster, Jurist im Dienst des Unrechts.

[8] Schott, „Curt Rothenberger – eine politische Biographie".

bekannten nationalsozialistischen Juristen Roland Freisler[9] und Hans Frank[10] gibt.
Diese Arbeit hat es sich daher zum Ziel gesetzt, den Werdegang Thieracks und sein Wirken im Justizdienst darzustellen. Erschwert wurde dieses Vorhaben dadurch, daß keinerlei persönliche Zeugnisse Thieracks, wie zum Beispiel private Briefe oder Aufzeichnungen, ein Nachlaß oder Vernehmungsprotokolle aufgefunden werden konnten und offensichtlich auch nicht existieren. So war es leider auch nicht möglich, etwas über Thieracks persönliche Zielsetzungen, Gedanken und Pläne zu erfahren. Trotzdem soll versucht werden, anhand des Materials, welches zu den einzelnen Stationen in Thieracks Leben gefunden werden konnte, einen Überblick über sein Leben und Wirken zu geben.
Das verwandte Material wurde vor allem bei Recherchen im Bundesarchiv in Berlin, im Institut für Zeitgeschichte in München, im Sächsischen Hauptstaatsarchiv in Dresden, im Staatsarchiv Nürnberg sowie im Landesarchiv in Berlin gefunden. Hierbei handelt es sich zum einen um Dokumente von Behörden des Landes Sachsen sowie des Reiches. Zum anderen wurden Aussagen von Zeitgenossen Thieracks über ihn ausgewertet, die zum größten Teil im Zusammenhang mit dem Nürnberger Juristenprozeß gemacht wurden. Hilfreich waren weiterhin Auskünfte des Standesamtes der Stadt Wurzen, der Universität Leipzig sowie des Corps Guestphalia et Suevoborussia Marburg.
Besonders hervorzuheben sind zwei Fundstücke. Hierbei handelt es sich um einen „Trial Brief In the Case Against Otto Georg Thierack“, in dem die vorläufigen Ermittlungsergebnisse und die vorgesehenen Anklagepunkte gegen Thierack im Zusammenhang mit einer geplanten Anklage im Nürnberger Juristenprozeß skizziert sind. Ein weiteres besonderes Fundstück stellen die Unterlagen zu einem 1960 vor der Spruchkammer Berlin zu Lasten von Thieracks Nachlaß durchgeführten Sühneverfahren dar. Beide Dokumente sollen am Ende der Arbeit ausführlich dargestellt werden.

---

[9] U.a. Ortner, Der Hinrichter, Roland Freisler – Mörder im Dienste Hitlers.
[10] Schudnagies, Hans Frank – Aufstieg und Fall des NS-Juristen und Generalgouverneurs.

II. Herkunft

Otto Georg Thierack wurde am 19. April 1889[11] im sächsischen Wurzen als Kind von Heinrich Otto Thierack[12] und Antonie Thierack, geb. Fels[13], geboren. Das Ehepaar Thierack hatte noch die ältere Tochter Gertrud.[14]
Der Vater Heinrich Otto Thierack hatte aus erster Ehe mit Barbara Amalie Johanna Thierack, geb. Wittig, noch zwei ältere Kinder, Johanna Ida Margarete[15] und Karl Heinrich Kurt.[16] Kurt starb schon im Jahr 1901 in Chemnitz.[17]
Heinrich Otto Thierack war Kaufmann.[18] Bei der Familie Thierack soll es sich um eine Niederlausitzer Bauern- und Bürgerfamilie gehandelt haben, die seit 1633 nachweisbar gewesen sei.[19] Im März 1891, als Otto Georg Thierack noch nicht ganz zwei Jahre alt war, starb sein Vater.[20]
Die Stadt Wurzen liegt in Sachsen, ca. 25 km östlich von Leipzig an der Mulde. Zur Zeit der Geburt Otto Georg Thieracks hatte Wurzen 14.635 Einwohner.[21] 1883 erblickte hier Ringelnatz das Licht der Welt, der jedoch schon 1888 mit seiner Familie nach Leipzig umzog.[22] 1768 soll Goethe auf der Durchreise nach Dresden, wo er auf Oesers Rat die Kunstsammlungen studieren wollte, sich in Wurzen aufgehalten haben. Dies soll eine Stelle der Auerbachs-Keller-Szene im Urfaust beweisen:

> „Bey Wurzen ist's fatal, da muß man so lang auf die Fähre manchmal warten." [23]

---

[11] Thierack wurde also einen Tag vor Adolf Hitler geboren.
[12] Geb. am 08.9.1846, Auskunft Standesamt Wurzen.
[13] Geb. am 13.6.1861, Auskunft Standesamt Wurzen; gestorben im März 1935, vgl. BA R 3001 (alt R 22) 4146, Bl. 57.
[14] Geb. am 10.4.1887, Auskunft Standesamt Wurzen.
[15] Geb. am 23.11.1876, Auskunft Standesamt Wurzen.
[16] Geb. am 8.10.1877, Auskunft Standesamt Wurzen.
[17] Landesarchiv Berlin SK 12708 Bd. 1, Bl. 38.
[18] Personalakte Thierack, BA R 3001 (alt R 22) pers. Nr. 78253.
[19] Das Deutsche Führerlexikon 1934/35 S. 488; Degeners Wer ist's 1935; BA R 8034 III, 463, Das Reich vom 06.09.1942.
[20] Auskunft Standesamt Wurzen.
[21] Internetauftritt der Gemeinde Wurzen, www.stadt-wurzen.de.
[22] Internetauftritt der Gemeinde Wurzen, www.stadt-wurzen.de.
[23] Internetauftritt der Gemeinde Wurzen, www.stadt-wurzen.de; Sächsisches Hauptstaatsarchiv, 11125 Ministerium für Kultus und öffentlichen Unterricht, 11770/3, Bl. 257.

III. Ausbildung

1. Schule

Nach vierjährigem Besuch der Volksschule[24] wurde Thierack im Schuljahr 1900/1901 in die Sexta des königlichen Gymnasiums zu Wurzen eingeschult.[25] Dort erhielt er eine humanistische Schulbildung. Zu Ostern 1910 legte Otto Georg Thierack zusammen mit 15 anderen Oberprimanern seine Abiturprüfungen ab. Im einzelnen wurde er wie folgt benotet: Religion: 2 b, Deutsch: 2, Lateinisch: 2 b; Griechisch: 3a; Französisch: 3a; Englisch 2b; Geschichte und Geographie: 2; Mathematik: 3; Physik: 2 b. Die Gesamtzensur setzte sich zusammen aus einer Note für den Bereich Wissenschaften und einer Note für das Betragen. Für ersteres bekam Thierack eine II b, für letzteres eine I b. Insgesamt wurde in dem Abiturjahrgang im Bereich Wissenschaften die Note I zweimal, die Note II siebenmal und die Note III viermal vergeben.[26] Hieraus ist erkennbar, daß Thierack ein durchschnittlicher Schüler war. Anzumerken ist noch, daß im Betragen zwar annähernd der gesamte Jahrgang eine I bekam, jedoch vier Oberprimaner nur eine I b, darunter Thierack.

2. Studium und Erstes Staatsexamen

Thierack studierte zunächst in Marburg und später in Leipzig Rechts- und Staatswissenschaften.

a) Marburg

Zwar ist in den Abiturunterlagen vermerkt, daß Thierack am 1.10.1910 in den Militärdienst eintreten sollte.[27] Jedoch nahm er, nachdem seine mündliche Abiturprüfung Ostern abgeschlossen war, schon am 15. April 1910 sein Studium der Rechts- und Staatswissenschaften an der Philipps - Universität in Marburg auf.[28]

Während seiner Zeit in Marburg trat Thierack in das Corps Guestphalia Marburg, das heutige Corps Guestphalia et Suevoborussia, ein. Dort wurde er am 28. April 1910 als Fuchs admittiert, am 26. November 1910 zum Corpsburschen

---

[24] BA SA-GruF, Personalbogen SA.
[25] Sächsisches Hauptstaatsarchiv, 11125 Ministerium für Kultus und öffentlichen Unterricht, 11770/2, Bl. 189.
[26] Sächsisches Hauptstaatsarchiv, 11125 Ministerium für Kultus und öffentlichen Unterricht, 11855/1 Bl. 163.
[27] Sächsisches Hauptstaatsarchiv, 11125 Ministerium für Kultus und öffentlichen Unterricht, 11855/1.
[28] BA R 3001 (alt R 22) pers. Nr. 78253, Personalakte Thierack.

recipiert und am 26. Oktober 1911 inaktiviert. Aus seinen Mensuren trug er offenbar zwei Schmisse an der linken Wange und am Kopf davon.[29] Im Wintersemester 1910/11 übernahm Thierack die Funktion des Fuchsmajors. Nach Bestehen seines Ersten Staatsexamens wurde er am 6. Juli 1913 philistriert. Damit war er in die Altherrenschaft seines Corps aufgenommen.[30]
Im Dritten Reich waren die Corps ein Dorn in den Augen der nationalsozialistischen Machthaber. Ende des Jahres 1935 kam es schließlich zur Auflösung der meisten Corps, nachdem ihr Dachverband, der Kösener SC-Verband, im September 1935 aufgelöst worden war.[31]
Thierack erklärte am 3. Oktober 1935 seinen Austritt aus dem Corps. Seine Austrittserklärung ist nicht mehr auffindbar.[32] Es kann jedoch davon ausgegangen werden, daß er aufgrund seiner nationalsozialistischen Einstellung den Austritt erklärte.

b) Leipzig

Am 7.11.1911 schrieb sich Thierack an der Leipziger Universität ein.[33]
Hier studierte er vom Wintersemester 1911/12 bis zum Wintersemester 1912/13.[34]
Aus dem Studienzeugnis ist zu ersehen, daß Thierack die Vorlesungen des bekannten Karl Bücher zur Volkswirtschaftslehre und des nicht minder bekannten Paul Flechsig zur forensischen Psychiatrie besucht hat. Bei den Juristen hervorzuheben sind Ludwig Mitteis, Adolf Wach und Heinrich Siber.[35]

Gemäß § 8 der „Ordnung für die erste juristische Staatsprüfung im Königreich Sachsen von 1913"[36] mußten die Kandidaten nachweisen, folgende Vorlesungen besucht zu haben: Einführung in die Rechtswissenschaft, Römische Rechtsgeschichte, System des römischen Privatrechts, Grundlehren der Pandekten als romanistische Einführung in das heutige bürgerliche Recht, Deutsche Rechtsgeschichte, Grundzüge des deutschen Privatrechts, deutsches bürgerliches Recht, Handels- und Wechselrecht, Kirchenrecht, Reichs- und Landesstaatsrecht, Verwaltungsrecht, Strafrecht, Strafprozeß, Zivilprozeß, Konkurs und besondere

[29] In seinem SA-Personalbogen trug Thierack die Existenz dieser Narben unter „Besondere Kennzeichen" ein und erklärte, daß sie von Säbelhieben herrührten, BA SA-GruF.
[30] Auskunft des Corps Guestphalia et Suevoborussia Marburg.
[31] Schmidt-Cotta/Wippermann, Kampf um die Erhaltung der Tradition – die Corps im Dritten Reich, S. 180 ff., 197 f.
[32] Auskunft des Corps Guestphalia et Suevoborussia Marburg.
[33] Auskunft Universitätsarchiv Leipzig.
[34] Auskunft Universitätsarchiv Leipzig.
[35] Universitätsarchiv Leipzig, Studienzeugnis Thierack.
[36] Sächsisches Hauptstaatsarchiv, 11125 Ministerium für Kultus und öffentlichen Unterricht, Bd. 2, Bl. 116.

Prozeßarten, Sächsisches Privatrecht, Sächsisches Staatsrecht sowie Theoretische und Praktische Nationalökonomie.
Zusätzlich zu diesen Vorlesungen besuchte Thierack Vorlesungen zum literarischen und künstlerischen Urheberrecht sowie zur forensischen Psychiatrie mit Krankenvorstellung.[37]

Im Sommersemester 1913 meldete sich Thierack zum Ersten Juristischen Staatsexamen an.
Dieses zerfiel gemäß §10 der „Ordnung für die erste juristische Staatsprüfung im Königreich Sachsen" in zwei zeitlich getrennte Teile, die schriftliche und die mündliche Prüfung. Beide Teile mußten bestanden werden.
Die schriftliche Prüfung bestand gemäß § 11 aus drei Arbeiten exegetischer oder praktischer Natur. Dabei mußte jedesmal mindestens eine Exegese und ein praktischer Fall gegeben werden. Gemäß § 12 lief die Zeit für die Bearbeitung der schriftlichen Arbeiten „von morgens acht bis nachmittags ein Uhr".

Die mündliche Prüfung wurde gemäß § 15 von je fünf Mitgliedern der Kommission abgenommen und verlief „von Punkt fünf Uhr bis acht Uhr abends".

Gemäß § 18 lauteten die zu erteilenden Zensuren: mit Auszeichnung bestanden (1), gut bestanden (2), befriedigend bestanden (3), bestanden (4), nicht bestanden (5).
Die schriftlichen Arbeiten wurden einzeln bewertet. Sodann beschloß gemäß § 17 die Kommission der mündlichen Prüfung in geheimer Sitzung über das Gesamtergebnis der gesamten schriftlichen wie mündlichen Prüfung.
Im Sommersemester 1913 wurden die schriftlichen Prüfungen am 28., 29. und 30. April abgehalten. Die mündliche Prüfung des Kandidaten Thierack fand am 20. Juni statt.
Insgesamt hatten sich zu dieser Examensprüfung 93 Kandidaten gemeldet, von denen zehn schon vor den schriftlichen Prüfungen durch Rücknahme ihrer Meldung zurückgetreten waren. Fünf Kandidaten bestanden die schriftlichen Prüfungen nicht, vier traten vor der mündlichen Prüfung zurück. Die mündliche Prüfung bestanden neun Kandidaten nicht.
Insgesamt bestanden drei Kandidaten das Examen mit Auszeichnung, 16 mit gut, 23 mit befriedigend, 23 bekamen die Note bestanden.[38]
In der schriftlichen Prüfung wurde eine zivilrechtliche und eine zivilprozessuale Aufgabe sowie eine staatsrechtliche Exegese gestellt.[39]

---

[37] Universitätsarchiv Leipzig, Studienzeugnis Thierack.
[38] Sächsisches Hauptstaatsarchiv, 11125 Ministerium für Kultus und öffentlichen Unterricht, Nr. 10200/18 Bl. 106 f.
[39] Sächsisches Hauptstaatsarchiv, 11125 Ministerium für Kultus und öffentlichen Unterricht, Nr. 10200/18 Bl. 109.

Thieracks schriftliche Arbeiten wurden mit 3/4[40], 3/2[41] und 4 benotet. In der mündlichen Prüfung wurden mit ihm noch drei andere Kandidaten geprüft. Den Kandidaten wurden Fragen aus dem Gebiet des bürgerlichen Rechts, des Kirchenrechts, Staatsrechts, Zivilprozeßrechts, Konkursrechts, römischen Rechts, Strafrechts und des Strafprozeßrechts gestellt.
Die Prüfungskommission bewertete anschließend die Gesamtleistung Thieracks als befriedigend.[42]

3. Promotion

Nach erfolgreichem Studienabschluß begann Thierack, in Leipzig an seiner Dissertation zu arbeiten.
Das Thema seiner Arbeit lautete: „Wem fällt das Vermögen eines rechtsfähigen Vereins des Bürgerlichen Gesetzbuches nach dem Verluste seiner Rechtsfähigkeit zu und wie gestaltet sich dieser Anfall?“.
Am 12. Februar 1914 wurde Thierack zum Dr. iur. promoviert[43] Wie diese Arbeit benotet wurde, ist unklar, da die Promotionsakte Thieracks nicht erhalten ist[44].

4. Referendariat und Zweites Staatsexamen

Am 1. August 1913 wurde Thierack als Referendar vereidigt.[45]
Von August 1914 bis zum Dezember 1918 nahm er als kriegsfreiwilliger Landsturmmann am Ersten Weltkrieg teil.[46] Als Soldat im Reserve-Jäger-Bataillon 13 war er an den Kämpfen in Frankreich und Mazedonien beteiligt.[47] Dabei wurde er verwundet.[48] Am Ende des Krieges schied er mit dem Rang eines Leutnants der Reserve aus der Reichswehr aus. Als Auszeichnung für seine Leistungen wurden ihm das Eiserne Kreuz II. Klasse, das Frontkämpferabzeichen, das Ritterkreuz des Albrechtsordens II. Klasse mit

---

40 Diese Zensur wurde als befriedigend (3) gerechnet, vgl. Sächsisches Hauptstaatsarchiv, 11125 Ministerium für Kultus und öffentlichen Unterricht, Nr. 10200/18, Bl. 109.
41 Diese Zensur wurde als befriedigend (3) gerechnet, vgl. Sächsisches Hauptstaatsarchiv, 11125 Ministerium für Kultus und öffentlichen Unterricht, Nr. 10200/18, Bl. 109.
42 Sächsisches Hauptstaatsarchiv, 11125 Ministerium für Kultus und öffentlichen Unterricht, Nr. 10200/19, Bl. 100.
43 BA R 3001 (alt R 22) pers. Nr. 78253, Personalakte Thierack.
44 Auskunft Universitätsarchiv Leipzig.
45 BA SA-GruF, Personalakte Thierack.
46 BA SA-GruF, Personalakte Thierack.
47 Vgl. BA BDC, PK, Schlesische Zeitung Breslau vom 05.1.1943.
48 BA R 3001 (alt R 22) pers. Nr. 78253, Personalakte Thierack.

Schwertern sowie das Reußische Ehrenkreuz III. Klasse mit Krone und Schwertern verliehen.

Der juristische Vorbereitungsdienst dauerte grundsätzlich gemäß § 4 der „Verordnung die Vorbereitung für den höheren Justizdienst betreffend“[49] dreieinhalb Jahre. Davon mußten mindestens 18 Monate bei den Gerichten und mindestens sechs Monate bei einem Rechtsanwalt abgeleistet werden. Weiterhin konnte ein Teil des Vorbereitungsdienstes bei einer Staatsanwaltschaft, einer Verwaltungsbehörde oder auch bei einer öffentlichen Anstalt oder einem Unternehmen abgeleistet werden.
Infolge einer Änderung des § 4 dieser Verordnung vom 1. Juni 1920 wurde jedoch der Vorbereitungsdienst für Referendare, die am Krieg teilgenommen hatten, auf zwei Jahre und sechs Monate herabgesetzt.[50] Diese Änderung erfolgte zwar erst, nachdem Thierack sein Examen bereits abgelegt hatte. Jedoch muß ihm ein Teil der Zeit seiner Kriegsteilnahme auf die Dauer seines juristischen Vorbereitungsdienstes angerechnet worden sein, da er, rechnet man die Zeit der Kriegsteilnahme ab, keine dreieinhalb Jahre, sondern höchstens zwei Jahre und vier Monate als Referendar Dienst getan hat. Genaue Angaben konnten hierzu jedoch nicht ermittelt werden.

Thierack arbeitete während seiner Referendarzeit an den Amtsgerichten Scheibenberg, Wurzen, Radeberg und am Landgericht Dresden.[51]
Am Ende der Referendarzeit stand das Zweite Juristische Staatsexamen. Dieses wurde abgelegt vor der Kommission für die juristische Staatsprüfung in Dresden.
Mit dem Gesuch um Zulassung zur Prüfung mußte der Kandidat gemäß § 12 der „Verordnung die Vorbereitung für den höheren Justizdienst betreffend“, sechs schriftliche Arbeiten vorlegen, die er während des Dienstes bei einer Justizbehörde gefertigt hatte. Drei dieser Arbeiten mußten Urteile in einer bürgerlichen Rechtsstreitigkeit sein. Die restlichen konnten urteilsähnliche Arbeiten wie Streitstandsdarlegungen mit Abstimmungsvorschlag, Gutachten und ähnliche Aufgaben sein.
Diese Arbeiten wurden von der Prüfungskommission eingesehen und führten zusammen mit dem Ergebnis der mündlichen Prüfung zu einem Gesamtergebnis.

---

[49] Sächsisches Hauptstaatsarchiv, 11125 Ministerium für Kultus und öffentlichen Unterricht, 10200/31 Bl. 15 ff.
[50] Sächsisches Hauptstaatsarchiv, 11125 Ministerium für Kultus und öffentlichen Unterricht, 10200/31 Bl. 15 ff.
[51] Sächsisches Hauptstaatsarchiv, NS-Gauverlag, Texte Nr. 112, Bl. 106, Dresdner Nachrichten vom 7.5.1933.

Es wurde jedoch lediglich festgestellt, ob der jeweilige Kandidat das Examen bestanden hatte, besondere Noten wurden nicht vergeben.[52]
Am 10. April 1920 fand die mündliche Prüfung Thieracks statt, die er bestand.

IV. Justizdienst in Sachsen

Nach erfolgreichem Abschluß seines Zweiten Juristischen Staatsexamens trat Thierack am 20. April 1920 als Gerichtsassessor in den sächsischen Justizdienst am Landgericht Leipzig ein.[53]
Kurz darauf, am 9. Juni 1920, heiratete Thierack Karoline Bernardine Eveline Zumloh[54], deren Rufname Eveline war. Thierack nannte sie offensichtlich Evy, da er diesen Namen sogar in seiner Personalakte auf die Frage nach der Ehefrau vermerkte. Die Ehe wurde auf dem Standesamt Essen I geschlossen.[55] Der Vater Evelines war selbständiger Apotheker.[56]
Das Ehepaar Thierack blieb kinderlos.[57]

Im folgenden Jahr, am 1. April 1921, wurde Thierack zum Staatsanwaltschaftsrat, ebenfalls am Landgericht Leipzig, ernannt.[58]
Am 1.10.1926 wechselte Thierack als Staatsanwalt an das Oberlandesgericht Dresden.[59]
Leider war es nicht möglich, Unterlagen aus dieser Zeit zu finden, die Aufschluß darüber hätten geben können, wie die Tätigkeit Thieracks im sächsischen Justizdienst aussah und wie er die ihm übertragenen Ämter führte.
In späteren Zeitungsberichten über Thierack wird berichtet, daß er als Staatsanwalt am Oberlandesgericht Dresden in politischen Prozessen aufgetreten sei und der nationalsozialistischen Bewegung hierbei „wertvolle Dienste“ geleistet habe.[60] Weiterhin ist zu lesen:

---

[52] Vgl. Sächsisches Hauptstaatsarchiv, 11025 Oberlandesgericht Dresden Nr. 3343.
[53] BA R 3001 (alt R 22) pers. Nr. 78253, Personalakte Thierack.
[54] geb. am 16.3.1895 in Katernberg, Landkreis Essen als Kind von Franz Zumloh und Christiane Elisabeth, geb. Holtmann.
[55] LA Berlin SK 12708 Bd. 1, Bl. 43.
[56] BA R 3001 (alt R 22) pers. Nr. 78253, Personalakte Thierack.
[57] BA R 3001 (alt R 22) pers. Nr. 78253, Personalakte Thierack; LA Berlin SK 12708 Bd. 1, Bl. 38.
[58] BA R 3001 (alt R 22) pers. Nr. 78253, Personalakte Thierack.
[59] BA R 3001 (alt R 22) pers. Nr. 78253, Personalakte Thierack.
[60] BA R 8034 III, 463, Völkischer Beobachter vom 23.4.1939; Das Reich vom 6.9.1942.

„Nie stand er in Verkennung seiner Berufung über dem Volk, sondern stets mitten in ihm, immer den Pulsschlag des Lebens suchend und nie von der Meinung abweichend, daß das wahre deutsche Recht Gerechtigkeit „im Namen des Volkes" ist. Diese Einstellung bekundeten schon damals in der Systemzeit seine Plädoyers als Staatsanwalt..."[61]

V. Sächsischer Justizminister

Nach der Machtergreifung der Nationalsozialisten übernahm Thierack im März 1933 die Geschäfte des sächsischen Justizministers.

1. Sachsen und das sächsische Justizministerium vor 1933

Um die Umstände, die zur Ernennung Thieracks zum sächsischen Justizminister führten, verständlicher zu machen, soll hier zunächst ein kurzer Überblick über die Situation Sachsens in der Weimarer Republik sowie über die Besetzung des Justizministeriums in dieser Zeit gegeben werden.

a) Politische Situation Sachsens in der Weimarer Republik

Schon in den 90'er Jahren des 19. Jahrhunderts, endgültig aber nach der Jahrhundertwende, war im Königreich Sachsen eine zunehmende politische Polarisierung zu beobachten. Hier standen sich Sozialdemokratie und konservative bürgerliche Kräfte gegenüber.[62]
Die Novemberrevolution verlief in Sachsen weniger blutig als in anderen Teilen des Reiches.[63] Schon bald wurden die ersten Arbeiter- und Soldatenräte gebildet.[64]
Nachdem der Vereinigte Arbeiter- und Soldatenrat Dresdens die Regierung für abgesetzt und die Monarchie für beendet erklärt hatte, dankte der sächsische König Friedrich August III. am 13.11.1918 offiziell ab. Daraufhin bildete sich in Dresden ein „Rat der Volksbeauftragten" als Revolutionsregierung, in dem sich linke und rechte Sozialdemokraten die Macht teilten.[65] Im Februar 1919 fanden die Wahlen zur Volkskammer, dem neuen sächsischen Parlament, statt. Zuvor

---

[61] Sächsisches Hauptstaatsarchiv Dresden, NS-Gauverlag Texte Nr. 112, Bl. 106.
[62] Keller, Landesgeschichte Sachsen, S. 265.
[63] Szejnmann, Vom Traum zum Alptraum – Sachsen in der Weimarer Republik, S. 15; Keller, Landesgeschichte Sachsen, S. 266.
[64] Szejnmann, Vom Traum zum Alptraum – Sachsen in der Weimarer Republik, S. 15.
[65] Groß, Geschichte Sachsens, S. 255; Keller, Landesgeschichte Sachsen, S. 266.

waren die Arbeiter- und Soldatenräte landesweit aufgelöst worden. Als Sieger ging aus dieser Wahl die MSPD hervor, die gemeinsam mit der USPD eine Regierung unter Georg Gradnauer bildete.[66]
Hier zeigte sich erstmals, daß sich die Sozialdemokratie in Sachsen von derjenigen im Reich unterschied. Auf Reichsebene hatten sich starke Gegensätze zwischen MSPD und USPD gezeigt, so daß letztere von der Regierungsbeteiligung ausgeschlossen war und die MSPD schon Anfang 1919 eine Koalition mit DDP und Zentrum, also mit Parteien aus dem bürgerlichen Lager einging.[67]
Nachdem sich die gegenrevolutionären Kräfte wieder neu formiert hatten, trat in Sachsen neuerlich die starke Polarisierung zwischen der sozialdemokratischen Bevölkerungsmehrheit und starken konservativen Kräften zu Tage.[68]
Bei der Bekämpfung von Unruhen und Streiks bediente sich die Regierung Gradnauer, wie dies auch auf Reichsebene gehandhabt wurde, der Armee. Das brutale Vorgehen der Regierung gegen Arbeiter während des Kapp-Putsches 1920 bedeutete ihr politisches Ende.[69] Gradnauer trat zurück. Sein Nachfolger wurde Wilhelm Buck (SPD). Ergebnis der im November 1920 durchgeführten Landtagswahlen war eine Minderheitsregierung unter Buck mit einer Koalition aus MSPD und USPD. Mit der KPD wurde eine Tolerierungsvereinbarung geschlossen.[70] Diese Wahlen bedeuteten einen Wendepunkt in der politischen Situation Sachsens, da sie die Weichen für ein linksrepublikanisches Projekt in Sachsen stellten. Hiermit setzte sich die sächsische Sozialdemokratie deutlich von dem im Reich zu bemerkenden Rechtsruck ab.[71]
Probleme bereiteten dem Kabinett Buck zum einen die Unberechenbarkeit der KPD und zum anderen die Verweigerungshaltung der bürgerlichen Parteien, die darauf abzielten, die Regierung Buck zu Fall zu bringen.[72]
Trotz dieser problematischen Bedingungen gelang es zeitweise, eine Konsolidierung der politischen Verhältnisse herbeizuführen und mit einer Vielzahl von Reformen auf eine Demokratisierung und Modernisierung der Gesellschaft hinzuarbeiten.[73]
Das Kabinett Buck stürzte jedoch im September 1922, als alle bürgerlichen Parteien sowie die Kommunisten einem Antrag auf Landtagsauflösung zustimmten. Zwar wurde die Regierung Buck zunächst wiedergewählt, trat jedoch im Januar 1923 zurück, nachdem die bürgerlichen Parteien und die KPD den Innenminister mit einem Mißtrauensantrag zum Rücktritt gezwungen hatten.[74]

---

[66] Groß, Geschichte Sachsens, S. 256; Keller, Landesgeschichte Sachsen, S. 266.
[67] Szejnmann, Vom Traum zum Alptraum – Sachsen in der Weimarer Republik, S. 22.
[68] Keller, Landesgeschichte Sachsen, S. 267.
[69] Szejnmann, Vom Traum zum Alptraum – Sachsen in der Weimarer Republik, S. 31 f.
[70] Keller, Landesgeschichte Sachsen, S. 268.
[71] Keller, Landesgeschichte Sachsen, S. 268.
[72] Szejnmann, Vom Traum zum Alptraum – Sachsen in der Weimarer Republik, S. 36.
[73] Keller, Landesgeschichte Sachsen, S. 268.
[74] Szejnmann, Vom Traum zum Alptraum – Sachsen in der Weimarer Republik, S. 38.

Daraufhin wurde Dr. Erich Zeigner Ministerpräsident einer SPD-Minderheitsregierung, die wiederum von der KPD toleriert wurde.[75] Auch diese Regierung hatte sich als Aufgabe gestellt, die Demokratisierung der Gesellschaft voranzutreiben und konsequent gegen republikfeindliche Kräfte vorzugehen. Hierbei sollte Sachsen eine Vorreiterrolle innerhalb des Reichs spielen. Bei der Ausführung dieses Vorhabens bewegte sich die Regierung Zeigner weiter links als die SPD auf Reichsebene.[76] Zeigner selbst verfolgte einen kompromißlosen, linksorientierten Kurs.[77]

Im Herbst 1923 spitzte sich die Situation in Sachsen dramatisch zu. Aufgrund der verheerenden politischen, wirtschaftlichen und sozialen Verhältnisse des Jahres 1923 – Sachsen hatte zum Beispiel kontinuierlich die höchsten Arbeitslosenraten aller Flächenstaaten[78] - verstärkten sich die Spannungen zwischen der Arbeiterbewegung und der bürgerlichen Opposition immer mehr.[79]

Die Regierung Zeigner wurde von den bürgerlichen Parteien heftig kritisiert.[80] Die Opposition machte die Regierung für die verheerende wirtschaftliche Situation und die zunehmenden gewalttätigen Ausschreitungen verantwortlich.[81] Zunächst wurde versucht, das Kabinett durch mehrere Mißtrauensvoten zu stürzen, was jedoch nicht gelang. Daraufhin wurde in konservativen Kreisen ein Eingreifen der Reichswehr gefordert, um die Regierung abzusetzen.[82] Zur gleichen Zeit wurde in Bayern von extremen Rechten, unter anderem von Hitler, ein Einmarsch in Sachsen und ebenfalls in das sich in einer ähnlichen Lage befindende Thüringen vorbereitet. Dieses Vorhaben sollte die betreffenden Länder von dem dort angeblich herrschenden „bolschewistischen Terror“ befreien.[83] Die Situation spitzte sich derart zu, daß Zeigner sich veranlaßt sah, vor einem bevorstehenden Bürgerkrieg zu warnen.[84]

In dieser Situation stellte sich auch die Reichsregierung gegen die Politik des Kabinetts Zeigner. Die politischen Konflikte zwischen der Reichsregierung und der sächsischen Regierung konnten nicht gelöst werden. Schließlich verhängte die Reichsregierung am 26. September 1923 den Ausnahmezustand über das Reich.[85] Die vollziehende Gewalt in Sachsen wurde auf General Müller übertra-

---

[75] Groß, Geschichte Sachsens, S. 259.
[76] Keller, Landesgeschichte Sachsen, S. 270.
[77] Groß, Geschichte Sachsens, S. 259; Szejnmann, Vom Traum zum Alptraum – Sachsen in der Weimarer Republik, S. 39.
[78] Szejnmann, Vom Traum zum Alptraum – Sachsen in der Weimarer Republik, S. 41
[79] Szejnmann, Vom Traum zum Alptraum – Sachsen in der Weimarer Republik, S. 39.
[80] Szejnmann, Vom Traum zum Alptraum – Sachsen in der Weimarer Republik, S. 39.
[81] Szejnmann, Vom Traum zum Alptraum – Sachsen in der Weimarer Republik, S. 41.
[82] Groß, Geschichte Sachsens, S. 260; Keller, Landesgeschichte Sachsen, S. 271.
[83] Keller, Landesgeschichte Sachsen, S. 271.
[84] Lapp, Der Aufstieg des Nationalsozialismus in Sachsen, S. 1.
[85] Keller, Landesgeschichte Sachsen, S. 271.

gen.[86] Zeigner reagierte, indem er am 10. Oktober 1923 die KPD in die Regierung aufnahm, um deren Putsch-Pläne abzuwehren und sie an das parlamentarische System zu binden. Dieses Vorgehen war für die Reichsregierung nicht akzeptabel. Die Reichswehr wurde aktiv und ging gewaltsam gegen die sogenannten Proletarischen Hundertschaften[87] vor und ließ weitere Truppen in Sachsen einmarschieren. Nachdem Zeigner ein Ultimatum des Reichskanzlers Stresemann nicht beantwortet hatte, ließ dieser die Regierung Zeigner durch eine Reichsexekution auflösen. Als Reichskommissar wurde Rudolf Heinze eingesetzt.[88] Nur zwei Tage nach der Absetzung der Regierung Zeigner wurde Alfred Fellisch zum Ministerpräsidenten gewählt. Er bildete eine SPD-Minderheitsregierung, wodurch der Reichskommissar überflüssig wurde und eine Militärdiktatur in Sachsen abgewendet wurde.[89] Die Regierung Fellisch trat schon im Dezember 1923 zurück, nachdem die DDP einen Mißtrauensantrag gegen sie gestellt hatte.[90] Daraufhin ging die SPD-Landtagsfraktion im Januar 1924 eine Koalition mit DDP und DVP ein. Zum Ministerpräsidenten wurde Max Heldt gewählt. In der Folgezeit geriet die sächsische Sozialdemokratie in eine schwere Krise.[91]

Die Koalition unter Heldt mußte zwar insgesamt neun Landtagsauflösungsanträge abwehren, blieb aber die gesamte Legislaturperiode im Amt.[92] Bei den Wahlen im Oktober 1926 zeigte sich, so wie es sich auch auf Reichsebene abzeichnete, eine Zersplitterung der politischen Landschaft. Aufgrund dieser Zersplitterung verzögerte sich die Regierungsbildung bis Januar 1927. Heldt wurde im fünften Wahlgang wiedergewählt. Er bildete eine Koalition aus ASPS, DDP, DVP und WP. Im Juli traten dann die DNVP und die Volksrechtspartei der Koalition bei.[93]

Im Mai 1929 wurden aufgrund eines durch die SPD erzwungenen Gerichtsbeschlusses Neuwahlen angesetzt. Ergebnis dieser Wahlen war, daß die NSDAP als „Zünglein an der Waage" fungierte.[94] Zunächst scheiterten zwei Versuche, einen Ministerpräsidenten zu wählen. Dann jedoch erklärte die NSDAP, daß sie eine „marxistenfreie Regierung" unter Wilhelm Bünger (DVP) tolerieren würde.

---

[86] Szejnmann, Vom Traum zum Alptraum – Sachsen in der Weimarer Republik, S. 44.

[87] Dies waren unbewaffnete Arbeitereinheiten aus Mitgliedern von SPD und KPD, von letzterer initiiert. Zeigner tolerierte sie zum Schutz der Republik vor Aktivitäten der extremen Rechten. In Preußen wurden sie im Mai 1923 verboten. vgl. Keller, Landesgeschichte Sachsen, S. 270.

[88] Groß, Geschichte Sachsens, S. 260; Keller, Landesgeschichte Sachsen, S. 271, Szejnmann, Vom Traum zum Alptraum – Sachsen in der Weimarer Republik, S. 44.

[89] Szejnmann, Vom Traum zum Alptraum – Sachsen in der Weimarer Republik, S. 48.

[90] Szejnmann, Vom Traum zum Alptraum – Sachsen in der Weimarer Republik, S. 50.

[91] Szejnmann, Vom Traum zum Alptraum – Sachsen in der Weimarer Republik, S. 51.

[92] Szejnmann, Vom Traum zum Alptraum – Sachsen in der Weimarer Republik, S. 61.

[93] Szejnmann, Vom Traum zum Alptraum – Sachsen in der Weimarer Republik, S. 62.

[94] Lapp, Der Aufstieg des Nationalsozialismus in Sachsen, S.6.

Die DVP willigte ein. Daraufhin konnte Bünger eine bürgerliche Regierung, die die ASPS einschloß, bilden.[95]
Unter Bünger orientierte sich die Regierung in Sachsen mehr und mehr nach rechts.[96]
Im Februar 1930 trat Bünger zurück, nachdem gegen ihn ein Mißtrauensantrag gestellt wurde. Grund hierfür war, daß die sächsische Regierung unter Bünger im Reichsrat dem Young-Plan zugestimmt hatte. Zunächst führte das Kabinett Bünger die Regierungsgeschäfte kommissarisch weiter.[97] Nachdem zwei Versuche, einen neuen Ministerpräsidenten zu wählen, gescheitert waren, einigte man sich auf Vorschlag der DDP darauf, ein reines Beamtenkabinett, welches fachliche Kompetenz vor politische Interessen stellen sollte, zu bilden.[98] Wilhelm Schieck wurde zum Ministerpräsidenten gewählt. Zwar unterstützte die NSDAP zunächst dieses Vorhaben, zog jedoch schon nach einer Woche ihre Zustimmung zurück und unterstützte zusammen mit den Kommunisten einen Antrag der SPD auf Auflösung des Landtages.[99] Daraufhin wurden im Juni 1930 Neuwahlen angesetzt, aus denen die NSDAP als zweitstärkste Partei hinter der SPD hervorging.[100] Aufgrund der Zersplitterung der Parteienlandschaft konnte keine Regierungsmehrheit gebildet werden. Deshalb blieb das Kabinett Schieck als geschäftsführende Regierung bis zur Auflösung des Sächsischen Parlaments am 31. März 1933 im Amt.[101]

b) Die sächsischen Justizminister in der Weimarer Republik

Zu Beginn der Weimarer Republik von 1921 – 1923 bekleidete Dr. Erich Zeigner (1886 – 1949), der spätere Ministerpräsident, das Amt des sächsischen Justizministers. Nach seinem Jurastudium in Leipzig und dem darauffolgenden Referendariat wurde Zeigner, zu diesem Zeitpunkt schon SPD-Mitglied, Richter in einer Ehekammer am Landgericht Leipzig.[102]
Zum 1. August 1921 trat Zeigner im Kabinett Buck die Nachfolge des zurückgetretenen sächsischen Justizministers Dr. Harnisch an.[103] Zeigner versuchte

[95] Szejnmann, Vom Traum zum Alptraum – Sachsen in der Weimarer Republik, S. 108.
[96] Vgl. Szejnmann, Vom Traum zum Alptraum – Sachsen in der Weimarer Republik, S. 109.
[97] von Bose, Carl Emil Mannsfeld (1865 – 1945), S. 46; Szejnmann, Vom Traum zum Alptraum – Sachsen in der Weimarer Republik, S. 109.
[98] von Bose, Carl Emil Mannsfeld (1865 – 1945), S. 46.
[99] von Bose, Carl Emil Mannsfeld (1865 – 1945), S. 47; Szejnmann, Vom Traum zum Alptraum – Sachsen in der Weimarer Republik, S. 110.
[100] Szejnmann, Vom Traum zum Alptraum – Sachsen in der Weimarer Republik, S. 111.
[101] Szejnmann, Vom Traum zum Alptraum – Sachsen in der Weimarer Republik, S. 114; Lapp, Der Aufstieg des Nationalsozialismus in Sachsen, S. 13.
[102] Schmeitzner, Erich Zeigner (1886 – 1949), S. 93.
[103] Schmeitzner, Erich Zeigner (1886 – 1949), S. 94.

sich während seiner Zeit als Justizminister mit tiefgreifenden Reformen im sächsischen Justizbereich in das von der Regierung Buck betriebene linksrepublikanische Projekt einzuschalten.[104] Dazu betrieb er zunächst eine forcierte Personalpolitik, die eine Demokratisierung und Republikanisierung der Beamtenschaft sicherstellen sollte.[105] Weiter nutzte er zum Zwecke der Reformierung der Justiz die ihm unmittelbar unterstehende Gnadeninstanz, um im Wege der Einzelbegnadigung nachhaltigen Einfluß auf die Strafrechtspflege auszuüben, wobei er auf eine stärkere Beachtung sozialer und liberaler Motive drängte.[106] Einen weiteren Schwerpunkt seiner Arbeit bildete die Aufspürung und Strafverfolgung von in Sachsen agierenden Geheimorganisationen.[107]
Das Amt des Justizministers führte Zeigner, obwohl er nach dem Sturz des Ministerpräsidenten Buck am 21.3.1923 zum Ministerpräsidenten gewählt wurde, noch bis zum 15. August 1923. Zu seinem Nachfolger bestimmte er den bisherigen Leipziger Landgerichtsdirektor Alfred Neu.[108]

Nach dem Sturz des Kabinetts Zeigner durch die Reichsexekution wurde in der Regierung Heldt der DVP-Abgeordnete Wilhelm Bünger als sächsischer Justizminister berufen.
Bünger hatte in Heidelberg, Halle und Berlin Rechtswissenschaften studiert und arbeitete zunächst als Staatsanwalt in Frankfurt/Main. Bald darauf wechselte er zur Reichsanwaltschaft.[109]
Mit seinem Amtsantritt begann nach der bisherigen linkssozialistisch dominierten Führung des Justizministeriums eine Phase der bürgerlichen Politik. Bünger begann sofort, intensiv die personelle Umgestaltung seines Ministeriums und der sächsischen Justiz insgesamt zu betreiben.[110] Es ging ihm jedoch nicht in erster Linie um die Umkehrung der Zeignerschen Personalpolitik. Vorrang hatten für ihn fachliche Eignung sowie Dienstalter der Bewerber.[111]
Während seiner Amtszeit wurde im Landtag der Erlaß eines sächsischen Amnestiegesetzes kontrovers diskutiert. Bünger gehörte zu denen, die eine allgemeine Amnestie ablehnten und statt dessen eine Amnestie in Form von Einzelbegnadigungen bevorzugten. Aus diesem Grund kam der von Bünger ausgeübten Gnadenpraxis eine besondere Bedeutung zu.[112] Während Büngers Amtsausübung

[104] Schmeitzner, Erich Zeigner (1886 – 1949), S. 94.
[105] Schmeitzner, Erich Zeigner (1886 – 1949), S. 94.
[106] Schmeitzner, Erich Zeigner (1886 – 1949), S. 96.
[107] Schmeitzner, Erich Zeigner (1886 – 1949), S. 97.
[108] Schmeitzner, Erich Zeigner (1886 – 1949), S. 101.
[109] Thieme, Wilhelm Rudolf Ferdinand Bünger (1870 – 1937), S. 117.
[110] Thieme, Wilhelm Rudolf Ferdinand Bünger (1870 – 1937), S. 124.
[111] Thieme, Wilhelm Rudolf Ferdinand Bünger (1870 – 1937), S. 125.
[112] Thieme, Wilhelm Rudolf Ferdinand Bünger (1870 – 1937), S. 125.

kann ein Schwerpunkt in dem Bemühen um die Verbesserung des sächsischen Strafvollzugs gesehen werden.[113]
Ihm wurde während seiner Zeit als Justizminister großer Respekt entgegengebracht.[114] Seine Amtsführung war geprägt durch seine bürgerliche, liberalkonservative Einstellung sowie durch Sachkenntnis und Seriosität.[115] Er schied 1927 aus dem Amt, als Heldt die DNVP in seine Regierung einbezog und deren Abgeordneten v. Fumetti zum Justizminister berief.
Im Februar 1929 berief Heldt Bünger als Volksbildungsminister erneut in sein Kabinett. Im Juni 1929 wurde Bünger dann in einer umstrittenen Abstimmung, wie oben dargelegt, zum neuen Ministerpräsidenten gewählt.[116]

Direkter Vorgänger Thieracks im Amt des sächsischen Justizministers war Dr. Carl Emil Mannsfeld (1865 – 1945).
Dieser bekleidete das Amt von Juli 1929 bis März 1933.[117] Einer Partei gehörte er nicht an.[118]
Mannsfeld hatte nach Abschluß seiner Ausbildung, die er an der Universität Leipzig begonnen hatte, die Richterlaufbahn eingeschlagen. Er wirkte zunächst beim Amtsgericht Leipzig, später am Landgericht Leipzig und Oberlandesgericht in Dresden. Nachdem er zunächst 1920 in das sächsische Justizministerium versetzt worden war, wurde er im Oktober 1922 zum Präsidenten des Oberlandesgerichts in Dresden ernannt. Dieses Amt übte er bis zu seiner Berufung zum Justizminister aus.[119]
Nachdem Bünger im Juni 1929 zum Ministerpräsidenten gewählt worden war, konnten sich die an der Regierung beteiligten bürgerlichen Parteien nicht über die Besetzung des Postens des Justizministers einigen. Auf Vorschlag Büngers sollte daraufhin ein parteiloser Fachmann dieses Amt erhalten, um ein Kabinett mit geringerer parteipolitischer Gebundenheit zu bilden und dadurch die Einigung der Parteien zu vereinfachen. Die Wahl fiel auf den zu diesem Zeitpunkt 64-jährigen Mannsfeld.[120] Das Echo in der Presse auf seine Berufung fiel weitgehend positiv aus. Mannsfeld wurde als „rechtsstehend, aber Extremen abhold“ charakterisiert, man erwartete von ihm einen Kurs der Mitte.[121]
In seiner ersten Rede im Landtag bezeichnete Mannsfeld als wichtige Aufgaben des Justizministeriums die Verbesserung des Strafvollzugs, Entlastung der G

---

[113] Vgl. Thieme, Wilhelm Rudolf Ferdinand Bünger (1870 – 1937), S. 127 f.
[114] Thieme, Wilhelm Rudolf Ferdinand Bünger (1870 – 1937), S. 129.
[115] Thieme, Wilhelm Rudolf Ferdinand Bünger (1870 – 1937), S. 132.
[116] Thieme, Wilhelm Rudolf Ferdinand Bünger (1870 – 1937), S. 131 f.
[117] Von Bose, Carl Emil Mannsfeld (1865 – 1945), S. 42.
[118] Von Bose, Carl Emil Mannsfeld (1865 – 1945), S. 44.
[119] Von Bose, Carl Emil Mannsfeld (1865 – 1945), S. 44.
[120] Von Bose, Carl Emil Mannsfeld (1865 – 1945), S. 45.
[121] Von Bose, Carl Emil Mannsfeld (1865 – 1945), S. 52.

Richter sowie die verstärkte Heranziehung von Arbeitern zum Schöffen- und Geschworenendienst.[122]
Mannsfeld bewies bei seiner Arbeit eine große Detailkenntnis der ihm vorgetragenen Probleme.[123]

Nachdem das Kabinett Bünger zurückgetreten war und Schieck zum Ministerpräsidenten eines „unpolitischen" Beamtenkabinetts gewählt wurde, berief dieser erneut Mannsfeld zum Justizminister. Auch nach dem Rücktritt des Kabinetts Schieck führte Mannsfeld das Amt weiter geschäftsführend.[124] Er stand in dem Ruf, sich bei seiner Tätigkeit um Ruhe, Sachlichkeit und Gerechtigkeit zu bemühen.[125] Er hielt streng an den Gesetzen fest und bemühte sich, die Dinge aus der Sicht eines auch politisch unabhängigen Richters zu betrachten.[126]
Die Arbeit des Justizministers geriet zunehmend in die Kritik, als infolge der zunehmenden Not nach 1930 ein Anstieg der Straftaten zu verzeichnen war. Es wurde von einer Vertrauenskrise der Justiz gesprochen. Kritisiert wurden vor allem Fragen der Rechtsprechung, des Strafvollzugs und des Gnadenwesens.[127]
Die Amtszeit Mannsfelds endete mit dem Rücktritt des geschäftsführenden Kabinetts Schieck im März 1933. In der Folgezeit zog Mannsfeld sich völlig ins Privatleben zurück. Er starb bei dem Bombenangriff auf Dresden am 14. Februar 1945.[128]

c) Aufstieg und Machtergreifung der Nationalsozialisten in Sachsen

Der Aufstieg der Nationalsozialisten in Sachsen begann in den frühen 20'er Jahren und gipfelte in der Machtergreifung in Sachsen im März 1933.

aa) Aufstieg der Nationalsozialisten in Sachsen

Beim Aufstieg der Nationalsozialisten während der Weimarer Republik nahm Sachsen eine Schlüsselrolle ein. Im Oktober 1921 hatte Fritz Tittmann in Zwickau die erste NSDAP-Gruppe außerhalb Bayerns gegründet. Von hier aus breitete sich die Partei in der Folgezeit mit ihren militanten Sturmabteilungen über ganz Sachsen aus.[129] Hier setzten sie nach der Legalisierung der NSDAP

[122] Von Bose, Carl Emil Mannsfeld (1865 – 1945), S. 52.
[123] Von Bose, Carl Emil Mannsfeld (1865 – 1945), S. 46.
[124] Von Bose, Carl Emil Mannsfeld (1865 – 1945), S. 46.
[125] Von Bose, Carl Emil Mannsfeld (1865 – 1945), S. 55.
[126] Von Bose, Carl Emil Mannsfeld (1865 – 1945), S. 58.
[127] Von Bose, Carl Emil Mannsfeld (1865 – 1945), S. 55.
[128] Von Bose, Carl Emil Mannsfeld (1865 – 1945), S. 73.
[129] Groß, Geschichte Sachsens, S. 266.

Ende 1924 einen Schwerpunkt ihrer Agitation.[130] Die Nationalsozialisten unternahmen große Anstrengungen, neue Mitglieder zu werben und zogen mit ihren Veranstaltungen eine große Zahl von Besuchern an.[131] Bei ihren Auftritten hetzten die NSDAP-Redner hemmungslos gegen Juden und Marxisten. Die Agitation der Partei wurde begleitet von gewalttätigen Übergriffen auf jüdische Bürger sowie Straßenschlachten mit politischen Gegnern.[132]
Nachdem die Partei jedoch bis 1928 politisch isoliert blieb und bei der Arbeiterschaft nicht den gewünschten Durchbruch erzielt hatte, wandte sie ihre Aufmerksamkeit auch dem ländlichen und städtischen Mittelstand zu, auf den sie ihre Wahlkampagnen verstärkt ausdehnte.[133] Bei den Wahlen von 1929 betrieb die NSDAP eine intensive Wahlpropaganda und erreichte eine neue Bedeutung, als sie bei der Wahl des Kabinetts Bünger zum „Zünglein an der Waage" wurde.[134]
Im Landtag waren nun als Ergebnis der Wahlen von 1929 fünf nationalsozialistische Abgeordnete unter dem Fraktionsvorsitz Manfred von Killingers vertreten.[135] Sie nutzten das Parlament zu politischer Agitation in brutalem Stil gegen die verbliebenen „sozialistischen Beamten". In einem politischen Bericht vom Dezember 1929 wurde von einer „Bürgerkriegsatmosphäre" berichtet, die durch die NSDAP-Abgeordneten im Parlament hervorgerufen würde.[136] Vor den Wahlen von 1930 führte die NSDAP erneut eine intensive Wahlkampagne durch, während bei den bürgerlichen Parteien eine Konzeptlosigkeit zu beobachten war.[137] Die Nationalsozialisten stellten in dieser Kampagne auf den Wahlspruch „Nie wieder ein sowjetisches Sachsen" ab und proklamierten, Sachsen von der angeblichen Last der Zeigner-Regierung befreien zu wollen. Ergebnis dieser Bemühungen war, daß die NSDAP ihr Wahlergebnis von 5 % auf 14,4 % steigern konnte und als zweitstärkste Partei aus den Wahlen hervorging.[138] Auch weiterhin waren die Nationalsozialisten im Gegensatz zu den traditionellen bürgerlichen Parteien mit einer Vielzahl von Veranstaltungen ständig präsent, so daß diese Veranstaltungen zum Bestandteil des Alltags in Sachsen wurden.[139] Verbunden mit dieser Präsenz der Nationalsozialisten im politischen Leben in Sachsen Anfang der 30'er Jahre war auch die politische Gewalt. Die Anzahl von

[130] Lapp, Der Aufstieg des Nationalsozialismus in Sachsen, S. 2.
[131] Lapp, Der Aufstieg des Nationalsozialismus in Sachsen, S. 3.
[132] Vgl. Vollnhals, Der gespaltene Freistaat: Der Aufstieg der NSDAP in Sachsen, S. 17
[133] Lapp, Der Aufstieg des Nationalsozialismus in Sachsen, S. 4.
[134] Vollnhals, Der gespaltene Freistaat: Der Aufstieg der NSDAP in Sachsen, S. 22.
[135] Vollnhals, Der gespaltene Freistaat: Der Aufstieg der NSDAP in Sachsen, S. 23.
[136] Lapp, Der Aufstieg des Nationalsozialismus in Sachsen, S. 7 f.
[137] Lapp, Der Aufstieg des Nationalsozialismus in Sachsen, S. 10.
[138] Vollnhals, Der gespaltene Freistaat: Der Aufstieg der NSDAP in Sachsen, S. 26.
[139] Vollnhals, Der gespaltene Freistaat: Der Aufstieg der NSDAP in Sachsen, S. 36.

gewalttätigen Auseinandersetzungen zwischen Nationalsozialisten und Kommunisten und ihren jeweiligen Kampfverbänden nahm stark zu.[140]
Förderlich für den Aufstieg der Nationalsozialisten in Sachsen war auch, daß die Berichterstattung in einer großen Reihe von bürgerlichen Zeitungen sehr wohlwollend ausfiel.[141] Auch appellierten die Nationalsozialisten an die „bürgerlichen Werte", was in Sachsen auf große Zustimmung stieß.[142]
Trotz dieses Aufstiegs der NSDAP in Sachsen und ihrer überdurchschnittlichen Erfolge bei den Reichstagswahlen 1930 und 1932 blieb sie in Sachsen weiter in der Opposition. Dies war einmal dadurch bedingt, daß das Kabinett Schieck, das geschäftsführend die Regierung innehatte, parlamentarischen Rückhalt bei den bürgerlichen Parteien fand, die Neuwahlen und damit eventuell verbundene weitere Stimmenverluste fürchteten. Zum anderen wurde das Kabinett Schieck von der SPD durch eine Politik der Tolerierung gestützt.[143]

bb) Die Machtergreifung in Sachsen

Nach der Machtergreifung der Nationalsozialisten auf Reichsebene am 30. Januar 1933 verlief diese in Sachsen in ähnlicher Weise wie in den anderen deutschen Ländern.[144]
In den ersten Wochen nach der Machtergreifung versuchte die Regierung Schieck zunächst, sich den neuen Verhältnissen anzupassen, indem sie sich als „eine durchaus national gerichtete Beamtenregierung" zu präsentieren suchte.[145]
Nach den Reichstagswahlen vom 5. März 1933 wurde dann jedoch in Sachsen als Folge von lokalem Parteiterror und gezielten Eingriffen der NSDAP-Zentrale, in deren Folge es zu Übergriffen auf die staatliche Verwaltung und zur Verhaftung politischer Gegner und dadurch verstärkt zu Unruhen im Lande kam, der Ruf nach einer Abberufung der Regierung Schieck laut.[146] Als Grund für diese Forderung wurde angeführt, die amtierende Regierung stehe nicht genug hinter dem „neuen Staat" und sei zudem nicht in der Lage, Ruhe und Si-

---

140 Vgl. Vollnhals, Der gespaltene Freistaat: Der Aufstieg der NSDAP in Sachsen, S. 36.
141 Lapp, Der Aufstieg des Nationalsozialismus in Sachsen, S. 17.
142 Lapp, Der Aufstieg des Nationalsozialismus in Sachsen, S. 18.
143 Vgl. Vollnhals, Der gespaltene Freistaat: Der Aufstieg der NSDAP in Sachsen, S. 28; Szejnmann, Vom Traum zum Alptraum – Sachsen in der Weimarer Republik, S. 132 f.
144 Keller, Landesgeschichte Sachsen, S. 272; Groß, Geschichte Sachsens, S. 268.
145 Wagner, Partei und Staat. Das Verhältnis von NSDAP und innerer Verwaltung im Freistaat Sachsen 1933 – 1945, S. 42.
146 Wagner, Partei und Staat. Das Verhältnis von NSDAP und innerer Verwaltung im Freistaat Sachsen 1933 – 1945, S. 43.

cherheit zu schaffen. Auf diese Weise mache sie Sachsen zu einem Sammelbekken für den Marxismus.[147]

Daraufhin ernannte der Reichsminister des Inneren, Wilhelm Frick, wegen angeblicher „Gefährdung der öffentlichen Sicherheit und Ordnung in Sachsen" Manfred von Killinger zum Reichskommissar für Sachsens Polizei.[148]

Dieser ließ in einem Erlaß vom 9. März anläßlich seiner Ernennung verlauten, daß er beauftragt sei, die zur Erhaltung der Sicherheit und Ordnung notwendigen Maßnahmen zu treffen und daß diejenigen, die die Sicherheit und Ordnung stören würden, mit den härtesten Strafen rechnen müßten:

> „Dresden am 09.03.1933
> Der Reichsminister des Inneren hat mich wegen Gefährdung der öffentlichen Sicherheit und Ordnung im Lande Sachsen beauftragt, die zur Erhaltung dieser Sicherheit und Ordnung notwendigen Maßnahmen zu treffen. Ich habe das Amt übernommen und werde mit allen dem Staate und mir zu Gebote stehenden Mitteln jede Störung der Ruhe, des Verkehrs und der friedlichen Arbeit der Bevölkerung zu verhindern wissen.
> ...
> Ich werde dafür sorgen, daß auch in Sachsen in kürzester Zeit dem Willen des Volkes die ihm gebührende Achtung gezollt wird. Die Bevölkerung des Landes ermahne ich, ruhig wie bisher ihrer Arbeit nachzugehen und Ansammlungen zu vermeiden, um nicht Gefahr zu laufen, an Leib und Leben Schaden zu leiden.
> Ich werde nicht zurückschrecken, alle Personen, die die Ruhe und Ordnung stören oder zur Arbeitseinstellung auffordern, der härtesten Strafe zuzuführen,
> Der Reichsbeauftragte für Sicherheit und Ordnung
> v. Killinger"[149]

Einen Tag später, am 10. März 1933 kam es zum Sturz der Regierung Schieck.[150] Von Killinger hatte den Rücktritt der Regierung erzwungen, indem er zunächst die Minister Dr. Mannsfeld, Dr. Hedrich und Richter, die als parteilose sog. Fachmänner dem Beamtenkabinett angehört hatten, zum Rücktritt aufforderte. Als Grund für diese Forderung gab er an, daß eine Weiterführung ihrer Amtsgeschäfte durch diese Männer eine Gefahr für die Sicherheit und Ordnung im Lande bedeute.[151] Für den Fall einer Weigerung der betreffenden Minister hatte er der Regierung gedroht, diese Männer zu beurlauben und so von ihren

---

[147] Wagner, Partei und Staat. Das Verhältnis von NSDAP und innerer Verwaltung im Freistaat Sachsen 1933 – 1945, S. 43.
[148] Von Bose, Carl Emil Mannsfeld (1865 – 1945), S. 66.
[149] Sächsisches Hauptstaatsarchiv, Sächsisches Verwaltungsblatt Nr. 97 vom 09.3.1933.
[150] Groß, Geschichte Sachsens, S. 268.
[151] Sächsisches Hauptstaatsarchiv, Sächsisches Verwaltungsblatt Nr. 98 vom 10.3.1933.

Amtsgeschäften zu entbinden. Daraufhin trat das gesamte Kabinett Schieck zurück.[152]

Die Regierungsgeschäfte wurden Manfred von Killinger übertragen, der nun zum Reichsbeauftragten für Sicherheit und Ordnung in Sachsen ernannt wurde.[153] Noch am selben Tag besetzte dieser kommissarisch die Spitzen der einzelnen Ministerien.[154]

Konkurrent von Killingers war Martin Mutschmann, welcher am 5. Mai zum Reichsstatthalter ernannt wurde.[155]

Am 6. Mai berief Mutschmann eine neue sächsische Regierung, die bis Anfang Mai 1945 im Amt bleiben sollte. Ministerpräsident dieser neuen Regierung wurde von Killinger. Mutschmann löste 1935 von Killinger als Ministerpräsident ab und führte dieses Amt neben seiner Funktion als Reichsstatthalter für Sachsen.[156]

Nachdem die Reichsregierung im März 1933 auf der Grundlage des Ermächtigungsgesetzes ein „Vorläufiges Gesetz zur Gleichschaltung der Länder mit dem Reich" erlassen hatte, wurde auch der sächsische Landtag aufgelöst. Dieser wurde dann ohne Neuwahlen auf der Basis der Reichstagswahlergebnisse neu gebildet.[157]

An der Eröffnungssitzung des neuen Landtages konnten die SPD- und KPD-Abgeordneten jedoch schon nicht mehr teilnehmen, da sie sich bereits in Haft befanden. Aus diesem Grund hatte die NSDAP die Mehrheit. In der Folgezeit kam es zu Rechtsbeugung, gewaltsamen Eingriffen in die verfassungsmäßig garantierte Autonomie des Landtages sowie zu Repressalien gegen einzelne Abgeordnete.[158]

Am 27. Mai beschloß der sächsische Landtag das Ermächtigungsgesetz für den Freistaat Sachsen. Die dritte und letzte Sitzung des Landtages fand am 22. August statt. Als Folge der Auflösung des Reichstages am 14. Oktober, die gemäß § 11 des vorläufigen Gleichschaltungsgesetzes vom 31. März die Auflösung des Landtages zur Folge hatte, wurde der sächsische Landtag am selben Tag aufgelöst.[159]

---

[152] Sächsisches Hauptstaatsarchiv, Sächsisches Verwaltungsblatt Nr. 98 vom 10.3.1933; von Bose, Carl Emil Mannsfeld (1865 – 1945), S. 68; Wagner, Partei und Staat. Das Verhältnis von NSDAP und innerer Verwaltung im Freistaat Sachsen 1933 – 1945, S. 43.

[153] Groß, Geschichte Sachsens, S. 268; Keller, Landesgeschichte Sachsen, S. 272.

[154] Wagner, Partei und Staat. Das Verhältnis von NSDAP und innerer Verwaltung im Freistaat Sachsen 1933 – 1945, S. 44.

[155] Groß, Geschichte Sachsens, S. 268.

[156] Keller, Landesgeschichte Sachsen, S. 272.

[157] Keller, Landesgeschichte Sachsen, S. 272.

[158] Groß, Geschichte Sachsens, S. 269.

[159] Groß, Geschichte Sachsens, S. 269.

Der letzte Schritt zur Gleichschaltung der Länder mit dem Reich wurde durch den Erlaß des Gesetzes über den Neuaufbau des Reiches vom 30. Januar 1934 gemacht. Hierdurch wurden die Länder als Träger staatlicher Hoheit liquidiert. Sie blieben lediglich als Verwaltungseinheiten erhalten, ihre Hoheitsrechte gingen auf das Reich über. Die Landesregierung Sachsen wurde zur Landeszentralbehörde.
Damit war der Prozeß der Gleichschaltung des ehemaligen Freistaates Sachsen mit dem Reich abgeschlossen, staatsrechtlich hörte das Land Sachsen auf zu existieren.[160]

2. Thieracks Berufung zum sächsischen Justizminister

Als nach dem Rücktritt der Regierung Schieck von Killinger zunächst kommissarisch die Spitzen der Ministerien neu besetzte, beauftragte er Thierack, der bis dahin als Staatsanwalt am Oberlandesgericht Dresden tätig war, mit der Leitung des sächsischen Justizministeriums.
In dem betreffenden Erlaß vom 10. März 1933 führte von Killinger aus:

> „Dresden, am 10.3.33
> Heute löse ich mein gestriges Versprechen ein, auch in Sachsen in kürzester Zeit dem Willen des Volkes, wie er sich in dem Ergebnis der Reichstagswahl gezeigt hat, Rechnung zu tragen.
> ...
> Mit der Führung der Geschäfte des Justizministeriums habe ich den Staatsanwalt beim Oberlandesgericht, Herrn Dr. Thierack, des Ministeriums für Volksbildung Herrn Stadtschulrat Dr. Hartnacke und des Finanzministeriums und Wirtschaftsministeriums Herrn Oberregierungsrat Dr. Kluge beauftragt. Weitere Veränderungen in den Personen, die die Staatsgeschäfte leiten, behalte ich mir vor.
> Da nunmehr die festeste Gewähr dafür besteht, daß Marxisten keinen Einfluß mehr auf die Leitung der Geschicke Sachsens ausüben können und die Reinigung der Justiz und Verwaltung von solchen Elementen unmittelbar bevorsteht, muß ich jedem Staatsbürger untersagen, eigenmächtig in die Verwaltungsgeschäfte einzugreifen, und auffordern, sich an mich oder die Männer meines Vertrauens zu wenden, wenn sie Anlaß zu einer Beschwerde zu haben glauben..."[161]

Am 6. Mai 1933 ernannte Mutschmann im Zuge der Ernennung der neuen sächsischen Regierung Thierack auf Grundlage des § 1 Abs. 1 Ziff. 1 des 2. Gesetzes zur Gleichschaltung der Länder mit dem Reich zum Justizminister.[162]

---

[160] Kobuch, Otto Georg Thierack (1889 – 1946), S. 149.
[161] Sächsisches Hauptstaatsarchiv, Sächsisches Verwaltungsblatt Nr. 98 vom 10.3.1933.
[162] Sächsisches Hauptstaatsarchiv, Sächsisches Verwaltungsblatt Nr. 269 vom 6.5.1933.

Es stellt sich die Frage, aus welchen Gründen man Thierack für das ihm übertragene Amt auswählte.
Ziel der Neubesetzung der Spitzen der Ministerien war es, diese leitenden Stellen mit Nationalsozialisten zu besetzen. Dies wird besonders deutlich in einem Aufruf Mutschmanns vom 6. Mai 1933, in dem es heißt:

> „... Volksgenossen! Männer und Frauen Sachsens!
> Durch das Vertrauen des ehrwürdigen Herrn Reichspräsidenten von Hindenburg und unseres Kanzlers und Führers Adolf Hitler zum Reichsstatthalter ernannt, habe ich zur Neubildung einer sächsischen Regierung Männer berufen, die in jahrelangem Kampf in der vordersten Front der Nationalsozialistischen Bewegung an der Befreiung unserer sächsischen Heimat und unseres deutschen Vaterlandes vom Joche marxistisch-liberalistischer Herrschaft mitgewirkt haben.
> ...“[163]

Fraglich ist, ob Thierack, nunmehr Mitglied der von Mutschmann berufenen sächsischen Regierung, tatsächlich an dem sog. „jahrelangem Kampf in der vordersten Front der Nationalsozialistischen Bewegung“ teilgenommen hat. Daher gilt es, zu untersuchen, auf welche Weise Thierack Anhänger des Nationalsozialismus wurde, inwieweit er am Aufstieg der NSDAP in Sachsen beteiligt war und warum er schließlich in die Regierung berufen wurde.
Hier erweist es sich als hinderlich, daß weder ein Nachlaß noch andere Aufzeichnungen Thieracks existieren, die Aufschluß über seine innere Gesinnung zu dieser Zeit geben könnten. Leider war es nicht möglich, anderweitig Informationen zu erlangen, die eine befriedigende Antwort auf diese Frage geben könnten. Somit muß mit der Auswertung der wenigen aufgefundenen Hinweise auf Thieracks parteipolitische Tätigkeit in dieser Zeit versucht werden, diese Frage zu beantworten.

Thierack trat am 1. August 1932 in die NSDAP ein und bekam die Mitgliedsnummer 1 378 794.[164]
Der SA, Gruppe Sachsen, trat er am 15. Februar 1934 bei.[165] In späteren Berichten über Thieracks Werdegang ist zu lesen, daß er schon vor seinem Eintritt in die Partei mehrere Jahre mit der SA zusammengearbeitet haben soll.[166] Ob dies tatsächlich zutrifft, ließ sich nicht nachprüfen. Wie oben erwähnt[167], soll Thierack als Staatsanwalt beim Oberlandesgericht Dresden bereits politisch tätig geworden sein. In einem Zeitungsartikel aus dem Jahr 1942 wird berichtet, Thierack habe sich während dieser Zeit dem Nationalsozialismus zugewandt:

---

[163] Sächsisches Hauptstaatsarchiv, Sächsisches Verwaltungsblatt Nr. 269 vom 6.5.1933.
[164] Personalakte Thierack, BA R 3001 (alt R 22) pers Nr. 78253.
[165] Personalakte Thierack, BA R 3001 (alt R 22) pers Nr. 78253.
[166] BA, R 8034 III, 463, Schlesische Zeitung vom 5.1.1943; Biographisches Lexikon zum Dritten Reich S. 458.
[167] S.o. Kapitel IV

„...1926 wird er nach Dresden in das Oberlandesgericht versetzt, wo er in politischen Prozessen amtiert.

...

Zwischen Schicksalen und Paragraphen, zwischen Menschen und Doktrinen auf der Suche nach dem „richtigen Recht" findet der Staatsanwalt Thierack auch ohne den Schutz, den die Unabsetzbarkeit etwa dem Richter gewährte, den Weg zur Bewegung des Führers.

..."[168]

Thierack kam im Jahr 1926 nach Dresden. Wie dargelegt führte die NSDAP zu dieser Zeit intensive Maßnahmen zur Mitgliederwerbung durch, die mit starker politischer Agitation verbunden waren. Dies geschah mittels einer Vielzahl öffentlicher Veranstaltungen.
Zu vermuten ist, daß Thierack wie unzählige andere auch von dieser massiven Propaganda erfaßt wurde und sich dem Nationalsozialismus zuwandte.
Sein Eintritt in die Partei im August 1932 fiel in eine Zeit, als die NSDAP schon reichsweit große Wahlerfolge erzielte und keine Außenseiterrolle mehr spielte.
Ob Thierack tatsächlich schon mehrere Jahre vor seinem Parteieintritt mit der SA zusammenarbeitete, ließ sich nicht nachprüfen. Er hatte jedoch schon vor 1933 Beziehungen zu von Killinger, der SA-Obergruppenführer war.[169] Allerdings ist allein die Tatsache, daß zwischen beiden ein Kontakt bestand, noch kein Beweis für ein mehrjähriges Zusammenarbeiten Thieracks mit der SA.
Jedoch scheint er vor seinem Eintritt in die NSDAP für diese tätig geworden zu sein. In seinem SA-Personalbogen hat Thierack vermerkt, daß ein Schreiben der Ortsgruppe Dresden eine Anerkennung seiner Tätigkeit für die NSDAP vor seinem Eintritt in diese ausspreche. Dieses Schreiben ist jedoch auf den 11. August 1932 datiert, zehn Tage nach seinem Parteieintritt.[170] Ebenso lägen „auch andere Anerkennungen für meine Tätigkeit in der Kampfzeit von höchster Stelle" vor.[171]
Ob dies tatsächlich zutrifft oder ob solche Schreiben nachträglich angefertigt wurden, um Thieracks politische Vergangenheit im Sinne der NSDAP „aufzupolieren", ist nicht mehr nachprüfbar.
Jedoch läßt sich aus den genannten Anhaltspunkten schließen, daß Thierack jedenfalls schon vor 1933 dem Nationalsozialismus zugeneigt war.

Doch wie steht es mit der Behauptung Mutschmanns, die von ihm berufenen Männer, also auch Thierack, hätten an dem Kampf der Nationalsozialisten „in vorderster Front" teilgenommen?

---

[168] BA R 8034 III, 463, Das Reich vom 6.9.1942.
[169] IfZ, ZS 438 I, Aussage Günther Joel, Bl. 24.
[170] BA, SA-GruF, SA-Personalbogen Thierack.
[171] BA, SA-GruF, SA-Personalbogen Thierack.

Liest man, jemand habe an einem „Kampf in vorderster Front“ mitgewirkt, geht man davon aus, daß es sich um eine Person handelt, die als treibende Kraft und mit großem Einsatz an dem Vorhaben mitgewirkt hat.
Zu untersuchen ist, wie ein solcher Einsatz hier ausgesehen haben könnte. Zunächst könnte es bedeuten, daß die Person sich an den gewalttätigen Auseinandersetzungen beteiligt haben könnte, die, wie berichtet unter anderem gegen Juden und politische Gegner gerichtet waren. Auch könnte es bedeuten, daß sich diese Person, wenn nicht durch körperlichen Einsatz, so doch wortführend, zum Beispiel als Redner auf öffentlichen Veranstaltungen der Partei, hervorgetan haben könnte. Eine dritte Möglichkeit wäre, daß der Betreffende die Fäden im Hintergrund gezogen und zum Beispiel für die Organisation der Propagandaaktionen verantwortlich gezeichnet haben könnte. Schließlich könnte diese Person auch ihr berufliches Umfeld und die sich daraus ergebenden Möglichkeiten genutzt haben, um der NSDAP zum Aufstieg zu verhelfen.
Zu prüfen ist, ob Thierack sich in einer der hier genannten Weisen so hervorgetan haben könnte, daß dies den Ausdruck „Kampf in vorderster Front“ rechtfertigen würde.
In dem besagten Personalbogen hat Thierack auf die Fragen nach „Verwundungen im Dienst der Bewegung“ und „für die Bewegung erlittene Strafen“ jeweils mit „nein“ geantwortet.[172]
Auch gab er an, einem Freikorps oder ähnlichen Verbänden nicht angehört zu haben.[173] Hieraus kann man wohl schließen, daß Thierack nicht an den genannten gewalttätigen Auseinandersetzungen, jedenfalls nicht in „vorderster Front“, beteiligt war, was für einen Staatsanwalt trotz der besonderen Umstände der fraglichen Zeit, wohl auch kaum denkbar gewesen wäre.
Thierack gab zwar weiter an, oft als Redner der NSDAP aufgetreten zu sein, dies allerdings erst ab 1933.[174] Hieraus ist im Umkehrschluß ersichtlich, daß er sich vor 1933 nicht durch solche Aktivitäten für die NSDAP hervorgetan hatte. Er hätte dies, da es für seine SA- bzw. Parteikarriere nur von Vorteil sein konnte, sicherlich angegeben.
Hinsichtlich der dritten Möglichkeit, der Organisation im Hintergrund, scheint ein Kämpfen in vorderster Linie jedoch ebenfalls ausgeschlossen zu sein, da Thierack zu der Frage nach „Parteitätigkeit in der NSDAP“ lediglich die schon oben genannten Anerkennungsschreiben aufführte.[175] Auch hier scheint die Annahme gerechtfertigt zu sein, daß Thierack, hätte er sich anderweitig hervorgetan, dieses, da nur vorteilhaft für ihn, auch vermerkt hätte.
Bleiben lediglich die Hinweise auf seine Tätigkeit als politisch agierender Staatsanwalt. Da hierzu keine Unterlagen aufzufinden waren, läßt sich nicht

[172] BA SA-GruF, SA-Personalbogen Thierack.
[173] BA R 3001 (alt R 22) pers Nr. 78253, Personalakte Thierack.
[174] BA SA-GruF, SA-Personalbogen Thierack.
[175] BA SA-GruF, SA-Personalbogen Thierack.

nachprüfen, ob diese Tätigkeit die hier fragliche Behauptung Mutschmanns gerechtfertigt hat.

Günther Joel[176] äußerte in einer Zeugenaussage, Thierack habe 1932 „den Dingen fern" gestanden. Es sei auffallend gewesen, daß er 1933 sächsischer Justizminister geworden sei. Dies sei er durch seine Beziehungen zu von Killinger geworden.[177]

Diese Aussage scheint zu bestätigen, daß Thierack sich jedenfalls nicht durch einen „Kampf in vorderster Front" für den Nationalsozialismus in Sachsen hervorgetan hat.

Allein der Umstand jedoch, daß Thierack in die neu gebildete nationalsozialistische Regierung berufen wurde, beweist, daß er sich in irgendeiner Weise den damals führenden Männern der NSDAP in Sachsen bekannt gemacht haben muß. Denn es scheint klar, daß weder von Killinger noch Mutschmann einen ihnen gänzlich unbekannten oder dem Nationalsozialismus nicht zugeneigten Mann in ein Ministeramt berufen hätten.

Thierack scheint den bei seiner Berufung in ihn gesetzten Erwartungen entsprochen zu haben. Am 6. Mai 1933 dankte von Killinger, der an diesem Tag zum Ministerpräsidenten der neuen sächsischen Regierung ernannt worden war, in einem Aufruf im Sächsischen Verwaltungsblatt unter anderem Thierack für die Hilfe bei der ihm gestellten Aufgabe, die nun gelöst worden sei:

> „...
> Mit der Ernennung unseres Gauleiters, des Herrn Mutschmann zum sächsischen Statthalter und meiner von ihm verfügten Bestellung zum sächsischen Ministerpräsidenten hat sich das mir vom Herrn Reichskanzler übertragene Amt eines Reichskommissars für das Land Sachsen erledigt.
> Ich kann wohl ohne Überhebung sagen, daß die mit diesem Amte verbundene Aufgabe gelöst worden ist. Mit entschlossener Hand ist das Land und seine Verwaltung von allen denen gesäubert worden, von denen Widerstand gegen den Nationalsozialismus und Behinderung der neuen Führung zu erwarten war. Der Marxismus liegt am Boden und wird, wenn wie bisher weiter gearbeitet wird, nie wieder sein Haupt erheben.

---

[176] Dr. Günther Joel, geb. 19.4.1903 in Kassel, wurde im August 1933 in das Reichsjustizministerium berufen, seit Dezember 1937 Verbindungsmann des Reichsjustizministeriums zu SS, SD und Gestapo, ab 1941 Ministerialrat, schied 1943 aus dem Ministerium aus und wurde Generalstaatsanwalt in Hamm, im Nürnberger Juristenprozeß zu 10 Jahren Haft verurteilt, Weiß, Biographisches Lexikon zum Dritten Reich, S.243 f.
[177] IfZ, ZS 438 I, Aussage Günther Joel, Bl. 24.

Die gelöste Aufgabe war keine leichte. Mußte doch verhütet werden, daß Erwerbs- und Wirtschaftsleben von Schaden betroffen wurden. Wenn die Lösung der Aufgabe gelungen ist, so ist das nicht zum geringen Teil der aufopfernden, unermüdlichen Hilfsarbeit, die meine Beauftragten Dr. Hartnacke, Dr. Thierack, Kunz und Dr. Kluge, mein Stellvertreter Günther und der Oberpräsident v. Detten geleistet haben. Es ist mir Bedürfnis, ihnen dafür herzlichst zu danken.

..."[178]

Gleichzeitig mit seiner Ernennung zum Justizminister wurde Thierack Mitglied des Gesamtministeriums und Bevollmächtigter zum Reichsrat. Letzteres blieb er bis zur Auflösung des Reichsrates am 14. Februar 1934.

Im November 1933 wurde er in die Akademie für Deutsches Recht berufen und trat einen Monat später in deren Führerrat ein.[179]

3. Amtsführung Thieracks

Bei der Dokumentation der Tätigkeit Thieracks als sächsischer Justizminister bereitet die Tatsache, daß Unterlagen des sächsischen Justizministeriums aus dieser Zeit nur noch vereinzelt vorhanden sind, einige Schwierigkeiten.[180] Anhand der dennoch gefundenen Hinweise soll im folgenden dargestellt werden, wie Thierack das ihm übertragene Amt führte, welche Aufgaben er sich stellte und welche Maßnahmen er ergriff.

a) Aufgabenverteilung im sächsischen Justizministerium

Aufschluß über die Aufgabenverteilung im sächsischen Justizministerium gibt der Geschäftsplan des Ministeriums nach dem Stand vom 1. Mai 1934.

Hieraus ist ersichtlich, daß das Ministerium in vier Abteilungen untergliedert war. Abteilung I war zuständig für die Justizaufsicht, Zivil-, Staats- und Völkerrecht sowie Gesetzgebung. Die Themengebiete Strafrechtspflege, Strafvollzug und Gnadensachen wurden in Abteilung II bearbeitet, während Abteilung III sich mit den Personal- und Wirtschaftsangelegenheiten beschäftigte. Die Abteilung IV schließlich war zuständig für die Vorbereitung der Vereinheitlichung der Justiz und zur Überleitung der Justizverwaltungen der Länder Sachsen, Thüringen und Hessen auf das Reich.

---

[178] Sächsisches Hauptstaatsarchiv, Sächsisches Verwaltungsblatt Nr. 270 vom 6.5.1933.

[179] Sächsisches Hauptstaatsarchiv, NS-Gauverlag Texte Nr. 112, Bl.106.

[180] Vgl. Sächsisches Hauptstaatsarchiv, Gerhard Schmidt, Vorbemerkung zum Findbuch Justizministerium, S. IX f.

Während die ersten drei Abteilungen von dem Justizminister unterstellten Ministerialdirektoren geleitet wurden, unterstand Abteilung IV Thierack selbst.
Neben den genannten Abteilungen unterstanden dem Justizministerium weiterhin die beiden Prüfungsämter für die Erste und Zweite Juristische Staatsprüfung, beide unter der direkten Leitung Thieracks.[181]
Ab dem 14. Oktober 1934 unterstand dem Ministerium die Zweigstelle Dresden des Reichsjustizprüfungsamtes.[182]

Persönlicher Referent Thieracks war der erste Staatsanwalt Herbert Klemm. Das Büro des Ministers leitete Justizamtmann Wilhelm Täubrich.[183]

b) Personelle Umgestaltung der sächsischen Justiz

Gleich nach seinem Amtsantritt im sächsischen Justizministerium begann Thierack eine personelle Umgestaltung in der sächsischen Justiz, in deren Folge jüdische sowie politisch unliebsame Justizangehörige entlassen wurden. So wurde berichtet, Thierack habe bereits binnen zwei Stunden nachdem er die Geschäfte im Justizministerium übernommen hatte, Marxisten aus den Spitzenstellen der Justiz entfernt.[184]
Er erließ mit Ermächtigung des Reichskommissars von Killinger auf Grundlage der Verordnung vom 28. Februar 1933[185] in Verbindung mit § 48 Abs. 4 der Reichsverfassung folgende Verordnung:

> „ Es werden bis auf weiteres vom Dienst beurlaubt ...
> Als Konkursverwalter, Vertrauenspersonen, Nachlaßpfleger, Nachlaßverwalter, Vormünde usw. dürfen Personen jüdischen Glaubens nicht mehr bestellt werden. In Zweifelsfällen ist dem Justizministerium Bericht zu erstatten. In Armenrechtssachen dürfen Personen jüdischer Abstammung nicht mehr beigeordnet werden.
> Im Hinblick auf die Hetze des internationalen Judentums, die trotz aller Warnungen der Reichsregierung im Auslande weitergeht, hat sich unserer nationalen Bevölkerung eine täglich steigende Erregung bemächtigt, so daß die vorbeugenden Maßnahmen des sächsischen Justizministeriums unumgänglich waren. Genau wie die englische, französische und amerikanische Regierung verhält sich die unsrige in diesem spontanen Abwehrkampf des deutschen Volkes als völlig passive, sieht sich aber natürlich gezwungen, zum Zweck der Erhaltung von Ruhe und Ordnung in dem einzelnen Geschäftsbereich das absolut notwendige zu tun. Anders wäre

---

[181] Sächsisches Hauptstaatsarchiv, 11018 Ministerium der Justiz, Nr. 1490.
[182] Kobuch S. 150.
[183] Sächsisches Hauptstaatsarchiv, 11018 Ministerium der Justiz, Nr. 1490.
[184] Vgl. Sächsisches Hauptstaatsarchiv, 10702 Staatskanzlei, Nachrichtenstelle, Zeitungsausschnittssammlung, 606/II, Zittauer Morgen-Zeitung vom 1.10.1933.
[185] Verordnung des Reichspräsidenten zum Schutz von Volk und Staat vom 28.2.1933, RGBl. 1933 I, 83.

ein geordnetes Justizwesen einfach unmöglich gewesen, da Ausschreitungen und sonstige Schwierigkeiten zu befürchten waren. Die Ausschaltung jüdischer Gerichtspersonen erschien mithin als einzig mögliche Lösung."[186]

Anfang April 1933 äußerte Thierack sich über seine Tätigkeiten zur personellen Umgestaltung der sächsischen Justiz. Er betonte, daß unter den sächsischen Beamten zwar auch Marxisten seien, im großen und ganzen sei dieser Beamtenkörper aber „intakt" geblieben. Jedoch habe er da „mit harter Hand" eingreifen müssen, „wo wirkliche Lebensinteressen der Justizpflege bedroht waren". Er habe im Justizministerium die unerwünschten Personen entfernt und die Abteilungen völlig neu umgestaltet.

Über die jüdischen Justizangehörigen sagte Thierack bei diesem Anlaß:

„...
Das deutsche Volk in allen seinen Gauen hat sich zurückgefunden zu seinem Stamm. Es kann diesem erwachenden Volke nicht zugemutet werden, daß Richter jüdischer Abstammung über deutsche Volksgenossen in Strafsachen Urteile fällen und Strafen verhängen. Ebensowenig tragbar erscheint es, daß die Geschäfte der Staatsanwaltschaften von Beamten jüdischer Abstammung wahrgenommen werden, das gleiche möchte ich annehmen in Ehesachen und Arbeitsgerichtssachen deutscher Volksgenossen.
..."[187]

Mit Erlaß des Gesetzes zur Wiederherstellung des Berufsbeamtentums am 7. April 1933 konnte Thierack sich auf dieses stützen. Eine spezielle Durchführungsverordnung für das Land Sachsen ist nicht nachweisbar.[188]
Anfang Oktober 1933 wurde gemeldet, daß die Arbeiten hinsichtlich des Gesetzes zur Wiederherstellung des Berufsbeamtentums abgeschlossen seien.
Die Anzahl der Entlassenen im Geschäftsbereich der sächsischen Justiz wurde offiziell mit mehr als 250 angegeben, die Zahl der entlassenen Orts- und Friedensrichter habe die Zahl 500 überstiegen. Der Nachprüfung des Justizministeriums hätten dabei ungefähr 18 700 Personen unterstanden.[189]

---

[186] Vgl. Sächsisches Hauptstaatsarchiv, 10702 Staatskanzlei, Nachrichtenstelle, Zeitungsausschnittssammlung, 606/I, Vogtländischer Anzeiger vom 2.4.1933.
[187] Vgl. Sächsisches Hauptstaatsarchiv, 10702 Staatskanzlei, Nachrichtenstelle, Zeitungsausschnittssammlung, 606/II, Dresdner Anzeiger vom 3.4.1933.
[188] Kobuch, Otto Georg Thierack (1889 – 1946), S. 146.
[189] Vgl. Sächsisches Hauptstaatsarchiv, 10702 Staatskanzlei, Nachrichtenstelle, Zeitungsausschnittssammlung, 606/II, Zittauer Morgen-Zeitung vom 1.10.1933.

c) Tätigkeit auf dem Gebiet des Strafrechts und des Strafvollzugsrechts

Auf dem Gebiet des Strafrechts widmete Thierack den Strafverfahren besondere Aufmerksamkeit, „die ihre Ursache in der Notlage der Wirtschaft finden". Hiermit meinte er Strafverfahren wegen Wirtschaftsvergehen, „die durch die rücksichtslosen Besteuerungen des vergangenen Systems oder durch die verfehlte Wirtschaftspolitik früherer Regierungen entstanden sind, aber nicht auf den bösen Willen der Wirtschaftskreise zurückgeführt werden müssen".
Er behauptete, in zahlreichen Fällen den Angeklagten durch Niederschlagung der Verfahren oder durch Herabsetzung der Strafen geholfen zu haben, soweit das in seiner Macht gestanden habe.[190]

Kurz nach Thieracks Amtsantritt äußerte er sich in einem Rundfunkvortrag über die von ihm geplante Neuordnung der Strafrechtspflege in Sachsen. Hierbei betonte er, daß er seine besondere Aufmerksamkeit dem Strafvollzug zugewendet habe, da das, was er in diesem Bereich vorgefunden habe, „das Beschämendste" gewesen sei.[191]
Er kündigte verschiedene Änderungen auf diesem Gebiet an. Tatsächlich ist schon kurz darauf eine intensive Tätigkeit des Justizministeriums auf dem Gebiet des Strafvollzugs festzustellen. Zunächst richtete Thierack sich in einem Rundschreiben vom 23. März 1933 an die Gefangenenanstalten des Landes. Darin teilte er mit, daß die neue Regierung gewillt sei, „auch in den Gefängnissen Verhältnisse zu schaffen, die unbedingt Zucht und Ordnung gewährleisten". Er kündigte auch an, dem angeblichen Mißbrauch des Beschwerderechts der Gefangenen entgegenzutreten.[192] In der Folgezeit erließ das Justizministerium eine Reihe von Verordnungen, die insgesamt den Strafvollzug verschärften. Am 13. April 1933 erging eine Verordnung über die Einhaltung militärischer Formen im Gefängniswesen. Durch sie sollte in den Gefängnissen die maßvolle Einhaltung militärischer Formen wiedereingeführt werden, um Zucht und Ordnung aufrecht zu erhalten.[193]
Durch Verordnung vom 20. April 1933 wurde die Einrichtung der Gefängnisbeiräte beseitigt. Es folgte am 24. April die Aufhebung der Gefängnisfürsorge.[194]
Eine weitere Verordnung regelte, daß Bücher kommunistischen Inhalts und solche, gegen deren Inhalt „vom nationalen Standpunkt aus Bedenken bestehen", nicht mehr an Gefangene ausgehändigt werden durften und daß sogenannte „marxistische und sonstige undeutsche Bücher und Schriften" aus den Büche-

---

[190] Sächsisches Hauptstaatsarchiv, 11018 Ministerium der Justiz, Nr. 1551, Bl. 89.
[191] Sächsisches Hauptstaatsarchiv, 10702 Staatskanzlei, Nachrichtenstelle, Zeitungsausschnittssammlung, 606/II, Dresdner Anzeiger vom 3.4.1933.
[192] Sächsisches Hauptstaatsarchiv, 11018 Ministerium der Justiz, Nr. 1541, Bl. 10.
[193] Sächsisches Hauptstaatsarchiv, 11018 Ministerium der Justiz, Nr. 1541, Bl. 3.
[194] Sächsisches Hauptstaatsarchiv, 11018 Ministerium der Justiz, Nr. 1541, Bl. 5.

reien der Gefängnisse entfernt und vernichtet werden sollten. Als Beispiel für solche unerwünschte Literatur nannte Thierack Remarques Roman „Im Westen nichts Neues“.[195]

Da die alte Strafvollzugsordnung aufgrund der zahlreichen Änderungen unübersichtlich geworden war, wurde am 25. September 1933 eine neue Strafvollzugsordnung erlassen.[196] Durch die neue Verordnung sollten die Vorschriften des Strafvollzugs derart umgestaltet werden, daß sie die nationalsozialistischen Rechtsanschauungen widerspiegelten.[197]

In dem oben erwähnten Rundfunkvortrag legte Thierack auch seine Ansichten über den Zweck des Strafens und darüber dar, was sich in dieser Hinsicht in Sachsen ändern müsse:

> „...
> Wir müssen uns daran gewöhnen, wieder strafen zu lernen und hart zu sein, nicht der Härte wegen, sondern weil wir durch die Strafe erziehen müssen und sollen.
> ...
> Strafe muß fühlbar sein und Gnade soll nur eine seltene, aber gerechte Sache werden. Es darf nicht dazu kommen, daß die Gefangenen erklären: Wir sind in einem Sanatorium, uns fehlt nur noch der Hausschlüssel.
> ...“[198]

Den von ihm vorgetragenen Erziehungsgedanken erläuterte Thierack dahingehend, daß der Sinn des Strafvollzugs in erster Linie darin liege, eine strenge Erziehung der Gefangenen zu Zucht und Ordnung zu gewährleisten.[199]

Im Hinblick auf die Bestrafung bei Tötungsdelikten erklärte Thierack, daß er, solange er dieses Amt verwalte, dafür eintreten werde, „daß derjenige, der ein anderes Leben mit Vorbehalt und Überlegung vernichtet, selbst sein Leben verwirkt hat“.[200]

Im Juni 1933 kam es zu einem Vorkommnis, aufgrund dessen Thierack sich gezwungen sah, sich gegen ein Eingreifen von Parteileuten in Angelegenheiten des Justizministeriums zur Wehr zu setzen und den betreffenden NSDAP-Mann in seine Schranken zu weisen. Der NSDAP-Ortsgruppenleiter des Ortes Waldheim hatte, ohne sich vorher mit dem Vorstand der ortsansässigen Gefangenenanstalt oder dem Justizministerium in Verbindung zu setzten, einem Jurastudenten den

---

195 Sächsisches Hauptstaatsarchiv, 11018 Ministerium der Justiz, Nr. 1541, Bl. 22, 135.

196 Sächsisches Hauptstaatsarchiv, 11018 Ministerium der Justiz, Nr. 1541, Bl. 151.

197 Vgl. Sächsisches Hauptstaatsarchiv, 11018 Ministerium der Justiz, Nr. 1541, Bl. 151.

198 Sächsisches Hauptstaatsarchiv, 10702 Staatskanzlei, Nachrichtenstelle, Zeitungsausschnittssammlung, 606/II, Dresdner Anzeiger vom 3.4.1933.

199 Sächsisches Hauptstaatsarchiv, 10702 Staatskanzlei, Nachrichtenstelle, Zeitungsausschnittssammlung, 606/II, Dresdner Anzeiger vom 3.4.1933.

200 Sächsisches Hauptstaatsarchiv, 10702 Staatskanzlei, Nachrichtenstelle, Zeitungsausschnittssammlung, 606/II, Dresdner Anzeiger vom 3.4.1933.

Befehl erteilt, die Gefängnisbücherei dieser Gefangenenanstalt durchzusehen und etwa dort vorhandene „marxistische und minderwertige Literatur“ zu beseitigen. Die Leitung des Gefängnisses hatte sich daraufhin an Thierack gewandt, da das Justizministerium sich ausdrücklich vorbehalten hatte, die Büchereien der Gefängnisse hinsichtlich solcher Literatur zu kontrollieren. Auch hatte eine solche Kontrolle in Waldheim bereits stattgefunden. Man bat Thierack, „die hiesige Ortsgruppenleitung der NSDAP über ihre Zuständigkeit belehren zu lassen“.[201]
Thierack reagierte auf dieses Vorkommnis mit einem scharf gehaltenen Schreiben an den fraglichen Ortsgruppenleiter, in dem es heißt:

> „Ich verkenne nicht und halte es für begrüßenswert, daß Sie mithelfen, den Staat wieder in Ordnung zu bringen. Es geht jedoch nicht an, daß Sie sich unter Umgehung des Justizministeriums an den Vorstand der vereinigten Gefangenenanstalten Waldheim in der vorbezeichneten Weise wenden. Der ordnungsmäßige Weg ist der, daß sie ihre Beschwerden und Wünsche beim Justizministerium vorbringen. Hier wird diesem Vorbringen Rechnung getragen werden.“[202]

Am Ende des Schreibens betont Thierack, daß er selbst bei seiner letzten Anwesenheit in Waldheim die Anstaltsbücherei stichprobenweise nachgeprüft habe.[203]

Weiterhin hatte das sächsische Justizministerium sich mit der Frage der polizeilichen Schutzhaftlager auseinanderzusetzen. Das Landeskriminalamt war mit dem Vorschlag an das Ministerium herangetreten, Freiheitsstrafen in diesen Lagern zu vollstrecken. Zumindest die Strafen einer bestimmten Gruppe von Verurteilten sollten dort vollstreckt werden.[204]
Thierack antwortete hierauf jedoch, daß vielleicht die Schutzhaftlager als Gefängnisse im weitesten Sinne des Wortes angesehen werden könnten, gegen die Vollstreckung von Freiheitsstrafen in diesen Lagern jedoch rechtliche Bedenken bestünden. Zum einen wäre dabei die nach den Strafvollzugsgrundsätzen erforderliche Trennung zwischen Strafgefangenen und Schutzhaftgefangenen nicht möglich. Zum anderen spreche der Umstand dagegen, daß in dem Schutzhaftlager die Freiheitsstrafe an dem Verurteilten ganz anders vollstreckt werden solle und werde als in einem Justizgefängnis.[205]

---

[201] Sächsisches Hauptstaatsarchiv, 11018 Ministerium der Justiz, Nr. 1541, Bl. 13 ff.
[202] Sächsisches Hauptstaatsarchiv, 11018 Ministerium der Justiz, Nr. 1541, Bl. 18 f.
[203] Sächsisches Hauptstaatsarchiv, 11018 Ministerium der Justiz, Nr. 1541, Bl. 19.
[204] Sächsisches Hauptsstaatsarchiv, 11018 Ministerium der Justiz, Nr. 1551, Bl. 38.
[205] Sächsisches Hauptsstaatsarchiv, 11018 Ministerium der Justiz, Nr. 1551, Bl. 38.

d) Juristenausbildung

Wie oben dargelegt, führte Thierack den Vorsitz in den Prüfungsämtern sowohl für die Erste als auch für die Zweite Juristische Staatsprüfung.
In einem Fragebogen gab er an, welche Fächer er prüfen wollte. Danach war Thierack bereit, aus folgenden Rechtsgebieten zu prüfen: Recht des deutschen Staates und seiner Entwicklung, Recht der deutschen Familie, Recht der Herrschaft über die Sachgüter, Recht der vertraglichen Beziehungen, Recht des deutschen Bauern, Recht der Arbeit, Recht der Wirtschaft, Strafrecht, Recht des gerichtlichen Verfahrens sowie Allgemeinbildung.[206] Damit sah er sich in der Lage, aus allen angegebenen Gebieten mit Ausnahme des Rechts der geistigen und künstlerischen Schöpfung zu prüfen.[207]

Ein wichtiges Thema scheint für Thierack die Ausbildung der angehenden Juristen im Sinne des Nationalsozialismus gewesen zu sein, da er immer wieder betonte, daß ihm dies sehr am Herzen liege. So erließ er anläßlich seiner Übernahme des Vorsitzes des Prüfungsamtes für die Zweite Juristische Staatsprüfung im Mai 1933 eine Verfügung, in der er dieses zum Ausdruck brachte. Er erklärte:

> „Um meine Verbundenheit mit dem juristischen Nachwuchs, dessen Zukunft mir sehr am Herzen liegt, zu bekunden, übernehme ich das Amt des Vorsitzenden in dem Prüfungsamt für die zweite juristische Staatsprüfung. Auch bei Ausübung dieses Amtes wird mich der Gedanke leiten, daß die lebendige Verbindung des jungen Juristen mit dem Geiste des neuen Deutschlands mit allen Mitteln gefördert und erhalten werden muß. ...“[208]

Als er im Juli 1933 in Chemnitz über die Aufgabe der Richter sprach, behandelte Thierack auch die Frage der Ausbildung des juristischen Nachwuchses. Die Heranziehung junger Juristen und deren Einordnung in den Staat nannte er eine „besonders wichtige und liebe Aufgabe“. Erforderlich sei nicht nur fachliches Wissen, sondern ebenfalls „charaktermäßige und persönliche Eignung“, worauf in den juristischen Prüfungen Rücksicht zu nehmen sei. Als beste Schulung für diese Eigenschaften nannte er die Mitgliedschaft in SA, SS und Stahlhelm, die die Einsicht vermitteln solle, daß es die höchste Pflicht sei, für den

[206] Sächsisches Hauptstaatsarchiv, 11025 Oberlandesgericht Dresden Nr. 3322, Fragebogen der Prüfer, Bl. 98 f.
[207] Vgl. Sächsisches Hauptstaatsarchiv, 11025 Oberlandesgericht Dresden Nr. 3322, Fragebogen der Prüfer, Bl. 98 f.
[208] Sächsisches Hauptstaatsarchiv, 10702 Staatskanzlei, Nachrichtenstelle, Zeitungsausschnittssammlung, 606/I, Dresdner Anzeiger vom 29.5.1933.

nationalsozialistischen Staat mit dem Leben einzutreten.[209] Auch sollten die jungen Juristen in die Wehrverbände, Arbeitslager und ähnlichen Einrichtungen gehen, um sich an Zucht und Gehorsam zu gewöhnen und das Volk kennen zu lernen.[210]

Thierack setzte sich auch insofern für die Belange der angehenden Juristen ein, daß er die vor seinem Amtsantritt angeordnete Kürzung des Etats für die Referendare wieder rückgängig machte.[211]

Bereits kurz nach seinem Amtsantritt erklärte er, daß er sich hinsichtlich der Auswahl der neu einzustellenden Assessoren persönlich die Entscheidung vorbehalten habe:

> „...
> Nur Assessoren, die ich persönlich gesehen und kennengelernt habe, dürfen angestellt werden.
> ...“[212]

Als im Oktober 1933 die juristische Ausbildung in Sachsen reformiert wurde, fand sich in der neuen Ausbildungsordnung die von Thierack angestrebte nationalsozialistische Ausrichtung wieder.

Auf Reichsebene war geplant, die vorher den Ländern obliegende Ausbildung der Juristen zu vereinheitlichen und eine gemeinsame Ausbildungsordnung zu schaffen, in welche das nationalsozialistische Gedankengut eingebaut werden sollte.[213] Bis zum Erlaß dieser Ausbildungsordnung sollte in Sachsen eine Zwischenlösung die nationalsozialistische Ausrichtung der Ausbildung sicherstellen. Deshalb wurde am 9. Oktober 1933 die „Verordnung über die Erste juristische Staatsprüfung in Sachsen“ erlassen.[214]

Diese enthielt einige gravierende Neuerungen. So sollten Erste und Zweite Juristische Staatsprüfung zusammen mit dem Vorbereitungsdienst ein Ganzes bilden. Um den Führergedanken zu beachten, wurde die gesamte juristische Ausbildung nun dem Justizminister übertragen, der der alleinige Leiter des Prüfungsamtes wurde. Die Erste Juristische Staatsprüfung sollte nun als Eingangsprüfung für den juristischen Vorbereitungsdienst angesehen werden, wodurch §

---

209 Sächsisches Hauptstaatsarchiv, 10702 Staatskanzlei, Nachrichtenstelle, Zeitungsausschnittssammlung, 606/I, Allgemeine Zeitung Chemnitz vom 14.7.1933.

210 Sächsisches Hauptstaatsarchiv, 10702 Staatskanzlei, Nachrichtenstelle, Zeitungsausschnittssammlung, 606/I, Meißner Tageblatt vom 5.7.1933.

211 Sächsisches Hauptstaatsarchiv, 10702 Staatskanzlei, Nachrichtenstelle, Zeitungsausschnittssammlung, 606/II, Dresdner Anzeiger vom 3.4.1933.

212 Sächsisches Hauptstaatsarchiv, 10702 Staatskanzlei, Nachrichtenstelle, Zeitungsausschnittssammlung, 606/II, Burgstädter Anzeiger vom 3.4.1933.

213 Sächsisches Hauptstaatsarchiv, 10702 Staatskanzlei, Nachrichtenstelle, Zeitungsausschnittssammlung, 606/II, Dresdner Neueste Nachrichten vom 13.10.1933.

214 Ebenda.

1a und § 6 des Reichsbeamtengesetzes in der Fassung vom 30. Juni 1933 zur Anwendung kamen und alle nichtarischen Studenten von der Prüfung ausgeschlossen wurden.
Der Prüfungsstoff wurde eingeschränkt, indem unter anderem Kirchen- und Völkerrecht sowie Sächsisches Staats-, Verwaltungs- und Privatrecht als Pflichtvorlesungen entfielen. Jedoch wurden neue nationalsozialistisch geprägte Pflichtfächer eingeführt, wie „Idee des Nationalsozialismus", „Rassenkunde und –pflege" sowie „Grundzüge der nationalsozialistischen Wirtschaftslehre".[215]
Hinsichtlich der Zweiten Juristischen Staatsprüfung betonte Thierack, daß das Justizministerium Wert darauf lege, bei der Prüfung der Referendare den Wert jeder Arbeit neben dem Urteil der Professoren selbst festzulegen.[216]

e) Gleichschaltung der sächsischen Juristen

Im Jahr 1933 sollte vor der geplanten Vereinheitlichung der Justiz auf dem staatlichen Sektor zunächst die organisatorische und ideologische Gleichschaltung der Justizangehörigen und ihrer Berufsvereinigungen erfolgen. Verantwortlich hierfür war Hans Frank, der am 22. April 1933 zum „Reichskommissar für die Gleichschaltung der Justiz in den Ländern und für die Erneuerung der Rechtsordnung" ernannt wurde. Er leitete außerdem den BNSDJ und war Leiter der Rechtsabteilung in der Reichsleitung der NSDAP.[217] Die Gleichschaltung erfolgte durch die Beseitigung der selbständigen Berufsverbände und Standesvereinigungen der Juristen. Neue Standesorganisation aller Juristen wurde der BNSDJ als ein der NSDAP angeschlossener Verband.[218]
In Sachsen kam es in diesem Zusammenhang im Mai 1933 zunächst zur Gleichschaltung der Richter und Staatsanwälte, indem der Verein Sächsischer Richter und Staatsanwälte Frank bat, die korporative Eingliederung des Vereins in den BNSDJ entgegenzunehmen.[219]
Am 1. Juli 1933 wurde dann die Deutsche Rechtsfront in Sachsen gegründet. Diese umfaßte sämtliche Richter, Staatsanwälte, Verwaltungsbeamte, Volkswirte und Referendare.[220]

---

215 Vgl. Sächsisches Hauptstaatsarchiv, 10702 Staatskanzlei, Nachrichtenstelle, Zeitungsausschnittssammlung, 606/II, Dresdner Neueste Nachrichten vom 13.10.1933.
216 Vgl. Sächsisches Hauptstaatsarchiv, 10702 Staatskanzlei, Nachrichtenstelle, Zeitungsausschnittssammlung, 606/II, Dresdner Nachrichten vom 2.2.1934.
217 Gruchmann, Justiz im Dritten Reich 1933-1940, S. 86.
218 Gruchmann, Justiz im Dritten Reich 1933-1940, S. 87.
219 Vgl. Sächsisches Hauptstaatsarchiv, 10702 Staatskanzlei, Nachrichtenstelle, Zeitungsausschnittssammlung, 606/I, Neue Leipziger Zeitung vom 22.5.1933.
220 Vgl. Sächsisches Hauptstaatsarchiv, 10702 Staatskanzlei, Nachrichtenstelle, Zeitungsausschnittssammlung, 606/I, Meißener Tageblatt vom 5.7.1933.

Anläßlich dieses Ereignisses äußerte Thierack seine Freude darüber, daß die Bildung der Rechtsfront in Sachsen so schnell gelungen sei. Zur Frage der Gleichschaltung sagte er, daß darunter nicht zu verstehen sei, daß man sich einen nationalsozialistischen Vorstand wähle, sondern es sei der einzelne Mensch innerlich gleichzuschalten.[221]

f) Verordnung gegen Störer des nationalsozialistischen Aufbaus

Im Juli 1933 erließ das Justizministerium eine Verordnung, die der Bekämpfung der Sabotage des nationalsozialistischen Aufbaues dienen sollte. Diese drohte die „schärfsten Maßnahmen" gegen jeden an, der den nationalsozialistischen Aufbau zu sabotieren versuchen sollte, was namentlich bei Mißachtung der Anordnungen der „Träger der Staatsautorität" oder bei unbefugten Eingriffen in die Wirtschaft der Fall sei.[222]

g) Einrichtung des Sondergerichts Freiberg

Die Reichsregierung hatte am 21. März 1933 eine Verordnung über die Bildung von Sondergerichten erlassen. Diese sah vor, daß in jedem Oberlandesgerichtsbezirk des Reiches ein Sondergericht gebildet werden sollte, dessen jeweiligen Sitz die Landesjustizverwaltung zu bestimmen habe.[223]
Schon am 28. März 1933 rief Thierack das Sondergericht für den sächsischen Oberlandesgerichtsbezirk mit Sitz beim Landgericht Freiberg ins Leben.[224]

4. Thieracks Mitarbeit an der „Verreichlichung" der Justiz

Im Jahr 1935 wurde die Justizhoheit der Länder auf das Reich übergeleitet.
Erste Bestrebungen, die Justiz zu „verreichlichen" hatte es schon bei den Verfassungsberatungen in Weimar gegeben. Sie wurden jedoch von der National-

---

[221] Vgl. Sächsisches Hauptstaatsarchiv, 10702 Staatskanzlei, Nachrichtenstelle, Zeitungsausschnittssammlung, 606/I, Meißener Tageblatt vom 5.7.1933.
[222] Ebenda.
[223] Zeidler, Das Sondergericht Freiberg, S.11.
[224] Zeidler, Das Sondergericht Freiberg, S. 23.

versammlung abgelehnt. Auch weitere in der Folgezeit vereinzelt unternommene Versuche in dieser Richtung wurden jeweils mehrheitlich abgelehnt.[225]
Erst mit der Machtübernahme der Nationalsozialisten, die eine Gleichschaltung des gesamten Staates anstrebten, waren die politischen Voraussetzungen geschaffen, die Justizhoheit der Länder zu beseitigen und diese auf das Reich zu übertragen.[226] Jedoch sollten zunächst die Justizangehörigen und ihre Berufsvereinigungen organisatorisch und ideologisch gleichgeschaltet werden, bevor die Gleichschaltung auch auf staatlicher Ebene erfolgen sollte.[227]
Ersteres geschah zum einen durch die Anwendung des Gesetzes zur Wiederherstellung des Berufsbeamtentums sowie des Gesetzes über die Zulassung zur Rechtsanwaltschaft, welche man dazu benutzte, mißliebige Beamte aus leitenden Stellungen zu entfernen und sie durch Nationalsozialisten zu ersetzen oder diese Personen in ein unbedeutendes Amt zu versetzen.[228]
Zum anderen wurden, wie oben dargelegt, unter der Leitung des „Reichskommissars für die Gleichschaltung der Justiz in den Ländern und für die Erneuerung der Rechtsordnung", Hans Frank, die selbständigen Berufs- und Standesvereinigungen der Juristen beseitigt und der BNSDJ zur Standesorganisation aller Juristen ausgebaut.
Thierack nahm am 22. April 1933 an einer Konferenz der Landesjustizminister in München teil, die Frank einberufen hatte, um zu beraten, wie die Auswirkungen der beiden am 7. April erlassenen Vorschriften über das Berufsbeamtentum und die Zulassung zur Rechtsanwaltschaft durch radikale Auslegung und Durchführung verschärft werden könnten. Es wurde ein ständiger Ausschuß gegründet, der die Gesamtheit der Landesjustizminister gegenüber dem Reichsjustizministerium vertreten sollte und zukünftig diejenigen Verhandlungen mit den Reichsbehörden und verantwortlichen Stellen führen sollte, die sich auf eine Vereinheitlichung des Rechts bezogen. Diesem Ausschuß gehörte Thierack neben Frank und Kerrl an.[229] Der Ausschuß erlangte jedoch keinen Einfluß auf die Reichsgesetzgebung.[230]

Die „Verreichlichung" der Justiz auf staatlicher Ebene erfolgte dann im Zuge der Gleichschaltung der Länder.[231]
Zunächst wurden durch das Gesetz über den Neuaufbau des Reiches vom 30. Januar 1934 die Hoheitsrechte der Länder auf das Reich übertragen. Dadurch wurde das Reich auch zum alleinigen Träger der Justizhoheit. Da hierdurch je-

---

[225] Gruchmann, Justiz im Dritten Reich 1933-1940, S. 85.
[226] Gruchmann, Justiz im Dritten Reich 1933-1940, S. 86.
[227] Gruchmann, Justiz im Dritten Reich 1933-1940, S. 86.
[228] Vgl. Weinkauff, Die deutsche Justiz und der Nationalsozialismus – ein Überblick, S. 101.
[229] Gruchmann, Justiz im Dritten Reich 1933-1940, S. 90 f.
[230] Ebenda.
[231] Vgl. Weinkauff, Hermann, Die deutsche Justiz und der Nationalsozialismus –ein Überblick, S. 100.

doch noch keine einheitliche Reichsjustiz hergestellt worden war, wurde für eine Übergangszeit die Wahrnehmung der auf das Reich übergegangenen Hoheitsrechte den Landesjustizbehörden zur Ausübung im Auftrag des Reiches übertragen.[232]

Anfang Februar leitete Reichsjustizminister Gürtner der Reichskanzlei einen Gesetzentwurf zu, welcher nach Genehmigung durch die Reichsregierung am 16. Februar 1934 im Reichsgesetzblatt als „Erstes Gesetz zur Überleitung der Rechtspflege auf das Reich" verkündet wurde. Es ermächtigte den Reichsjustizminister dazu, „alle Bestimmungen zu treffen, die durch den Übergang der Justizhoheit auf das Reich erforderlich werden".[233] Als vordringlichste Aufgabe zur Gewährleistung eines reibungslosen Überganges der Justizhoheit auf das Reich sah Gürtner die Schaffung eines Reichsjustizverwaltungsrechts. Hierzu arbeitete er einen Stufenplan aus, nach dem zunächst die Justizminister der Länder Preußen, Sachsen und Bayern jeweils gemeinsam mit den Justizverwaltungen der übrigen nord-, mittel- und süddeutschen Länder Vorschläge für ein solches Verwaltungsrecht erarbeiten sollten.[234]

Thierack befürwortete diese Vorgehensweise und schlug eine baldige Konferenz der Landesjustizminister vor, die in Dresden stattfinden sollte. Diesem Vorschlag kam Gürtner nach und lud zu einer Tagung der Länderjustizminister am 12. Februar nach Dresden ein.[235] Eröffnet wurde die Konferenz durch eine kurze Begrüßungsansprache Thieracks, in welcher er den Übergang der Justizhoheit auf das Reich begrüßte.[236] Er betonte, daß die Länderjustizminister gern von der Bühne abträten, wenn dafür die langersehnte Justizhoheit des Reiches verwirklicht werde. In diesem Zusammenhang erklärte er:

> „...
> Wir Länderjustizminister wissen genau, daß die Entwicklung über uns hinweggehen wird. Wir freuen uns dessen, und wir erklären dem Herrn Reichsminister der Justiz gegenüber, daß wir an der Wiedergeburt der alten deutschen Justizhoheit mitarbeiten wollen und jeder an seiner Stelle mitarbeiten werden, was seine Kräfte hergeben können. Und wenn ich jetzt Herrn Reichsjustizminister zurufe: Nicht morituri te salutant, sondern nascituri, so bitte ich, das in diesem Sinne zu verstehen.
> ..."[237]

---

[232] Vgl. Franz Gürtner, An die Landesjustizverwaltungen, in DJ 1934, 173, 174; Gruchmann, Justiz im Dritten Reich 1933-1940, S. 92.

[233] Gruchmann, Justiz im Dritten Reich 1933-1940, S. 93 f; RGBl 1934 I, S. 91.

[234] Vgl. Gruchmann, Justiz im Dritten Reich 1933-1940, S. 95.

[235] Gruchmann, Justiz im Dritten Reich 1933-1940, S. 96.

[236] Kobuch, Otto Georg Thierack (1889 – 1946), S. 149.

[237] Sächsisches Hauptstaatsarchiv, Ministerium der Justiz, 556, Ansprache Thieracks auf der Tagung der Länderjustizminister am 12.2.1934 in Dresden; Gruchmann, Justiz im Dritten Reich 1933-1940, S. 100.

Gürtner war Hauptreferent dieser Tagung und gab zunächst den Wortlaut des ersten Überleitungsgesetzes wieder. Weiterhin gab er einen Überblick über die hinsichtlich der Überleitung zu lösenden Fragen sowie darüber, auf welche Weise diese zu lösen seien.[238] Seiner Ansicht nach sollten die sechzehn Länderjustizverwaltungen zu drei Arbeitsgemeinschaften zusammengefaßt werden, die sich unter der Leitung der drei großen Justizverwaltungen von Preußen, Sachsen und Bayern einen Überblick über das in den Ländern geltende Verwaltungsrecht verschaffen sowie dieses daraufhin überprüfen sollten, was in ein künftiges Reichsjustizverwaltungsrecht aufgenommen werden solle. Diese Arbeitsweise habe auch Hitler befürwortet.[239]
In Ausführung dieses Vorschlags wurden im Frühjahr 1934 die erwähnten Arbeitsgruppen gebildet, wobei sich die mitteldeutschen Justizverwaltungen Sachsens, Thüringens und Hessens zu einer Arbeitsgemeinschaft unter der Leitung Thieracks zusammenschlossen.[240]
In der Folgezeit wurde innerhalb der aufgrund der Dresdner Tagung gebildeten Ländergruppen in Zusammenarbeit mit dem Reichsjustizministerium an einem einheitlichen Justizverwaltungsrecht gearbeitet.[241]

Im Oktober 1934 kam es zur Vereinigung des Reichsjustizministeriums mit dem Preußischen Justizministerium.

Einen weiteren Schritt zur „Verreichlichung" der Justiz stellte das Zweite Gesetz zur Überleitung der Rechtspflege auf das Reich vom 5. Dezember 1934 dar[242], mit dem gemäß § 1 des Gesetzes die Zuständigkeiten der obersten Landesjustizbehörden auf den Reichsjustizminister übergingen. § 2 ermächtigte den Reichsjustizminister dazu, „zur überleitenden Führung der Geschäfte" für einzelne oder mehrere Länder Beauftragte zu bestellen, welche die Bezeichnung „Beauftragte des Reichsministers der Justiz" führen sollten. Ihre Dienststelle sollte „Reichsjustizministerium Abteilung ... (Land)" heißen.[243] Mit diesem Gesetz waren die Landesjustizministerien ab dem 1. Januar 1935 beseitigt.[244]
Am selben Tag erließ Gürtner auf Grundlage des zweiten Überleitungsgesetzes eine Verordnung, welche die Bildung von vier Abteilungen des Reichsjustizministeriums mit Wirkung vom 1. Januar 1935 zum Inhalt hatte.

---

[238] Vgl. Gruchmann, Justiz im Dritten Reich 1933-1940, S. 96 ff.
[239] Gruchmann, Justiz im Dritten Reich 1933-1940, S. 98.
[240] Kobuch, Otto Georg Thierack (1889 – 1946), S. 150.
[241] Vgl. Gruchmann, Justiz im Dritten Reich 1933-1940, S. 107 f.
[242] RGBl. 1934 I,S. 1214.
[243] Abdruck des Gesetzes in DJ 1934, 1524 f.
[244] Gruchmann, Justiz im Dritten Reich 1933-1940, S. 113.

Dieses waren die Abteilungen Bayern, Sachsen-Thüringen, Württemberg-Baden, sowie die Abteilung Nord.[245] Beauftragter des Reichsjustizministeriums, Abteilung Sachsen-Thüringen wurde Thierack.[246]
Thierack äußerte sich zu den Aufgaben der Beauftragten des Reichsjustizministeriums in einem Aufsatz. Er betonte, daß die Beauftragung „nur zur überleitenden Fortführung der Geschäfte" stattgefunden habe und die Beauftragten nie aus den Augen zu lassen hätten, „daß das Endziel ihrer zeitlich beschränkten Tätigkeit die Auflösung der ihnen unmittelbar unterstellten obersten Landesjustizbehörden und die Aufteilung ihrer Geschäfte nach oben und nach unten bedeutet".[247] Auch stellte er klar die Weisungsgebundenheit der Beauftragten dar, deren unmittelbarer Vorgesetzter der Reichsjustizminister war. Weitere Konsequenz der Rechtsstellung als Beauftragte sei, daß diese zwar noch auf Wunsch beratend an Kabinettsitzungen teilnehmen dürften, eine Beteiligung an der Landesregierung aufgrund des Auftragsverhältnisses jedoch ausgeschlossen sei. Aus den von dem Beauftragten zu führenden Geschäften der Landesjustizverwaltungen seien weite Gebiete der Rechtspflege, wie unter anderem die Strafgesetzgebung und Strafrechtspflege bereits herausgenommen und dem Reich unmittelbar unterstellt worden. Als Hauptarbeit der Beauftragten sah Thierack die Personalverwaltung der ihnen anvertrauten Landesjustizverwaltungen. Am Ende betonte er erneut die zeitliche Begrenztheit der ihnen erteilten Aufgabe:

> „...
> daß alle Maßnahmen der Beauftragten von der Erkenntnis getragen sein müssen, daß ihre Tätigkeit erst dann eine richtige und zweckentsprechende ist, wenn sie das weitere Bestehen ihrer Dienststelle überflüssig machen hilft."[248]

In Dresden beging man im Januar 1935 mit einer schlichten Feier in den Räumlichkeiten des ehemaligen sächsischen Justizministeriums das Ende der sächsischen Justizverwaltung. Anwesend waren Beamte des Reichsjustizministeriums, hohe Beamte der Generalstaatsanwaltschaft und des Oberlandesgerichtes. Thierack hielt eine Ansprache, in der er unter anderem hervorhob, daß die Vereinheitlichung der Justiz nur dann durchgeführt werden könne, wenn Männer an der Spitze stünden, die sich mit ganzer Kraft einsetzten für die Idee, auch wenn sie wüßten, daß sich ihre Stellung damit erledige.[249]

Abgeschlossen wurde die Überleitung der Justizhoheit auf das Reich durch das Dritte Gesetz zur Überleitung der Rechtspflege auf das Reich vom 24. Januar

---

[245] Abdruck der Verordnung in DJ 1935, 1525.
[246] BA R 3001 (alt R 22) pers. Nr. 78253, Personalakte Thierack.
[247] Thierack, Die Aufgaben der Beauftragten des Reichsministers der Justiz, in DJ 1935, 3f.
[248] Thierack, Die Aufgaben der Beauftragten des Reichsministers der Justiz, in DJ 1935, 3f.
[249] Vgl. Sächsisches Hauptstaatsarchiv, 10702 Staatskanzlei, Nachrichtenstelle, Zeitungsausschnittssammlung, 606/II, Dresdner Neueste Nachrichten vom 3.1.1935.

1935.[250] Hierdurch wurden die Justizbehörden der Länder zum 1. April 1935 Reichsbehörden und die Justizbeamten der Länder wurden unmittelbare Reichsbeamte.

Vom 7. bis 9. Februar 1935 besuchte Gürtner als Abschluß einer Reise durch die einzelnen Länder aus Anlaß der Überleitung der Rechtspflege Sachsen und Thüringen. In Dresden dankte er in einer Ansprache Thierack „für seine tatkräftige und umsichtige Leitung der Geschäfte dieser Zweigstelle".[251] Anläßlich dieses Besuches bezeichnete Thierack in einer Ansprache den Tag seiner Beauftragung, für die Länder Sachsen, Thüringen und Hessen die Überführung in die Reichseinheit vorzubereiten, als den schönsten seines Lebens. Auch führte er aus, seine persönliche Genugtuung empfinde er daraus, daß es ihm gelungen sei, das in den „Jahren des Systems" in weitem Umfange verlorengegangene Vertrauen des Volkes zur Justiz in den Jahren seiner Ministertätigkeit in Sachsen zurückzugewinnen.[252]

Mit einem Staatsakt wurde am Nachmittag des 2. April 1935 in der Berliner Staatsoper der Abschluß der Verreichlichung der Justiz feierlich begangen. Anwesend waren neben Hitler fast alle Minister und Staatssekretäre des Reiches, Vertreter der Wehrmacht und der Polizei.[253] Wahrscheinlich wird Thierack an diesem Festakt teilgenommen haben.

Mit dem Staatsakt vom 2. April war Thieracks Stellung an der Spitze der sächsischen Justiz, die er zwei Jahre lang innegehabt hatte, endgültig beendet. Im nachhinein betrachtet kommt man nicht umhin, die ungewöhnliche Situation festzustellen, in der Thierack sich befand. Kaum zum Justizminister ernannt, wurde er beauftragt, daran mitzuwirken, auch das eigene Ministerium abzuschaffen. Aufgrund dessen, daß auf Reichsebene schon im Jahr 1933 erste offizielle Schritte zur Gleichschaltung der Justiz eingeleitet wurden[254], kann man wohl die Behauptung aufstellen, Thierack sei sich schon bei seinem Amtsantritt im sächsischen Ministerium, jedenfalls aber kurz darauf, bewußt gewesen, daß die ihm übertragenen Aufgaben zeitlich begrenzt waren und ihr Ende mit der Vollendung der Gleichschaltung finden würden.

---

250 RGBl. 1935 I, S. 68.
251 Vgl. DJ 1935, 249.
252 Vgl. DJ 1935, 249.
253 Vgl. DJ 1935, 536 ff.
254 So wurde unter anderem Hans Frank bereits im April 1933 offiziell zum „Reichskommissar für die Gleichschaltung der Justiz in den Ländern und für die Erneuerung der Rechtsordnung" ernannt.

Betrachtet man abschließend die Vorgänge, die schließlich zur „Verreichlichung“ der Justiz geführt haben, stellt man fest, daß Thierack schon früh und offensichtlich engagiert begann, an diesem Vorhaben mitzuwirken. Er scheint bei dieser Arbeit konsequent den Kurs Gürtners unterstützt zu haben. Von Frank und Kerrl, die beide stark an der Mitarbeit bei der „Verreichlichung“ interessiert waren, ist bekannt, daß sie versuchten, auf Kosten sowohl des Reichsjustizministeriums als auch des jeweils anderen, die Vorherrschaft auf diesem Gebiet an sich zu reißen. Dabei unternahmen beide Versuche, die Arbeit Gürtners zu sabotieren bzw. Gürtner von den Arbeiten an der Vereinheitlichung der Justiz auszuschließen.[255] Von Thierack ist nichts dergleichen erwähnt. Im Gegenteil scheint er den Kurs Gürtners unter Anerkennung von dessen Führung in dieser Sache verfolgt zu haben. So stimmte er dem von Gürtner erarbeiteten Stufenplan zur Erarbeitung eines Reichsjustizverwaltungsrechts ausdrücklich zu, nahm die ihm erteilte Aufgabe zur Leitung der Arbeitsgemeinschaft der Justizverwaltungen Sachsens, Thüringens und Hessens offensichtlich bereitwillig an und arbeitete auch als späterer Beauftragter des Reichsjustizministeriums, Abteilung Sachsen-Thüringen im Sinne des Ministeriums.

Es stellt sich die Frage, welches Ziel Thierack für sich persönlich verfolgte. Bei der Beantwortung dieser Frage ist zunächst zu beachten, daß Thierack wußte, daß das ihm 1933 übertragene Amt in kurzer Zeit enden würde. Weiter erscheint es abwegig, davon auszugehen, Thierack hätte vorgehabt, nach Beendigung dieser Tätigkeit auf politischer Ebene, diese wieder zu verlassen und erneut als Staatsanwalt zu arbeiten. Daher läßt sich die Frage nach seiner persönlichen Zielsetzung im Grunde nur so beantworten, daß Thierack die ihm erteilte Aufgabe nutzte, um sich für eventuelle spätere, größere Aufgaben innerhalb der deutschen Justiz zu empfehlen.

Hierfür spricht auch, daß Thierack es nicht versäumte, seine Verdienste und auch seine Loyalität zu betonen, wenn er dafür ein geeignetes Forum fand. So zum Beispiel wenn er in Anwesenheit Gürtners äußerte, persönliche Genugtuung zu empfinden, daß es ihm gelungen sei, das in den „Jahren des Systems“ in weitem Umfange verlorengegangene Vertrauen des Volkes zur Justiz in den Jahren seiner Ministertätigkeit in Sachsen zurückzugewinnen.[256]

Oder wenn er anläßlich des oben erwähnten Festaktes in Dresden unter anderem hervorhob, daß die Vereinheitlichung der Justiz nur dann durchgeführt werden könne, wenn Männer an der Spitze stünden, die sich mit ganzer Kraft für die Idee einsetzten, auch wenn sie wüßten, daß sich ihre Stellung damit erledige.[257]

---

[255] ausführlich dargestellt z.B. bei Gruchmann, Justiz im Dritten Reich, 1933-1940, S. 87 ff., 95 ff.

[256] Vgl. DJ 1935, 249.

[257] Vgl. Sächsisches Hauptstaatsarchiv, 10702 Staatskanzlei, Nachrichtenstelle, Zeitungsausschnittssammlung, 606/II, Dresdner Neueste Nachrichten vom 3.1.1935.

Man kommt um die Feststellung nicht umhin, daß Thierack mit diesen Worten sich selbst beschrieb.
Zwar ist ungewiß, ob Thierack zu diesem Zeitpunkt schon direkt den Posten des Reichsjustizministers anstrebte, den er 1942 tatsächlich erhalten sollte, jedoch kann man wohl als sicher annehmen, daß er eine weitere Karriere plante, für die seine Arbeit an der Spitze der sächsischen Justiz als Sprungbrett dienen sollte.

VI. Vizepräsident des Reichsgerichts

Nachdem Thieracks Funktion an der Spitze der sächsischen Justiz mit dem endgültigen Übergang der Länderjustizverwaltungen auf das Reich zum 31. März 1935 beendet war, wurde er nahtlos in ein neues Amt berufen. Er wurde schon am folgenden Tag zum Vizepräsidenten des Reichsgerichts in Leipzig ernannt.[258]
Das Reichsgericht war 1879 geschaffen worden. Es war das höchste deutsche Gericht für Straf-, Zivil- und Arbeitsrechtssachen.[259] Neben seiner Funktion als oberstes Rechtsmittelgericht war es gleichzeitig bis zur Errichtung des Volksgerichtshofes im April 1934 erstinstanzlich in Hoch- und Landesverratssachen zuständig.[260] Als Präsident stand Dr. Erwin Bumke dem Reichsgericht vor, der am 15. Februar 1929 seine Ernennungsurkunde vom Reichspräsidenten Hindenburg erhalten hatte.[261]

1. Berufung und Amtsantritt

Die Ernennung Thieracks durch Hitler fand statt auf Vorschlag von Reichsjustizminister Gürtner.[262] Zu seiner Einführung fand am 15. Mai eine Sitzung des Präsidiums des Reichsgerichts statt, zwei Tage nachdem er seine Dienstgeschäfte aufgenommen hatte.[263]

---

[258] BA R 3001 (alt R 22) Nr. 78253, Personalakte Thierack.
[259] Kobuch, Otto Georg Thierack (1889 – 1946), S. 151.
[260] Zarusky, Politische Strafjustiz im nationalsozialistischen Doppelstaat, S. 29.
[261] Kolbe, Reichsgerichtspräsident Dr. Erwin Bumke, S. 58.
[262] Vgl. Sächsisches Hauptstaatsarchiv, NS-Gauverlag, Texte Nr. 112, Bl. 106, Kurzbiographie vom 24.12.1942 aus Archiv für publizistische Arbeit.
[263] Vgl. Sächsisches Hauptstaatsarchiv, 10702 Staatskanzlei, Nachrichtenstelle, Zeitungsausschnittssammlung, 630/1, Neue Leipziger Zeitung vom 19.5.1935.

Thierack erhielt den Vorsitz im Sechsten Strafsenat, dessen Mitglieder die Richter Bender, Isenbart, Dr. Hoffmann, Kamecke, Goedel und Dr. Iber waren.[264]
Bemerkenswert erscheint, daß man Thierack zum Vizepräsidenten des höchsten deutschen Gerichts ernannte, obwohl er vorher noch kein Richteramt bekleidet hatte. Auch war er auf rein juristischem Gebiet nach außen und literarisch nicht herausragend hervorgetreten.[265] Zwar hatte er als Staatsanwalt am Dresdner Oberlandesgericht scheinbar im nationalsozialistischen Sinne gewirkt, doch ist fraglich, ob dies genügte, um ihn für die Position am Reichsgericht zu qualifizieren. Daher liegt die Vermutung nahe, daß man eine angemessene Aufgabe für Thierack suchte, nachdem er durch den Wegfall der Landesjustizministerien seine Stellung verloren hatte. Diese Vermutung wird bekräftigt durch eine Aussage Joels, man habe Thierack an das Reichsgericht berufen, da man ihn nach dem Wegfall seiner Stelle habe unterbringen müssen.[266] Thierack hatte bei der Führung seiner Geschäfte als sächsischer Justizminister und vor allem bei seiner tatkräftigen Mitwirkung an der „Verreichlichung" der Justiz bewiesen, daß er bereit und fähig war, die nationalsozialistischen Anschauungen in der Justiz durchzusetzen und sich dadurch bei den verantwortlichen Stellen für eine weitere Verwendung empfohlen. Aus diesem Grund dürfte man für ihn eine Stellung gesucht haben, die rangmäßig seiner vorherigen Position gleichkam. Ob die Beschäftigung Thieracks am Reichsgericht lediglich als Übergang gedacht war oder ob sie längerfristig sein sollte, konnte nicht ermittelt werden. Es erscheint jedoch möglich, daß die Berufung Thieracks an das Reichsgericht lediglich übergangsweise gedacht war, um ihn zum einen auf den Richterberuf und zum anderen auf die Leitung eines Gerichts vorzubereiten. Dann müßte schon zu diesem Zeitpunkt der Plan vorhanden gewesen sein, Thierack später zum Präsidenten des Volksgerichtshofes zu machen. Ob ein solcher Plan bestand, konnte jedoch mangels Angaben über die Gründe für Thieracks Berufung an das Reichsgericht nicht geklärt werden.

2. Tätigkeit am Reichsgericht

Bei dem unter Vorsitz Thieracks stehenden Sechsten Strafsenat handelte es sich nicht um einen Senat, der kontinuierlich existierte. Zum Zeitpunkt der Machtübernahme der Nationalsozialisten verfügte das Reichsgericht neben seinen acht Zivilsenaten über fünf Strafsenate, wobei die Anzahl der Strafsenate gemäß §

---

264 BA R 3002/Gen., 82/1, Bl. 95, Geschäftsverteilungsplan für das Jahr 1935 des Reichsgerichts.

265 Staatsarchiv Nürnberg, KV-Prozesse Fall 3, Q 9, Verteidigungsrede für Rothenberger, Bl. 26.

266 IfZ ZS 438 I, Aussage Joel, Bl. 30.

130 GVG je nach den Erfordernissen vom Reichsjustizminister bestimmt wurde.[267] Im Juli 1933 war die Anzahl der Zivilsenate auf sieben herabgesetzt und dafür ein sechster Strafsenat gebildet worden.[268] Nachdem der sechste Strafsenat nach der Bildung des Volksgerichtshofes, dem die erstinstanzlichen Hoch- und Landesverratssachen übertragen worden waren, am 15. Juni 1934 wieder abgeschafft worden war, wurde er am 15. Mai 1935, nun unter der Leitung Thieracks, wieder eingerichtet.[269] Die Geschäftsverteilung auf die Strafsenate erfolgte nach der räumlichen Herkunft der zu bearbeitenden Sachen.[270] Dem sechsten Senat waren die Strafsachen aus den Oberlandesgerichtsbezirken Düsseldorf, Königsberg, Marienwerder, Rostock und Stettin zugewiesen.[271]
Schon mit Wirkung zum 1.4.1936 wurde die Zahl der Senate jedoch wieder auf fünf reduziert.[272]
Aus der Zeit Thieracks am Reichsgericht stammen einige in der amtlichen Entscheidungssammlung veröffentlichte Urteile des sechsten Strafsenats.[273] Sie behandeln ganz unterschiedliche Fragen auf strafrechtlichem Gebiet.

Im Juni 1935 wurde per Gesetz[274] die Abschaffung der Vereinigten Senate und des Plenums verfügt. Bisher hatte der Vereinigte Strafsenat zu entscheiden, wenn ein Strafsenat von der Entscheidung eines anderen Strafsenates abweichen wollte, entsprechend der Vereinigte Zivilsenat. Das Plenum des Reichsgerichts hatte zu entscheiden bei der Abweichung eines Zivilsenats von der Entscheidung eines Strafsenats oder der Vereinigten Strafsenate oder eines Strafsenats von der Entscheidung eines Zivilsenats oder der Vereinigten Zivilsenate. Seine Entscheidungen waren bindend. An den Entscheidungen des Plenums oder der Vereinigten Senate mußten mindestens zwei Drittel aller Mitglieder unter Einschluß des Vorsitzenden teilnehmen.[275]
An die Stelle der Vereinigten Senate und des Plenums traten nun die Großen Senate und der Vereinigte Große Senat.[276] In diesen Senaten wurden im Gegensatz zu ihren Vorgängern nicht mehr alle Mitglieder des Reichsgerichts an der Entscheidung beteiligt. Die Großen Senate bestanden nun aus dem Präsidenten,

---

[267] Vgl. Kaul, Geschichte des Reichsgerichts, S. 19.
[268] Vgl. Kaul, Geschichte des Reichsgerichts, S. 21.
[269] Vgl. BA R 3002/Gen., 81, Bl. 165 f., Geschäftsverteilung am RG.
[270] Kaul, Geschichte des Reichsgerichts, S. 33.
[271] Vgl. BA R 3002/Gen., 81, Bl. 165 f., Geschäftsverteilung am RG.
[272] Vgl. BA R 3002/Gen., 81, Bl. 168, Verfügung des Reichsjustizministers.
[273] RGSt 69, 289 ff.; 298 ff.; 303 ff.; 349 ff.; 354 ff.; 357; RGSt 70, 40 f.; 42 ff.; 85 ff.; 100; 101 ff.; 138 ff.; 159 ff.
[274] Gesetz zur Änderung von Vorschriften des Strafverfahrens und des Gerichtsverfassungsgesetzes vom 28.6.1935, RGBl. 1935 I, S. 844.
[275] Kaul, Geschichte des Reichsgerichts, S. 20 f.
[276] Art. 3 des Gesetzes zur Änderung von Vorschriften des Strafverfahrens und des Gerichtsverfassungsgesetzes.

dem Vizepräsidenten und sieben weiteren Mitgliedern. Letztere wurden durch den Reichsjustizminister aus den Reihen der Senatspräsidenten und der Reichsgerichtsräte für die Dauer von zwei Geschäftsjahren bestellt.
Den Vereinigten Großen Senaten gehörten an der Präsident, der Vizepräsident und sämtliche Mitglieder der Großen Senate.[277] Die Neuregelung, nach der nur noch ein begrenzter Kreis der Richter in den Großen Senaten vertreten sein sollte, hatte den Zweck, politisch „unzuverlässige" Richter von der Entscheidung über wichtige Rechtsfragen auszuschließen.[278]
Thierack als Vizepräsident gehörte sämtlichen neu geschaffenen Gremien an. Der neugefaßte § 137 GVG bestimmte, daß die neuen Senate nicht wie bisher nur bei unterschiedlicher Rechtsauffassung zwischen zwei Senaten zusammengerufen werden konnten, sondern auch wenn die „Fortbildung des Rechts" oder die „Sicherung einer einheitlichen Rechtsprechung" dies erforderte.
Am 21. November 1935 fand die Ernennung und Verpflichtung der Mitglieder dieser Senate durch Reichsjustizminister Gürtner im Rahmen eines Festaktes statt. Reichsgerichtspräsident Bumke machte hierbei in einer Ansprache deutlich, daß die Aufgaben der Großen Senate darin liegen sollten, einer einheitlichen Auffassung innerhalb des Reichsgerichts Geltung zu verschaffen. Dies Bedürfnis sei gerade jetzt gewachsen, da es unter anderem gelte, „alte noch fortbestehende Vorschriften mit einem neuen Sinn zu erfüllen und sich von Entscheidungen, die der Ausfluß überwundener Grundanschauungen sind, entschlossen abzukehren".[279]

Neben seiner Tätigkeit am Reichsgericht war Thierack seit dem 20. September 1935 auch Präsident des Disziplinarhofes in Leipzig.[280] Seit 1936 war er auch Vorsitzender des Dienststrafsenats beim Reichsgericht.[281]

Fraglich ist, wie es um Thieracks fachliche Fähigkeiten hinsichtlich seiner Tätigkeit bestellt war. Diesbezüglich wurde ihm nachgesagt, er sei für die Arbeit am Reichsgericht nicht ausreichend qualifiziert gewesen.[282] Im RG seien ihm, „der über keine besonders hohen Geistesgaben verfügte", die durchweg sehr erfahrenen Mitglieder seines Senats überlegen gewesen.[283] Ob dies wirklich der Fall war, läßt sich nicht nachprüfen. Die Ergebnisse seiner Examina stellen die einzigen erhaltenen Anhaltspunkte dar, die etwas über Thieracks juristische Lei-

---

[277] Kaul, Geschichte des Reichsgerichts, S. 24.
[278] Kolbe, Reichsgerichtspräsident Dr. Erwin Bumke, S. 247.
[279] Vgl. Sächsisches Hauptstaatsarchiv, 10702 Staatskanzlei, Nachrichtenstelle, Zeitungsausschnittssammlung, 630/1, Leipziger Neueste Nachrichten vom 22.11.1935.
[280] Vgl. Sächsisches Hauptstaatsarchiv, NS-Gauverlag, Texte Nr. 112, Bl. 106, Kurzbiographie vom 24.12.1942 aus Archiv für publizistische Arbeit.
[281] BA, SA-GruF, Personalbogen Thierack.
[282] Wieland, Das war der Volksgerichtshof, S. 39.
[283] Buchheit, Richter in roter Robe S. 32.

stungen aussagen könnten. Mit der Note „befriedigend“ bewertet, stellt sein Erstes Examen eine durchschnittliche Leistung dar. Da das Zweite Examen nicht benotet wurde, läßt sich hieraus kein Rückschluß auf Thieracks Leistungen ziehen. Allein die Tatsache, daß Thierack eine durchschnittliche Leistung im Ersten Juristischen Examen erlangt hat, läßt jedoch wiederum keine sicheren Schlüsse auf die Qualität seines späteren juristischen Wirkens zu. Auch aus Thieracks juristischer Karriere vor der Machtübernahme lassen sich keine zuverlässigen Schlüsse ziehen. Die Tatsache, daß er als Staatsanwalt vom Landgericht an das Oberlandesgericht versetzt wurde, spricht zwar für eine gewisse Qualifikation, sagt aber nichts aus über die Fähigkeit zur Tätigkeit als Richter an dem höchsten deutschen Gericht dieser Zeit im Kreise der wahrscheinlich hochqualifizierten Richterkollegen.

Weiter stellt sich die Frage, wie Thierack sich in die Richterschaft am Reichsgericht einfügte. Zu dieser Frage existiert eine Aussage Günther Joels. Dieser behauptete, Thierack habe gegen die Persönlichkeiten des Reichsgerichts Stellung genommen und versucht, diese Personen politisch schlecht zu beurteilen. Dieses Verhalten habe dazu geführt, daß zwischen ihm und diesen Menschen Gegensätze entstanden seien, die sogar dazu führten, daß einige nicht mehr mit Thierack verkehren wollten.[284] Dies legt die Vermutung nahe, Thierack könnte sein Amt am Reichsgericht unter anderem dazu genutzt haben, Berichte über die politische Haltung seiner Richterkollegen an die Parteistellen weiterzuleiten. Zu dieser Annahme gibt auch die Tatsache Anlaß, daß Thierack während seiner Zeit am Reichsgericht den Beinamen „Völkischer Beobachter“ erhielt.[285]

[284] IfZ ZS 438 I, Aussage Joel, Bl. 28.
[285] Oehme, Das Reichsgericht, S. 162.

VII. Präsident des Volksgerichtshofes

In der Zeit vom 1. Mai 1936 bis zum 19. August 1942 war Thierack Präsident des Volksgerichtshofes.

1. Errichtung des Volksgerichtshofes

Die Errichtung des Volksgerichtshofes mit Sitz in Berlin beruhte auf dem Gesetz zur Änderung von Vorschriften des Strafrechts und des Strafverfahrens vom 24. April 1934.[286] Er wurde gemäß Art. III § 1 geschaffen zur Aburteilung von Hochverrats- und Landesverratssachen. Durch dieses Gesetz wurde dem Reichsgericht die Zuständigkeit für die erstinstanzlichen Strafsachen entzogen und dem neu zu bildenden VGH übertragen.[287] Anlaß für die Errichtung des Volksgerichtshofes war der Ausgang des Reichstagsbrandprozesses.[288] Das Reichsgericht hatte am 23.12.1933 den Niederländer Marius van der Lubbe zum Tode verurteilt, während es seine vier Mitangeklagten, allesamt Funktionäre der Kommunistischen Internationale, freigesprochen hatte. Dieses Urteil wurde durch die NSDAP scharf kritisiert und als „glattes Fehlurteil" bezeichnet.[289] Daraufhin wurde im Anschluß an eine Kabinettsitzung am 23. März 1934 in engerem Kreis die Errichtung des Volksgerichtshofes zur Aburteilung von Hoch- und Landesverratssachen beschlossen. In der amtlichen Begründung des Gesetzes vom 24. April 1934 heißt es in Bezug auf die Errichtung des neuen Gerichtes lediglich, daß die bisherige erstinstanzliche Zuständigkeit des Reichsgerichts nur wenige Berührungspunkte mit seiner sonstigen Tätigkeit als Revisionsgericht habe und daher diese Aufgabe künftig einem anderen Gericht zugewiesen werde.[290]

Der neue Gerichtshof trat am 14. Juli 1934 im Rahmen eines Festaktes in Berlin erstmals zusammen.[291] Er hatte zunächst den Status eines reichsrechtlich bestellten Sondergerichts.[292]

Es werden unterschiedliche Ansichten dazu vertreten, ob 1934 bereits die Stelle des Präsidenten des Volksgerichtshofes besetzt war. Zum einen wird behauptet, erster Präsident sei der dienstälteste der drei Senatspräsidenten, Dr. Fritz Rehn

---

[286] RGBl 1934 I, S. 341.

[287] Hillermeier, Im Namen des Deutschen Volkes S. 32.

[288] Vgl. Rüping, „Streng aber gerecht. Schutz der Staatssicherheit durch den Volksgerichtshof", in JZ 1984, 815, 817; Hillermeier, „Im Namen des Deutschen Volkes", S. 32 ff; Wagner, Der Volksgerichtshof im nationalsozialistischen Staat S. 17; Schlüter, Die Urteilspraxis des nationalsozialistischen Volksgerichtshofs, S. 33.

[289] Schlüter, Die Urteilspraxis des nationalsozialistischen Volksgerichtshofs, S. 33.

[290] Vgl. Schlüter, Die Urteilspraxis des nationalsozialistischen Volksgerichtshofs, S. 33.

[291] Ortner, Der Hinrichter, S. 33; Schlüter, Die Urteilspraxis des nationalsozialistischen Volksgerichtshofs, S. 34.

[292] Gribbohm, Der Volksgerichtshof, in JuS 1969, 55, 56.

gewesen.[293] Nach anderer Ansicht sei diese Position bis zur Ernennung Thieracks 1936 unbesetzt geblieben. Die Präsidialgeschäfte seien von dem dienstältesten Senatspräsidenten, Rehn, geführt worden. Dies ergebe sich daraus, daß die Ernennung Rehns zum einen nicht in den amtlichen Personalnachrichten in der Deutschen Justiz, dem Organ des Reichsjustizministeriums, genannt wurde. Zum anderen habe der Volksgerichtshof zu diesem Zeitpunkt noch nicht über etatisierte Stellen verfügt und somit auch nicht über die Stelle eines Präsidenten. Schließlich habe Gürtner bei der Einführung der Mitglieder des Volksgerichtshofes 1936 Rehn nur als „vorläufigen Präsidenten" bezeichnet.[294] Fest scheint jedenfalls zu stehen, daß Rehn zunächst die anfallenden Präsidialgeschäfte des Volksgerichtshofes führte. Er verstarb jedoch schon am 18. September 1934.[295] In der Folgezeit wurden die Präsidialgeschäfte von dem dienstältesten Senatspräsidenten erledigt.[296]

Die ersten Sitzungen des Gerichts wurden am 1. August 1934 abgehalten.[297] Zu diesem Zeitpunkt war die Zahl der hauptamtlichen Mitglieder gering. Es gab drei Senatspräsidenten sowie neun Richter, die alle lediglich in einem Abordnungsverhältnis zum Volksgerichtshof standen. Auch enthielten die Reichshaushaltsbestimmungen des Jahres 1934 keine den Volksgerichtshof betreffenden Positionen.[298]

Eine Wendung trat ein, als der Volksgerichtshof mit Gesetz vom 18. April 1936[299] zum ordentlichen Gericht im Sinne des GVG bestimmt wurde. Gleichzeitig wurde bestimmt, daß der Volksgerichtshof mit einem Präsidenten und der erforderlichen Anzahl von Senatspräsidenten und Räten sowie ehrenamtlichen Mitgliedern besetzt werden solle.[300]

2. Berufung Thieracks

Thierack wurde am 1. Mai 1936 zum Präsidenten des Volksgerichtshofes ernannt.[301] Diese Ernennung erfolgte durch Hitler auf Vorschlag des

---

[293] Vgl. Ortner, Der Hinrichter, S. 36; Müller, Furchtbare Juristen S. 147; DJ 1934, 1013; DJ 1934, 1195.
[294] Wagner, Der Volksgerichtshof im nationalsozialistischen Staat, S. 24; vgl. DJ 1936, 907, 908.
[295] Wagner, Der Volksgerichtshof im nationalsozialistischen Staat, S. 24.
[296] Wagner, Der Volksgerichtshof im nationalsozialistischen Staat, S. 24.
[297] Wagner, Der Volksgerichtshof im nationalsozialistischen Staat, S. 22.
[298] Wagner, Der Volksgerichtshof im nationalsozialistischen Staat, S. 22.
[299] RGBl. 1936 I, 369.
[300] Schlüter, Die Urteilspraxis des nationalsozialistischen Volksgerichtshofs, S. 34; Wagner, Der Volksgerichtshof im nationalsozialistischen Staat, S. 22.
[301] BA R 3001 (alt R 22) pers Nr. 78253 Personalakte Thierack.

Reichsjustizministeriums.[302] In einem Schreiben an Rudolf Heß vom 11. März 1936 hatte Reichsjustizminister Gürtner Thierack für die Position des Präsidenten des Volksgerichtshofes vorgeschlagen. Er hatte dies mit einem Hinweis auf Thieracks bisherige Tätigkeiten begründet, wonach dieser nach seiner ganzen Persönlichkeit in jeder Hinsicht die Gewähr biete, daß er auch die ihm zugedachte neue Aufgabe meistern werde.[303]

Die Ernennung erfolgte für die hauptamtlichen Mitglieder auf Lebenszeit, für die ehrenamtlichen Mitglieder auf fünf Jahre.[304] Zu hauptamtlichen Mitgliedern ernannt wurden neben Thierack die Senatspräsidenten Engert und Dr. Springmann sowie die Volksgerichtsräte Dr. Schauwecker, Lämmle, Hartmann, Dr. Köhler, Dr. Albrecht und Jenne.[305]

Mit einem Festakt in den Räumen des Volksgerichtshofes führte am 3. Juni 1936 Gürtner die Mitglieder des Volksgerichtshofes in ihre Ämter ein. An dieser Feierstunde nahmen unter anderem teil die beiden Staatssekretäre im Reichsjustizministerium Schlegelberger und Freisler sowie Vertreter der Reichsministerien, der Partei und ihrer Gliederungen. Nach einer Ansprache überreichte Gürtner den Mitgliedern des Volksgerichtshofes ihre Ernennungsurkunden und nahm ihr Treuegelöbnis entgegen.[306]

Thierack hielt ebenfalls eine kurze Ansprache, in der er über die Aufgabe des Volksgerichtshofes sprach. Diese läge darin, das Volk zu schützen, allein gestützt auf Recht und Gesetz. Der Volksgerichtshof habe einen Teil der Aufgaben des Reichsgerichts übernommen und sei dadurch als zweites oberstes Strafgericht neben das Reichsgericht getreten. Nun, da der Volksgerichtshof stabilisiert sei, werde er wie ein Fels mitten im deutschen Volk stehen. Die Richter wollten ihre Arbeit in innerer Freiheit, Klarheit und Verantwortungsfreudigkeit ausüben.[307]

Ein halbes Jahr nach ihrer Amtseinführung empfing Hitler am 30. November 1936 Thierack zusammen mit den Senatspräsidenten Engert und Dr. Springmann sowie den Volksgerichtsräten Jenne und Dr. Köhler.[308]

---

[302] Vgl. Gribbohm, Der Volksgerichtshof, in JuS 1969, 55, 59.
[303] LA Berlin, SK 12708 Bd. 2, Bl. 379, Schreiben Gürtners an Heß vom 11.03.1936.
[304] Vgl. Gribbohm, Der Volksgerichtshof, in JuS 1969, 55, 59.
[305] DJ 1936, 792.
[306] DJ 1936, 907, 908.
[307] Vgl. DJ 1936, 907, 908.
[308] Vgl. IfZ NG 158 und NG 209.

3. Thierack im Amt des Präsidenten des VGH

Im folgenden soll dargestellt werden, wie Thierack, der Wert auf die Bezeichnung „Chefpräsident" legte[309], sein Amt als Präsident des Volksgerichtshofes ausübte.

a) Der Volksgerichtshof zum Zeitpunkt von Thieracks Amtsübernahme

Als Thierack im Juni 1936 sein Amt als Präsident des Volksgerichtshofes antrat, war das Gericht zuständig für die Fälle des Hoch- und Landesverrats, des Angriffs gegen den Reichspräsidenten, Verbrechen nach § 5 II Nr. 1 der Verordnung des Reichspräsidenten zum Schutz von Volk und Staat vom 28. Februar 1933, für die Fälle der gemeingefährlichen oder sonst besonders schweren Wehrmittelbeschädigung, sowie für Fälle der unterlassenen Verbrechensanzeige, soweit es sich um das Vorhaben eines zur Zuständigkeit des Volksgerichtshofes gehörenden Verbrechens handelte.[310] Dieser Zuständigkeitskatalog sollte sich in den folgenden Jahren noch erheblich erweitern.[311]
Gegen die Entscheidungen des Volksgerichtshofes war kein Rechtsmittel zulässig, er urteilte in erster und letzter Instanz.[312]
Durch das Gesetz über den Volksgerichtshof vom 18. April 1936 waren die Stellen eines Präsidenten, zweier Senatspräsidenten sowie die Stellen von sechs Volksgerichtsräten etatisiert worden.[313] Der Reichsjustizminister konnte gemäß Art. I § 5 dieses Gesetzes die Zahl der Senate am Volksgerichtshof bestimmen. 1936 gab es am Volksgerichtshof, einschließlich eines Hilfssenates, vier Senate, von denen sich zwei mit Hochverrats- und zwei mit Landesverratssachen befaßten.[314] Die Anklage wurde ab 1936 von einer eigenen Anklagebehörde geführt, deren Leiter zunächst die Bezeichnung „Der Reichsanwalt beim Volksgerichtshof", ab 1937 dann die Bezeichnung „Der Oberreichsanwalt beim Volksgerichtshof" führte.[315] Leiter der Behörde war 1936 Friedrich Parey.[316]
Bei Hauptverhandlungen waren die Senate mit fünf Richtern, einschließlich des Vorsitzenden, besetzt, von denen nur der Vorsitzende und ein Beisitzer die berufliche Befähigung zum Richteramt haben mußten, die drei weiteren Beisitzer sollten ehrenamtliche Richter sein. Außerhalb der Hauptverhandlung wurde mit

[309] Vgl. Wieland, Das war der Volksgerichtshof, S. 43; Kobuch, Otto Georg Thierack (1889 – 1946), S. 154.
[310] vgl. die Zusammenstellung bei Gribbohm, Der Volksgerichtshof, in JuS 1969, 55, 57 sowie bei Wagner, Der Volksgerichtshof im nationalsozialistischen Staat, S. 60 ff.
[311] Gribbohm, Der Volksgerichtshof, in JuS 1969, 55, 57.
[312] Gribbohm, Der Volksgerichtshof, in JuS 1969, 55, 58.
[313] Wagner, der Volksgerichtshof im nationalsozialistischen Staat, S. 23.
[314] Gribbohm, Der Volksgerichtshof, in JuS 1969, 55, 59.
[315] Wagner, Der Volksgerichtshof im nationalsozialistischen Staat, S. 27.
[316] Wagner, Der Volksgerichtshof im nationalsozialistischen Staat, S. 28.

insgesamt drei Richtern entschieden, wovon der zweite Beisitzer ehrenamtlicher Richter sein sollte.[317] Die Art der Auswahl dieser ehrenamtlichen Richter legte der damalige Staatssekretär Freisler folgendermaßen dar:

> „...
> Der Nationalsozialismus aber wählt seine Volksrichter nach ihrer persönlichen Geeignetheit und besonderen Sachkenntnis. Auf Vorschlag des Reichsministers der Justiz ernennt der Führer die Volksrichter, die der Wehrmacht und der Polizei, der NSDAP und ihren Gliederungen entnommen und somit wie niemand anders geeignet sind, das Volk selbst zum Träger der Rechtspflege zu machen."[318]

b) Thieracks Auffassung über die Aufgaben des Volksgerichtshofes und seiner Richter

Sowohl im Laufe seiner Präsidentschaft am Volksgerichtshof als auch später als Reichsjustizminister äußerte sich Thierack über die Bedeutung und die Aufgaben des Volksgerichtshofes und dessen Richter. Dabei betonte er immer wieder, daß das Gericht in vorderster Linie zum Schutz des Staates und des Volkes tätig werde. Er sah dabei den Volksgerichtshof als Instrument des Reiches, um die Gegner an der sogenannten „inneren Front" zu bekämpfen und in dieser Weise den nationalsozialistischen Staat zu schützen.
Die Aufgabe dieses Gerichts lag seiner Ansicht nach darin, „ein scharfes Instrument in der Bekämpfung der schwersten Verbrechen, die ein auf dem Treuegedanken aufgebautes völkisches Staatswesen überhaupt kennt, zu sein".[319]
Die Arbeit des Volksgerichtshofes beschrieb er als einen „Kampf auf Leben und Tod" für das Volk.[320]
Im Rahmen einer Ansprache an die Richter des Volksgerichtshofes verglich er zur Verdeutlichung dieser Ansicht die Tätigkeit des Gerichts und seiner Richter mit der von Soldaten in Schützengräben:

> „...
> Wir stehen ja nun mal hier in vorderster Linie, bereits im Schützengraben; denn wir sind ja auch gezwungen, Blut zu vergießen
> ..."[321]

---

[317] Vgl. Art. III, § 1 Abs. 2 des Gesetzes zur Änderung von Vorschriften des Strafrechts und des Strafverfahrens vom 24.04.1934.
[318] Freisler im Völkischen Beobachter vom 18.4.1936, zitiert nach Hillermeier, „Im Namen des Deutschen Volkes", S. 34.
[319] DJ 1936, 1094.
[320] IfZ, NG 209, Thierack in einem Schreiben vom 14.9.1937 an Lammers.
[321] Vgl. BA R 3016, 15/1 Bl. 6.

Seit seiner Gründung habe der Volksgerichtshof im Kampf an der inneren Front an erster Stelle gestanden.[322] Im Jahr 1939 stellte er fest, daß der VGH neben der Wehrmacht und der Gestapo nach Innen hin das wichtigste Organ zum Schutze des Staates geworden sei.[323]
Anläßlich seiner Amtsübergabe an seinen Nachfolger im Amt des Präsidenten des Volksgerichtshofes, Freisler, bezeichnete er das Gericht als den „höchsten politischen Gerichtshof" und stellte klar, daß dessen Rechtsprechung mit der Staatsführung in Einklang stehen müsse.[324] In ähnlicher Weise legte er im Jahr 1944 dar:

> „...
> Die Tätigkeit des Volksgerichtshofes darf sich daher nicht allein darin erschöpfen, die vor ihm Angeklagten der verdienten Strafe zuzuführen, sondern er muß darüber hinaus hierbei eine politische Führungsaufgabe erfüllen.
> ..."[325]

Diese Äußerungen sprechen dafür, daß Thierack den Volksgerichtshof nicht als ein Gericht im ursprünglichen Sinne sah, sondern als ein Instrument der nationalsozialistischen Führung zur Bekämpfung ihrer politischen Gegner.

Dies wird besonders deutlich, wenn man Thieracks Versuch aus dem Jahr 1938 betrachtet, den Volksgerichtshof Hitler direkt zu unterstellen, unter Umgehung des Reichsjustizministeriums.
Scheinbar war Thierack der Ansicht, daß es sich bei dem Volksgerichtshof, der formell dem Justizministerium unterstand, tatsächlich um eine allein Hitler unterstehende Behörde handelte.[326] In einer Denkschrift mit dem Titel „Unabhängigkeit der Richter" stellte Thierack zunächst Überlegungen an, wie mit angeblichen Fehlurteilen umgegangen werden solle, die durch Richter ergingen, denen die „nötige Erziehung zum Nationalsozialismus" fehle.[327] Als Lösung des Problems schlug Thierack vor, diese rechtskräftigen „Fehlurteile" einer Nachprüfung durch ein anderes Gericht zuzuführen. Einen Vorschlag von Reichsjustizminister Gürtner und dessen Staatssekretär Freisler, hierzu einen sogenannten „Vertrauenssenat" beim Reichsgericht unter dem Vorsitz des Reichsgerichtspräsidenten zu bilden, lehnte Thierack rundweg ab. Statt dessen

---

322 Vgl. BA BDC PK, Völkischer Beobachter vom 7.12.1940.
323 BA BDC PK, Völkischer Beobachter vom 23.4.1939.
324 IfZ, NG 159, Thierack in einem Schreiben vom 9.9.1942 an Freisler.
325 IfZ, NG 157, Thierack in einem Schreiben vom 18.10.1944 an Freisler.
326 Vgl. Heiber, „Zur Justiz im Dritten Reich, der Fall Elias", in VfZ 1955, 275, 281; Wieland, Das war der Volksgerichtshof S. 43.
327 Vgl. IfZ NG 208 B, Thierack in einem Schreiben vom 17.9.1938 an den Chef der Reichskanzlei, Reichsminister Dr. Lammers; vgl. auch Wagner, Der Volksgerichtshof im nationalsozialistischen Staat, S. 43.

schlug er vor, diese Aufgabe dem Volksgerichtshof zu übertragen. Es gäbe kein anderes Gericht, „das bei dem Volke oder bei der Partei und wohl auch beim Führer ein größeres Vertrauen genösse als der Volksgerichtshof". Allerdings müsse der Volksgerichtshof zur Lösung dieser Aufgabe aus dem Ressort der Justiz gelöst werden. Diese Lösung aus der Justiz halte er im übrigen schon heute für richtig.[328]

Zur Unterstreichung seiner Ansicht führte Thierack einen Vergleich mit dem italienischen Staatsverteidigungsgericht an, das Mussolini geschaffen habe und das ein dem Volksgerichtshof vergleichbares Gericht sei. Diesen Gerichtshof habe Mussolini 1937 sich selbst unterstellt. Thierack selbst habe sich bei einem Besuch im Juni des Jahres in Italien mit den „maßgebenden Italienern" über die Gründe hierfür unterhalten und müsse sie anerkennen.

Weiterhin führte er aus, daß gar nicht er selbst, sondern „führende Persönlichkeiten der Partei" ihn immer wieder darauf hingewiesen hätten, daß der Volksgerichtshof allein Hitler unterstellt werden müsse. Von der Richtigkeit dieser Ansicht sei er überzeugt.[329]

Thieracks Vorschlag wurde jedoch nie umgesetzt.[330]

Auch mit der Stellung und den Aufgaben der Richter im allgemeinen und der am Volksgerichtshof im besonderen hat Thierack sich des öfteren auseinandergesetzt.

Die Äußerungen Thieracks zu diesem Thema zeigen deutlich, daß seine Auffassung des Richterberufs tief im nationalsozialistischen Denken verwurzelt war. Sie hatte kaum noch etwas mit den althergebrachten, vor 1933 vertretenen Prinzipien, die auch die Grundlage für Thieracks juristische Ausbildung gebildet haben müssen, gemein. Er vertrat die Geltung des Führerprinzips auch in der Justiz und charakterisierte den Richterberuf als einen „Führungsberuf". Der Richter sei gerade in Zeiten größter politischer Wandlungen mit dazu berufen, dem Volk das moralische Gerüst zu geben, dessen es in diesen Zeiten bedürfe. Der Richter sei neben anderen Organen von Staat und Partei „vorderster Mann im Kampf gegen Krankheitsherde, die sich im Volkskörper festsetzen und um sich zu greifen drohen".[331] Dabei war für ihn nicht das Wissen die vordringlichste Eigenschaft eines guten Richters, sondern dessen Persönlichkeit:

> „Wir wollen gerade heute für den Richternachwuchs auch nur den Berufenen, nicht den Allerweltsjuristen, auch nicht den Intellektuellen, der mit emsigem Fleiß Paragraphen und Kommentare studiert, um mit überspitzten Urteilen am Leben

---

[328] Vgl. IfZ NG 208 B, Thierack in einem Schreiben vom 17.9.1938 an den Chef der Reichskanzlei, Reichsminister Dr. Lammers.

[329] Vgl. IfZ NG 208 B, Thierack in einem Schreiben vom 17.9.1938 an den Chef der Reichskanzlei, Reichsminister Dr. Lammers.

[330] Vgl. Wagner, Der Volksgerichtshof im nationalsozialistischen Staat, S. 43.

[331] Thierack, Das Berufsethos des Juristen, in Reich und Geist, 1942, 62, 63.

vorbei zu entscheiden. Wir brauchen Männer, die mit der Zeit und ihrem Volke leben, mit offenem Auge und Ohr, damit sie zu hören und zu sehen verstehen, was ihnen unterbreitet wird; Männer mit sittlicher Reife und menschlichem Verständnis, die aber doch den Richtpunkt unbestechlicher Rechtlichkeit und unbedingter Sauberkeit in sich tragen und, wenn es sein muß, von unerbittlicher Härte sind;

...

Männer schließlich mit wachem politischen Blick, deren ganzes Streben der Dienst für Führer und Volksgemeinschaft ist.

...“[332]

So wie er den Volksgerichtshof als wichtigstes Organ zum Schutze des Staates betrachtete, so sah er die Aufgabe seiner Richter darin, diesen Schutz durch ihre Arbeit zu gewährleisten.

Thierack nutzte ebenso martialische Beschreibungen für die Aufgaben der Richter am Volksgerichtshof, wie er es für diesen selbst auch tat:

„Seine Richter sind so erzogen, daß sie furchtlos und treu mit ihrer einzigen Waffe, dem Recht, das Volk schützen und mit diesem Recht den Angreifer, der um des Lebens unseres Volkes willen vernichtet werden muß, vernichten.“[333]

Kurz nach Übernahme seines Amtes am Volksgerichtshof setzte sich Thierack in einem Aufsatz damit auseinander, welche Aufgaben den Richtern im nationalsozialistischen Staat und vor allem am Volksgerichtshof zukommen sollten.[334]

Hierbei ging er zunächst darauf ein, daß nach der Ansicht, die vor 1933 herrschte, ein Richter unpolitisch zu sein habe, verwarf dies aber sofort. Ein Richter habe selbstverständlich unparteiisch zu sein, nicht aber unpolitisch. Ein Richter, „der über seine Volksgenossen richten soll“, müsse „mit seinem Volke denken und fühlen und mit ihm sein Leben miterleben“. Dazu müsse er politisch sein. Weiterhin führte Thierack aus, daß die Menschen, die vor den Volksgerichtshof „zur Aburteilung kommen“, „außerhalb des großen Werdens und auch des bisher Gewordenen in unserem Volke“ stünden:

„Um sie und ihre Handlungsweise richtig verstehen zu können, muß man nicht nur dasjenige erfassen, was hinter diesen Menschen steht und sie zu Volksfeinden werden ließ, sondern man muß auch erfassen können, welche Aufgaben und Ziele der Nationalsozialismus sich und seinem Volke stellt und welche Ziele und Wünsche in der Erscheinungswelt um uns in diesen Menschen hervortreten.

...“[335]

---

332 Thierack, Das Berufsethos des Juristen, in Reich und Geist, 1942, 62 f.

333 BA BDC PK, Völkischer Beobachter vom 7.12.1940.

334 Vgl. Thierack, Aufgaben und Tätigkeit des Volksgerichtshofs, in ZAkDR 1936, 855 ff.

335 Vgl. Thierack, Aufgaben und Tätigkeit des Volksgerichtshofs, in ZAkDR 1936, 855, 856.

Die vor dem Volksgerichtshof zu beurteilenden Hoch- und Landesverratsfälle erforderten es Thieracks Ansicht nach, daß die Richter die Ziele und Hintergründe der Täter sowie die Ziele des Nationalsozialismus kennen müßten. Diese Richter benötigten daher neben der Eigenschaft der Unparteilichkeit „auch die nötige Schulung und Erfahrung gerade für diese Seite des Lebens“.[336]
So legte er in seiner oben erwähnten Denkschrift dar, daß es zu „Fehlurteilen gekommen sei, weil die „Mehrzahl der Richter nichts oder doch nur sehr wenig vom Geist des Nationalsozialismus in sich spüren oder sich angeeignet haben.“[337] Die Richter dürften sich nicht mehr darauf berufen, daß sie den Wortlaut eines Gesetzes erfüllt hätten, sondern sie müßten diesen Wortlaut „mit dem Geist des Nationalsozialismus“ erfüllen.[338]

Wie in dem eben Gesagten schon anklingt, waren für Thierack die Begriffe der „Erziehung“ und „Schulung“ im Hinblick auf die Richterschaft von zentraler Bedeutung. So hielt er die oben erwähnten angeblichen Fehlurteile für ein „Erziehungsproblem“ und ein „Führungsproblem“. Die Richter müßten zum Nationalsozialismus erzogen werden.[339]

Was Thierack von den Richtern am Volksgerichtshof verlangte, drückte er folgendermaßen aus:

> „Im allgemeinen muß sich der Richter des Volksgerichtshofes daran gewöhnen, die Ideen und Absichten der Staatsführung als das Primäre zu sehen, das Menschenschicksal, das von ihm abhängt, als das Sekundäre. Denn die Angeklagten vor dem Volksgerichtshof sind nur kleine Erscheinungsformen eines hinter ihnen stehenden größeren Kreises, der gegen das Reich kämpft.
> ...“[340]

In diesem Sinne äußerte sich Thierack anläßlich der Feier zum fünfjährigen Bestehen des Volksgerichtshofes, er und die Gefolgschaft an diesem Gericht würden auch weiterhin „unbeirrbar glaubend an die ewigen Werte, die der Führer seinem Volke wieder schenkte“ weiterarbeiten, „den gerechten Spruch suchend nicht als Männer des Rechts, die eine Binde vor den Augen trügen, sondern mit offenen Sinnen für das, was geschehen müsse um des Volkes willen“.[341]

---

[336] Vgl. Thierack, Aufgaben und Tätigkeit des Volksgerichtshofs, in ZAkDR 1936, 855, 856.
[337] Vgl. IfZ NG 208 B, Thierack in einem Schreiben vom 17.9.1938 an den Chef der Reichskanzlei, Reichsminister Dr. Lammers.
[338] Ebenda.
[339] Vgl. IfZ NG 208 B, Thierack in einem Schreiben vom 17.9.1938 an den Chef der Reichskanzlei, Reichsminister Dr. Lammers.
[340] IfZ, NG 159, Thierack in einem Schreiben vom 9.9.1942 an Freisler.
[341] DJ 1939, 1185.

Die hier dargelegte Auffassung Thieracks zeigt deutlich, daß er die Justiz allgemein und besonders den Volksgerichtshof als ein im Dienste des nationalsozialistischen Staates stehendes Instrument zur Durchsetzung und Unterstützung der nationalsozialistischen Anschauungen ansah. Die Richterschaft hatte seiner Ansicht nach die Aufgabe, diese Anschauungen zu vertreten und in diesem Sinne ihre Urteile zu sprechen.
Die Vorstellung von der Judikative als unabhängiges und unpolitisches Gegengewicht zur Exekutive hatte in Thieracks Ansichten offenbar keinen Platz.

c) Entwicklung des Volksgerichtshofes unter Thieracks Präsidentschaft

Im folgenden soll dargestellt werden, welche Entwicklung der Volksgerichtshof unter Thieracks Präsidentschaft nahm.

aa) Thieracks Bemühungen um die Gleichstellung mit dem Reichsgericht

In der ersten Zeit seiner Präsidentschaft kann man große Bemühungen Thieracks erkennen, den Volksgerichtshof vom Reichsgericht in Leipzig abzugrenzen und als ebenbürtigen Gerichtshof zu etablieren.
Schon bei seiner Amtsübernahme ließ Thierack keinen Zweifel daran, welche Bedeutung er dem Volksgerichtshof in der deutschen Gerichtslandschaft beimaß, indem er behauptete, der Volksgerichtshof sei als zweites oberstes Strafgericht neben das Reichsgericht getreten.[342] Er betrachtete also den Volksgerichtshof als dem Reichsgericht ebenbürtig.
In der Folgezeit äußerte sich Thierack des öfteren über die seiner Ansicht nach ungerechte Etatisierung des Volksgerichtshofes im Vergleich zum Reichsgericht. Auch machte er abfällige Bemerkungen über die angeblich mangelnde Resonanz des Reichsgerichts im Volk und war bemüht, darzustellen, daß das Reichsgericht gar nicht in der Lage gewesen sei, die Aufgaben zu erfüllen, die durch das Gesetz vom 24. April 1934 schließlich dem Volksgerichtshof zugefallen waren.
Schon kurz nach seiner Amtsübernahme rügte Thierack die Etatisierung des Volksgerichtshofes im Gegensatz zu der des Reichsgerichts als „recht bescheiden“ und behauptete, daß die Vergleichszahlen mit dem Reichsgericht eine „merkwürdige Sprache“ sprächen.[343]
Im Jahr 1937 stellte Thierack auch vor den Richtern des Volksgerichtshofes seine Ansicht über die Etatisierung des VGH sowie die von ihm in dieser Rich-

[342] Thierack bei seiner Amtseinführung, vgl. DJ 1936, 907, 908.
[343] Thierack, Aufgaben und Tätigkeit des Volksgerichtshofes, in ZAkDR 1936, 855, 857.

tung unternommenen Schritte dar.[344] So hätte der Volksgerichtshof, als er durch das Gesetz vom 18. April 1936 ordentliches Gericht mit eigenem Etat wurde, weder die Anzahl der Richter, die er benötigt hätte, noch die Zahl der erforderlichen Amtsräte, Juristen bei der Staatsanwaltschaft und Wachtmeister bekommen. Hierbei stellte Thierack die Zahl der bewilligten Amtsträger in ein Verhältnis zu der Zahl der in dem jeweiligen Berufsfeld beim Reichsgericht angestellten und machte deutlich, daß dabei ein Mißverhältnis zu Lasten des Volksgerichtshofes entstanden sei.[345] Nachdem er dies erkannt habe, sei er tätig geworden, um diesen Mißstand zu beheben:

> „...
> Nachdem ich also die Scheinetatisierung erkannt hatte, es war im Sommer 1936 der Fall, sind meine Bemühungen unablässig, für dieses Gericht und seine Staatsanwaltschaft das zu erreichen, was sie nicht nur ihrer Arbeitsleistung und Gleichstellung, sondern auch der Bedeutung für das deutsche Volk nach verlangen kann und muß.
> ..."[346]

Thierack richtete in diesem Zusammenhang unter anderem mehrere Schreiben an das Reichsjustizministerium, in denen er unter Hinweis auf die Überlastung vor allem der Beamten am Volksgerichtshof um die Bewilligung neuer Stellen bat.[347] In diesem Zusammenhang wies er auch darauf hin, daß er die Etatisierung des VGH im Verhältnis zum RG für auffallend ungerecht erachte.[348]
Hinsichtlich des Reichsgerichts behauptete Thierack:

> „ Das Reichsgericht hat keine Resonanz im Volke und wird sie in absehbarer Zeit auch nicht haben können.
> ...
> Es gibt kein Gericht, das bei dem Volke oder bei der Partei und wohl auch beim Führer ein größeres Vertrauen genösse als der Volksgerichtshof.
> ..."[349]

Über die Befähigung der Richter am Reichsgericht zur Beurteilung von Hoch- und Landesverratssachen ließ er verlauten:

> „...
> Nun will ich nichts gegen die Richter des Reichsgerichts sagen, es sind sogar außerordentlich kluge Menschen. Ich habe selbst die Ehre gehabt, auch einmal

[344] Vgl. BA R 3016, 15/1, Bl. 3 f.
[345] Vgl. BA R 3016, 15/1, Bl. 3 f.
[346] Ebenda.
[347] Vgl. BA R 3016/37, Bl. 184 ff.
[348] BA R 3016/37, Bl. 193 f, Schreiben Thieracks an Staatssekretär Freisler vom 1.9.1936.
[349] Vgl. IfZ NG 208 B, Thierack in einem Schreiben vom 17.9.1938 an den Chef der Reichskanzlei, Reichsminister Dr. Lammers.

Richter des Reichsgerichts zu sein. Aber um die hier aufgeworfenen Fragen beantworten und die sich hier ergebenden Tatbestände meistern zu können, gehört jedenfalls noch etwas mehr dazu, nämlich das Erkennen, wer und was nun eigentlich hinter dem Menschen steckt, der da vor dem Richter als Angeklagter erscheint.

...“[350]

Letzteres traute er den Richtern am Reichsgericht offensichtlich nicht zu und sah es nur durch die Arbeit der Richter am Volksgerichtshof erfüllt.

Mit seiner Haltung stand Thierack nicht allein da. So vertraten Freisler und Engert sogar die Ansicht, man solle den Volksgerichtshof nicht nur dem Reichsgericht ebenbürtig stellen, sondern ihn zum obersten deutschen Strafgericht überhaupt machen und das Reichsgericht damit aus der Strafrechtspflege ganz ausschließen.[351]
Auch hatte man am Volksgerichtshof, schon bevor Thierack dorthin kam, gefordert, personalmäßig besser gestellt zu werden, um den Anforderungen, die an das Gericht gestellt wurden, gerecht werden zu können.[352]

Im April 1937 sah Thierack sich am Ziel seiner Bemühungen und betrachtete nun den Volksgerichtshof als mit dem Reichsgericht gleichgesetzt. Dies bezeichnete er als den Abschluß eines schweren und ihm manchmal fast aussichtslos erscheinenden Ringens mit vielen Männern und Behörden.[353]

bb) Geschäftsführung Thieracks

Worin Thierack seine Aufgabe als Präsident des Volksgerichtshofes sah, ergibt sich aus einem Brief, den er an Freisler schrieb, als dieser 1942 seine Nachfolge am Volksgerichtshof antrat. Er gab Freisler mit auf den Weg, die Richter in die Richtung zu führen, daß die Rechtsprechung des Gerichts mit der Staatsführung im Einklang stehe. Dazu sollte sich Freisler jede Anklage vorlegen lassen und wenn nötig „in vertrauensvoller und überzeugender Aussprache mit dem zum Urteil berufenen Richter das Staatsnotwendige betonen“.[354] Es ist sehr wahr-

---

[350] IfZ Db 09.01, Thierack in einer Ansprache anläßlich einer Tagung des Amtes für Gnadensachen in der Kanzlei des Führers am 13. und 14.5.1938 in der Akademie für Deutsches Recht.

[351] DR 1939, 1297; Freisler, Der Volksgerichtshof – das Reichsstrafgericht?, in ZAkDR 1935, 90 ff.

[352] Vgl. BA R 3016/37, Bl. 89 ff., Schreiben der Leitung des Volksgerichtshofes aus den Jahren 1934 und 1935 an den Reichsjustizminister mit der Bitte um Bewilligung von mehr Personal.

[353] IfZ NG 156, Thierack in einem Schreiben vom 27.4.1937 an Lammers.

[354] IfZ NG 159, Schreiben Thieracks an Freisler vom 9.9.1942.

scheinlich, daß Thierack selbst in dieser Weise seine Geschäfte als Präsident des Volksgerichthofes führte, um die ihm unterstellten Richter in die von ihm gewünschte und oben dargelegte[355] Richtung zu lenken.
Nach eigenen Angaben bemühte er sich, sämtliche Urteile des Volksgerichtshofes zu lesen, um ein persönliches fundiertes Urteil abgeben zu können.[356]
Er legte Wert darauf, daß der Volksgerichtshof mit seinen hauptamtlichen und ehrenamtlichen Mitgliedern nach außen hin als „ein einheitlicher, geschlossener Gerichtskörper" erschien.[357] Aus diesem Grund führte er eine jährliche Zusammenkunft der Richter ein, die dem gegenseitigen Kennenlernen sowie dem Erfahrungsaustausch dienen sollte.[358] Um die erwünschte Kameradschaft zwischen den Angehörigen des Volksgerichtshofes zu fördern, wurden in gewissen Abständen abendliche Zusammenkünfte und Tagesausflüge organisiert.
Neben den vergnüglichen Ausflügen organisierte Thierack auch Dienstreisen für die Mitglieder des Volksgerichtshofes und auch für einzelne Senate. So organisierte er im September 1938 eine Besichtigung des Konzentrationslagers Dachau, an der er auch selbst teilnahm.[359]
Im Jahr 1940 machte er zusammen mit den anderen Mitgliedern des ersten Senats, der für die Verfahren aus dem Protektorat Böhmen und Mähren zuständig war, eine Dienstreise dorthin, „zum Zwecke der dienstlichen Unterrichtung". Auf dieser Reise wurden Einrichtungen der Gestapo und Gefängnisse, unter anderem in Prag und Theresienstadt, besichtigt.[360] Im Dezember 1940 fand eine Dienstreise in die besetzten Westgebiete Holland, Belgien und Nordfrankreich statt, wo die neu errichteten Abwehrstellungen besichtigt werden sollten.[361] Ebenfalls auf Thieracks Anregung hin fand im Oktober 1941 eine Dienstreise des zweiten Senats nach Polen ins Generalgouvernement statt. Auch diese sollte den Richtern, die für die Verfahren gegen Angehörige aus diesem Gebiet zuständig waren, einen Einblick in die politischen Verhältnisse dieses Gebiets vermitteln.[362]

Einfluß auf den Gang des Verfahrens vor dem Volksgerichtshof nahm Thierack unter anderem in Form von Hausverfügungen und ähnlichen Anordnungen.

---

[355] S.o. Kapitel VII 3b.
[356] BA R 3016/ 15/1, Bl. 11, Thierack in einer Ansprache an die Richter des Volksgerichtshofes im November 1937.
[357] vgl. BA R 3016/ 15/1, Bl. 1, Thierack in einer Ansprache an die Richter des Volksgerichtshofes im November 1937.
[358] Vgl. IfZ NG 209, Thierack in einem Schreiben an Lammers vom 14.9.1938; BA R 3016/ 15/1, Bl. 1, Thierack in einer Ansprache an die Richter des Volksgerichtshofes im November 1937.
[359] Vgl. BA R 3016/123, Bl. 14.
[360] Vgl. BA R 3016/123, Bl. 33, 38.
[361] Vgl. BA R 3016/123, Bl. 48.
[362] Vgl. BA R 3016/123, Bl. 88.

So ordnete er im März 1940 an, daß aufgrund des Mangels an Arbeitskräften im Krieg zu Einsparungszwecken jeder Senat anstatt nur einer Verhandlung mehrere an einem Tag abhalten sollte. Hierauf wollte er sein besonderes Augenmerk richten.[363]

Eine Verfügung Thieracks vom 13. Juni 1940 besagte, daß bei den Verhandlungen der sogenannten Tschechensachen die Personalien und die Anschrift der als Zeugen zu vernehmenden Gestapo-Beamten so festzustellen seien, daß sie weder von den Angeklagten noch von den Zuhörern in Erfahrung gebracht werden könnten.[364]

Als ein Angeklagter einen Selbstmordversuch unternahm, erließ Thierack eine Verfügung, wonach den Angeklagten außerhalb des Sitzungssaales die Hände auf den Rücken gefesselt werden sollten und diese Fesselung nur zum Essen entfernt werden durfte, sobald gegen sie die Todesstrafe beantragt wurde.[365]

Weiter wurde in einer „Chefbesprechung" festgelegt, wie mit Angeklagten verfahren werden sollte, die die deutsche Sprache nicht beherrschten. Ihnen sollte am Ende des Prozesses zunächst nur der Urteilstenor übersetzt werden. Die durch den Vorsitzenden des Senats mitgeteilte Begründung des Urteils sollte ihnen auf Nachfrage erst nach Schluß der Sitzung, also in Abwesenheit des Gerichts, übersetzt werden.[366]

In derselben Besprechung wurde beschlossen, die Aberkennung der bürgerlichen Ehrenrechte als „reine Vorbeugungsmaßnahme" auch gegenüber solchen Personen auszusprechen, deren Staatsangehörigkeit zur Zeit des Urteils noch nicht deutsch war oder nicht feststand.[367]

In einer Verfügung Thieracks aus dem Jahr 1941 heißt es:

> „...
> Ich habe wiederholt die Beobachtung gemacht, daß in den Hauptverhandlungen die als Zeugen geladenen Gestapo- und Kripobeamten gleichzeitig mit Polen, Tschechen und anderen volksfremden Elementen, die noch dazu meistens in Haft sind, vor den Richtertisch gestellt und gemeinsam über ihre Zeugnisverpflichtung belehrt werden, so daß sie zusammen vor dem Richtertisch stehen.
> Das entspricht nicht der Würde eines Volksdeutschen. Ich bitte in Zukunft, Volksfremde und Volksdeutsche getrennt vor dem Richtertisch zu belehren.
> ..."[368]

Im Mai 1942 erließ Thierack folgende Verfügung:

---

[363] BA R 3016/105, Bl. 79, Verfügung Thieracks vom 5.3.1940.
[364] BA R 3016/105, Bl. 83, Verfügung Thieracks vom 13.6.1940.
[365] BA R 3016/105, Bl. 84, Verfügung Thieracks vom 22.6.1940.
[366] BA R 3016/105, Bl. 86, Auszug aus der Chefbesprechung am 31.8.1940.
[367] BA R 3016/105, Bl. 86, Auszug aus der Chefbesprechung am 31.8.1940.
[368] BA R 3016/105, Bl. 106, Verfügung Thieracks vom 4.9.1941.

„Ich habe wiederholt bemerkt, daß in den Verfahren gegen Protektoratsangehörige, die sich eines tschechischen Vornamens bedienen und auch mit diesem die Protokolle unterschreiben, diese in den Urteilen mit deutschen Vornamen bezeichnet werden (zB tschechisch Jirka = deutsch: Georg oder Bozena = Beatrix). Es ist meiner Auffassung nach für nichtdeutsche Volkszugehörige eine unerwünschte Ehre, wenn man sie mit deutschen Vornamen belegt.“[369]

Thierack nahm während seiner Zeit am Volksgerichtshof Fühlung zu allen wichtigen Parteigliederungen auf.[370] Er unterhielt gute Beziehungen zur Gestapo, wie sich unter anderem in seinem Verhalten hinsichtlich der Problematik der polizeilichen Schutzhaft zeigte, welche noch gesondert behandelt werden wird[371]. Der unten noch ausführlich dargestellte Fall Elias[372] zeigt, daß Thierack bei seinen Bemühungen, sich mit der obersten Parteiführung gut zu stellen und sich dieser anzudienen, nicht davor zurückschreckte, das ihm übergeordnete Reichsjustizministerium gänzlich zu übergehen und zu ignorieren.
Auch nutzte er die als Laienrichter eingesetzten Partei-Funktionäre, um durch sie seine Beziehungen zur Partei zu verbessern.[373]

Er selbst stieg während dieser Zeit in der SA auf. Nachdem er nach seinem Eintritt in die SA im Februar 1934 zunächst den Rang eines Standartenführers im Stab der Gruppe Sachsen innehatte, wurde er 1936 zum Oberführer befördert und gleichzeitig in das SA-Führerkorps überführt. Im Oktober 1937 wurde Thierack zur Verfügung der Obersten SA-Führung gestellt und im Januar 1938 schließlich zum Brigadeführer befördert.[374]

Die Amtsausübung Thieracks am Volksgerichtshof wurde unterbrochen, als er im August 1939 zum Heeresdienst einberufen wurde. Zuvor hatte er zunächst als Leutnant der Reserve im August 1936 an einer Auswahlübung beim Infanterie-Regiment 11[375] und im Juli und August 1938 als Oberleutnant der Reserve[376] an einer Übung bei den Infanterie-Regimentern 32 und 11[377] teilgenommen.
Nach seiner Einberufung ging Thierack als Hauptmann an die Westfront. Er gehörte der 257. Infanterie-Division an.[378] Im Februar 1940 bemühte sich der

---

[369] BA R 3016/105, Bl. 122, Verfügung Thieracks vom 19.5.1942.
[370] IfZ ZS 438 I, Aussage Günther Joel, S. 46.
[371] S.u. Kapitel VII 3 c) dd).
[372] S.u. Kapitel VII 3 c) ee).
[373] IfZ ZS 438 I, Aussage Günther Joel, S. 44.
[374] BA SA-GruF, Personalakte Thierack.
[375] Auswahlübung vom 3.8. bis zum 29.8.1936, BA SA-GruF, Personalakte Thierack.
[376] Beförderung zum Oberleutnant der Reserve im Infanterie-Regiment 11 vom 1.5.1938, BA SA-GruF, Personalakte Thierack.
[377] BA SA-GruF, Personalakte Thierack.
[378] Auskunft der WASt.

Vizepräsident am Volksgerichtshof, Engert, um eine Freistellung Thieracks vom Heeresdienst. Er begründete diese Bitte mit seiner eigenen starken Inanspruchnahme, durch die es ihm auf die Dauer nicht möglich sei, als Thieracks Stellvertreter dessen Verwaltungsgeschäfte weiter mitzuerledigen.[379] Daraufhin wurde Thierack bis auf weiteres unabkömmlich gestellt und sein Truppenteil gebeten, ihn „zwecks Entlassung zur Ersatzeinheit in Marsch zu setzen".[380] Nach Mitteilung seiner Division wurde Thierack schließlich nur für längere Zeit beurlaubt.[381] Nachdem er mit Wirkung vom 9.4.1940 aus dem Heeresdienst entlassen worden war[382], kehrte Thierack an den Volksgerichtshof zurück.
Im März 1941 hob die Wehrersatz-Inspektion Berlin die Unabkömmlichkeitsstellung Thieracks auf[383] und er wurde zum 1.4.1941 erneut zum Heeresdienst einberufen.[384] Er war zunächst tätig im Stab des Infanterie-Ersatz Bataillon 9 und kam dann zum Lehr-Regiment Brandenburg 800, zur besonderen Verwendung.[385] Das Reichsjustizministerium beantragte jedoch, Thierack bis auf weiteres unabkömmlich zu stellen und seine alsbaldige Entlassung aus dem Wehrdienst herbeizuführen. Begründet wurde dieser Antrag mit dem Wunsch Hitlers, Thierack nicht zum Heeresdienst einzuziehen, da dieser beim Volksgerichtshof unentbehrlich sei.[386] Diesem Antrag wurde stattgegeben und Thierack nahm am 1.5.1941 seine Dienstgeschäfte am Volksgerichtshof wieder auf.[387]

cc) Geschäftsentwicklung am Volksgerichtshof

Im folgenden soll die Geschäftsentwicklung am Volksgerichtshof unter Thieracks Präsidentschaft dargestellt werden. Aufgrund der ausführlichen Darstel-

---

379 BA R 3001 (alt R 22) pers. Nr. 78235, Personalakte Thierack, Schreiben Engerts an die Heerersatzinspektion Berlin vom 14.2.1940.

380 BA R 3001 (alt R 22) pers. Nr. 78235, Personalakte Thierack, Schreiben der Wehrersatzinspektion Berlin an Engert vom 17.2.1940.

381 BA R 3001 (alt R 22) pers. Nr. 78235, Personalakte Thierack, Schreiben des Wehrbezirkskommandos Berlin VIII an Engert vom 30.3.1940.

382 BA R 3001 (alt R 22) pers. Nr. 78235, Personalakte Thierack, Bescheinigung des Infanterie-Ersatz-Batallions 457 vom 16.4.1940.

383 BA R 3001 (alt R 22) pers. Nr. 78235, Personalakte Thierack, Schreiben der Wehrersatz-Inspektion Berlin an Thierack vom 21.3.1941.

384 BA R 3001 (alt R 22) pers. Nr. 78235, Personalakte Thierack, Aktenvermerk vom 1.4.1941.

385 Auskunft der WASt.

386 BA R 3001 (alt R 22) pers. Nr. 78235, Personalakte Thierack, Schreiben des Reichsjustizministeriums an das Wehrbezirkskommando Berlin VIII vom 17.4.1941.

387 BA R 3001 (alt R 22) pers. Nr. 78235, Personalakte Thierack, Schreiben des Volksgerichtshofes an die Reichshauptkasse vom 1.5.1941.

lung der Gesamtentwicklung des Volksgerichtshofes in der Literatur[388], sollen hier nur die Person Thieracks, sein Tätigwerden und sein Einfluß auf das Gericht betrachtet werden.

(1) Erweiterung der Zuständigkeiten

Während Thieracks Präsidentschaft am Volksgerichtshof wurde sowohl dessen sachliche als auch dessen räumliche Zuständigkeit erheblich erweitert.[389]

So wurde der Volksgerichtshof neben seiner schon bestehenden sachlichen Zuständigkeit auch zuständig für Fälle der Vermögensverschiebung unter Verstoß gegen devisenrechtliche Vorschriften[390], für schwere Fälle der Wehrmittelbeschädigung und der Gefährdung der Wehrmacht befreundeter Staaten[391], für Fälle der Spionage, wenn das Oberkommando der Wehrmacht oder der Gerichtsherr erklärte, daß die militärischen Belange die Aburteilung durch ein Wehrmachtsgericht nicht erforderten[392] sowie für die Fälle der vorsätzlich falschen Angabe über den Bedarf oder Bestand von Arbeitskräften[393].

Neben der Erweiterung der sachlichen Zuständigkeit erfuhr der Volksgerichtshof durch die territoriale Ausdehnung Deutschlands ab 1938 aufgrund der Angliederung und Annektierung fremder Gebiete eine umfangreiche Erweiterung seiner räumlichen Zuständigkeit. Durch eine Vielzahl von Verordnungen und Gesetzen wurde das Gericht ermächtigt, im Rahmen seiner sachlichen Zuständigkeit auch über die Einwohner dieser Gebiete zu urteilen.

In diesem Zusammenhang wurden neben dem eigentlichen Reichsgebiet auch das Saarland[394], Österreich[395], die sudetendeutschen Gebiete[396], das Protektorat

---

388 Vgl. unter anderem die ausführlichen Darstellungen bei Wagner, Der Volksgerichtshof im nationalsozialistischen Staat; Koch, Volksgerichtshof; Gribbohm, Der Volksgerichtshof, in JuS 1969, 55 ff., 109 ff., Rüping, „Streng aber gerecht. Schutz der Staatssicherheit durch den Volksgerichtshof", in JZ 1984, 815 ff.; Hillermeier, „Im Namen des Deutschen Volkes".

389 Vgl. hierzu die ausführlichen Darstellungen bei Wagner, Der Volksgerichtshof im nationalsozialistischen Staat S. 61 ff., 66 ff.; Gribbohm, Der Volksgerichtshof, in JuS 1969, 55, 57; Koch, Volksgerichtshof S. 105 f.

390 Gesetz gegen Wirtschaftssabotage vom 1.12.1936, RGBl. 1936 I, S. 999.

391 Verordnung über die Zuständigkeit der Strafgerichte vom 21.2.1940, RGBl. 1940 I, S. 405.

392 Verordnung über die erweiterte Zuständigkeit des Volksgerichtshofes vom 10.12.1941, RGBl. 1941 I, S. 776.

393 Verordnung des Führers zum Schutze der Rüstungswirtschaft vom 21.3.1942, RGBl. 1942 I, S. 165.

394 Verordnung zur Überleitung der Rechtspflege im Saarland vom 21.2.1935, RGBl. 1935 I, S. 248.

395 Verordnung über die Einführung der Vorschriften über Hochverrat und Landesverrat im Lande Österreich vom 20.6.1938, RGBl. 1938 I, S. 640.

396 Verordnung über das Verfahren in Hochverrats- und Landesverratssachen in den sudetendeutschen Gebieten vom 16.12.1938, RGBl. 1938 I, S.1811.

Böhmen und Mähren[397], das Memelland[398], Danzig[399], Polen[400] sowie die Gebiete von Eupen, Malmedy und Moresnet[401] dem räumlichen Zuständigkeitsbereich des Volksgerichtshofes hinzugefügt.
Hinsichtlich der westlichen Gebiete Elsaß, Lothringen und Luxemburg war im Ergebnis die primäre Zuständigkeit des Volksgerichtshofes eingeschränkt, da die in diesen Gebieten von Hitler berufenen Chefs der Zivilverwaltung versuchten, den Volksgerichtshof möglichst auszuschließen und dessen Zuständigkeit zugunsten der in ihren Gebieten eingesetzten deutschen Gerichte zu schmälern.[402]

(2) Die Besetzung des Gerichts

Während der Volksgerichtshof bei Thieracks Amtsübernahme einschließlich eines Hilfssenats über vier Senate verfügte, nahm die Zahl der Senate sowie die der am Volksgerichtshof angestellten Juristen während Thieracks Zeit am Volksgerichtshof ständig zu.
Mit Wirkung vom 9. Dezember 1937 wurde das Amt des Vizepräsidenten des Volksgerichtshofes geschaffen, welches dem bisherigen Senatspräsidenten Karl Engert übertragen wurde.[403] Zu Beginn des Jahres 1939 war das Gericht hinsichtlich der hauptamtlichen Stellen mit einem Präsidenten, einem Vizepräsidenten, zwei Senatspräsidenten, acht Volksgerichtsräten und fünf abgeordneten Richtern besetzt.[404] Nachdem der Oberreichsanwalt Parey im November 1938 verstarb, übernahm dieses Amt im Juli 1939 Ernst Lautz.[405]
Aufgrund eines Gesetzes vom 16. September 1939[406] wurde der sogenannte Besondere Senat am Volksgerichtshof neu geschaffen. Durch das Gesetz war das Rechtsmittel des außerordentlichen Einspruchs geschaffen worden. Mit dessen

---

397 Verordnung über die Ausübung der Strafgerichtsbarkeit im Protektorat Böhmen und Mähren vom 14.4.1939, RGBl. 1939 I, S. 754; sowie Ergänzungsverordnung vom 18.9.1939, RGBl. 1939 I, S. 1945.

398 Gesetz vom 23.3.1939, RGBl. 1939 I, S. 559.

399 Gesetz über die Wiedervereinigung der Freien Stadt Danzig mit dem Deutschen Reich vom 1.9.1939, RGBl. 1939 I, S. 1547.

400 Verordnung über die Einführung des deutschen Strafrechts in den eingegliederten Ostgebieten vom 6.6.1940, RGBl. 1940 I, S. 844; Verordnung über die Gerichtsverfassung in den eingegliederten Ostgebieten vom 13.6.1940, RGBl. 1940 I, S. 907.

401 Führererlaß vom 23.5.1940, RGBl. 1940, S. 803.

402 Vgl. die Darstellung bei Wagner, Der Volksgerichtshof im nationalsozialistischen Staat S. 72, 77 f.

403 Gruchmann, Justiz im Dritten Reich 1933 – 1945, S. 970; Wagner, Der Volksgerichtshof im nationalsozialistischen Staat, S. 23.

404 Vgl. BA R 3017/574, Geschäftsverteilung für das Jahr 1939.

405 Wagner, Der Volksgerichtshof im nationalsozialistischen Staat, S. 23.

406 Gesetz zur Änderung von Vorschriften des allgemeinen Strafverfahrens, des Wehrmachtstrafverfahrens und des Strafgesetzbuches, RGBl. 1939 I, S. 1841.

Hilfe war es nunmehr möglich, gegen bereits rechtskräftige Urteile und abschließende Gerichtsbeschlüsse in Strafsachen vorzugehen, wobei dieses Rechtsmittel allein den beiden Oberreichsanwälten beim Reichsgericht und beim Volksgerichtshof zustand. Die nochmalige Verhandlung erfolgte dann vor dem Besonderen Senat des Volksgerichtshofes.[407]
Besetzt war der Besondere Senat mit dem Präsidenten des Gerichts und vier weiteren Mitgliedern, darunter einem Senatspräsidenten oder einem Volksgerichtsrat. Diese wurden auf Vorschlag des Reichsjustizministers von Hitler für die Dauer von zwei Jahren berufen.[408]
Ende 1941 verfügte der Volksgerichtshof über fünf Senate, denen insgesamt 29 hauptamtliche Richter zugewiesen waren.[409] Neben der Zahl der hauptamtlichen Richter wurde vor allem auch die Zahl der ehrenamtlichen Richter am Volksgerichtshof ganz beträchtlich erhöht. Sie überstieg die Zahl der Berufsrichter erheblich.[410]
Waren im Jahr 1935 noch 43 ehrenamtliche Richter am Volksgerichtshof tätig, so waren im Jahr 1939 im Geschäftsverteilungsplan bereits 95 Laienrichter vorgesehen.[411] 1941 ging deren Zahl zurück auf 81.[412] Dieser Rückgang dürfte im Zusammenhang mit dem Kriegsbeginn und den damit verbundenen Einberufungen stehen. Die ehrenamtlichen Richter kamen fast alle aus Parteiorganisationen.[413] So waren 1939 von den ehrenamtlichen Richtern 48 SA-, SS- und NSKK-Führer.[414] 1941 waren 71 der Laienrichter hohe Funktionäre der NSDAP und ihrer Gliederungen.[415]

Auch die Besetzung der Anklagebehörde beim Volksgerichtshof wurde im Laufe der Jahre durch die Schaffung neuer Planstellen und die Abordnung zahlreicher Hilfsarbeiter zahlenmäßig erhöht.[416]

Die Geschäftsverteilung unter die einzelnen Senate sowie die Zuteilung der Mitglieder des Volksgerichtshofes zu den einzelnen Senaten lagen im Aufgabenbereich Thieracks. Hierbei sollte darauf geachtet werden, daß insbesondere die eh-

---

407 Wagner, Der Volksgerichtshof im nationalsozialistischen Staat, S. 41 f.
408 Gribbohm, Der Volksgerichtshof, in JuS 1969, 55, 59.
409 Vgl. BA R 3017/574, Geschäftsverteilung für das Jahr 1941.
410 Wagner, Der Volksgerichtshof im nationalsozialistischen Staat, S. 25.
411 Wagner, Der Volksgerichtshof im nationalsozialistischen Staat, S. 25; Hillermeier, „Im Namen des Deutschen Volkes“, S. 33.
412 Koch, Volksgerichtshof, S. 158.
413 Hillermeier, „Im Namen des Deutschen Volkes“, S. 34.
414 Wagner, Der Volksgerichtshof im nationalsozialistischen Staat, S. 25.
415 Koch, Volksgerichtshof, S. 158.
416 Gruchmann, Justiz im Dritten Reich 1933 – 1945, S. 971.

renamtlichen Mitglieder einem Senat zugeteilt wurden, in dem sie ihre besonderen Fachkenntnisse verwerten konnten.[417]

Wie oben dargelegt[418], legte Thierack Wert darauf, daß die Richter des Volksgerichtshofes Anhänger des Nationalsozialismus waren und nach dessen Vorstellungen entscheiden sollten. Dieses versuchte er als Präsident des Gerichts zu fördern. Sowohl die hauptamtlichen als auch die ehrenamtlichen Richter am Volksgerichtshof wurden zwar von Hitler auf Vorschlag des Reichsjustizministers ernannt.[419] Dennoch scheint Thierack erheblichen Einfluß auf die Personalpolitik gehabt zu haben. Er soll Personen ausgesucht haben, die zuverlässig im nationalsozialistischen Sinn waren.[420] Dabei soll er versucht haben, die hauptamtlichen Richter, die an den Volksgerichtshof berufen wurden, so auszusuchen, daß er ihnen im Parteirang überlegen war und daher innerhalb des Gerichts selbst den höchsten Parteirang einnahm.[421]

(3) Die durchgeführten Gerichtsverfahren

Zu Beginn seiner Tätigkeit am Volksgerichtshof hatte Thierack erklärt, daß in Zukunft bei allen neu an das Gericht kommenden Fällen „größte Beschleunigung" erzielt werden solle. Dabei solle erreicht werden, daß laufende Verfahren spätestens innerhalb von drei Monaten zum Abschluß kämen.[422]
Über die Anzahl der in den Jahren 1937 – 1942 vor dem Volksgerichtshof Angeklagten und die über sie verhängten Strafen gibt folgende Tabelle[423] Auskunft:

[417] Vgl. §§ 3, 4 der Verordnung zur Durchführung des Gesetzes über den Volksgerichtshof und über die fünfundzwanzigste Änderung des Besoldungsgesetzes vom 18.4.1936, RGBl. 1936 I, S. 369.
[418] S.o. Kapitel VII 3b).
[419] Vgl. Art. III § 2 des Gesetzes zur Änderung von Vorschriften des Strafrechts und des Strafverfahrens vom 24.4.1934 sowie § 4 des Gesetzes über den Volksgerichtshof und über die 25. Änderung des Besoldungsgesetzes vom 18.4.1936.
[420] Vgl. IfZ ZS 438 I, Aussage Günther Joel, Bl. 42 f., 46.
[421] Vgl. IfZ ZS 438 I, Aussage Günther Joel, Bl. 46; Der genaue Parteirang Thieracks zu diesem Zeitpunkt konnte nicht ermittelt werden. Er wurde jedoch seit dem 1.5.1934 bei der Sektion Reichsleitung der NSDAP geführt, vgl. LA Berlin SK 12708, Bd. 2.
[422] Vgl. DJ 1936, 1094, 1095.
[423] Auszug zitiert nach Hillermeier, „Im Namen des Deutschen Volkes", S. 35.

Jahr	Angeklagte	Todesstrafe	Zuchthaus über 10 Jahre	Zuchthaus unter 10 Jahre	Gefängnis	Freispruch
1937	618	32	107	216	99	52
1938	614	17	85	202	105	54
1939	470	36	70	189	131	40
1940	1091	53	119	649	188	80
1941	1237	102	261	654	143	70
1942	2572	1192	442	596	183	107

Aus dieser Aufstellung ergibt sich, daß in den Jahren der Präsidentschaft Thieracks mehr als 6602 Menschen vor dem Volksgerichtshof angeklagt und mindestens 1432 von ihnen zum Tode verurteilt wurden.

Im Jahr 1940 ist ein starker Anstieg der durchgeführten Gerichtsverfahren zu verzeichnen, deren Zahl sich 1942 noch verdoppelte. Die Anzahl der verhängten Todesstrafen nahm, nachdem sie zunächst im Jahr 1938 zurückgegangen war, stetig zu. Sie stieg im Jahr 1941 erheblich an, bevor sie im Jahr 1942 mehr als das Zehnfache des Vorjahres betrug.

Gerade in den ersten Jahren versuchte Thierack immer wieder, den Bezeichnungen des Volksgerichtshofes als „Revolutionstribunal" oder „Blutgericht", die offensichtlich im Ausland, aber auch innerhalb der deutschen Bevölkerung kursierten, entgegenzutreten. Dazu verwies er auf die Anzahl der in den ersten Jahren seiner Präsidentschaft erlassenen Todesurteile, welche dieses Gerücht widerlege, da sie weit unter der Zahl von Todesurteilen liege, die dem Gerücht nach ausgesprochen worden seien.[424]

Als die hauptsächlichen Tätigkeitsgebiete des Gerichts bezeichnete Thierack die Delikte des Hoch- und Landesverrats.[425]

Dabei bezeichnete er die Kommunisten als die Hauptträger des Hochverrats.[426] Auch die Delikte des Landesverrats sah er aus dem „Nährboden des Kommunismus" erwachsen.[427] Er bemühte sich, stets darauf hinzuweisen, daß die eigentlichen Drahtzieher hinter den einzelnen Angeklagten im Ausland zu su-

[424] Vgl. IfZ Db 09.01, Thierack in einer Ansprache anläßlich einer Tagung des Amtes für Gnadensachen in der Kanzlei des Führers am 13. und 14.5.1938 der Akademie für Deutsches Recht, S. 115; BA R 3016 15/1, Bl 8 f, BA BDC PK, Völkischer Beobachter vom 7.12.1940.

[425] Vgl. DJ 1936, 1094, 1095.

[426] Vgl. IfZ Db 09.01, Thierack in einer Ansprache anläßlich einer Tagung des Amtes für Gnadensachen in der Kanzlei des Führers am 13. und 14.5.1938 der Akademie für Deutsches Recht, S. 105.

[427] Vgl. IfZ Db 09.01, Thierack in einer Ansprache anläßlich einer Tagung des Amtes für Gnadensachen in der Kanzlei des Führers am 13. und 14.5.1938 der Akademie für Deutsches Recht, S. 112; BA R 3016, 15/1, Bl.4.

chen seien.[428] Gemäß der nationalsozialistischen Ideologie war er zum einen der Ansicht, daß „die große Unsicherheit und Unzufriedenheit zum größten Teil auf die kommunistische Weltgefahr" zurückzuführen sei[429] und zum anderen betonte er die Gefahr, die von den Juden ausgehe, die „stets mit Mitteln der Zersetzung und anderen brutalen Mitteln nach der Weltherrschaft" strebten[430].
Neben den Kommunisten, die die größte Zahl der vor dem Volksgerichtshof wegen Hochverrats Angeklagten ausmachten, nannte Thierack weiterhin die SPD, die sogenannte schwarze Front unter Otto Strasser, die Bibelforscher, die SAP, die sogenannten Anarchosyndikalisten und den sogenannten Widerstandskreis unter Ernst Niekisch.[431]
Hinsichtlich des Landesverrats, der hauptsächlich ebenfalls von den Kommunisten in der Sowjetunion veranlaßt werde, nannte Thierack 1938 Frankreich als Hauptgegner, sowie die Tschechoslowakei, Polen und Belgien.[432]

Offensichtlich war Thierack mehrmals bei der Vollstreckung von Todesurteilen des Volksgerichtshofes anwesend. Hierbei muß er auf die Umstände aufmerksam geworden sein, unter denen die zum Tode Verurteilten auf ihre Hinrichtung warteten. Er richtete daraufhin im Juni 1938 die Bitte an das Reichsjustizministerium, die Vollstreckung der Todesurteile des Volksgerichtshofes zu beschleunigen:

> „Wer einmal wie ich gelegentlich der Anwesenheit bei einer Hinrichtung zur Nachtzeit den Flügel des Gebäudes in der Strafanstalt Plötzensee betreten hat, in dem die zum Tode Verurteilten auf ihre Hinrichtung zum Teil seit vielen Monaten harren, den wird die Erinnerung an das Gesehene und Gehörte nicht wieder loslassen. Das allein ist der Grund zu vorstehender Bitte."[433]

---

[428] Vgl. ZAkDR 1936, 855, 856; IfZ Db 09.01, Thierack in einer Ansprache anläßlich einer Tagung des Amtes für Gnadensachen in der Kanzlei des Führers am 13. und 14.5.1938 in der Akademie für Deutsches Recht, S. 109; Völkischer Beobachter vom 7.12.1940; DJ 1936, 1094, 1095.
[429] BA R 3016, 15/1, Bl. 4.
[430] Vgl. IfZ Db 09.01, Thierack in einer Ansprache anläßlich einer Tagung des Amtes für Gnadensachen in der Kanzlei des Führers am 13. und 14.5.1938 in der Akademie für Deutsches Recht, S. 114.
[431] Vgl. IfZ Db 09.01, Thierack in einer Ansprache anläßlich einer Tagung des Amtes für Gnadensachen in der Kanzlei des Führers am 13. und 14.5.1938 der Akademie für Deutsches Recht, S. 109 f; vgl. hierzu die Darstellung zu diesen Gruppen bei Koch, Volksgerichtshof, S. 125 ff.
[432] Vgl. IfZ Db 09.01, Thierack in einer Ansprache anläßlich einer Tagung des Amtes für Gnadensachen in der Kanzlei des Führers am 13. und 14.5.1938 der Akademie für Deutsches Recht, S. 112 f.
[433] IfZ NG 284, Thierack in einem Schreiben an das Reichsjustizministerium vom 13.6.1938.

Im März 1942 drängte dann das Reichsjustizministerium seinerseits in einem Schreiben Staatssekretär Freislers an Thierack darauf, eine erhebliche Beschleunigung der schriftlichen Urteilsabsetzung von Todesurteilen des Volksgerichtshofes herbeizuführen, damit die Entschließung über die Vollstreckung nicht verzögert werde. Daraufhin erließ Thierack am 25. März eine entsprechende Verfügung an die Senate, wonach Todesurteile auch bei Überlastung unter Zurückstellung sonstiger Arbeiten binnen kürzester Frist, spätestens innerhalb von zwei Wochen abzusetzen seien.[434] Schon am 18. Mai wandte sich Freisler erneut an Thierack, da die Zeitspanne zwischen dem Erlaß eines Todesurteils und der Entscheidung über eine eventuelle Begnadigung durch Hitler zu lang sei. Daher solle der Volksgerichtshof prüfen, ob in seinem Arbeitsbereich noch Wesentliches zur Beschleunigung beigetragen werden könne.[435] Thierack reagierte hierauf, indem er eine Abschrift seiner Verfügung vom März an das Ministerium sandte und darauf hinwies, daß von den seit dem 18. Februar 1942 ergangenen Todesurteilen trotz alsbaldiger schriftlicher Abfassung der Urteile noch keines vollstreckt sei.[436]

Im Juli 1940 hatte der zweite Senat über einen Fall zu entscheiden, bei dem die zwei Angeklagten eine Sammlung für die Frau eines in Schutzhaft genommenen Kommunisten durchgeführt hatten, bei der ein Ertrag von 0,72 RM herauskam. Nachdem die Angeklagten freigesprochen worden waren, wandte sich der Senat an Thierack mit dem Ansinnen, daß es der Würde des Volksgerichtshofes nicht entspreche, wenn er sich mit derartigen Bagatellsachen beschäftigen müsse. Derartige Sachen könnten auch in anderer Weise, wie zum Beispiel durch Einweisung in ein Konzentrationslager erledigt werden.[437] In einem Schreiben an das Reichsjustizministerium schloß sich Thierack dieser Auffassung an. Er berichtete, daß der Volksgerichtshof deswegen so mit Verfahren überlastet sei, weil vor ihm Sachen verhandelt werden mußten, für deren Aburteilung das Gericht nicht gedacht sei, wie vor allem hinsichtlich der aus dem Protektorat Böhmen und Mähren anfallenden Sachen:

> „...
> So richtig es ist, Aufstandsbegehren, wie sie z.B. in Böhmen und Mähren jetzt zutage treten, hart und an der Wurzel auszurotten, so falsch ist es, jedem Mitläufer - auch dem kleinsten – die Ehre anzutun, als Hochverräter vor dem Volksge-

---

[434] Wagner, Der Volksgerichtshof im nationalsozialistischen Staat, S. 811.

[435] IfZ NG 284, Freisler als Staatssekretär im Reichsjustizministerium in einem Schreiben an Thierack vom 18.5.1942.

[436] Wagner, Der Volksgerichtshof im nationalsozialistischen Staat, S. 812.

[437] IfZ NG 369, Schreiben des zweiten Senates des Volksgerichtshofes an Thierack vom 26.7.1940.

richtshof oder in dessen Vertretung vor einem Oberlandesgericht zu erscheinen und abgeurteilt zu werden..."[438]

Seiner Ansicht nach könne man diese Fälle zweckmäßiger auf andere Weise regeln als durch die langwierige, teure und schwerfällige Form eines Gerichtsverfahrens:

> „...
> Ich habe deshalb durchaus nichts dagegen einzuwenden, wenn diese kleinen und kleinsten Mitläufer, die im Rahmen der von anderen gesponnenen Hochverratspläne irgendwie auftauchen, dadurch zur Vernunft gebracht werden, daß sie einige Zeit in Konzentrationslager verbracht werden. Das hätte den weiteren Vorteil für sich, daß eine schnelle Verfügung erfolgt, die schon deswegen doppelt wirksam ist, und daß eine schnelle Korrektur der Verfügung möglich ist, wenn der Täter durch diese Maßnahme zur besseren Einsicht gebracht worden ist..."[439]

Im Dezember 1941 beschwerte sich Thierack erneut über die starke und ständig wachsende Belastung des Volksgerichtshofes aufgrund des starken Anstiegs von Landesverratsfällen.[440]

dd) Die Problematik der Schutzhaft

Ab 1936 kam es zu einer immer stärkeren Zusammenarbeit zwischen dem Volksgerichtshof und der Gestapo.[441] Dies zeigte sich vor allem bei der Frage der polizeilichen Schutzhaft.
Grundlage für die Verhängung polizeilicher Schutzhaft durch die Gestapo war die Verordnung des Reichspräsidenten zum Schutz von Volk und Staat vom 28. Februar 1933, die die Möglichkeit der Schutzhaft eröffnete.[442] Im Gegensatz zur Zeit vor 1933 konnte damit die Schutzhaft nicht mehr nur zum Schutz des einzelnen, sondern auch „zum Schutz des Reichs" verhängt werden.[443] Die Gestapo konnte die Schutzhaft unter anderem anordnen für „Personen, die durch ihr Verhalten den Bestand und die Sicherheit des Volkes und Staates gefährden".[444] Die Inhaftierung war zeitlich unbegrenzt möglich[445] und wurde in der Regel in Konzentrations- oder Arbeitslagern durchgeführt.[446]

---

438 IfZ NG 369, Schreiben Thieracks an den Reichsjustizminister vom 14.8.1940.
439 IfZ NG 369, Schreiben Thieracks an den Reichsjustizminister vom 14.8.1940.
440 Koch, Volksgerichtshof, S. 169.
441 Vgl. Koch, Volksgerichtshof, S. 108.
442 Wagner, Die Umgestaltung der Gerichtsverfassung und des Verfahrens- und Richterrechts im nationalsozialistischen Staat, S. 304.
443 Wagner, Die Umgestaltung der Gerichtsverfassung und des Verfahrens- und Richterrechts im nationalsozialistischen Staat, S. 303 f.
444 Wilhelm, Die Polizei im NS-Staat, S. 105.

Die Möglichkeit der gerichtlichen Nachprüfung der Rechtmäßigkeit einer Anordnung von Schutzhaft gab es nicht.[447]

Mit der Zeit war es üblich geworden, daß die Gestapo sogenannte politische Verbrecher, wenn sie vom Volksgerichtshof freigesprochen worden waren oder wenn sie eine über sie verhängte Strafe verbüßt hatten, in Schutzhaft nahm und in ein Konzentrationslager brachte.[448]
Schon im August 1935 hatte der stellvertretende Gestapochef Best kritisiert, daß mehrfach „staatsfeindliche Personen“, die wegen Hochverrats in Strafhaft einsaßen, nach Strafverbüßung aus der Anstalt entlassen worden seien, „ohne daß ihre weitere Überwachung oder Inschutzhaftnahme zwecks Überführung in ein Konzentrationslager erfolgte“. Er hatte deshalb angeordnet, daß von allen vor dem Volksgerichtshof Verurteilten der Entlassungstag erfragt werden sollte, um die „Rückführung dieser Staatsfeinde“ rechtzeitig beantragen zu können.[449]
In diesem Sinne ordnete das Reichsjustizministerium am 18. Januar 1937 an, daß die Gestapo rechtzeitig von der bevorstehenden Entlassung eines wegen Hoch- oder Landesverrats verurteilten Strafgefangenen benachrichtigt werden solle.[450]
Die Gestapo ging so weit, Angeklagte, die freigesprochen worden waren oder bei denen die erkannte Strafe durch die Untersuchungshaft als verbüßt erklärt wurde, unmittelbar nach der Urteilsverkündung noch im Gerichtsgebäude in Schutzhaft zu nehmen.[451] Hiergegen wehrten sich einige Gerichtsvorsitzende, die diese Maßnahmen als Kritik der Gestapo an ihrem Urteil verstanden.[452] Nachdem ein Senatsvorsitzender am Volksgerichtshof dies geäußert hatte, antwortete das Reichsjustizministerium mit Schreiben vom 21. April 1937 darauf, indem es sich auf die Seite der Gestapo stellte: Man teile die Auffassung, daß bei dem Charakter der Schutzhaft als einer vorbeugenden polizeilichen Maßnahme zur Vermeidung einer Gefährdung der öffentlichen Ordnung und Sicherheit ihre Verhängung auch gegen solche Staatsfeinde geboten sein kann, die in einem gerichtlichen Verfahren mangels Beweises freigesprochen worden sind.

---

445 Wilhelm, Die Polizei im NS-Staat, S. 54.

446 Wagner, Die Umgestaltung der Gerichtsverfassung und des Verfahrens- und Richterrechts im nationalsozialistischen Staat, S. 303 f.

447 Wilhelm, Die Polizei im NS-Staat, S. 53; Wagner, Die Umgestaltung der Gerichtsverfassung und des Verfahrens- und Richterrechts im nationalsozialistischen Staat, S. 305.

448 Koch, Volksgerichtshof, S. 110; Wagner, Der Volksgerichtshof im nationalsozialistischen Staat, S. 45.

449 Anordnung vom 27.8.1935, zitiert nach Wieland, Das war der Volksgerichtshof, S. 49.

450 Vgl. Wagner, Der Volksgerichtshof im nationalsozialistischen Staat, S. 45.

451 Gruchmann, Justiz im Dritten Reich 1933-1940, S. 599.

452 Gruchmann, Justiz im Dritten Reich 1933-1940, S. 599.

Der betreffende Senatspräsident solle die Verhängung der Schutzhaft im vorliegenden Fall nicht als Kritik gegen sein freisprechendes Urteil auffassen.[453]
Im Januar 1939 wandte sich der Vorsitzende des zweiten Senats des Volksgerichtshofes an Thierack, um diesem einen ähnlichen Fall zur Kenntnis zu bringen. Ein wegen erwiesener Unschuld freigesprochener Angeklagter war dennoch in Schutzhaft genommen worden. Der Senatspräsident Engert legte dar, der gesamte Senat, einschließlich der ehrenamtlichen Mitglieder, sei der Meinung, daß ein solches Vorgehen unerträglich sei. Eine Schutzhaft sei ihrer Meinung nach nur dann zu vertreten, wenn der Polizei neue Gründe bekannt geworden wären, die der Senat bei seiner Urteilsbegründung noch nicht gekannt habe. Daher sei man der Ansicht, daß diese Frage einmal grundsätzlich geregelt werden müsse. Man bitte, diesen Bericht dem Justizministerium zuzuleiten.[454] Dieses tat Thierack mit einem Schreiben vom 21.1.1939.[455] Das Ministerium antwortete, man sei nicht der Auffassung, daß in jedem Fall der Freisprechung die Verhängung der Schutzhaft unterbleiben müsse. Gegenüber Angeklagten, die mangels Beweises freigesprochen worden seien, sei die Verhängung von Schutzhaft geboten. Nicht geboten sei sie jedoch gegenüber Angeklagten, die wegen erwiesener Unschuld freigesprochen worden seien, sofern nicht neues Belastungsmaterial die Schutzhaft erforderlich erscheinen lasse.[456] In dem hier fraglichen Fall wurde der betreffende Häftling im Ergebnis aus der Schutzhaft entlassen.[457]
In einem weiteren Fall einer Angeklagten, deren Strafe durch die erlittene Untersuchungshaft als verbüßt angesehen wurde, beschwerte sich der Vizepräsident des Volksgerichtshofes Engert in Vertretung Thieracks über die Inschutzhaftnahme der Betroffenen. Zuvor hatte der Chef der Sicherheitspolizei erklärt, daß die Schutzhaft erforderlich gewesen sei, da nach dem Verhalten der Inhaftierten zu befürchten gewesen sei, daß sie sich weiter staatsfeindlich betätigen werde.[458]
Engert fand für seine Ablehnung dieses Vorganges deutliche Worte:

> „...
> Ich darf hierbei darauf hinweisen, daß der Verfasser des Schreibens darin eine Kritik an einem Urteil des Volksgerichtshofes übt, die ich für unangebracht halte.

---

[453] BA R 3016, 127 Bl. 2, Schreiben des Reichsjustizministeriums an den Präsidenten des VGH vom 21.4.1937.
[454] BA R 3016, 126, Bl. 5, Schreiben des Zweiten Senates des VGH an den Präsidenten des VGH vom 3.1.1939.
[455] BA R 3016, 127, Bl. 6, Schreiben Thieracks an das Reichsjustizministerium vom 21.01.1939; vgl. auch die Darstellung bei Gruchmann, Justiz im Dritten Reich 1933-1940, S. 602 f.
[456] BA R 3016, 127, Bl. 9, Schreiben des Reichsjustizministeriums an den Präsidenten des VGH vom 31.3.1939.
[457] Vgl. BA R 3016, 127 Bl. 10 f., Schreiben des Reichsführers-SS und Chef der Deutschen Polizei an den Reichsjustizminister vom 21.2.1939.
[458] BA 3016, 127, Bl. 12, Schreiben des Chefs der Sicherheitspolizei an den Präsidenten des Volksgerichtshofes vom 19.8.1939.

Die Inschutzhaftnahme der Grabs widerspricht der zwischen dem Reichsjustizministerium und dem Chef der Sicherheitspolizei getroffenen Vereinbarung. So geht das nicht.
…"[459]

Ob aus diesen Vorgängen hervorgeht, daß Thierack selbst Zweifel an der Praxis der Gestapo hinsichtlich der Inschutzhaftnahme dieser Personen hatte, erscheint fraglich. Dagegen spricht zum einen, daß das oben erwähnte Schreiben Thieracks vom 21.1.1939 keinerlei persönliche Meinung Thieracks wiedergibt. Er zitierte lediglich das Schreiben des Präsidenten des Zweiten Senates, Engert, ohne erkennen zu lassen, ob dieses auch seine eigene Meinung widerspiegelte. Zum anderen ist zu beachten, daß der zweite Vorgang, in dem Engert in Vertretung Thieracks handelte, zu einem Zeitpunkt stattfand, als Thierack zum Kriegsdienst einberufen war[460] und somit gar nicht in Berlin weilte. Somit dürfte Engert hier aus eigenem Antrieb gehandelt und seine eigene Linie vertreten haben, so daß das betreffende Schreiben nicht zwangsläufig Thieracks Meinung widerspiegelte.

Daß Thierack im Gegenteil offensichtlich die Praxis der Inschutzhaftnahme durch die Gestapo unterstützte, verdeutlichen folgende Vorgänge:
Im Jahr 1940 traf Thierack eine Abrede mit dem Oberreichsanwalt beim Volksgerichtshof, Lautz. Darin wurde festgelegt, daß Lautz die betreffenden Personen grundsätzlich der Gestapo überstellen solle, wenn auf Freispruch oder Einstellung des Verfahrens erkannt oder die Strafe durch die erlittene Untersuchungshaft für verbüßt erklärt worden war, außer wenn die Gestapo hierauf ausdrücklich verzichtete.[461]
Indem er eine grundsätzliche Überstellung der genannten Personen an die Gestapo anordnete, drückte Thierack seine Unterstützung dieser Politik aus. Er tolerierte dieses Verfahren der Gestapo nicht nur, sondern trug erheblich zu dessen Erleichterung und Vereinfachung bei. Wurde bisher der Gestapo lediglich der Termin der Entlassung von Strafgefangenen aus den Strafanstalten genannt, so daß die Gestapo selbst tätig werden konnte, ließ Thierack nun die genannten Personen direkt der Gestapo überstellen, ohne daß letztere initiativ werden mußte. Die Überstellung an die Gestapo wurde hierdurch zwingende Folge eines Freispruchs oder der Verbüßung der Strafe durch Anrechnung der Untersuchungshaft. Diese Abrede sorgte dafür, daß grundsätzlich niemand, der einmal vor dem Volksgerichtshof angeklagt wurde, diesen als freier Mann verlassen konnte, es sei denn, die Gestapo verzichtete ausdrücklich auf die Inschutzhaft-

[459] BA R 3016, 127, Bl. 15, Schreiben Engerts an den Reichsjustizminister vom 20.11.1939.
[460] Thierack war vom 26.08.1939 bis zum 9.4.1940 zum Kriegsdienst einberufen, vgl. BA R 3001 (alt R 22) Nr. 78253, Personalakte Thierack.
[461] Schreiben Lautz' an den Reichsjustizminister vom 29.7.1940, zitiert nach Wieland, Das war der Volksgerichtshof, S. 50 f.

nahme. Zwar war dies auch schon bisher die gängige Praxis, jedoch billigte Thierack diese Praxis durch seine Abrede mit Lautz offiziell.

Weiterhin trat Thierack in dem oben erwähnten Schreiben an den Reichsjustizminister vom 14. August 1940, in dem er sich über die Belastung des Volksgerichtshofes mit Bagatellsachen beschwerte, dafür ein, die „kleinsten Mitläufer" direkt in ein Konzentrationslager zu verbringen.[462]
Daß Thierack hier von sich aus vorschlug, Personen in Schutzhaft zu nehmen, ohne daß diese jemals vor ein Gericht gestellt werden sollten, beweist, daß er eine Zusammenarbeit der Gestapo mit der Justiz zum Zwecke der Entlastung des Volksgerichtshofes befürwortete. Für die betreffenden Personen dürfte die direkte Einweisung in ein Konzentrationslager ohne vorherigen Prozeß zumeist schwerwiegendere Folgen gehabt haben, da diese Einweisungen zeitlich nicht begrenzt waren und sie hinsichtlich einer eventuellen Freilassung völlig der Willkür der Gestapo ausgeliefert waren. Wären sie dagegen vor dem Volksgerichtshof verurteilt worden, hätten sie als „kleinste Mitläufer" vermutlich eine geringe Strafe erhalten. Nach deren Verbüßung hätte immerhin die, wenn auch geringe, Chance bestanden, daß die Gestapo eventuell auf die Inschutzhaftnahme verzichtet hätte. Dieser Chance wären sie durch eine direkte Überstellung in ein Konzentrationslager beraubt worden.

Dafür, daß Thierack das Instrument der Schutzhaft generell gebilligt hat, spricht auch, daß in einem unter seinem Vorsitz ergangenen und von ihm unterzeichneten Urteil die Schutzhaft als vorbeugende Maßnahme ausdrücklich erwähnt wird. In diesem Verfahren ging es um einen Angeklagten, der auf Schweizer Boden regimefeindliche Äußerungen getätigt haben sollte. In der Urteilsbegründung findet sich folgende Feststellung:

> „...
> Die Tat des Angeklagten zeugt von niederträchtiger Gesinnung.
> ...
> Dabei hätte ihm die Schutzhaft, die im Jahre 1936 gegen ihn verhängt werden mußte, Anlaß genug sein müssen, sich größter Zurückhaltung zu befleissigen.
> ..."[463]

Hier wird deutlich, daß für Thierack die Verhängung polizeilicher Schutzhaft keinen Eingriff in den Bereich der Justiz bedeutete, sondern daß er sie als ein von der Justiz offiziell gebilligtes Mittel ansah.

---

[462] S.o. Kapitel VII 3c) cc) (3); IfZ NG 369, Schreiben Thieracks an den Reichsjustizminister vom 14.8.1940.
[463] Das Urteil des Ersten Senats des Volksgerichtshofs vom 7.7.1942 ist enthalten in LA Berlin, SK 12708 Bd 2.

ee) Der Fall Elias

Das Bestreben Thieracks, eng mit der Gestapo zusammenzuarbeiten, trat besonders deutlich im Zusammenhang mit der Verhandlung des Volksgerichtshofes gegen Alois Elias hervor.[464]
Elias war Ministerpräsident der tschechischen Protektoratsregierung. In den als Protektorat Böhmen und Mähren dem Reich angegliederten tschechischen Gebieten wurde aus dem Untergrund hartnäckig Widerstand gegen die nationalsozialistische Besatzung geleistet. Den verhafteten Mitgliedern von Widerstandsbewegungen gegenüber wurde von Seiten der Reichsregierung zunächst eine zurückhaltende und abwartende Haltung eingenommen.[465] So erließ Hitler im Juni 1939 einen Amnestieerlaß, welcher auch Landesverratssachen von Tschechen einschloß.[466] Als 1940 eine große Zahl von Angehörigen der Widerstandsorganisation „Obrana naroda“ verhaftet wurde, verhinderte er, daß ihnen der Prozeß gemacht wurde und ordnete an, daß lediglich eine Anklageschrift zu verfassen sei.[467] Nachdem es zu immer mehr Verhaftungen gekommen war, gab Hitler zwar die Erlaubnis, die Verfahren aufzunehmen und fortzuführen, untersagte jedoch die Verhängung von Todesstrafen.[468] Diese Haltung den Mitgliedern tschechischer Widerstandsgruppen gegenüber wurde sehr unterstützt durch den zuständigen Reichsprotektor Constantin von Neurath.[469] Eine Wendung in dieser Politik trat ein, als Hitler den SS-Obergruppenführer und General der Polizei Heydrich an die Stelle von Neuraths berief. Der SD unter Leitung Heydrichs, außerdem Bormann und Goebbels sowie von Neuraths Staatssekretär Karl-Hermann Frank hatten die Vorgänge im Protektorat Böhmen und Mähren stets mit Mißfallen beobachtet. Im Herbst 1941 konnten sie dann Hitler davon überzeugen, daß den Widerstandstätigkeiten im Protektorat mit rücksichtslosem Durchgreifen begegnet werden müsse. Nachdem Hitler dies von Neurath mitgeteilt hatte, bot letzterer seinen Abschied an, der ihm verweigert wurde. Jedoch wurde eine Einigung dahingehend erreicht, daß von Neurath offiziell aus gesundheitlichen Gründen einen längeren Urlaub antreten und Heydrich für diese Zeit mit der Führung der Geschäfte im Protektorat beauftragt werden solle.[470]

---

[464] Vgl. zu diesem Verfahren die umfassenden Darstellungen bei Heiber, Der Fall Elias, VfZ 1955, 275 ff.; Wagner, Der Volksgerichtshof im nationalsozialistischen Staat, S. 490 ff.
[465] Vgl. Heiber, Der Fall Elias, VfZ 1955, 275, 277; Wagner, Der Volksgerichtshof im nationalsozialistischen Staat, S. 485.
[466] „Erlaß des Führers und Reichskanzlers über die Gewährung von Straffreiheit“ vom 7.6.1939.
[467] Vgl. Koch, Volksgerichtshof, S. 173.
[468] Vgl. Heiber, Der Fall Elias, VfZ 1955, 275, 278.
[469] Wagner, Der Volksgerichtshof im nationalsozialistischen Staat, S. 485.
[470] Vgl. Heiber, Der Fall Elias, VfZ 1955, 275, 278.

Heydrich plante, im Protektorat streng gegen die Widerstandstätigkeiten im Untergrund durchzugreifen. Die Ursache des verstärkten Widerstandes sah er in dem Funktionieren der Protektoratsregierung, an deren Spitze Elias stand.[471]
Kurz nach seinem Amtsantritt in Prag erklärte Heydrich für weite Teile des Protektorats den zivilen Ausnahmezustand. Grundlage hierfür war eine von ihm am 27. September 1941 erlassene Verordnung, in der er sich selbst diese Befugnis zuerkannte. Bei diesem Vorgehen konnte er sich auf das Einverständnis Hitlers stützen. Letzterer hatte zudem auch die Weisung erteilt, die zunächst eingestellten Verfahren gegen die Mitglieder der tschechischen Widerstandsgruppen nun durchzuführen. Mit der Verordnung vom 27. September war auch das Standrecht eingeführt worden. Verstöße gegen die öffentliche Ordnung und Sicherheit sowie gegen die besonderen Anordnungen des Reichsprotektors konnten nun von den vom Reichsprotektor eingesetzten Standgerichten abgeurteilt werden, wobei die Urteile lediglich auf Todesstrafe, Überweisung an die Gestapo oder Freispruch lauten konnten. Die Urteile waren unanfechtbar und sofort vollstreckbar. Die Standgerichte nahmen ihre Tätigkeit sofort auf.[472]
Gegen Elias sowie gegen den Prager Oberbürgermeister Dr. Otakar Klapka wollte Heydrich jedoch anderweitig vorgehen, um an ihnen ein Exempel zu statuieren.[473] Das Ergebnis war, daß beide aufgrund einer Absprache zwischen Heydrich und Thierack vor dem Volksgerichtshof unter Ausschaltung des Oberreichsanwaltes zum Tode verurteilt wurden.

Am 25. September 1941 suchte Heydrich um 18.30 Uhr Thierack in dessen Wohnung auf, um ihn über die Entscheidung Hitlers und über die in den nächsten Tagen im Protektorat geplanten Maßnahmen zu unterrichten. Er bat Thierack um eine Stellungnahme über den Sachverhalt gegen Klapka und gegen einen ehemaligen Redakteur Jost und erkundigte sich, wann die Anklage erhoben werden könne. Hierauf konnte Thierack nur teilweise antworten, da er den Sachverhalt nicht genau kannte. Schließlich wies Heydrich nach Thieracks Angaben darauf hin, daß es sich bei diesen Mitteilungen um geheime Reichssachen handele, von denen nur ganz wenige Personen wüßten und verpflichtete Thierack daher zum Schweigen.[474] Thierack suchte nach eigenen Angaben nach dieser Unterredung den Oberreichsanwalt Lautz auf und unterrichtete ihn darüber, „daß nun scheinbar die tschechischen Sachen, die bis dahin auf Anordnung des Führers zurückgestellt worden waren, zur Anklage und zur Verhandlung kommen sollten“. Lautz erklärte, daß er zur Anklageerhebung in dem fraglichen Fall drei bis vier Wochen benötigen werde.[475]

---

[471] Vgl. Heiber, Der Fall Elias, VfZ 1955, 275, 279.
[472] Vgl. Wagner, Der Volksgerichtshof im nationalsozialistischen Staat, S. 490 f.
[473] Vgl. Wagner, Der Volksgerichtshof im nationalsozialistischen Staat, S. 492.
[474] IfZ, NG 699 Bl. 5, Schreiben Thieracks an Schlegelberger vom 8.12.1941.
[475] IfZ, NG 699 Bl. 6, Schreiben Thieracks an Schlegelberger vom 8.12.1941.

Lautz hob anläßlich seines Berichts an Schlegelberger über dieses Treffen hervor, Thierack habe behauptet, seinem Vorgehen liege „ein Anruf vom Obersalzberg“ zugrunde. Er habe Thierack in groben Zügen darüber unterrichtet, was Klapka und einem Teil der Mittäter zur Last gelegt werde. Hierbei habe er darauf hingewiesen, daß Klapka den Ministerpräsidenten Elias stark belastet habe, daß aber strafrechtliche Maßnahmen gegen Elias nur auf besondere Weisung des Reichsprotektors getroffen werden dürften. Lautz habe dann erklärt, daß bis zur Fertigstellung der Anklage in dieser sehr umfangreichen Sache noch ein paar Wochen vergehen könnten. Schließlich habe er noch versucht, Thierack zu einer Auskunft über die näheren Umstände seines Auftrages zu veranlassen, worauf Thierack aber erwidert habe, auch nichts Weiteres zu wissen.[476]
Die Angabe von Lautz, die Anklageerhebung könne noch drei bis vier Wochen dauern, gab Thierack noch nachts an Heydrich weiter.[477]

Am darauffolgenden Tag, dem 26. September, als Thierack in Riesa in Sachsen beschäftigt war, traf er sich dort mit dem zuständigen Ermittlungsrichter im Fall Klapka und Jost. Dieser unterrichtete Thierack eingehend über den Sachverhalt. Dieses sei Thierack nach eigener Aussage besonders wichtig gewesen, weil er nun auch den Sachverhalt Elias genau kennengelernt habe.[478]
Bei einem Treffen mit Heydrich am Morgen des 27. September unterrichtete Thierack diesen auch über den mit dem Fall Klapka und Jost eng zusammenhängenden Fall Elias. Nach Thieracks Angaben habe er erst zu diesem Zeitpunkt von den weiteren Maßnahmen erfahren, die Heydrich zur Aburteilung der Tschechensachen treffen wollte.[479]
Bei dieser Unterredung müssen Heydrich und Thierack die Verabredung getroffen haben, die Fälle Elias und Klapka vor dem Volksgerichtshof und nicht, wie ursprünglich von Heydrich geplant, vor einem Standgericht, zu verhandeln. In diesem Zusammenhang wurde auch beschlossen, die Reichsanwaltschaft auszuschließen und die Anklage durch die Gestapo vertreten zu lassen, um eine unverzügliche Aburteilung herbeizuführen.[480] Von welchem der beiden Männer dieser Vorschlag kam, ist nicht mehr genau feststellbar.[481] Thierack soll aber Heydrich vor Augen geführt haben, daß das Verfahren in der Öffentlichkeit eine größere Rechtfertigung finden würde, wenn es nicht durch die Standgerichte, sondern durch den Volksgerichtshof, das höchste ordentliche Gericht im Reich durchgeführt werde. Auf der Ausschaltung der Reichsanwaltschaft beim Volks-

---

[476] BA R 3001/4070, Bl. 41, Darstellung Lautz's an Schlegelberger über die Vorgänge im Fall Elias vom 7.10.1941.
[477] IfZ, NG 699 Bl. 6, Schreiben Thieracks an Schlegelberger vom 8.12.1941.
[478] IfZ, NG 699 Bl. 6, Schreiben Thieracks an Schlegelberger vom 8.12.1941.
[479] IfZ, NG 699 Bl. 6, Schreiben Thieracks an Schlegelberger vom 8.12.1941.
[480] Vgl. hierzu Wagner, Der Volksgerichtshof im nationalsozialistischen Staat, S. 492, Koch, Volksgerichtshof, S. 176; Heiber, Der Fall Elias, VfZ 1955, 275, 282.
[481] Ebenda.

gerichtshof soll Heydrich bestanden haben, wofür er das Einverständnis Thieracks erlangte.[482]

Aus der Stellungnahme Thieracks ist nicht zu entnehmen, wer genau welchen Vorschlag machte. Er sprach lediglich davon, daß Heydrich verständnisvoll daran mitgewirkt habe, daß der Volksgerichtshof an der Aburteilung der tschechischen Widerständler beteiligt wurde:

> "...
> Um Rat hierzu befragt, habe ich mich bemüht, den Weg zu finden, der einerseits bei dem anzuerkennenden Staatsnotstand, der im Raum Böhmen und Mähren vorlag, erforderlich war und der andererseits ein gesetzmäßiger nur sein konnte. Daß dieser Weg, der allen diesen Erfordernissen Rechnung trug, gefunden wurde und daß der Hauptteil der Sachen an den Volksgerichtshof nunmehr zurückgelangte, ist lediglich auf diese Aussprache mit SS-Obergruppenführer Heydrich, der verständnisvoll daran mitwirkte, zurückzuführen. Wenn man das heute auch noch nicht überall einsieht, so wird man es doch noch einsehen lernen. Ebenso, daß die beiden Hauptverhandlungen des 1. Senats des Volksgerichtshofes in Prag gegen Elias und Klapka sich in so würdiger Form und rechtssicherer Weise abspielten, ist nicht zuletzt auf das Verständnis des Obergruppenführers Heydrich zurückzuführen.
> ..."[483]

Nach der Unterredung mit Heydrich studierte Thierack die Klapka-Akte, die er sich von Lautz geben ließ. Diese wurde jedoch schon bald wieder abgeholt, da Ministerialrat Joel, der am selben Tag im Gefolge Heydrichs nach Prag reiste, die Unterlagen angefordert hatte.[484] Letzterer war 1937 von Gürtner zum Verbindungsmann des Reichsjustizministeriums zu SS, SD und Gestapo bestellt worden, woraufhin er zum Reichssicherheitshauptamt kam und in der SS-Hierarchie rasch aufstieg.[485]

Nach Angaben von Lautz über die Vorgänge an diesem Tag will dieser die Akten im Fall Klapka Thierack mit dem Hinweis ausgehändigt haben, sie nur kurz entbehren zu können, da die Anklage mit größter Beschleunigung abgesetzt werden solle. Kurz darauf habe er einen Anruf von Staatssekretär Freisler erhalten, der ihm erklärt habe, Heydrich sei mit einem besonderen Auftrag für das Protektorat versehen und in Kürze werde sich Ministerialrat Joel mit ihm in Verbindung setzen. Weiter habe Freisler gesagt, daß er alle von Joel etwaig geforderten Maßnahmen billige. Kurz darauf sei Joel bei ihm erschienen und habe ihm erklärt, daß Heydrich den erkrankten von Neurath vertreten solle und daß Elias verhaftet worden sei. Weiter habe er behauptet, daß am nächsten Tag der Belagerungszustand im Protektorat verhängt werden solle, mit der Folge, daß

---

[482] Vgl. hierzu Wagner, Der Volksgerichtshof im nationalsozialistischen Staat, S. 492.
[483] IfZ, NG 699 Bl. 6, Schreiben Thieracks an Schlegelberger vom 8.12.1941.
[484] Heiber, Der Fall Elias, VfZ 1955, 275, 283.
[485] Vgl. Koch, Volksgerichtshof, S. 176.

die Verfahren gegen die Mitglieder der tschechischen Widerstandsbewegung von Standgerichten abgeurteilt werden sollten. Daher sei die Abgabe der betreffenden Sachen, insbesondere die Herausgabe der Akten und Häftlinge, vordringlich des Oberbürgermeisters Klapka, sofort vorzubereiten. Daraufhin habe sich Lautz umgehend zu Thierack begeben und ihn unter Darlegung der Angaben Joels um die Rückgabe der Akten gebeten, da diese an das Standgericht in Prag abzugeben seien. Hierauf habe Thierack geäußert, es müsse eine „Panne passiert" sein, er habe ausdrücklich darauf hingewiesen, daß man bei der „Behandlung der Dinge" das Recht nicht aus den Augen lassen dürfe. Bei der jetzigen Sachlage müsse er sich aber dem Verlangen auf Herausgabe der Akten fügen.[486]

Am selben Tag noch reiste Lautz aus Berlin ab und fuhr zu einer Konferenz auf dem Semmering.[487] Zuvor hatte er noch dafür gesorgt, daß die Akte Klapka und auch die dazugehörigen Untersuchungsgefangenen an die Gestapo übergeben wurden.[488]
Am 28. September wurde Thierack aus Prag darüber informiert, daß Elias verhaftet worden und „voll geständig" sei.[489]
Von diesen Vorgängen, die auf der Absprache zwischen Thierack und Heydrich beruhten, wurden weder die Reichsanwaltschaft noch das Reichsjustizministerium informiert. Die zuständigen Stellen wurden erst auf das Geschehen aufmerksam, als im Völkischen Beobachter vom 29. September die Nachricht veröffentlicht wurde, die Strafsache Elias sei „dem Volksgerichtshof zur Aburteilung überwiesen" worden.[490] Dafür, daß er das Ministerium nicht informiert hatte, rechtfertigte sich Thierack später damit, daß es ihm angeblich schon nach dem Treffen mit Heydrich vom 27. September klar gewesen sei, daß er nun sein Ressortministerium hätte unterrichten müssen. Auf seine Bitte, ihn zu diesem Zweck von seinem Schweigegebot zu entbinden, habe Heydrich aber ablehnend reagiert. Letzterer habe erklärt, daß er selbst mit Staatssekretär Freisler sprechen wolle und habe darauf hingewiesen, daß Joel als Verbindungsmann zwischen ihm und dem Ministerium ausersehen sei.[491]
Nachdem man sowohl bei der Reichsanwaltschaft als auch im Justizministerium von dem Bevorstehen des Prozesses gehört und sich gegenseitig davon unter-

---

486 BA R 3001/4070, Bl. 42, Darstellung Lautz's an Schlegelberger über die Vorgänge im Fall Elias vom 7.10.1941.
487 Heiber, Der Fall Elias, VfZ 1955, 275, 284.
488 BA R 3001/4070, Bl. 45, Darstellung Parrisius' an Schlegelberger über die Vorgänge im Fall Elias vom 7.10.1941; Heiber, Der Fall Elias, VfZ 1955, 275, 284.
489 IfZ, NG 699 Bl. 7, Schreiben Thieracks an Schlegelberger vom 8.12.1941.
490 Heiber, Der Fall Elias, VfZ 1955, 275, 284.
491 IfZ, NG 699 Bl. 7, Schreiben Thieracks an Schlegelberger vom 8.12.1941.

richtet hatte, nichts von diesem Vorgang zu wissen[492], wurden die zuständigen Stellen dieser Behörden tätig. So wurde zum einen Lautz von dem bevorstehenden Prozeß unterrichtet und gebeten, sich hierfür bereit zu halten.[493] Zum anderen erfuhr ein Mitglied der Reichsanwaltschaft durch SS-Brigadeführer Müller, den Chef der Gestapo, daß der Prozeß tatsächlich in Prag stattfinden solle und schon die Vorbereitungen für eine Reise des Ersten Senats des Volksgerichtshofes dorthin getroffen wären. Müller zeigte sich erstaunt, daß die Reichsanwaltschaft am Volksgerichtshof noch nichts Näheres über die Angelegenheit wisse.[494] Schließlich meldete sich Joel in einer anderen Sache bei der Reichsanwaltschaft und erwähnte nebenbei, daß der Prozeß schon am folgenden Tag stattfinden solle und daß die Anklage von dem Leiter der Stapoleitstelle Prag und nicht von der Reichsanwaltschaft vertreten werde.[495] Daraufhin setzte sich Reichsanwalt Parrisius mit Ministerialdirektor Crohne vom Reichsjustizministerium in Verbindung und berichtete diesem von den neuen Umständen. Crohne wiederum informierte Schlegelberger. Dieser wies Crohne an, bei Thierack anzurufen und nachzufragen, ob die Meldungen der Wahrheit entsprächen. Thierack erwiderte mit der Gegenfrage, ob das Ministerium denn nicht durch Joel informiert worden sei.[496] Er erklärte sich bereit, Schlegelberger persönlich zu informieren. Daraufhin kam es kurz nach dem Telefonat zu einem Treffen.[497] Schlegelberger fertigte am selben Tag einen Aktenvermerk über das Gespräch mit Thierack an. Diesem ist zu entnehmen, daß Thierack behauptete, er habe Heydrich darauf aufmerksam gemacht, daß es seines Erachtens nicht angehe, den Ministerpräsidenten eines Staates durch ein Polizeigericht aburteilen zu lassen. Heydrich habe sich daraufhin bereit erklärt, die Sache an den Volksgerichtshof abzugeben, habe jedoch darauf bestanden, selbst die Anklage zu erheben. Thierack habe daraufhin eingeworfen, daß ihm dies bedenklich erscheine, da nach den bestehenden Gesetzen der Oberreichsanwalt beim Volksgerichtshof Anklagebehörde sei. Weiter gab Thierack an, Heydrich habe ihm auf seine Einwände hin erklärt, eine Vollmacht des Führers zu besitzen, aufgrund derer er anordnen werde, daß die Anklage in diesem Fall vom Reichsprotektor erhoben werden solle. Heydrich habe ihm dann auf sein Befragen ein mit der Unterschrift des Führers versehenes Schriftstück vorgelegt, in dem ihm weitestgehende Vollmacht erteilt sei. Thierack gab an, den Inhalt der Vollmacht nicht mehr in Erinnerung zu haben. Er sei mit Heydrich so verblieben, daß er den

---

[492] Vgl. BA R 3001/4070, Bl. 45, Darstellung Parrisius' an Schlegelberger über die Vorgänge im Fall Elias vom 7.10.1941.

[493] Heiber, Der Fall Elias, VfZ 1955, 275, 284.

[494] BA R 3001/4070, Bl. 45, Darstellung Parrisius' an Schlegelberger über die Vorgänge im Fall Elias vom 7.10.1941.

[495] BA R 3001/4070, Bl. 45, Darstellung Parrisius' an Schlegelberger über die Vorgänge im Fall Elias vom 7.10.1941; Heiber, Der Fall Elias, VfZ 1955, 275, 285.

[496] IfZ, NG 699 Bl. 7, Schreiben Thieracks an Schlegelberger vom 8.12.1941.

[497] IfZ, NG 699 Bl. 7, Schreiben Thieracks an Schlegelberger vom 8.12.1941.

Eingang der Anklage abwarten und dann die Rechtsgrundlage prüfen müsse. Schlegelberger gegenüber zeigte sich Thierack erstaunt darüber, daß Anklage und Rechtsmaterial noch nicht eingegangen seien und behauptete, schon früher gekommen zu sein, wenn er nicht festen Glaubens gewesen sei, daß Schlegelberger den ganzen Sachverhalt bereits kenne. Schon bei seiner Besprechung mit Heydrich habe er die Notwendigkeit der Unterrichtung des Ministeriums betont, letzterer habe aber behauptet, dies sei nicht nötig, da er schon alles mit Staatssekretär Freisler besprochen habe.[498].

Schlegelberger wandte sich nun um Hilfe in dieser Angelegenheit an das Innenministerium und die Reichskanzlei. Zum einen wandte er sich im Innenministerium an Staatssekretär Stuckart, den Leiter der Zentralstelle für Böhmen und Mähren. Dieser nahm Kontakt zu Heydrich auf, um diesen dazu zu bringen, den Oberreichsanwalt wieder in das Verfahren gegen Elias einzuschalten. Dieses Ansinnen lehnte Heydrich mit der Begründung rundweg ab, daß die besondere Eilbedürftigkeit diese Ausnahmeregelung erfordere und er davon nicht abgehen könne.[499] Zum anderen beschwerte sich Schlegelberger bei Ministerialdirektor Kritzinger aus der Reichskanzlei, den er zu sich einbestellte, um diese Angelegenheit mit ihm zu besprechen. Hierbei ging es vor allem um die Frage, ob Heydrich befugt war, das Verfahren vor dem Volksgerichtshof zu ändern und so die Reichsanwaltschaft auszuschließen. Die Reaktion Kritzingers ergibt sich aus einem von ihm angefertigten Aktenvermerk[500]. Er behielt sich zunächst in dieser Frage eine nähere Prüfung vor. Diese Prüfung führte er zusammen mit Reichskabinettsrat von Stutterheim durch. Hierbei ging es vor allem um die schon oben erwähnte Verordnung Heydrichs vom 27. September, in der es unter anderem hieß: „...b) in besonders gelagerten Fällen kann der Reichsprotektor in dem von ihm bestimmten Verfahren die Aburteilung beim Volksgerichtshof beantragen..." Nach Fühlungnahme mit zwei Gestapo-Männern kam man zu der Ansicht, daß aufgrund der Verordnung über das Rechtssetzungsrecht im Protektorat[501] bei Gefahr im Verzuge der Reichsprotektor Rechtsvorschriften jeder Art erlassen könne. „Wenn auch die Bestimmung wohl in erster Linie sich auf das autonome Protektoratsrecht beziehe, so sei sie doch so weit gefaßt, daß man auch Änderungen des von der Deutschen Reichsregierung im Protektorat geschaffenen Rechts für möglich halten könnte." Man teilte dies Schlegelberger mit und äußerte seine Zweifel dahingehend, ob im Falle eines Widerspruchs Schlegelbergers der Führer geneigt sein werde, eine Aufhebung der Verordnung anzuordnen. In dem Akten-

---

[498] BA R 3001/4070, Bl. 19, Aktenvermerk Schlegelbergers vom 29.9.1941.
[499] Vgl. IfZ NG 699 Bl. 3, Schreiben Heydrichs an Schlegelberger vom 17.10.1941; BA R 3001 (alt R 22) 4070, Bl. 53, Aktenvermerk Schlegelbergers vom 21.10.1941.
[500] Vgl. IfZ NG 699 Bl 14 ff, Aktenvermerk vom 1.10.1941.
[501] Verordnung vom 7.6.1939, RGBl. 1939 I, S. 1039.

vermerk steht abschließend, Schlegelberger habe daraufhin erklärt, daß er die Auffassung teile und sich mit der getroffenen Maßnahme abfinden werde.[502]
Die Frage, ob Heydrichs Handeln durch eine besondere Vollmacht Hitlers gedeckt sei, wurde innerhalb der Prüfung zwar angeschnitten, konnte aber offensichtlich nicht befriedigend geklärt werden.[503]

Auch Lautz versuchte noch einmal, die Aufhebung der Verhandlungstermine zu erwirken, um der Reichsanwaltschaft die Einreichung der Anklageschriften zu ermöglichen. Er scheiterte jedoch ebenso wie Schlegelberger an diesem Vorhaben.[504]
Noch am Abend des 29. September bekam Thierack die von der Gestapo verfaßte Anklage gegen Elias zugestellt.[505]
Am 30. September flog er zusammen mit den anderen Mitgliedern des Ersten Senates des Volksgerichtshofes nach Prag.[506]
Kurz vorher war es zu einem weiteren Treffen mit Schlegelberger gekommen[507], welches jedoch ohne Erfolg für Schlegelberger blieb. Hierbei befragte Schlegelberger Thierack noch einmal über die von Heydrich angeblich vorgelegte Vollmacht. Thierack gab hierzu an, er glaube sich nun zu erinnern, daß die Vollmacht in demselben Schriftstück gestanden habe, in dem Heydrich zum stellvertretenden Reichsprotektor bestellt worden sei.[508]
Bei dieser Unterredung soll Schlegelberger nach Thieracks Angaben die Frage an Thierack gerichtet haben, ob er denn nicht wisse, daß der Name Heydrich ein Programm bedeute. Auch soll er Thierack gefragt haben, ob er nicht das Gefühl habe, daß durch die Verhandlung des Volksgerichtshofes in Prag dieser in „eine etwas schiefe Lage" kommen könne.[509] Thierack schilderte seine Antwort hierauf folgendermaßen:

> „...
> Auf beide Fragen habe ich erklärt, daß ich als Richter des höchsten deutschen politischen Gerichtshofs lediglich die Frage zu prüfen hätte, ob dieses Gericht zu Recht angerufen sei und diese Rechtsunterlagen würden genauestens geprüft werden. Zum anderen könnte ich mich dafür verbürgen, daß die Würde des Volksgerichtshofs gewahrt werden würde. ..."[510]

---

[502] Vgl. IfZ NG 699 Bl 14 ff, Aktenvermerk vom 1.10.1941.
[503] Vgl. IfZ NG 699 Bl 14 ff, Aktenvermerk vom 1.10.1941; vgl. Heiber, Der Fall Elias, VfZ 1955, 275, 286.
[504] Wagner, Der Volksgerichtshof im nationalsozialistischen Staat, S. 493.
[505] IfZ, NG 699 Bl. 7, Schreiben Thieracks an Schlegelberger vom 8.12.1941.
[506] Vgl. IfZ, NG 699 Bl. 10, Aktenvermerk Joel vom 3.10.1941.
[507] Vgl. IfZ, NG 699 Bl. 7 f., Schreiben Thieracks an Schlegelberger vom 8.12.1941; BA R 3001 (alt R 22) 4070, Bl. 20, Aktenvermerk Schlegelbergers vom 30.9.1941.
[508] Vgl. BA R 3001 (alt R 22) 4070, Bl. 20, Aktenvermerk Schlegelbergers vom 30.9.1941.
[509] IfZ, NG 699 Bl. 7, Schreiben Thieracks an Schlegelberger vom 8.12.1941.
[510] IfZ, NG 699 Bl. 8, Schreiben Thieracks an Schlegelberger vom 8.12.1941.

Schlegelberger selbst vermerkte hierzu, er habe Thierack seine Sorge vorgehalten, der Ruf des Volksgerichtshofes könne darunter leiden, daß die sorgfältige Vorbereitung des Verfahrens und die Vertretung der Anklage durch den Oberreichsanwalt entfalle. Thierack habe darauf geantwortet, das Auftreten des Senats und seine Entscheidung würden den Respekt vor dem Volksgerichtshof auch weiterhin sichern. Er gebe allerdings zu, daß der Not gehorchend die Vorbereitung nicht so sorgsam sein werde, wie es sonst der Fall sei.[511]

In Prag wurde dann schon am darauffolgenden Tag, dem 1. Oktober, die Hauptverhandlung gegen Elias durchgeführt.[512] Der Prozeß fand statt im Petschek-Haus, dem Sitz der Stapoleitstelle Prag.[513] Als Zuschauer waren ungefähr 200 deutsche Offiziere, Beamte und Parteifunktionäre sowie deutsche und tschechische Presseberichterstatter erschienen.[514] Fast alle trugen Uniformen.[515]
Als Anklagevertreter trat der Leiter der Stapoleitstelle Prag, SS- Obersturmbannführer Oberregierungsrat Dr. Geschke, auf. Dieser trug seine SS- Uniform. Die Anklage gründete sich vor allem auf Material, welches der SD gesammelt hatte, seit ihm 1940 bei der Einnahme von Paris Akten des tschechoslowakischen Nationalrates in die Hände gefallen waren, in denen Elias erwähnt wurde.[516]
Elias wurde vorgeworfen, daß er seine Kenntnisse über die Organisationen des Generals Ingr, des Generals Neumann, die Nachrichtenorganisation Schmoranz sowie über die Tätigkeit Klapkas nicht an die deutschen Behörden weitergegeben habe. Weiter wurde ihm Kenntnis und Unterstützung der Fluchtpläne der Minister Feierabend und Necas und des Generals Cihak vorgeworfen, sowie die finanzielle Unterstützung einer von Oberstleutnant Trebicky geleiteten Spionagezelle.[517] Er wurde angeklagt, sich von 1939 bis 1941 im Protektorat fortgesetzt und gemeinschaftlich mit anderen der Vorbereitung des Hochverrats unter den erschwerenden Umständen des § 83 Abs. 3 Nr. 1 RStGB in Tateinheit mit Feindbegünstigung sowie des Verbrechens der Nichtanzeige nach § 139 RStGB schuldig gemacht zu haben.[518]

---

[511] BA R 3001 (alt R 22) 4070, Bl. 20, Aktenvermerk Schlegelbergers vom 30.9.1941.
[512] Vgl. zum Prozeß die umfassenden Darstellungen bei Heiber, Der Fall Elias, VfZ 1955, 275, 287 ff.; Wagner, Der Volksgerichtshof im nationalsozialistischen Staat, S. 493 ff.
[513] Heiber, Der Fall Elias, VfZ 1955, 275, 287.
[514] Wagner, Der Volksgerichtshof im nationalsozialistischen Staat, S. 493.
[515] Vgl. Staatsarchiv Nürnberg, NG 50, Aussage Karl Werner.
[516] Vgl. Heiber, Der Fall Elias, VfZ 1955, 275, 279.
[517] Brandes, Die Tschechen unter Deutschem Protektorat, Teil I, S. 214 f.; vgl. Heiber, Der Fall Elias, VfZ 1955, 275, 280.
[518] Wagner, Der Volksgerichtshof im nationalsozialistischen Staat, S. 493.

Die Verhandlung fand in deutscher Sprache statt, da Elias sie sicher beherrschte.[519]

Die Beweislage dafür, daß Elias die ihm zu Last gelegten Delikte tatsächlich begangen hatte, war sehr dünn.[520]

Der Anklagepunkt Trebicky wurde fallengelassen, da Elias angab, lediglich aus privaten Gründen Geld zur Unterstützung der kranken Ehefrau Trebickys überwiesen zu haben und man ihm nichts Gegenteiliges nachweisen konnte.[521] Den Anklagepunkt Neumann mußte man aus Mangel an Beweisen fallenlassen.[522] Im Fluchtfall Necas-Feierabend konnte kein greifbares Ergebnis erzielt werden.[523] In dem Anklagepunkt Ingr und Schmoranz bekannte sich Elias als "teilweise schuldig".[524] Den Anklagepunkt Klapka nützte man jedoch, um daraus eine Verurteilung wegen landesverräterischer Feindbegünstigung herzuleiten, welche mit dem sicheren Tode bedroht war.[525] Klapka hatte aus Mitteln der Stadtverwaltung Mitglieder der tschechischen Emigrantenarmee sowie Opfer der Gestapo finanziell unterstützt. Hiervon soll Elias gewußt haben. Klapka behauptete zudem, daß er erst durch deutschfeindliche Äußerungen von Elias zu seiner illegalen Tätigkeit angetrieben worden sei.[526] Als Zeuge für dieses Verhalten von Elias trat Klapka auf, der in Häftlingskleidung vorgeführt wurde. Seinen Äußerungen, mit denen er Elias belastete, schenkte der Senat Glauben, obwohl Elias zwar seine Kenntnis zugegeben, seine Urheberschaft sowie seine deutschfeindliche Haltung jedoch entschieden bestritten hatte.[527]

Nach einer vierstündigen Verhandlung wurde Elias schließlich wegen Feindbegünstigung und Vorbereitung zum Hochverrat zum Tode verurteilt. Seine bürgerlichen Ehrenrechte wurden ihm auf Lebenszeit aberkannt, sein Vermögen eingezogen.[528]

In der Urteilsbegründung findet sich ein längerer Exkurs über die Prüfung der Zulässigkeit des Verfahrens. Nachdem hier zunächst eingeräumt wird, daß grundsätzlich allein die Reichsanwaltschaft Anklagebehörde beim Volksgerichtshof sei, kam man schließlich dennoch zur Annahme der Rechtmäßigkeit des angewandten Verfahrens. Hierzu stützte man sich auf die Erlasse Heydrichs vom 27. September sowie auf die Verordnung für das Rechtssetzungsrecht im

---

[519] Vgl. Staatsarchiv Nürnberg, NG 50, Aussage Karl Werner.

[520] Vgl. Heiber, Der Fall Elias, VfZ 1955, 275, 288; Wagner, Der Volksgerichtshof im nationalsozialistischen Staat, S. 493 ff; Koch, Volksgerichtshof, S. 179.

[521] Vgl. Heiber, Der Fall Elias, VfZ 1955, 275, 288.

[522] Vgl. Koch, Volksgerichtshof, S. 178; Brandes, Die Tschechen unter deutschem Protektorat, Teil I, S. 215.

[523] Vgl. Heiber, Der Fall Elias, VfZ 1955, 275, 288.

[524] Vgl. Heiber, Der Fall Elias, VfZ 1955, 275, 288 f.

[525] Vgl. Heiber, Der Fall Elias, VfZ 1955, 275, 289.

[526] Vgl. Heiber, Der Fall Elias, VfZ 1955, 275, 280 f.

[527] Vgl. Wagner, Der Volksgerichtshof im nationalsozialistischen Staat, S. 493.

[528] IfZ, NG 147, Urteilstext im Elias-Prozeß vom 1.10.1941.

Protektorat vom Juni 1939, wobei man zu demselben Ergebnis kam, wie es schon Kritzinger Schlegelberger gegenüber vertreten hatte. Danach war das eingeschlagene Verfahren nicht zu beanstanden und der Volksgerichtshof verpflichtet, in der Sache zu urteilen, auch wenn die Anklage nicht von der Reichsanwaltschaft vertreten wurde.[529]

Nach denselben Gesichtspunkten, die im Elias-Prozeß angewandt wurden, fand am nächsten Tag der Prozeß gegen Klapka ebenfalls vor dem Ersten Senat des Volksgerichtshofes in Prag statt. Auch dieser Prozeß endete mit einem Todesurteil gegen den Angeklagten. In diesem Fall war Thierack die Anklageschrift erst bei seiner Ankunft in Prag zugegangen. Nach Beendigung dieses Prozesses flogen die Mitglieder des Volksgerichtshofes wieder zurück nach Berlin.[530]
Das Urteil gegen Klapka wurde schon am 4. Oktober, das gegen Elias erst am 19. Juni 1942 vollstreckt.[531]

Dem Prozeß und damit dem Vorgehen Heydrichs und Thieracks folgte noch ein Nachspiel in Form von Auseinandersetzungen zwischen Heydrich und Schlegelberger auf der einen sowie zwischen Schlegelberger und Thierack auf der anderen Seite. Der Schriftwechsel diesbezüglich zog sich noch bis Ende Dezember 1941 hin.
Anlaß für diese Auseinandersetzungen waren Äußerungen Heydrichs, bei der Durchführung des Verfahrens gegen Elias von dem Reichsjustizministerium und Staatssekretär Schlegelberger behindert worden zu sein. Dies äußerte er zunächst gegenüber Bormann in einem Schreiben, mit welchem er noch am Tag der Verurteilung von Elias hierüber Bericht erstattete. In diesem Schreiben heißt es:

> „Trotz verschiedener Behinderungsversuche durch das Reichsjustizministerium und Staatssekretär Schlegelberger gelang es, dank der vorzüglichen Unterstützung und dem politischen Verständnis des Präsidenten Dr. Thierack innerhalb von drei Tagen nach der Verhaftung zur Verhandlung mit abschließendem Urteil zu kommen..."[532]

Am darauffolgenden Tag äußerte er sich ähnlich anläßlich einer Ansprache an alle Chefs der Staats-, Wehrmachts- und Parteidienststellen in Prag:

---

[529] Vgl. Heiber, Der Fall Elias, VfZ 1955, 275, 290 f.
[530] Heiber, Der Fall Elias, VfZ 1955, 275, 291 f; Wagner, der Volksgerichtshof im nationalsozialistischen Staat, S. 494.
[531] Wagner, Der Volksgerichtshof im nationalsozialistischen Staat, S. 495.
[532] Vgl. BA R 3001 (alt R 22) 4070, Bl. 28, Schreiben Lammers an Bormann vom 04.10.1941, in dem Lammers das erwähnte Schreiben Heydrichs zitiert.

„...
Ein Beispiel hierfür war die Verurteilung des Ministerpräsidenten Elias – übrigens ein Meisterwerk von Untersuchung und Aburteilung, das nur durch die phantastische Gründlichkeit und das politische Geschick und Verständnis des Präsidenten Dr. Thierack vom Volksgerichtshof, ich muß sagen trotz des Justizministeriums, möglich war.
...“[533]

Gegen diese Vorwürfe versuchte Schlegelberger sich entschieden zur Wehr zu setzen. Hierbei bekam er Hilfe vom Chef der Reichskanzlei Lammers. Dieser schrieb an Bormann, daß seiner Ansicht nach Heydrich hinsichtlich seiner Vorwürfe gegenüber dem Reichsjustizministerium und Schlegelberger von falschen Voraussetzungen ausging. Seiner Ansicht nach habe Schlegelberger sich bemüht, die in diesem Fall tatsächlich zweifelhafte Zulässigkeit des von Heydrich gewählten Verfahrens „im bejahenden Sinne“ zu klären. Schlegelberger sei nur selbstverständlich besorgt gewesen, daß das Verfahren an Mängeln leide, die die Rechtsgültigkeit der Urteile in Frage stellen könnten. Dieses Verhalten sei nicht als Behinderungsversuch, sondern als Unterstützung von Heydrichs Vorgehen zu werten. Auch wies Lammers darauf hin, daß Schlegelberger über die ergangenen Anordnungen und beabsichtigten Maßnahmen überhaupt nicht unterrichtet worden sei. Er richtete die Bitte an Bormann, Hitler in diesem Sinne zu unterrichten, „damit kein falsches Bild von der Einstellung und der Tätigkeit des Reichsjustizministeriums und seines Leiters in dem vorliegenden Falle“ entstehe.[534] An die Adresse Schlegelbergers versicherte Lammers, Hitler auch noch persönlich „auf die Unrichtigkeit der Einstellung von Obergruppenführer Heydrich in der fraglichen Angelegenheit“ aufmerksam zu machen.[535] Lammers sprach zwar am 9. Oktober mit Hitler über die Angelegenheit, ließ aber dann die Sache im Sande verlaufen.[536]
Schlegelberger selbst wies Heydrich gegenüber ebenfalls dessen Vorwürfe zurück. Er habe keine Behinderungsversuche unternommen, sondern Heydrich im Gegenteil tatkräftig bei der Erfüllung seiner Aufgaben unterstützt.[537]
Im Rahmen der Nachforschungen über die Hintergründe von Heydrichs Anschuldigungen kam es zu einem Gespräch zwischen Schlegelberger, Freisler und Joel, in dem Joel die Ereignisse im Zusammenhang mit dem Elias-Prozeß schildern sollte. Hierbei wurde auf die Ansprache Heydrichs eingegangen, in der er die Vorwürfe an das Justizministerium äußerte.

---

[533] IfZ F 89 Akz 3271/63, Bl. 93 f., Rede Heydrichs vom 2.10.1941.
[534] BA R 3001 (alt R 22) 4070, Bl. 28 f., Schreiben Lammers’ an Bormann vom 4.10.1941.
[535] BA R 3001 (alt R 22) 4070, Bl. 27, Schreiben Lammers’ an Schlegelberger vom 4.10.1941.
[536] Wagner, Der Volksgerichtshof im nationalsozialistischen Staat, S. 495.
[537] BA R 3001 (alt R 22) 4070, Bl. 33 f., Schreiben Schlegelbergers an Heydrich vom 6.10.1941.

Aus einem Vermerk Schlegelbergers geht die Behauptung Joels hervor, er habe von Heydrich erfahren, daß Thierack diesem gegenüber erklärt habe, daß das Reichsjustizministerium ihm Schwierigkeiten in dieser Sache bereitet habe.[538] Daraufhin beschwerte sich Schlegelberger bei Lammers über das Verhalten Thieracks:

> „...
> In einer solchen Erklärung des Präsidenten des Volksgerichtshofes müßte ich einen – durch Tatsachen nicht gestützten – unmittelbaren Angriff auf das Reichsjustizministerium, dem er untersteht, und auf mich persönlich als den mit der Führung der Geschäfte des Reichsministers der Justiz Beauftragten erblicken.
> Ich wäre Ihnen dankbar, wenn Sie das Verhalten des Präsidenten des Volksgerichtshofes, Herrn Dr. Thierack, klären würden, damit je nach dem Ergebnis der Klärung die weiter erforderlichen Schritte unternommen werden können.
> ...“[539]

Heydrich blieb Schlegelberger gegenüber bei seiner Feststellung, durch das Justizministerium behindert worden zu sein. Dieses sei durch die Versuche, das Innenministerium und die Reichskanzlei einzuschalten, geschehen. Er widersprach der Behauptung Schlegelbergers, ihn unterstützt zu haben und betonte noch einmal die vorbildliche Unterstützung, die ihm durch Thierack, insbesondere bei der Durchführung der Hauptverhandlung, zugekommen sei.[540]
Auch Schlegelberger beharrte Heydrich gegenüber auf seiner Bewertung seines Verhaltens, welches eine pflichtgemäße Klärung der Rechtsgrundlage des Verfahrens dargestellt habe. Ziel sei es gewesen, sicherzustellen, daß die Rechtsgültigkeit der Urteile nicht in Frage gestellt werden könne. Dies alles hätte sich erübrigt, wenn Heydrich mit ihm als dem zuständigen Ressortchef unmittelbar Rücksprache gehalten hätte. Weiter stellte Schlegelberger klar, daß im übrigen die Anklagen gegen Elias und Klapka auch bei der Reichsanwaltschaft innerhalb von 24 Stunden hätten fertiggestellt werden können, wenn diese auf die bisher unbekannte Dringlichkeit aufmerksam gemacht worden wäre.[541]

Die Auseinandersetzung zwischen Schlegelberger und Heydrich in dieser Sache verschärfte sich noch, als Schlegelberger auf einer Tagung der Generalstaatsanwälte am 29. Oktober 1941 die Ansicht vertrat, der Volksgerichtshof sei, als er ohne den Oberreichsanwalt als Anklagebehörde verhandelte, als Standgericht

---

[538] BA R 3001 (alt R 22) 4070, Bl. 35, Aktenvermerk Schlegelbergers über ein Gespräch zwischen Schlegelberger und Joel in Gegenwart Freislers vom 6.10.1941.
[539] BA R 3001 (alt R 22) 4070, Bl. 36 ff., Schreiben Schlegelbergers an Lammers vom 6.10.1941.
[540] BA R 3001 (alt R 22) 4070, Bl. 48 ff., Schreiben Heydrichs an Schlegelberger vom 17.10.1941.
[541] BA R 3001 (alt R 22) 4070, Bl. 54 ff., Schreiben Schlegelbergers an Heydrich vom 24.10.1941.

und nicht als „der normale Volksgerichtshof des Deutschen Reiches“ aufgetreten.[542]
Hierbei stellte Schlegelberger auch die Behauptung auf, daß die schon erwähnte Verordnung Heydrichs vom 27. September, in der dem Reichsprotektor von Böhmen und Mähren die Kompetenz eingeräumt wurde, in besonders gelagerten Fällen in dem von ihm bestimmten Verfahren die Aburteilung beim Volksgerichtshof zu beantragen, unter Mitwirkung Thieracks zustande gekommen sei. Schlegelberger war der Ansicht, daß Thierack hierbei unzuständig gewesen sei. Zuständig wäre seiner Ansicht nach der Reichsminister der Justiz gewesen.[543]

Heydrich teilte Schlegelberger mit, daß dessen Auffassung nicht den Tatsachen entspreche und das Verfahren gegen Elias in keiner Hinsicht die Merkmale der Standgerichtsbarkeit aufweise, sondern als ordentliches Gerichtsverfahren abgewickelt worden sei.[544] Schlegelberger beharrte jedoch auf seiner Ansicht, da durch die Ausschaltung des Oberreichsanwalts der Volksgerichtshof in einem wesentlichen Element so verändert worden sei, daß er nicht mehr als ein auf den allgemeinen und gesetzlichen Bestimmungen beruhender Volksgerichtshof für das Deutsche Reich angesehen werden könne.[545]
In diesem Zusammenhang schaltete sich Thierack in die Diskussion ein, indem er eine Abhandlung über die Frage „Ist der Volksgerichtshof auf Grund der Verordnung des Reichsprotektors in Böhmen und Mähren über die Verhängung des zivilen Ausnahmezustandes vom 27. September 1941 als Standgericht tätig geworden?“ verfaßte.[546] Hierbei kam er zu dem Ergebnis, die Ansicht, der Volksgerichtshof sei als Standgericht tätig geworden, sei rechtsirrig. Seiner Ansicht nach habe die schon erwähnte Verordnung Heydrichs trotz der Ausschaltung des Oberreichsanwalts nichts daran geändert, daß der Volksgerichtshof als ordentliches Gericht entschieden habe. Auch könne an der Rechtsgültigkeit dieser Verordnung nicht gezweifelt werden.[547] Das Erscheinen dieser Abhandlung in der Zeitschrift „Deutsches Recht“ konnte Schlegelberger jedoch durch eine Intervention Freislers verhindern.[548]

---

[542] Vgl. BA R 3001 (alt R 22) 4070, Bl. 79 ff., 86, Aufzeichnung über die Ansicht Schlegelbergers über das Verfahren Elias anläßlich der Tagung der Generalstaatsanwälte vom 29.10.1941.
[543] Vgl. BA R 3001 (alt R 22) 4070, Bl. 79 ff., 81 f., Aufzeichnung über die Ansicht Schlegelbergers über das Verfahren Elias anläßlich der Tagung der Generalstaatsanwälte vom 29.10.1941.
[544] BA R 3001 (alt R 22) 4070, Bl. 60 f., Schreiben Heydrichs an Schlegelberger vom 29.11.1941.
[545] BA R 3001 (alt R 22) 4070, Bl. 62, Schreiben Schlegelbergers an Heydrich vom 4.12.1941.
[546] BA R 3001 (alt R 22) 4070, Bl. 69 ff.
[547] BA R 3001 (alt R 22) 4070, Bl. 69 ff.
[548] Wagner, Der Volksgerichtshof im nationalsozialistischen Staat, S. 496.

Die Auseinandersetzungen zwischen Schlegelberger und Heydrich zogen weitere Auseinandersetzungen zwischen Schlegelberger und Thierack nach sich. Hierbei ging es vor allem darum, daß Schlegelberger das genaue Verhalten Thieracks bei der Ausschaltung des Oberreichsanwalts klären wollte. So forderte er mit Schreiben vom 4. Dezember 1941 Thierack zu einer dienstlichen Äußerung darüber auf, ob er Heydrich gegenüber erklärt habe, daß das Reichsjustizministerium ihm Schwierigkeiten bereitet habe. Weiterhin sollte Thierack erklären, ob er bei seiner Besprechung mit Lautz diesen darüber aufgeklärt habe, daß die Anklage sich lediglich auf die Personen Elias und Klapka beschränken solle und daß nach dem Willen Hitlers diese Verfahren mit größter Beschleunigung durchzuführen seien.[549]
Thierack antwortete hierauf mit einer Darstellung der Ereignisse aus seiner Sicht. Hierbei erwähnte er zum einen, daß Lautz und er davon ausgegangen seien, daß sie den „ganzen Komplex Klapka und Jost" meinten. Auf die Frage nach seinen Angaben über die Schwierigkeiten, die das Justizministerium ihm angeblich bereitet haben sollte, ging Thierack nicht direkt ein, er wies lediglich darauf hin, daß diese Erklärung Heydrichs sich möglicherweise auf andere Vorgänge gründen könne. Er erklärte weiterhin, die Ansicht, der Volksgerichtshof sei als Standgericht tätig geworden, sei rechtsirrig.[550] Schlegelberger stellte daraufhin zusammenfassend fest, Thierack habe Lautz nicht über die Beschränkung der Anklage sowie über deren besondere Dringlichkeit aufgeklärt und Thierack habe nicht gegenüber Heydrich erklärt, daß das Justizministerium ihm Schwierigkeiten bereitet habe.[551] Thierack erklärte hierzu, daß Schlegelbergers Feststellung sich weder mit seiner Auffassung noch mit dem Inhalt seines Schreibens vom 8. Dezember decke.[552] Von Schlegelberger daraufhin aufgefordert, dessen Fragen nun so zu beantworten, wie es nach seiner Erinnerung den Tatsachen entspreche, antwortete Thierack, dies nicht gründlicher tun zu können, als er es in seinem Schreiben vom 8. Dezember bereits getan habe. Er äußerte nun, daß er bei der Unterredung mit Lautz diesen gar nicht über den fraglichen Sachverhalt habe unterrichten können, weil er zu diesem Zeitpunkt selbst hiervon keine Kenntnis besessen habe.
Zu der Frage seiner Äußerungen gegenüber Heydrich schrieb Thierack:

---

[549] BA R 3001 (alt R 22) 4070, Bl. 65 f., Schreiben Schlegelbergers an Thierack vom 4.12.1941.
[550] IfZ NG 699, Bl. 5 ff., Schreiben Thieracks an Schlegelberger vom 8.12.1941.
[551] BA R 3001 (alt R 22) 4070, Bl. 74, Schreiben Schlegelbergers an Thierack vom 10.12.1941.
[552] BA R 3001 (alt R 22) 4070, Bl. 75, Schreiben Thieracks an Schlegelberger vom 17.12.1941.

„...
Als mir nach meiner Ankunft in Prag Obergruppenführer Heydrich in kameradschaftlicher offener Weise von dem in Ihrem Auftrage durch Staatssekretär Stuckart geführten Ferngespräch, von dem ich bis dahin nichts erfahren hatte, Kenntnis gab, habe ich ihn über die beiden Fragen unterrichtet, die Sie im Reichsjustizministerium an mich gerichtet haben und die auch in meinem Schreiben vom 4. Dezember 1941 enthalten sind[553]. Ich habe fortgefahren – wie sich das ebenfalls aus diesem Schreiben wörtlich ergibt - : im übrigen sei bei den beiden Besuchen im Reichsjustizministerium in mir der Eindruck erweckt worden, daß Sie selbst die Rechtsgrundlagen festzustellen bemüht waren, damit ein ordnungsgemäßes Verfahren gewährleistet sei.“[554]

Ob Schlegelberger auf dieses Schreiben noch antwortete oder ob er die Sache damit auf sich beruhen ließ, konnte nicht herausgefunden werden. Jedenfalls wurden keine Maßnahmen gegen Thierack eingeleitet.
Zwischen Schlegelberger und Thierack herrschte in der Folgezeit Feindschaft.[555] Als Lammers später Schlegelberger auf eine mögliche Berufung Thieracks zum Reichsjustizminister hinwies, antwortete Schlegelberger, daß er es ablehne, sich mit Thierack an einen Tisch zu setzen.[556]

Auch zwischen Lautz und Thierack kam es zu einem Nachspiel. Nachdem Thierack Lautz zunächst telefonisch um ein Gespräch gebeten hatte, kam es am 4. Oktober 1941 zu einem Treffen zwischen beiden. Lautz erklärte hierbei, daß eine Beteiligung der Reichsanwaltschaft an einer geplanten Dienstreise in das Generalgouvernement[557] nicht in Betracht komme, nachdem Thierack in einem der wichtigsten politischen Prozesse der letzten Jahre hinter dem Rücken der Reichsanwaltschaft ein Verfahren gutgeheißen habe, das die Ausschaltung dieser Behörde zur Folge gehabt habe. Thierack soll hierauf den Wunsch geäußert haben, Lautz über den Gang der Dinge zu unterrichten. Dies tat er, indem er zunächst darauf verwies, daß er bisher darüber nicht habe sprechen können, da ihm ein strenges Stillschweigen auferlegt worden sei. Er habe in dieser Angelegenheit nicht anders handeln können. Bei seinem ersten Gespräch mit Heydrich am 25. September habe er diesen darauf hingewiesen, daß es seiner Meinung nach unmöglich sei, einen mit Billigung des Führers eingesetzten Beamten der Pro-

[553] Hiermit meint Thierack wahrscheinlich die von ihm in seinem Schreiben vom 8.12.1941 aufgeführten Fragen Schlegelbergers, ob er – Thierack – wüßte, daß der Name Heydrich ein Programm bedeute, sowie ob er nicht das Gefühl hätte, daß durch die Verhandlung des Volksgerichtshofes in Prag dieser in eine etwa schiefe Lage kommen könnte; vgl. IfZ NG 699, Bl. 7, Schreiben Thieracks an Schlegelberger vom 8.12.1941.
[554] BA R 3001 (alt R 22) 4070, Bl. 78 f., Schreiben Thieracks an Schlegelberger vom 24.12.1941.
[555] Vgl. Wagner, Der Volksgerichtshof im nationalsozialistischen Staat, S. 496.
[556] Staatsarchiv Nürnberg, NG 125, Aussage Schlegelbergers.
[557] Zu dieser Dienstreise s.o. Kapitel VII 3 c) bb).

tektoratsregierung durch ein Standgericht abzuurteilen. Zwar habe Heydrich sich dem nicht verschlossen und die Einholung einer Weisung des Führers in Aussicht gestellt, im Laufe der Besprechung habe er aber betont, daß die Anklageerhebung ihm als Reichsprotektor vorbehalten bleiben müsse. Bei dieser Sachlage, so stellte Thierack dar, sei ihm keine Möglichkeit geblieben, die Ausschaltung der Reichsanwaltschaft zu verhindern. Die Justiz wäre sonst überhaupt nicht zum Zuge gekommen, was aber seines Erachtens keinesfalls tragbar gewesen wäre. Er erklärte die Angelegenheit zu einem einmaligen Vorgang, der sich aus dem Staatsnotstand ergeben habe und notwendig gewesen sei zur Erzielung der größtmöglichen Beschleunigung. Keinesfalls aber habe dieser Vorgang sich gegen die Reichsanwaltschaft oder die Person des Oberreichsanwaltes gerichtet. Die Entgegnung durch Lautz, die Reichsanwaltschaft habe ebenso schnell handeln können, wenn zum Beispiel ihre Beamten sofort nach Prag geflogen wären, soll Thierack nur mit einem Achselzucken beantwortet haben. Thierack betonte noch, daß der Führer sein Vorgehen gebilligt habe und ihm seine Befriedigung über die schnelle Behandlung der Sache durch den Volksgerichtshof habe aussprechen lassen.
Lautz beendete die Unterhaltung mit der Bemerkung, daß er Thieracks Erklärung zur Kenntnis nehme. Die Übergehung der Reichsanwaltschaft unter Thieracks Mitwirkung bliebe aber gleichwohl Tatsache, so daß er sich nach wie vor außerstande sehe, mit seiner Behörde an der Dienstreise teilzunehmen.[558]

Das Vorgehen Thieracks im Fall Elias zeigt, daß ihm offensichtlich alle Mittel recht waren und er jede sich bietende Gelegenheit zu nutzen bereit war, den führenden Männern der Partei und des Staates seine unbedingte Loyalität zu beweisen und seine Dienste anzutragen. Er hatte keine Skrupel, tatkräftig, wenn nicht sogar als treibende Kraft, daran mitzuwirken, die Reichsanwaltschaft sowie das Reichsjustizministerium, dem er als Präsident des Volksgerichtshofes immerhin formal unterstellt war, auszuschalten. In einer Situation, in der sich auf der einen Seite die Exekutive in Gestalt des SS-Mannes Heydrich und der hinter ihm stehenden nationalsozialistischen Staatsführung und auf der anderen Seite die Judikative in Gestalt der Reichsanwaltschaft und des Justizministeriums gegenüberstanden, schlug Thierack sich offenbar ohne Kompromisse auf die Seite Heydrichs. Er überging die Reichsanwaltschaft völlig, indem er zunächst Lautz gegenüber mit dem Hinweis auf ein angebliches Schweigegebot nur vage Angaben machte und ihn in der Folge überhaupt nicht mehr informierte. Auch das Justizministerium mit Schlegelberger an der Spitze umging er völlig, indem er zunächst keinerlei Informationen weiterleitete und sich dann angeblich erstaunt zeigte, daß das Ministerium nicht informiert worden war. Als Schlegelberger

[558] BA R 3001 (alt R 22) 4070, Bl. 43, Darstellung über die Vorgänge im Fall Elias durch Lautz an Schlegelberger vom 7.10.1941.

schließlich mit dem Ziel, die Reichsanwaltschaft wieder zu beteiligen, einzugreifen versuchte, ließ Thierack diesen auflaufen und wich in keiner Weise von seinem geplanten Vorgehen ab.
Auch wenn Thierack hinterher gegenüber Schlegelberger und Lautz behauptete, daß er nicht anders habe handeln können, weil anderenfalls die Justiz völlig ausgeschaltet worden wäre, was seines Erachtens keinesfalls tragbar gewesen sei, so liegt doch die gegenteilige Vermutung nahe. Es dürfte auch Thierack als langjährigem Präsidenten des Volksgerichtshofes bekannt gewesen sein, daß die Reichsanwaltschaft, wie es Lautz und Schlegelberger darstellten, durchaus in der Lage gewesen wäre, die Anklage schnell zu erheben. Er hätte dieses Heydrich jedenfalls vortragen und sich so um die Beteiligung der Reichsanwaltschaft bemühen können. Es muß wohl davon ausgegangen werden, daß Thierack dies aber gerade nicht wollte.[559] Der Weg, den er statt dessen einschlug, ermöglichte es ihm, sich als den einzigen führenden Juristen darzustellen, der in dieser Angelegenheit zu schnellem, dem Willen der Führung entgegenkommenden Handeln bereit war. Auf diese Weise konnte er bei der nationalsozialistischen Führung weiter auf sich aufmerksam machen und sich für eine eventuelle weitere Verwendung empfehlen.

Daß Thierack bei seinem Vorgehen die Zustimmung von höchster Stelle gehabt haben muß, zeigt schon die Tatsache, daß das Reichsjustizministerium, welches immerhin die Dienstaufsicht über Thierack innehatte, seinem Vorgehen keinen Einhalt gebieten konnte und auch im nachhinein keine Maßnahmen dienstrechtlicher Art gegen Thierack erfolgten.

ff) Der Fall Grünspan

Auch im Fall des Herschel Grünspan[560] kam es zu einer Ausschaltung des Reichsjustizministeriums zu Gunsten Thieracks.
Am 7. November 1938 hatte der damals siebzehnjährige polnischstämmige Jude Herschel Grünspan in der deutschen Botschaft in Paris den Legationssekretär Ernst vom Rath niedergeschossen. Dieser war zwei Tage später seinen Verletzungen erlegen. Diese Tat hatte den Anlaß zu der sogenannten „Reichskristallnacht" gegeben.[561] Zunächst leitete die französische Justiz ein Verfahren gegen Grünspan ein. Dieses Verfahren wurde von dem Untersuchungsrichter Tesnière geleitet. Eine wichtige Rolle spielte auch Prof. Dr. Friedrich Grimm, der auf Veranlassung des Propagandaministeriums die Familie vom Rath vertrat, die

[559] So auch Heiber, Der Fall Elias, VfZ 1955, 275, 283
[560] Vgl. zu diesem Fall die ausführlichen Darstellungen bei Heiber, Der Fall Grünspan, VfZ 1957, 134 ff.; Kaul, Der Fall des Herschel Grynszpan.
[561] Wagner, Der Volksgerichtshof im nationalsozialistischen Staat, S. 195 f.

nach französischem Recht als Nebenkläger zugelassen war.[562] Tesnière bemühte sich zunächst darum, das Motiv Grünspans zu ermitteln.[563] Dieser hatte – nach Angaben des verletzten vom Rath - bei der Abgabe der Schüsse wie auch später bei seiner Festnahme die Situation seiner Eltern, gegen die er habe protestieren wollen, als Motiv angegeben. Die Eltern Grünspan hatten in Hannover gelebt und waren im Oktober 1938 zusammen mit Tausenden anderen polnischen Juden nach Polen abgeschoben worden. Hiervon hatte Grünspan, der sich bei seinem Onkel in Paris aufhielt, durch eine Postkarte seiner Schwester erfahren.[564] Nachdem die Nationalsozialisten die Tat Grünspans mit der „Reichskristallnacht" beantwortet hatten, unterstellten sie eine Verschwörung des „Weltjudentums", welches den Mord von langer Hand vorbereitet habe. Grünspan sei nur der verlängerte Arm „überstaatlicher Mächte" gewesen.[565]

Ein knappes Jahr lang bemühte sich Tesnière um die Aufklärung der Tat Grünspans. Nachdem die Voruntersuchung im wesentlichen abgeschlossen war, wurden die Akten der Eröffnungsstrafkammer zugeleitet und man rechnete mit der Verhandlung im September 1939.[566] Als jedoch der Krieg ausbrach, bemühte sich Grimm im Einverständnis mit den Nationalsozialisten erfolgreich um eine Verschiebung des Prozesses, da man aufgrund der in Frankreich herrschenden Stimmung ein freisprechendes Urteil fürchtete.[567]

Im Juni 1940 dann erhob der Staatsanwalt in Paris gegen Grünspan Anklage wegen Mordes.[568] Aufgrund des Einmarsches der deutschen Truppen in Frankreich kam es nicht mehr zu dem Prozeß. Die französischen Untersuchungsakten sowie die nicht vernichteten Papiere Grünspans diverser Anwälte und der ihn unterstützenden jüdischen Organisationen fielen in die Hände der Nationalsozialisten.[569] Grünspan wurde zunächst im Juni 1940 von dem Direktor des Gefängnisses in Orlèans, in welches er verbracht worden war, gegen seinen Willen in Freiheit gesetzt. Er stellte sich jedoch bald wieder freiwillig in Toulouse.[570]

Obwohl Frankreich nach Artikel XIX des Waffenstillstandsvertrages lediglich zur Auslieferung von der Reichsregierung namhaft gemachter Deutscher ver-

---

562 Kaul, Der Fall des Herschel Grynszpan, S. 49 ff.; Heiber, Der Fall Grünspan, VfZ 1957, 134, 145.

563 Heiber, Der Fall Grünspan, VfZ 1957, 134, 135.

564 Vgl. hierzu Heiber, Der Fall Grünspan, VfZ 1957, 134, 136 ff.; Kaul, Der Fall des Herschel Grynszpan, S. 9, 30 ff.

565 Heiber, Der Fall Grünspan, VfZ 1957, 134, 135.

566 Heiber, Der Fall Grünspan, VfZ 1957, 134, 142, 144 f.

567 Kaul, Der Fall des Herschel Grynszpan, S. 107; Heiber, Der Fall Grünspan, VfZ 1957, 134, 145.

568 Heiber, Der Fall Grünspan, VfZ 1957, 134, 145.

569 Kaul, Der Fall des Herschel Grynszpan, S. 117 ff.; Heiber, Der Fall Grünspan, VfZ 1957, 134, 145.

570 Wagner, Der Volksgerichtshof im nationalsozialistischen Staat, S. 196.

pflichtet war, kam es zur Auslieferung Grünspans an die deutschen Behörden. Er wurde schon im Juli 1940 von der deutschen Polizei vernommen. Das Reichsjustizministerium überstellte im Sommer 1941 zwei Bände Grünspan-Akten an die Reichsanwaltschaft beim Volksgerichtshof und wies diese an, Anklage zu erheben.[571] Die Initiative, einen großen Prozeß gegen Grünspan aufzuziehen, stammte wohl von Martin Bormann, wobei nicht mehr festzustellen ist, ob er aus eigenem Antrieb oder auf Weisung Hitlers handelte.[572] Die Juristen der Reichsanwaltschaft äußerten jedoch Bedenken hinsichtlich der Zuständigkeit des Volksgerichtshofes in diesem Fall. Das Reichsjustizministerium zerstreute diese Bedenken, indem es erklärte, die Tat Grünspans habe sich zwar unmittelbar gegen sein Opfer, mittelbar jedoch gegen die Staatsführung des Reiches gerichtet und stelle somit Hochverrat im Sinne des § 80 Abs. 2 RStGB dar.[573]

Das Propagandaministerium unter Goebbels sowie das Auswärtige Amt schalteten sich in das Verfahren ein, da man den Prozeß dazu benutzen wollte, die Schuld des „Weltjudentums" am Kriegsausbruch nachzuweisen.[574] Ministerialrat Diewerge vom Propagandaministerium wurde damit beauftragt, den Prozeß gegen Grünspan unter propagandistischen Gesichtspunkten zu bearbeiten.[575] In zwei Sitzungen unter Leitung Diewerges, die der Zusammenarbeit der Ministerialstellen dienen sollten, wurden Richtlinien und Vorgehensweise für den geplanten Prozeß festgelegt.[576] Zu diesem Zeitpunkt plante man, den Prozeß im Februar 1942 durchzuführen.[577] Probleme taten sich auf, als Grünspan seine Argumentation über seine Tatmotive änderte und behauptete, er habe dem angeblich homosexuellen vom Rath entsprechende Bekanntschaften vermittelt und sei von letzterem um die Provision geprellt worden. Gegenüber dem Psychiater, der ihn als Gutachter zu beurteilen hatte, erklärte Grünspan, er selbst habe mit vom Rath ein homosexuelles Verhältnis gehabt und vom Rath habe ihm hierfür versprochen, sich für seine Eltern einzusetzen.[578] Zum einen hätte diese Behaup-

---

571 Heiber, Der Fall Grünspan, VfZ 1957, 134, 146.

572 Heiber, Der Fall Grünspan, VfZ 1957, 134, 146; Koch, Volksgerichtshof, S. 182.

573 Wagner, Der Volksgerichtshof im nationalsozialistischen Staat, S. 196; Heiber, Der Fall Grünspan, VfZ 1957, 134, 147.

574 Wagner, Der Volksgerichtshof im nationalsozialistischen Staat, S. 196.

575 Heiber, Der Fall Grünspan, VfZ 1957, 134, 147.

576 An der Sitzung vom 29.10.1941 nahmen teil: Oberreichsanwalt Lautz, dessen Sachbearbeiter Oberstaatsanwalt Huhnstock, der Präsident des Zweiten Senates des Volksgerichtshofes Engert, Sturmbannführer Eichmann, Prof. Grimm; an der Sitzung vom 5.1.1942 nahmen unter anderem teil: ein Vertreter des Reichsjustizministeriums, Oberreichsanwalt Lautz sowie zwei weitere Mitglieder der Reichsanwaltschaft beim Volksgerichtshof, Vertreter des Auswärtigen Amtes, Prof. Grimm, Vertreter des Propagandaministeriums; vgl. Kaul, Der Fall des Herschel Grynszpan, S. 123, 125 f.

577 Heiber, Der Fall Grünspan, VfZ 1957, 134, 148.

578 Heiber, Der Fall Grünspan, VfZ 1957, 134, 149; Koch, Volksgerichtshof, S. 183; Kaul, Der Fall des Herschel Grynszpan, S. 123, 129 ff.

tung die Motive Grünspans entpolitisiert und zum anderen hätte er eine peinliche Situation heraufbeschworen: Hitler, der vom Rath am Grab persönlich die letzte Ehre erwiesen hatte, hätte nie zugeben können, einem in derartige Geschäfte verwickelten Homosexuellen bei einem Staatsbegräbnis die letzte Ehre erwiesen zu haben.[579] Gestritten wurde darüber, wann Grünspan diese Erklärungen das erste Mal abgab und inwieweit sie der Wahrheit entsprachen.[580] Ein weiteres Problem hinsichtlich des geplanten Prozesses stellte die Frage nach der Rechtmäßigkeit der Auslieferung Grünspans und nach der Zuständigkeit der deutschen Gerichtsbarkeit dar.[581]

Am 2. April 1942 regte Goebbels den 11. Mai als geeigneten Termin für den Prozeßbeginn an. Hitler stimmte dem zu. Goebbels' Tagebuch ist zu entnehmen, daß Hitler Mißtrauen gegen das Justizministerium und dessen Staatssekretär Freisler hegte.[582] In einem Schreiben Diewerges an Goebbels vom 2. April berichtete ersterer unter anderem von der Entscheidung des Führers, an die Stelle von Staatssekretär Freisler solle ein juristischer Bevollmächtigter treten.[583] Goebbels schlug Hitler daraufhin vor, Thierack an Stelle Freislers mit der „juristischen Führung des Prozesses" zu beauftragen.[584] Diesem wurde auch tatsächlich noch am 2. April eine dementsprechende Anweisung Hitlers mitgeteilt.[585] Über diese Ausschaltung des Justizministeriums beschwerte sich Schlegelberger bei Hitler, der jedoch bei seiner Entscheidung blieb. Damit war Thierack juristisch für den Prozeß verantwortlich.[586]

Noch am selben Tag nahm Thierack an einer Sitzung im Propagandaministerium teil. Hierbei soll er sich bereit erklärt haben, „die zur staatspolitischen Sicherung des Prozesses notwendigen Maßnahmen durchzuführen, wenn er eine entsprechende Vollmacht des Führers erhalte". Dabei habe er erklärt, ohne diese Vollmacht sei die Erteilung von Weisungen an den Oberreichsanwalt und an die Justizbehörden nicht möglich. Er wollte erst nach Erhalt der Vollmacht Verbindung mit dem Oberreichsanwalt aufnehmen, um diesem die neue Sachlage mitzuteilen. Staatssekretär Gutterer sagte daraufhin die Einholung einer Entscheidung über diese Vollmacht zu.[587]

---

579 Heiber, Der Fall Grünspan, VfZ 1957, 134, 149; Koch, Volksgerichtshof, S. 183; Kaul, Der Fall des Herschel Grynszpan, S. 123, 132.

580 Vgl. zu dieser Frage die ausführlichen Darstellungen bei Heiber, Der Fall Grünspan, VfZ 1957, 134, 150 ff und Kaul, Der Fall des Herschel Grynszpan, S. 129 ff., die zu dem Ergebnis kommen, daß diese Aussage wahrscheinlich nicht der Wahrheit entsprach.

581 Vgl. die Darstellung bei Heiber, Der Fall Grünspan, VfZ 1957, 134, 152 f.

582 Vgl. Kaul, Der Fall des Herschel Grynszpan, S. 129 ff.

583 Kaul, Der Fall des Herschel Grynszpan, S. 143.

584 Heiber, Der Fall Grünspan, VfZ 1957, 134, 154.

585 Kaul, Der Fall des Herschel Grynszpan, S. 144.

586 Heiber, Der Fall Grünspan, VfZ 1957, 134, 155.

587 Protokoll Diewerges über die Sitzung vom 2.4.1942 im Propagandaministerium, abgedruckt bei Kaul, Der Fall des Herschel Grynszpan, S. 145.

Noch am selben Tag setzte sich der Unterstaatssekretär im Propagandaministerium, Kritzinger, mit dem Chef der Reichskanzlei Dr. Lammers in Verbindung, mit der Bitte, für die Einholung der von Thierack gewünschten schriftlichen Vollmacht Hitlers zu sorgen. Am folgenden Tag wandte sich Lammers schriftlich an Thierack und teilte diesem mit, daß er sich fernmündlich mit Hitler über die von Thierack gewünschte Vollmacht ausgetauscht habe. Hitler habe dabei erklärt, daß er vor einer schriftlichen Festlegung des Auftrages noch einmal die Angelegenheit mündlich mit Lammers erörtern wolle und diese keineswegs so eilig sei, daß sie schon in den nächsten Tagen erledigt werden müsse.[588] Thierack antwortete Lammers am 4. April mit einem Schreiben, in dem er behauptete, lediglich Staatssekretär Gutterer um eine Abschrift der ihn betreffenden Anweisung des Führers an das Propagandaministerium gebeten zu haben, „um für den Fall irgendeiner zur Durchführung des Prozesses notwendigen Anordnung meinerseits eine solche Ermächtigung in den Händen zu haben". Er sei jedoch nicht auf den Gedanken gekommen, eine besondere schriftliche Anweisung für sich zu erbitten. Weiter erklärte er, er habe es mit Rücksicht auf Lammers' Schreiben vom 3. April nun unterlassen, den Oberreichsanwalt zu unterrichten. Am 7. April werde auf Wunsch des Propagandaministeriums eine erneute Besprechung stattfinden. Bei dieser Besprechung werde er aber mit Rücksicht auf das erwähnte Schreiben „nach genauer terminmäßiger Festlegung des Ablaufs des Prozesses" nichts unternehmen und das Propagandaministerium um ein gleiches Verhalten bitten. Damit würde natürlich der Beginn der Hauptverhandlung am 11. Mai in Frage gestellt.[589]
Am 7. April fand die erwähnte Besprechung bei Thierack im Volksgerichtshof statt. Ziel war es, den Ablauf der Hauptverhandlung festzulegen. An dieser Besprechung nahmen teil Thierack, Engert, der den Vorsitz in der Verhandlung führen sollte, Dierwege und weitere Vertreter des Propagandaministeriums, zwei Vertreter des Auswärtigen Amtes sowie Prof. Grimm.[590]
Zunächst wurde auf Vorschlag Thieracks beschlossen, daß der Prozeß keinesfalls länger als sieben Tage dauern sollte.[591] Man verabredete, daß der zum Verteidiger ausersehene Rechtsanwalt „über seine Pflichten während des Prozesses von Dr. Thierack in zweckentsprechender Form verständigt" werden sollte.[592] Weiter wurde detailliert der geplante Ablauf der Verhandlung festgelegt. So sollten am ersten Tag „die Tat an sich und die nächsten Begleitumstände" Gegenstand der Verhandlung sein. Hierzu sollten Zeugen gehört werden, die Aussagen zu dem eigentlichen Tatgeschehen machen konnten. Am zweiten Tag sollte zunächst die Verhandlung dem „von Grünspan vorgegebenen

[588] Vgl. Kaul, Der Fall des Herschel Grynszpan, S. 147.
[589] Vgl. Kaul, Der Fall des Herschel Grynszpan, S. 147 f.
[590] Vgl. Kaul, Der Fall des Herschel Grynszpan, S. 153 f.
[591] IfZ NG 179, Aufzeichnung der Besprechung vom 7.4.1942.
[592] Vgl. Kaul, Der Fall des Herschel Grynszpan, S. 154.

Motiv der Tat" und der Person vom Raths gewidmet sein. Hier sollte auch die Ausweisung der polnischen Juden zur Sprache kommen, wobei man sich bemüht hatte, Zeugen ausfindig zu machen, die bestätigen sollten, daß den Juden in Deutschland eine gute Behandlung zu Teil geworden sei, während sie auf polnischer Seite schlecht behandelt worden seien. Der zweite Teil dieses Tages sowie der dritte, vierte und fünfte Tag der Verhandlung sollten den politischen Hintergründen der Tat gewidmet sein. Der sechste Tag war den Plädoyers vorbehalten, am siebten Tag sollte dann das Urteil verkündet werden.[593] Die Frage nach den politischen Hintergründen der Tat sollte durch die Vernehmung sogenannter Sachverständiger beantwortet werden. So sollte unter anderem Prof. Grimm das Wort erhalten, Prof. Kittel sollte „über die Bedeutung des Besuchs Grünspans der Talmudschule in Frankfurt a.M. und über die Ziele dieses Unterrichts" referieren. Über den angeblichen Einfluß des Judentums in Amerika und dessen Einfluß zugunsten Grünspans sollte Prof. Schoenemann sprechen. Diewerge wollte „über die Vorbereitung des Weltjudentums zum Kriege gegen das Reich, insbesondere durch die Tat Grünspans" referieren.[594] Eine Schlüsselfunktion sollte dem französischen Minister Bonnet zukommen. Bonnet war bei Kriegsausbruch französischer Außenminister gewesen.[595] Er sollte über den „Einfluß des Judentums auf die französische Regierung zur Verhinderung einer Verständigung mit Deutschland" aussagen.[596] Da man sich offenbar nicht sicher war, ob Bonnet bei der von ihm erwarteten Aussage bliebe, erklärte Grimm den anderen Besprechungsteilnehmern gegenüber, daß Bonnet natürlich nur eine vorher schriftlich fixierte und gründlich überprüfte Aussage verlesen werde. Thierack äußerte dennoch Zweifel dahingehend, daß Bonnet von dieser festgelegten Aussage abweichen könne. Aus diesem Grund wies Thierack darauf hin, daß es wichtig sei, einen Dolmetscher auszuwählen, der „in der Lage sein müsse, nicht nur Bonnet zu folgen, sondern auch von sich aus schwierige Situationen eventuell nach Möglichkeit abbiegen zu können".[597]

Nachdem die von Thierack gewünschte Vollmacht noch nicht erteilt worden war, bat Diewerge am 11. April 1942 Goebbels, im Führerhauptquartier auf die Dringlichkeit dieser Angelegenheit hinzuweisen. Er erklärte, daß die Bevollmächtigung Thieracks gegenüber dem Reichsjustizministerium notwendig sei,

---

[593] IfZ NG 179, Aufzeichnung über den geplanten Ablauf der Hauptverhandlung gegen Grünspan.
[594] IfZ NG 179, Aufzeichnung über den geplanten Ablauf der Hauptverhandlung gegen Grünspan.
[595] Heiber, Der Fall Grünspan, VfZ 1957, 134, 160.
[596] IfZ NG 179, Aufzeichnung über den geplanten Ablauf der Hauptverhandlung gegen Grünspan.
[597] IfZ NG 179, Aufzeichnung der Besprechung vom 7.4.1942.

da eine ganze Reihe von Schritten nur vom Reichsjustizministerium und vom Oberreichsanwalt veranlaßt werden könnten.[598]

Das Reichsjustizministerium, welches durch die Beauftragung Thieracks von den Vorgängen um den Prozeß gegen Grünspan ausgeschlossen worden war, unternahm noch einen Versuch, sich wieder in das Verfahren einzuschalten. So richtete Schlegelberger am 10. April ein Schreiben an Goebbels, in dem er um eine Bestätigung bat, daß „dem Führer bei seiner Billigung der Durchführung der Hauptverhandlung vor der Weltöffentlichkeit die Möglichkeit bekannt war, daß Grünspan zum Zwecke seiner Verteidigung angeblich homosexuelle Beziehungen des Gesandschaftsrats vom Rath behaupten wird".[599]
Diewerge, auf dessen Schreibtisch dieses Schreiben landete, antwortete jedoch lediglich dahingehend, daß er in der ganzen Zwischenzeit nicht mehr mit dem Reichsjustizministerium, sondern mit Thierack gearbeitet habe und daher auch diesen Brief lediglich zur Kenntnis nehme.[600]
An demselben Tag, an dem Schlegelberger sein Schreiben an Goebbels richtete, hatte auch Freisler Thieracks Kompetenz für eine autonome Leitung des Prozesses in Frage gestellt.[601]
Am 16. April fand eine weitere Besprechung bei Thierack statt, an der Engert, Diewerge mit seinem Referenten sowie zwei Vertreter des Auswärtigen Amtes teilnahmen. Man kam überein, daß es wünschenswert sei, nach dem Versuch des Reichsjustizministeriums, sich in die Angelegenheit einzumischen, die Bevollmächtigung Thieracks zur Vorbereitung des Prozesses auch in formeller Hinsicht möglichst bald gegen jede Anfechtung klarzustellen. Hinsichtlich der von Schlegelberger angesprochenen homosexuellen Beziehungen vom Raths beschloß man eine Entscheidung Goebbels über eine nochmalige Vorlage dieser Frage an den Führer herbeizuführen.[602] Diewerge trug dies Goebbels vor. Goebbels antwortete daraufhin, daß er größte Zweifel habe, ob eine Durchführung des Prozesses tatsächlich zweckmäßig sei, zumal die Gefahr bestehe, daß der Angeklagte jede Aussage verweigern und nur eine kurze Erklärung über seine angeblichen unerlaubten Beziehungen zu vom Rath abgeben werde. Eine solche Haltung des Angeklagten werde seiner Meinung nach in der ganzen Welt „den größten Widerhall auslösen" und könne „nicht verwischt werden". Aus diesem Grund solle Bormann den Fall erneut Hitler vortragen.[603] Aus einer Eintragung in sein Tagebuch vom 17. April ist zu entnehmen, daß Goebbels „mit den dafür

---

[598] Vgl. Kaul, Der Fall des Herschel Grynszpan, S. 166.
[599] Zitiert nach Kaul, Der Fall des Herschel Grynszpan, S. 166 f.; Heiber, Der Fall Grünspan, VfZ 1957, 134, 162.
[600] Kaul, Der Fall des Herschel Grynszpan, S. 167.
[601] Heiber, Der Fall Grünspan, VfZ 1957, 134, 163.
[602] Heiber, Der Fall Grünspan, VfZ 1957, 134, 163.
[603] IfZ NG 179, Aufzeichnung eines Gesprächs zwischen Diewerge und Goebbels vom 16.4.1942.

in Frage kommenden Fachleuten" Überlegungen anstellte, „ob man unter diesen Umständen den Prozeß überhaupt durchführen soll, und wenn ja, welche Sicherungen geschaffen werden müssen, um eine derartige Wirkung des Prozesses zu verhindern".[604]

Diewerge teilte Thierack und den anderen Teilnehmern der Besprechung mit, daß eine neue Führerentscheidung darüber eingeholt werde, ob der Prozeß auch auf die Gefahr hin durchzuführen sei, daß der Angeklagte seine Aussagen auf die angeblich unerlaubten Beziehungen hinlenken werde. Thierack und Engert erklärten daraufhin, daß es „bei geschickter Verhandlungsführung" möglich sein werde, derartige Vorstöße des Angeklagten „in positiver Weise zu erledigen".[605]

Am 18. April soll dann im Führerhauptquartier die „Vorentscheidung" gegen den Prozeß gefallen sein, da an diesem Tag Bormann erklärte, daß die Hauptverhandlung gegen Grünspan zu dem festgesetzten Termin nicht stattfinden werde.[606]

Thierack jedoch betrieb zunächst weiter die Vorbereitungen für den Prozeß und ging noch am 8. Mai davon aus, der Prozeß werde Ende des Monats stattfinden.[607] Mit Schreiben vom 13. Mai verkündete Freisler, Hitler habe angeordnet, daß der Grünspan-Prozeß einstweilen nicht zu führen sei und er sich die Bestimmung des Zeitpunktes selbst vorbehalte.[608]

Der Prozeß gegen Grünspan fand nie statt.

4. Thierack als Richter am Volksgerichtshof

Als Präsident des Volksgerichtshofes konnte Thierack vor Beginn eines Geschäftsjahres für dessen Dauer bestimmen, welchem Senat er sich anschließen wollte.[609] In Ausübung dieser Kompetenz bestimmte er sich während seiner gesamten Zeit am Volksgerichtshof zum Vorsitzenden des Ersten Senats.

Dieser Senat war nach der von Thierack aufgestellten Geschäftsverteilung[610] zunächst zuständig für die Bearbeitung der Hochverratssachen in der Buchsta-

---

[604] Zitiert nach Heiber, Der Fall Grünspan, VfZ 1957, 134, 164.

[605] Kaul, Der Fall des Herschel Grynszpan, S. 170 f.

[606] Vgl. Heiber, Der Fall Grünspan, VfZ 1957, 134, 164.

[607] Heiber, Der Fall Grünspan, VfZ 1957, 134, 164 f.

[608] Heiber, Der Fall Grünspan, VfZ 1957, 134, 166.

[609] § 4 Abs. 1 der Verordnung zur Durchführung des Gesetzes über den Volksgerichtshof und über die fünfundzwanzigste Änderung des Besoldungsgesetzes vom 18.4.1936, RGBl. 1936 I, 398.

[610] Gemäß § 3 Abs. 1 der Verordnung zur Durchführung des Gesetzes über den Volksgerichtshof und über die fünfundzwanzigste Änderung des Besoldungsgesetzes vom 18.4.1936, RGBl. 1936 I, 398, war der Präsident des Volksgerichtshofes zuständig für die Verteilung der Geschäfte unter die Senate.

benreihenfolge Bl-Bz, D, F, Ka-Ki, M, O, Q, S ohne St, U, W und Y.[611] Im Geschäftsjahr 1938 kamen hinzu die Landesverratssachen nach den Buchstaben C, I, N, P, St und T sowie die nach dem Gesetz gegen Wirtschaftssabotage vom 1. Dezember 1936 anfallenden Sachen.[612] Die Hochverrats- und Landesverratssachen im Lande Österreich und in den sudetendeutschen Gebieten kamen im Geschäftsjahr 1939 zu den Zuständigkeiten des Ersten Senats hinzu.[613] Im Geschäftsjahr 1940 wurde zunächst die Zuständigkeit dieses Senats auch auf die Strafsachen aus dem Protektorat Böhmen und Mähren erweitert.
Ab der zweiten Hälfte des Jahres wurden die Zuständigkeiten der einzelnen Senate abgeändert, so daß der Erste Senat in der Folgezeit für die Hochverrats- und Landesverratssachen in den sudetendeutschen Gebieten, die Strafsachen aus dem Protektorat Böhmen und Mähren, die nach § 5 der Verordnung vom 28. Februar 1933 anfallenden Sachen, die nach dem Gesetz gegen Wirtschaftssabotage vom 1. Dezember 1936 anfallenden Sachen sowie die Anklagen in Verbindung mit §§ 91 a und 91 b RStGB zuständig war.[614] Im Geschäftsjahr 1941 fielen die Sachen aus den sudetendeutschen Gebieten wieder aus der Zuständigkeit des Ersten Senats heraus. Dafür wurden die Strafsachen in Verbindung mit § 90 f RStGB gegen Ende des Jahres in den Zuständigkeitsbereich dieses Senats mit einbezogen.[615]

Es konnten 145 Urteile ermittelt werden, die unter Thieracks Vorsitz ergingen.[616] Die folgende Tabelle soll einen Überblick über diese Urteile geben:

---

[611] Vgl. BA R 3017/574, Geschäftsverteilungspläne für die Geschäftsjahre 1936 und 1937 am Volksgerichtshof.

[612] Vgl. BA R 3017/574, Geschäftsverteilungsplan für das Geschäftsjahr 1938 am Volksgerichtshof.

[613] Vgl. BA R 3017/574, Geschäftsverteilungsplan für das Geschäftsjahr 1939 am Volksgerichtshof.

[614] Vgl. BA R 3017/574, Geschäftsverteilungsplan für das Geschäftsjahr 1940 am Volksgerichtshof.

[615] Vgl. BA R 3017/574, Geschäftsverteilungsplan für das Geschäftsjahr 1941 am Volksgerichtshof.

[616] Die Übersicht konnte erstellt werden mit Hilfe der Datenbank aus dem Forschungsprojekt der Universität Münster, Institut für Kriminalwissenschaften, „Die Abgeurteilten des Volksgerichtshofes“. Diese Datenbank enthält eine Übersicht über etwa 90 % der Urteile des Volksgerichtshofes. Eine Liste mit einigen der Urteile Thieracks ist enthalten in LA Berlin, SK 12708 Bd 2. Weitere Urteile konnten durch Recherchen im BA ausfindig gemacht werden.
Unter den ermittelten Urteilen befinden sich auch solche des Zweiten Senats. Dies ergibt sich daraus, daß gemäß den in der Geschäftsverteilung aufgeführten Vertretungsregeln Thierack in diesen Fällen den Vorsitzenden des Zweiten Senats vertreten hatte, vgl. BA R 3017/574, Geschäftsverteilungspläne für den Volksgerichtshof.

Jahr	Verfahren	Angeklagte	Todes-strafe	Zuchthaus ab 10 Jahren	Zuchthaus unter 10 Jahren	Gefäng-nis	Frei-spruch
1936[617]	5	7		1	4	2	
1937	6	8	2	3	3		
1938	14	27		3	18	3	3
1939	13	20	3	3	11	3	
1940	43	92	7	8	62	11	4
1941	25	92	13	16	55	5	3
1942	39	136	67	23	34	8	4
gesamt	145	382	92	57	187	32	14

Die meisten Urteile richteten sich gegen Angehörige des Protektorats Böhmen und Mähren.
Vergleicht man diese Aufstellung über die Urteile Thieracks mit der oben dargestellten Aufstellung über die Urteile am Volksgerichtshof insgesamt in seiner Amtszeit[618], ist eine Parallele zu erkennen. So stieg auch die Anzahl der Urteile Thieracks zunächst im Jahr 1940 und sodann erneut im Jahr 1942 stark an. Auch ist im Jahr 1941 bei Thierack ebenso wie insgesamt bei den Urteilen des Volksgerichtshofes ein Anstieg der verhängten Todesstrafen zu verzeichnen, der sich im Jahr 1942 noch einmal ganz erheblich steigerte.

Darüber, wie Thierack als Richter auftrat, existieren nur wenige Aussagen. So erklärte Schlegelberger, Thierack habe als „harter Richter" gegolten.[619] Nach einer anderen Aussage soll seine „kaltherzige Rechtsprechung" Aufsehen erregt haben.[620] Ein Anwalt, der vor dem Volksgerichtshof aufgetreten war, erklärte, daß Thierack „die Angeklagten sachlich, nicht in dieser turbulenten Art wie Freisler" behandelt habe.[621]
Da über die Verhandlungen vor dem Volksgerichtshof keine Protokolle existieren, läßt sich nicht nachprüfen, wie Thierack tatsächlich die Verhandlungen führte und wie er die Angeklagten behandelte. Jedoch kann aufgrund der oben dargestellten Äußerungen Thieracks über das Wesen des Richterstandes und dessen Aufgaben[622] der Rückschluß gezogen werden, daß er selbst versucht ha-

[617] Es ist anzunehmen, daß die Zahl der unter Thieracks Vorsitz ergangenen Urteile in den ersten Jahren seiner Tätigkeit am Volksgerichtshof tatsächlich höher ist als bisher ermittelt werden konnte. Es scheint unwahrscheinlich, daß er 1936 und 1937 lediglich in fünf beziehungsweise sechs Verfahren den Vorsitz geführt haben soll.
[618] S.o. Kapitel VII 3 c) cc) (3).
[619] IfZ, NG 097, Aussage Schlegelbergers.
[620] Staatsarchiv Nürnberg, KV-Prozesse Fall 3 Abteilung K, K5, Bl. 24, Eidesstattliche Versicherung Rudolf Lehmann vom 6.5.1947.
[621] IfZ, NG 535, Eidesstattliche Versicherung Dr. Bruno Grünwald.
[622] S.o. Kapitel VII 3 b).

ben wird, dem von ihm beschriebenen Idealbild eines nationalsozialistischen Richters nahezukommen.
Die Annahme, daß Thierack seine richterliche Tätigkeit in diesem Sinne ausübte, wird bestätigt durch verschiedene Äußerungen Thieracks in dieser Richtung.
So äußerte er sich im Jahr 1944 in einem Brief an Freisler über die Art, wie die Senatsvorsitzenden die Verhandlungen leiten sollten. Aus diesen Erläuterungen kann ein Rückschluß auf Thieracks eigene Verhandlungsführung gezogen werden, da davon auszugehen ist, daß seine Darstellung auf eigenen Erfahrungen als Senatsvorsitzender beruht. Seiner Ansicht nach sollte der Volksgerichtshof eine politische Führungsaufgabe dergestalt erfüllen, daß das Volk nicht nur die Urteile des Volksgerichtshofes als richtig anerkennen solle, sondern darüber hinaus auch erfahren solle, warum gerade diese Strafe notwendig würde. Er führte hierzu aus:

> „...
> Wenn es in den unpolitischen Strafverfahren genügt, den Täter, die Tat und die Auswirkungen beider auf die Volksgemeinschaft aufzuzeigen und hieraus die gerechte Strafe zu finden, so genügt das in den vor dem Volksgerichtshof zu verhandelnden Sachen nicht. Hier muß unter Hervorkehrung des politischen Gehalts einer Tat vor allem auf die Umstände der Lage des Reichs und des Volkes eingegangen werden. Der Vorsitzende muß in seiner Verhandlungsführung begründen können, warum gerade diese Tat für das Volk und für das Reich besonders gefährlich oder besonders schwer ist. Es muß jeder der an der Verhandlung Beteiligten mit der inneren Überzeugung den Sitzungssaal verlassen, daß nicht nur die Strafe richtig war, sondern auch warum sie richtig war.
> ...“[623]

Weiteren Aufschluß gibt eine Beschreibung seiner eigenen Urteilsfindung und derjenigen seiner Kollegen, die Thierack selbst im Mai 1938 anläßlich einer Ansprache auf einer Tagung des Amtes für Gnadensachen in der Kanzlei des Führers gab:

> „...
> Wir haben also nichts zu scheuen. Wir wollen nur eins: wir wollen dem Volke geben, was dem Volke gehört. Wir wollen uns bei diesen schweren Angriffen vor das Volk stellen. Wir schöpfen unsere Rechtssprüche aus unserem Gewissen, und wir sind jederzeit bereit, für jedes Urteil geradezustehen. Aber wir wissen auch, daß uns kein Mensch den Richterspruch und damit die Verantwortung für ihn abnehmen kann. Wir tragen ihn auch nicht jeder allein, sondern zusammen mit jenen Männern aus dem Volke, die uns der Führer zur Seite gestellt hat. Glauben Sie mir, nichts gibt ein schöneres Gefühl der Kameradschaft, wie das Zusammenwachsen in einer schweren Entscheidung. Wenn wir dann so zusammensitzen und überlegen: muß er fallen, muß er nicht fallen?, überlegen wir: was muß dem

[623] IfZ NG 157, Schreiben Thieracks an Freisler vom 18.10.1944.

Volke gegeben werden?, dann finden wir unseren gerechten Spruch. Es leitet uns dabei nichts anderes als das Gefühl der Verantwortung unserem Führer und unserem Volke gegenüber."[624]

Aus dieser Äußerung ist erkennbar, daß im Mittelpunkt von Thieracks Rechtsfindung nicht der Angeklagte und seine Tat standen. Er stellte seine Rechtsprechung offenbar vollkommen in den Dienst der nationalsozialistischen Führung und des nationalsozialistischen Staates, getreu seiner oben zitierten Ansicht[625], der Richter müsse die Ideen und Absichten der Staatsführung als das Primäre, das von ihm abhängige Menschenschicksal als das Sekundäre ansehen. Wenn Thierack behauptete, einen gerechten Spruch dadurch zu finden, daß er die Frage stellte, was dem Volke gegeben werden müsse, so bedeutet dies, daß der Primärzweck seiner Urteilsfindung nicht die Aburteilung und Bestrafung des jeweiligen Angeklagten war. Vielmehr sollten seine Urteile vor allem dazu dienen, dem „Volkswillen" entgegenzukommen, diesen zu befriedigen und dadurch die nationalsozialistische Führung mit Mitteln der Justiz zu stützen und zu unterstützen.
Dies wird besonders deutlich in dem Wortlaut einiger der unter seinem Vorsitz ergangenen und von ihm gezeichneten Urteile:
In einem Verfahren aus dem Jahr 1938 wurden drei Jugendliche zu Freiheitsstrafen von im einzelnen fünf und drei Jahren Zuchthaus und einem Jahr Gefängnis verurteilt. Sie waren Mitglieder der sogenannten „Leipziger Meuten", einer Jugendorganisation, die die HJ ablehnte und zum Teil zu bekämpfen suchte. Ihre Tätigkeit in der „Leipziger Meute" soll darauf gerichtet gewesen sein, die Überlegenheit der HJ in ihren Stadtgebieten zu beseitigen. In der Urteilsbegründung wurde ausgeführt:

„...
Die deutsche Staatsjugend, die alleinige Trägerin der nationalsozialistischen Staatsidee für die Zukunft, muß vor allen derartigen Zersetzungsbestrebungen und Einflüssen geschützt und bewahrt werden. Alle solchen Versuche müssen daher im Keim erstickt und von vornherein mit äußerster Strenge ausgerottet und durch harte Strafen für alle Zukunft verhindert werden. Hinter dieser im Interesse der Ruhe und Erhaltung der deutschen Volksgemeinschaft und des gesicherten Bestandes des nationalsozialistischen Deutschlands notwendigen abschreckenden Wirkung der Strafe muß die Persönlichkeit des einzelnen Täters zurücktreten. Ein minderschwerer Fall, wie dies die Verteidigung angenommen hat, konnte daher schon aus diesem Grunde bei keinem der Angeklagten in Frage kommen.
..."[626]

---

[624] IfZ Db 09.01, Thierack in einer Ansprache anläßlich einer Tagung des Amtes für Gnadensachen in der Kanzlei des Führers am 13. und 14.5.1938 der Akademie für Deutsches Recht, S.115.
[625] S.o. Kapitel VII 3 b).
[626] BA VGH/Z H 286, Urteil des Ersten Senats des Volksgerichtshofes vom 28.10.1938.

Zu sechs Jahren Zuchthaus wurde 1942 ein Angeklagter verurteilt, der angeblich in einer Gaststätte in Basel erklärt hatte, der Krieg sei eine „Lausbüberei“ und daß alles eine abgekartete Sache der Staatsoberhäupter und der Großindustrie sei, die viel Geld damit verdienen wollten und sich nicht darum kümmerten, „wenn ein Haufen Leute verrecken“. In diesem Zusammenhang soll der Angeklagte neben Roosevelt und Churchill auch Hitler und Mussolini genannt haben. Ebenfalls soll er gesagt haben, daß die jungen Leute alle durch die Politik verblendet seien. In der Urteilsbegründung findet sich unter anderem folgende Feststellung:

> „...
> Der Angeklagte hat dadurch für das Ansehen des deutschen Volkes eine schwere Gefahr herbeigeführt. Bei der Verbundenheit, die das Verhältnis zwischen dem Führer und dem deutschen Volk kennzeichnet, muß ein Angriff auf die Ehre des Führers das Ansehen des ganzen deutschen Volkes im gleichen Maß treffen wie den Führer selbst. Auch durch die unwahren Behauptungen gegen die führenden deutschen Wirtschaftskreise mußte die Ehre des ganzen Volkes in Mitleidenschaft gezogen werden. Die Äußerungen des Angeklagten, die in ihrer Gesamtheit deutlich das marxistische Gedankengift verraten, waren zwar so unsinnig, daß kein vernünftiger Mensch, der die Entwicklung in Deutschland seit dem Jahre 1933 und vor allem das Wollen des Führers ohne Voreingenommenheit verfolgt hat, ihnen Glauben schenken konnte. Um so mehr können sie aber von den Personen, die eines klaren Urteils nicht fähig sind und von reichsfeindlichen Kreisen zum Schaden des Reiches propagandistisch ausgewertet werden.
> ...
> Die Tat des Angeklagten zeugt von niederträchtiger Gesinnung. Er hat sich nicht gescheut, zu einer Zeit wo das deutsche Volk den schwersten Daseinskampf seiner Geschichte bestehen muß und seine Feinde ihren Vernichtungswillen unverhüllt zu erkennen gegeben haben, auf vermeintlich sicherem Schweizer Boden die deutsche Ehre durch gemeine Lügen herabzusetzen und so ein ähnliches Spiel zu treiben, wie marxistische und andere volksfeindliche Kreise es zum Verhängnis des deutschen Volkes schon während des ersten Weltkrieges getrieben haben.
> ...“[627]

In einem Urteil ebenfalls aus dem Jahr 1942 gegen zwei Protektoratsangehörige wurden beide wegen Vorbereitung zum Hochverrat und Feindbegünstigung zum Tode verurteilt. Sie sollen für eine tschechische Widerstandsorganisation tätig geworden sein. Die Urteilsbegründung enthält folgende Darstellung:

> „...
> Der Senat hatte danach bei beiden Angeklagten nur die Wahl zwischen Todesstrafe und lebenslanger Zuchthausstrafe.
> Der Senat hat gegen beide Angeklagten die Todesstrafe verhängt, und zwar aus folgenden Gründen:

[627] Das Urteil des Ersten Senats des Volksgerichtshofes vom 7.7.1942 ist enthalten in LA Berlin, SK 12708 Bd 2.

Das Deutsche Reich kann unter keinen Umständen dulden, daß, während seine besten Söhne im Kampfe auf Leben und Tod gegen den Bolschewismus in Rußland stehen und dort zu Tausenden für die Freiheit Deutschlands und Europas ihr Leben lassen müssen, im Rücken dieser Front der Kommunismus sein Haupt erhebt und bestrebt ist, die Früchte dieses heldenhaften Einsatzes der besten Deutschen zu vereiteln, um dem Bolschewismus zum Siege zu verhelfen. Es muß deshalb jedem, der es wagen sollte, auch nur im geringsten den Kommunismus in Deutschland oder im Protektorat zu fördern, auf das nachdrücklichste klargemacht werden, daß er damit sein Leben verwirkt hat.

...

Kommunisten, die sich, wie die Angeklagten, noch nach Kriegsausbruch mit der Sowjetunion hoch- und landesverräterisch betätigt haben, haben sich im übrigen als so gefährliche Feinde des Staates und des Nationalsozialismus erwiesen, daß sie für alle Zeiten unschädlich gemacht werden müssen. Das wäre aber im Hinblick auf im Kriege mögliche Krisenzeiten selbst mit einer lebenslangen Zuchthausstrafe nicht unbedingt gewährleistet.

Daher war im Staatsinteresse die Verhängung der Todesstrafe gegen beide Angeklagte erforderlich.

...“[628]

Im August 1942 wurden vier Protektoratsangehörige wegen Vorbereitung zum Hochverrat und landesverräterischer Feindbegünstigung zum Tode verurteilt. Ihnen wurde vorgeworfen, an dem Aufbau einer illegalen tschechischen Militärorganisation mitgearbeitet zu haben. Sie wurden in der Urteilsbegründung als „fanatische Tschechen“ bezeichnet. Weiter wurde ausgeführt:

„...

Die Taten aller Angeklagten sind, vor allem gemessen an dem Schutzbedürfnis des deutschen Volkes, todeswürdig.

...

Allerdings haben sie mit ihrer illegalen Arbeit keinen besonders großen Erfolg erzielt und ihre Tätigkeit auch mehr oder weniger frühzeitig aufgegeben ... Damit wird aber nicht ungeschehen, daß sie als hohe Funktionäre der ON im Schicksalskampf des deutschen Volkes als gefährliche Gegner des Reichs aufgetreten sind. Daher blieb für eine andere Strafe als die Todesstrafe kein Raum.

...“[629]

Im Jahr 1938 verurteilte der Erste Senat unter Vorsitz Thieracks einen Angeklagten wegen Vorbereitung zum Hochverrat zu einer Zuchthausstrafe von 15 Jahren. Dem Angeklagten wurde vorgeworfen, für die KPD tätig geworden zu sein, indem er für diese politische Schulungen abhielt. Auch soll er die Funktion eines sogenannten politischen Leiters der KPD innegehabt haben.

Die Begründung des Urteils gegen ihn enthält folgende Feststellung:

---

[628] Das Urteil des Ersten Senats des Volksgerichtshofes vom 30.7.1942 ist enthalten in LA Berlin, SK 12708 Bd 2.

[629] BA R 3017/478, Urteil des Ersten Senats des Volksgerichtshofes vom 3.8.1942.

„...
Ferner war strafschärfend zu berücksichtigen, daß sich der Angeklagte noch bis Mitte 1937 hochverräterisch betätigt hat. Eine staatsfeindliche Betätigung wiegt umso schwerer, je größer der zeitliche Abstand seit der Machtübernahme wird, und je sinnfälliger für jeden einsichtigen Volksgenossen die Aufbauarbeit des Nationalsozialismus, gerade auch auf sozialem Gebiet ins Auge springt. Daß der sehr intelligente Angeklagte sich dieser Einsicht völlig verschlossen hat, spricht ohne weiteres für die Stärke seines verbrecherischen Willens.
..."[630]

Ein jüdischer Angeklagter wurde im Jahr 1940 wegen Vorbereitung zum Hochverrat zu acht Jahren Zuchthaus verurteilt. Ihm wurde zur Last gelegt, sogenannte illegale Post empfangen und sich darum bemüht zu haben, in Berlin eine Druckerei zur Herstellung illegaler Druckschriften ausfindig zu machen. Die von Thierack gezeichnete Urteilsbegründung ist deutlich antisemitisch geprägt:

„...
Der Angeklagte muß empfindlich bestraft werden.
Von vornherein wiegt schwer gegen ihn, daß er von 1937 bis 1939 und dabei zu Zeiten tätig gewesen ist, wo das Reich besonders unter dem Einfluß der jüdischen Auslandshetze, wirtschaftlich und politisch abgeschlossen werden sollte. Er wußte, daß er in Deutschland als Jude nur ein Gastrecht genießt und sich daher besonders von allen Bestrebungen fernzuhalten hatte, die der deutschen Volksgemeinschaft Schaden bringen konnten.
...
Ihm ging es allein darum, den Umsturz in Deutschland herbeizuführen. Dabei kümmerte ihn nicht, daß das deutsche Volk unter seiner neuen Regierung einen großen Aufstieg auf allen Gebieten erlebte und daß der Umsturz, auf den er mit hinarbeitete, ein unsagbares Unglück für das Volk bedeutet haben würde.
..."[631]

In einigen Urteilen finden sich auch beleidigende Bemerkungen über die Angeklagten:
Ein Protektoratsangehöriger wurde wegen Vorbereitung zum Hochverrat zu fünf Jahren Zuchthaus verurteilt. Man warf ihm vor, als Lehrer an einer landwirtschaftlichen Schule die Schüler dazu ermutigt zu haben, ein Bändchen in den tschechischen Farben im Knopfloch zu tragen. Dieses Bändchen wurde von Tschechen getragen, die mit der politischen Neuordnung nicht einverstanden waren. Weiterhin legte man ihm zur Last, einem früheren tschechischen Staats-

---

[630] BA VGH/Z D 238, Urteil des Ersten Senats des Volksgerichtshofes vom 18.3.1938.
[631] Das Urteil des Ersten Senats des Volksgerichtshofes vom 29.3.1940 ist enthalten in LA Berlin, SK 12708 Bd 2.

feiertag, den zu feiern es den Protektoratsgehörigen verboten worden war, mit einem zweiminütigen Stillschweigen in seiner Klasse gedacht zu haben.
Über ihn ist in der Urteilsbegründung zu lesen:

> „...
> Sein Verhalten kann daher nur als kläglich bezeichnet werden, der Eindruck, den er persönlich in der Hauptverhandlung gemacht hat, ist der denkbar schlechteste.
> ...“[632]

Im Falle eines wegen Volksverrats durch Lügenhetze und landesverräterischer Feindbegünstigung Verurteilten wird über den Angeklagten gesagt:

> „...
> Die Lügenhetze, welche sich der Angeklagte zuschulden kommen ließ, kann an Gehässigkeit und Niederträchtigkeit nicht mehr viel überboten werden. Der Angeklagte hat damit sein Blut und sein Volk verleugnet und sich als gehässiger Gegner des nationalsozialistischen Deutschlands bekannt.
> ...“[633]

In einem weiteren Fall wurde der Angeklagte als ein Mensch „von rücksichts- und verantwortungslosem Geltungsbedürfnis“ und „fast krankhafter Überheblichkeit“ beschrieben.[634]

Die dargestellten Urteile haben zum Teil schon gezeigt, welch hohe Strafen unter Thieracks Vorsitz bei geringsten Anlässen ausgesprochen wurden, indem auf den angeblich großen Schaden, den die Angeklagten damit dem deutschen Reich oder dem deutschen Volk zugefügt hätten oder hätten zufügen können, verwiesen wurde. Thierack war scheinbar bereit und sah es als seine Aufgabe an, durch offensichtlich weit hergeholte Interpretationen der Tat zur höchstmöglichen Strafe für den Angeklagten zu gelangen. Dies zeigen Beispiele für die von ihm gewünschte Rechtsprechung, die er Freisler anläßlich dessen Amtseinführung am Volksgerichtshof darlegte:

> „...
> 1.) Wenn ein Jude, noch dazu ein führender Jude, wegen Landesverrats – und sei es auch nur wegen Beihilfe hierzu – angeklagt ist, steht hinter ihm der Haß und der Wille des Judentums, das deutsche Volk zu vernichten. In der Regel wird das also Hochverrat sein, der mit dem Tode zu ahnden ist.
> 2.) Wenn im Sinne des Kommunismus nach dem 22. Juni 1941 von einem Deutschen im Reich gehetzt oder auch nur versucht wird, das Volk in kommunisti-

---

[632] BA R 3017/504, Urteil des Ersten Senats des Volksgerichtshofes vom 7.10.1940.
[633] BA VGH/Z B 104/2, Urteil des Ersten Senats des Volksgerichtshofes vom 14.5.1942.
[634] Urteil vom 10.1.1939, zitiert nach Wieland, Das war der Volksgerichtshof, S. 49.

schem Sinne zu beeinflussen, so ist das nicht nur Vorbereitung zum Hochverrat, sondern auch Feindbegünstigung – nämlich der Sowjetunion.
3.) Wenn im böhmisch-mährischen Raum die Tschechen immer wieder unter dem Einfluß des Londoner Senders, sei es auch nur durch Hetze, gegen das Reich wühlen, so ist das nicht nur Vorbereitung zum Hochverrat, sondern ebenfalls Feindbegünstigung.
…“[635]

Dafür, daß Thierack daran gelegen war, möglichst jedem Angeklagten die höchstmögliche Strafe zukommen zu lassen, spricht auch die äußerst geringe Anzahl von Freisprüchen durch seinen Senat.

Aus dem hier Dargelegten ergibt sich, daß Thierack seine Position als Richter und Vorsitzender des Ersten Senats des Volksgerichtshofes dazu nutzte, den Interessen der nationalsozialistischen Führung zu dienen. Er war, wie er es selbst für die nationalsozialistische Richterschaft gefordert hatte, ein durch und durch politischer Richter, für den nicht das Schicksal des Angeklagten und dessen Tat im Vordergrund des Verfahrens standen, sondern allein die Ziele der nationalsozialistischen Staatsführung. Seine nationalsozialistische Einstellung ist jedem seiner Urteile deutlich zu entnehmen.

[635] IfZ NG 159, Schreiben Thieracks an Freisler vom 9.9.1942

VIII. Reichsjustizminister

Am 20. August 1942 wurde Thierack von Hitler zum Reichsjustizminister ernannt.[636] Dieses Amt bekleidete er bis zum Zusammenbruch des Dritten Reiches.

1. Vorgänger im Amt

Der Vorgänger Thieracks im Amt des Reichsjustizministers war Dr. h.c. Franz Gürtner. Nach dessen Tod im Januar 1941 führte Staatssekretär Prof. Dr. Dr. h.c. Franz Schlegelberger dieses Amt kommissarisch bis zur Ernennung Thieracks.

a) Dr. h.c. Franz Gürtner

Dr. h.c. Franz Gürtner[637] wurde am 26. August 1881 in Regensburg als Sohn eines Lokomotivführers und dessen Frau geboren.[638] Im Wintersemester 1900 nahm er an der Universität München das Studium der Rechtswissenschaften auf, welches er im Sommer 1904 abschloß.[639] Nach einem dreijährigen juristischen Vorbereitungsdienst legte er sein Zweites Examen mit sehr guten Leistungen im Herbst 1908 ab.[640] Zunächst war er tätig als Syndikus und Generalsekretär des Bayerischen Brauvereins, im Jahr 1909 wurde er zum Dritten Staatsanwalt unter Verwendung im bayerischen Justizministerium, sodann im Jahr 1912 zum Amtsrichter unter Fortverwendung im Justizministerium ernannt. Nachdem er am Ersten Weltkrieg teilgenommen hatte, setzte er seine Karriere in der bayerischen Justiz fort. Er wurde im April 1919 Zweiter Staatsanwalt beim Landgericht München I, im August 1920 ernannte man ihn zum Landgerichtsrat unter Weiterverwendung im Justizministerium. Schon ein Jahr später wurde er Oberregierungsrat und übernahm schließlich im August 1922 den Posten des bayerischen Justizministers.[641] Er gehörte der deutsch-nationalen bayerischen Mittelpartei an.[642] Im Juni 1932 wurde er in das Kabinett Papen als Reichsjustizminister berufen. Diesen Posten behielt er auch im folgenden Kabinett Schleicher.[643] Nach der Machtübernahme der Nationalsozialisten übernahm Hitler ihn in sein

---

[636] BA R 3001 (alt R 22) pers. Nr. 78253, Personalakte Thierack, eine Abschrift der Ernennungsurkunde ist der Personalakte beigefügt.

[637] Ausführliche Darstellungen der Biographie Gürtners findet sich bei Reitter, Franz Gürtner, Politische Biographie eines deutschen Juristen 1881 – 1941 und Gruchmann, Justiz im Dritten Reich 1933 – 1940.

[638] Reitter, Franz Gürtner, Politische Biographie eines deutschen Juristen 1881 – 1941, S. 20.

[639] Reitter, Franz Gürtner, Politische Biographie eines deutschen Juristen 1881 – 1941, S. 24.

[640] Reitter, Franz Gürtner, Politische Biographie eines deutschen Juristen 1881 – 1941, S. 27.

[641] Reitter, Franz Gürtner, Politische Biographie eines deutschen Juristen 1881 – 1941, S. 234.

[642] Hattenhauer, Vom Reichsjustizamt zum Bundesministerium der Justiz, S. 91.

[643] Reitter, Franz Gürtner, Politische Biographie eines deutschen Juristen 1881 – 1941, S. 108 ff.

Kabinett.[644] Der Grund für die Übernahme durch Hitler soll darin gelegen haben, daß ihm Gürtners Fachwissen, das ihm durch die Justizbeamtenschaft entgegengebrachte Vertrauen sowie Gürtners während dessen langjähriger Ministertätigkeit erwiesener Wille, Forderungen „nationaler" Politik und Staatsräson in der Justiz zu berücksichtigen, die beste Gewähr für die Verfolgung seiner Ziele zu bieten schienen.[645] Er behielt das Amt des Reichsjustizministers bis zu seinem Tod am 19. Januar 1941 inne. Trotz seines Parteieintritts im Januar 1937 soll Gürtner kein Nationalsozialist gewesen sein.[646] Er wird beschrieben als Mensch mit anständigem Charakter und moralischer Integrität.[647] Dem nationalsozialistischen Regime soll er eher kritisch gegenübergestanden haben. Von einer aktiven Opposition gegen das Regime soll er jedoch durch seine nationale Gesinnung und dadurch, daß er das Recht unter die Staatsräson stellte, abgehalten worden sein. Seine Amtsausübung soll durch sein Bemühen um die Aufrechterhaltung des Rechts gekennzeichnet gewesen sein.[648] Obwohl er sehr darunter gelitten haben soll, als Justizminister den Nationalsozialisten dienen zu müssen, soll ein Rücktritt für ihn nicht in Betracht gekommen sein. Er soll gefürchtet haben, daß ein überzeugter Nationalsozialist zu seinem Nachfolger gemacht würde, unter dem ein weiteres Abgleiten in den Unrechtsstaat zwangsläufig eingetreten wäre.[649]

Hitler äußerte über Gürtner, daß es diesem sehr schwer gefallen sei, vom Juristischen abzukommen, und nur allmählich hätten sich bei ihm vernünftige Auffassungen eingestellt, als er durch Drohungen auf der einen Seite und durch Verächtlichmachung auf der anderen Seite zu Entscheidungen gezwungen worden sei, die den praktischen Lebensbedürfnissen entsprächen.[650]

b) Prof. Dr. Dr. h.c. Franz Schlegelberger

Prof. Dr. Dr. h.c. Franz Schlegelberger[651] wurde am 23. Oktober 1876 in Königsberg geboren. Er entstammte einer wohlhabenden Kaufmannsfamilie.[652]

---

644 Reitter, Franz Gürtner, Politische Biographie eines deutschen Juristen 1881 – 1941, S. 120.

645 Vgl. Gruchmann, Justiz im Dritten Reich 1933-1940, S. 1113.

646 Vgl. hierzu und zu den Umständen von Gürtners Parteieintritt Reitter, Franz Gürtner, Politische Biographie eines deutschen Juristen 1881 – 1941, S. 219, 193 f.

647 Vgl. Gruchmann, Justiz im Dritten Reich 1933-1940, S. 80.

648 Gruchmann, Justiz im Dritten Reich 1933-1940, S. 76.

649 Vgl. Gruchmann, Justiz im Dritten Reich 1933-1940, S. 79 f.; Reitter, Franz Gürtner, Politische Biographie eines deutschen Juristen 1881 – 1941, S. 221.

650 Picker, Hitlers Tischgespräche im Führerhauptquartier, Gespräch vom 29.3.1942, abends, S. 221.

651 Ausführliche Darstellungen der Biographie Schlegelbergers finden sich bei Wulff, Staatssekretär Prof. Dr. Dr. h.c. Franz Schlegelberger 1876 – 1970; Nathans, Franz Schlegelberger sowie bei Förster, Jurist im Dienst des Unrechts.

652 Wulff, Staatssekretär Prof. Dr. Dr. h.c. Franz Schlegelberger 1876 – 1970, S. 14.

Im April 1894 begann er an der Königlichen Albertus-Universität zu Königsberg das Studium der Rechtswissenschaften. Nachdem er für ein Jahr an die Königliche Friedrich-Wilhelms-Universität zu Berlin gewechselt war, kehrte er nach Königsberg zurück und legte dort im Juni 1897 seine Erste juristische Prüfung mit der Note „ausreichend" ab. Im Dezember 1901 beendete er seinen juristischen Vorbereitungsdienst mit bestandener Prüfung. Zwei Jahre zuvor hatte er mit „Cum Laude" promoviert.[653] Schon im Dezember 1901 wurde Schlegelberger Gerichtsassessor in Königsberg.[654] Im März des folgenden Jahres wurde er kommissarisch als Hilfsrichter am Landgericht in Königsberg tätig. Durch königliche Bestallung vom 16. September 1904 wurde Schlegelberger zum Landrichter am Landgericht in Lyck ernannt. Im Jahr 1908 wechselte er an das Landgericht I in Berlin. Er bekam für seine Tätigkeit durchweg gute Beurteilungen. Dies führte dazu, daß er im September 1914 zum Kammergerichtsrat ernannt wurde. Seine richterliche Tätigkeit endete, als er 1918 in das Reichsjustizamt versetzt wurde, wo er zum Geheimen Regierungsrat und vortragenden Rat ernannt wurde.[655] Nach Verkündung der Republik trug er den Titel eines Ministerialrates. Aufgrund seiner wissenschaftlichen Arbeiten wurde ihm im August 1922 eine Honorarprofessur der juristischen Fakultät der Berliner Universität verliehen.[656] Im Jahr 1926 bekam er die Ehrendoktorwürde durch die Staatswissenschaftliche Fakultät der Universität Königsberg verliehen.[657] Seine Karriere im Reichsjustizministerium setzte sich fort mit der Ernennung zum Ministerialdirektor im Jahr 1927. Als im Oktober 1931 Curt Joel zum Reichsjustizminister im zweiten Kabinett Brüning ernannt wurde, wurde auf dessen Antrag hin Schlegelberger zum Staatssekretär ernannt. Dieses Amt behielt er bis zum August 1942 inne.[658] Als Gürtner 1932 Reichsjustizminister wurde, baute sich zwischen ihm und Schlegelberger schnell ein Vertrauensverhältnis auf.[659] Im Jahr 1934 kam Freisler als zweiter Staatssekretär ins Reichsjustizministerium. Ihm wurde der Bereich der Strafrechtspflege übertragen. Die Zusammenarbeit mit Freisler empfand Schlegelberger als „ungewöhnlich schwierig".[660] Nachdem Gürtner im Januar 1941 verstorben war, wurde Schlegelberger von Hitler mit der Wahrnehmung der Geschäfte des Reichsjustizministers beauftragt.[661] Mit der Ernennung Thieracks im August 1942 zum Reichsjustizminister, schied Schlegelberger aus dem Justizdienst aus und ging in den Ruhestand.

---

[653] Wulff, Staatssekretär Prof. Dr. Dr. h.c. Franz Schlegelberger 1876 – 1970, S. 15 ff.
[654] Wulff, Staatssekretär Prof. Dr. Dr. h.c. Franz Schlegelberger 1876 – 1970, S. 18.
[655] Wulff, Staatssekretär Prof. Dr. Dr. h.c. Franz Schlegelberger 1876 – 1970, S. 19 ff.
[656] Wulff, Staatssekretär Prof. Dr. Dr. h.c. Franz Schlegelberger 1876 – 1970, S. 24.
[657] Wulff, Staatssekretär Prof. Dr. Dr. h.c. Franz Schlegelberger 1876 – 1970, S. 26.
[658] Wulff, Staatssekretär Prof. Dr. Dr. h.c. Franz Schlegelberger 1876 – 1970, S. 30.
[659] Wulff, Staatssekretär Prof. Dr. Dr. h.c. Franz Schlegelberger 1876 – 1970, S. 32.
[660] Wulff, Staatssekretär Prof. Dr. Dr. h.c. Franz Schlegelberger 1876 – 1970, S. 37.
[661] Wulff, Staatssekretär Prof. Dr. Dr. h.c. Franz Schlegelberger 1876 – 1970, S. 51.

Im Nürnberger Juristenprozeß wurde er zu einer lebenslänglichen Gefängnisstrafe verurteilt, wurde jedoch schon im Januar 1951 aus gesundheitlichen Gründen vorzeitig entlassen.[662] Er starb am 14. Dezember 1970 in Flensburg.[663]

Auch Schlegelberger, der dem nationalkonservativen Lager nahestand, war nur der Form nach Parteimitglied, da er mit Wirkung vom 30. Januar 1938 auf Anordnung Hitlers ohne seine vorherige Befragung in die NSDAP aufgenommen wurde.[664] Als kommissarischer Justizminister hatte er eine geschwächte Stellung. Dies hatte seinen Grund in der fehlenden Ministereigenschaft, dem Mißtrauen, welches Hitler den Juristen im allgemeinen gegenüber entgegenbrachte und in der Verachtung, die Hitler der Person Schlegelberger im besonderen gegenüber empfand.[665] Die von Hitler empfundene Verachtung wird besonders deutlich in dessen Ausspruch, der andere - gemeint war Schlegelberger – sei so, wie er ausschaue, und wenn man ihn nur einmal sähe, so genüge einem das ja für immer.[666] Schlegelberger wird nachgesagt, daß er im Bewußtsein der Schwäche seiner Stellung versuchte, diese durch besondere Unterwürfigkeit gegenüber Hitler zu stützen und durch betonte Beflissenheit alle seine Wünsche von vornherein zu erfüllen und ihnen womöglich noch zuvorzukommen.[667] Trotz dieses Verhaltens erlangte er jedoch nie den Respekt der Parteiführung[668] und war bei seiner Amtsführung ständig dem Druck der Partei ausgesetzt[669]. Der Grund für Schlegelbergers Bemühungen um Stärkung und Erhalt seiner Stellung wird darin gesehen, daß er, wie er auch selbst betonte, befürchtete, nach seinem Ausscheiden würde ein überzeugter Nationalsozialist auf diese Position gesetzt, was zu noch viel schlimmeren Zuständen führen würde.[670]
Im Nürnberger Urteil heißt es über ihn:

---

662 Wulff, Staatssekretär Prof. Dr. Dr. h.c. Franz Schlegelberger 1876 – 1970, S. 150, 163.
663 Wulff, Staatssekretär Prof. Dr. Dr. h.c. Franz Schlegelberger 1876 – 1970, S. 175.
664 Wulff, Staatssekretär Prof. Dr. Dr. h.c. Franz Schlegelberger 1876 – 1970, S. 32; vgl. Weinkauff, Die deutsche Justiz und der Nationalsozialismus ein Überblick, S. 141.
665 Hattenhauer, Vom Reichsjustizamt zum Bundesministerium der Justiz, S. 97; Wulff, Staatssekretär Prof. Dr. Dr. h.c. Franz Schlegelberger 1876 – 1970, S. 53; Weinkauff, Die deutsche Justiz und der Nationalsozialismus - ein Überblick, S. 141.
666 Picker, Hitlers Tischgespräche im Führerhauptquartier, Gespräch vom 29.3.1942, abends, S. 221.
667 Vgl. Weinkauff, Die deutsche Justiz und der Nationalsozialismus ein Überblick, S. 14; Wulff, Staatssekretär Prof. Dr. Dr. h.c. Franz Schlegelberger 1876 – 1970, S. 54; so auch Förster, Jurist im Dienst des Unrechts, S. 56, der jedoch als weiteren Grund für Schlegelbergers Verhalten annimmt, daß dieser sich ein Denken zu eigen gemacht gehabt hätte, wonach die Justiz lediglich als Vollstreckerin des Willens des Regimes zu handeln hatte.
668 Wulff, Staatssekretär Prof. Dr. Dr. h.c. Franz Schlegelberger 1876 – 1970, S. 54.
669 Wulff, Staatssekretär Prof. Dr. Dr. h.c. Franz Schlegelberger 1876 – 1970, S. 55.
670 Wulff, Staatssekretär Prof. Dr. Dr. h.c. Franz Schlegelberger 1876 – 1970, S. 36; Weinkauff, Die deutsche Justiz und der Nationalsozialismus ein Überblick, S. 141.

„...
Wir geben uns keiner falschen Auffassung hin. Schlegelberger ist eine tragische Gestalt. Er liebte das Geistesleben, die Arbeit des Gelehrten. Wir glauben, er verabscheute das Böse, das er tat, aber er verkaufte diesen Intellekt und dieses Gelehrtentum an Hitler für ein politisches Linsengericht und für die eitle Hoffnung persönlicher Sicherheit.
...“[671]

2. Berufung und Amtsantritt

Die Ernennung Thieracks zum Reichsjustizminister am 20. August 1942 wurde begleitet von weiteren personellen Veränderungen im Bereich der Justiz. Zunächst wurde Schlegelberger von seinem Amt entbunden und in den Ruhestand versetzt.[672] Als Nachfolger Thieracks am Volksgerichtshof wurde Freisler berufen.[673] Hans Frank, bisher Präsident der Akademie für Deutsches Recht, Leiter des nationalsozialistischen Rechtswahrerbundes sowie Leiter des Reichsrechtsamtes der NSDAP wurde von diesen Ämtern entbunden.[674] An seiner Stelle ernannte Hitler Thierack zum neuen Präsidenten der Akademie für Deutsches Recht[675] und zum Leiter des Rechtswahrerbundes[676]. Das Reichsrechtsamt der NSDAP sowie die Gau- und Kreisrechtsämter löste er auf.[677] Durch diese Maßnahmen wurden die höchsten Ämter in der Justizverwaltung in der Hand Thieracks vereinigt.
Zum neuen Staatssekretär im Justizministerium wurde Dr. Curt Rothenberger ernannt.[678]
Ebenfalls am 20. August ernannte Hitler Thierack zum Oberbefehlsleiter der NSDAP.[679] Es folgte am 9. November 1942 die Ernennung zum Gruppenführer

---

671 Auszug aus dem Urteil im Nürnberger Juristenprozeß, zitiert nach Wulff, Staatssekretär Prof. Dr. Dr. h.c. Franz Schlegelberger 1876 – 1970, S. 152.
672 IfZ, NG 1243, Pressenotiz zur Neubesetzung des Reichsjustizministeriums.
673 IfZ, NG 1243, Pressenotiz zur Neubesetzung des Reichsjustizministeriums.
674 IfZ, NG 1243, Pressenotiz zur Neubesetzung des Reichsjustizministeriums.
675 BA R 22 pers. Nr. 78253, Personalakte Thierack, eine Abschrift der Ernennungsurkunde ist der Personalakte beigefügt.
676 Verfügung V 11/42 vom 20.8.1942, enthalten in BA R 22 pers. Nr. 78253, Personalakte Thierack.
677 IfZ, NG 1243, Pressenotiz zur Neubesetzung des Reichsjustizministeriums.
678 IfZ, NG 1243, Pressenotiz zur Neubesetzung des Reichsjustizministeriums.
679 Verfügung V 13/42 vom 20.8.1942, enthalten in BA R 3001 (alt R 22) pers. Nr. 78253, Personalakte Thierack.

der SA.[680] Am 30. Januar 1943 bekam Thierack schließlich das goldene Ehrenzeichen der NSDAP verliehen.[681]

Die genauen Abläufe, die schließlich zur Ernennung Thieracks führten, sind nicht bekannt. Die Gründe für seine Ernennung zu diesem Zeitpunkt finden sich jedoch bei Betrachtung der Lage der Justiz zu dieser Zeit.
In den Jahren vor Thieracks Ernennung war es zu einer starken öffentlichen Kritik an der deutschen Justiz gekommen. Die NSDAP und ihre Gliederungen betrieben eine heftige Agitation gegen die Justiz. In der Presse wurde in zum Teil rüder Form gegen Recht und Justiz gehetzt. Charakteristisch hierfür war unter anderem die Haltung des SS-Organs „Schwarzes Korps", welches vor allem einzelne Gerichtsurteile kritisierte, dabei auch einzelne Richter und Staatsanwälte angriff und den Juristenstand allgemein diffamierte.[682] Hitler selbst hegte einen Haß gegen Justiz und Juristen, der vielen seiner Äußerungen zu entnehmen ist.[683] In seiner Reichstagsrede vom 26. April 1942 ging Hitler schließlich zum Generalangriff gegen die Justiz über. An diesem Tag trat der Reichstag zum letzten Mal zusammen.[684] Anlaß der Rede waren angebliche Fehlurteile der Justiz.
Hitler verlangte vom Reichstag die ausdrückliche Bestätigung, „ ... daß ich das Recht besitze, jeden zur Erfüllung seiner Pflichten anzuhalten beziehungsweise denjenigen, der seine Pflichten nach meiner gewissenhaften Einsicht nicht erfüllt, entweder zur gemeinen Kassation zu verurteilen, oder ihn aus Amt und Stellung zu entfernen ohne Rücksicht, wer er auch sei oder welche erworbenen Rechte er besitzt."[685] Weiter sagte er:

> „...
> Ebenso erwarte ich, daß die deutsche Justiz versteht, daß nicht die Nation ihretwegen, sondern daß sie der Nation wegen da ist, das heißt, daß nicht die Welt zugrunde gehen darf, in der auch Deutschland eingeschlossen ist, damit ein formales Recht lebt, sondern daß Deutschland leben muß, ganz gleich, wie immer auch formale Auffassungen der Justiz dem widersprechen mögen...

---

[680] BA R 3001 (alt R 22) pers. Nr. 78253, Personalakte Thierack.
[681] LA Berlin, SK 12708 Bd. 1, Bl. 27, Übersendung der Besitzurkunde zum Tragen des goldenen Ehrenzeichens der NSDAP an Thierack am 5.3.1943.
[682] Vgl. Weinkauff, Die deutsche Justiz und der Nationalsozialismus – ein Überblick, S. 139 ff.; Gruchmann, Justiz im Dritten Reich 1933 – 1940, S. 658 ff., 663 ff.
[683] Vgl. Hattenhauer, Vom Reichsjustizamt zum Bundesministerium der Justiz, S. 81; Weinkauff, Die deutsche Justiz und der Nationalsozialismus – ein Überblick, S. 41, 46 ff. Heiber, Der Fall Elias, VfZ 1955, 275, 276 f.
[684] Hattenhauer, Vom Reichsjustizamt zum Bundesministerium der Justiz, S. 89; Weinkauff, Die deutsche Justiz und der Nationalsozialismus – ein Überblick, S. 52 ff., 147.
[685] Rede Hitlers vor dem Reichstag am 26.4.1942, zitiert nach Weinkauff, Die deutsche Justiz und der Nationalsozialismus – ein Überblick, S. 52.

Ich werde von jetzt ab in diesen Fällen eingreifen und Richter, die ersichtlich das Gebot der Stunde nicht erkennen, ihres Amtes entheben."[686]

Der Reichstag erteilte daraufhin die gewünschte Bestätigung.[687] Hierdurch war die Garantie der richterlichen Unabhängigkeit vollständig beseitigt.[688]

Schon zum Zeitpunkt dieser Rede machten Gerüchte über einen bevorstehenden Wechsel in der Führung des Reichsjustizministeriums die Runde.[689] Nach Aussage von Lammers soll die Partei auf die Ernennung eines Justizministers gedrungen haben. Der Name Thierack soll jedoch im Frühjahr 1942 noch nicht genannt worden sein, sondern erst Anfang oder Ende Juli.[690] Lammers sagte weiter aus, er selbst habe sich gegen die Ernennung Thieracks zum Justizminister ausgesprochen und eine andere Person vorgeschlagen, welche Hitler jedoch ablehnte, da dieser Mann nicht Parteimitglied war. Thierack sei jedoch durch Bormann stark protegiert worden.[691]
Auch Goebbels machte sich für eine Neubesetzung des Ministeriums und für die Ernennung Thieracks stark. Dies geht aus seinen Tagebucheinträgen aus dieser Zeit hervor. So schrieb er schon am 19. März 1942:

„...
Auch im Justizministerium weiß man nicht recht, was man mit dem Kriege anfangen soll. Das Justizministerium ist nach dem Tode Gürtners völlig in seiner Führung verwaist. Ich werde dem Führer vorschlagen, eventuell hier eine Personalveränderung vorzunehmen. Wir arbeiten sonst im luftleeren Raum; wir regen eine Unmenge von Neuerungen, Reformen und Gesetzesvorschlägen an, aber sie wirken sich nicht richtig aus, weil in den Zentralbehörden eine Art von stillschweigender Sabotage betrieben wird. Die bürgerlichen Elemente sind dort dominierend, und da der Himmel hoch und der Führer weit ist, ist es außerordentlich schwer, sich gegen diese zähe und verdrossen arbeitenden Behörden durchzusetzen. Aber ich lasse da nicht locker und bin der Überzeugung, daß wir zu viel schärferen Methoden der Kriegsführung greifen müssen; ohne das kommen wir wahrscheinlich nicht aus.
..."[692]

Nach einer Besprechung mit Hitler am folgenden Tag schrieb Goebbels:

---

[686] Rede Hitlers vor dem Reichstag am 26.4.1942, zitiert nach Weinkauff, Die deutsche Justiz und der Nationalsozialismus – ein Überblick, S. 52.
[687] Weinkauff, Die deutsche Justiz und der Nationalsozialismus – ein Überblick, S. 53.
[688] Weinkauff, Die deutsche Justiz und der Nationalsozialismus – ein Überblick, S. 147.
[689] Wulff, Staatssekretär Prof. Dr. Dr. h.c. Franz Schlegelberger 1876 – 1970, S. 57.
[690] Vgl. IfZ, ZS 353 Bd. I, Bl. 32, Aussage von Hans Lammers vom 20.1.1947; Wulff, Staatssekretär Prof. Dr. Dr. h.c. Franz Schlegelberger 1876 – 1970, S. 57.
[691] IfZ, ZS 353 Bd. I, Bl. 30 ff., Aussage von Hans Lammers vom 20.1.1947.
[692] Tagebucheintrag vom 19.3.1942, zitiert nach Fröhlich, Goebbels Tagebücher, Teil II, Bd. 3, S. 495.

„...
Ich trage ihm einzelne Fälle des Versagens der Justiz vor. Er hat auch ähnliche Erfahrungen gemacht und ist nun entschlossen, hier mit den schärfsten Mitteln zuzugreifen.
Ich schlage ihm ein Gesetz vor, das besagt, daß, wer sich gegen die in der Öffentlichkeit bekannten Grundsätze der nationalsozialistischen Volksführung vergeht, mit Gefängnis, Zuchthaus, in ganz schweren Fällen sogar mit dem Tode bestraft wird. Mit diesem Gesetz wären wir in der Lage, die ganze innere Kriegsführung auf eine neue Basis zu stellen und vor allem all die Fälle greifbar zu machen, die sich bisher unserem Zugriff entzogen haben. Der Staatssekretär im Justizministerium Schlegelberger, der seit dem Tode Gürtners die deutsche Justiz leitet, beruft sich auf meine Anträge zum Eingreifen immer darauf, daß er keine Gesetzesunterlage habe. Eine solche Gesetzesunterlage könnte ihm geschaffen werden. Im übrigen aber liegt das Versagen der Justiz natürlich an den Personen und nicht am Mangel der Gesetze. Es ist deshalb dringend notwendig, daß die Leitung des Justizministeriums, die seit dem Tode Gürtners vollkommen verwaist ist, in neue Hände gelegt wird. Ich schlage dem Führer den Präsidenten des Volksgerichtshofes Thierack vor, der ein richtiger Nationalsozialist ist und zweifellos nicht über Zwirnsfäden stolpern wird. ...“[693]

Am Tag der Reichstagsrede Hitlers im April 1942 vermerkte Goebbels:

„...
Der Führer will jetzt so bald wie möglich das Justizministerium neu besetzen, und zwar wahrscheinlich durch Thierack. Wenn Freisler und Schlegelberger daraus die Konsequenzen ziehen wollen, so ist ihnen das nicht nur freigestellt, sondern es wird das vielleicht gewünscht.“[694]

Kurz nach seinem Auftritt im Reichstag erklärte Hitler gegenüber Goebbels, er sei jetzt entschlossen, sehr scharf gegen eine volksfremde Justiz vorzugehen, von der er sich nichts mehr gefallen lassen wolle. Auf Goebbels Bitte, nun auch endlich das Justizministerium neu zu besetzen, antwortete Hitler, daß er auch selbst diese Absicht habe und in den nächsten Tagen Thierack zum Reichsjustizminister ernennen wolle.[695]

Hiernach muß spätestens im April 1942 die Ernennung Thieracks zum Justizminister beschlossen worden sein. Warum sie, entgegen Hitlers Ankündigung, sie

---

693 Tagebucheintrag vom 20.3.1942, zitiert nach Fröhlich, Die Tagebücher von Joseph Goebbels, Teil II, Bd. 3, S. 505 f.
694 Tagebucheintrag vom 26.4.1942, zitiert nach Fröhlich, Die Tagebücher von Joseph Goebbels, Teil II, Bd. 4, S. 178.
695 Tagebucheintrag vom 27.4.1942, zitiert nach Fröhlich, Die Tagebücher von Joseph Goebbels, Teil II, Bd. 4, S. 188 f.

in den nächsten Tagen vorzunehmen, erst im August stattfand, konnte nicht ermittelt werden.

Warum die Wahl auf Thierack fiel, läßt sich zum einen dadurch erklären, daß er sich durch seine bisherige Tätigkeit in Sachsen und am Volksgerichtshof der Parteiführung als ein Mann erwiesen hatte, der die Justiz vollkommen im Dienste des Nationalsozialismus sah und der auch gemäß diesen Vorstellungen radikal tätig wurde. Dies hatte er vor allem mit seinem Vorgehen im Fall Elias gezeigt. Aus einem Tagebucheintrag Goebbels' geht hervor, daß Thierack wegen seiner besonderen Radikalität zum Justizminister ernannt wurde.[696]
Auch scheint es neben ihm keinen weiteren in den Augen der Parteiführung geeigneten Konkurrenten um diesen Posten gegeben zu haben. Als mögliche Kandidaten wären eventuell Hans Frank oder Roland Freisler in Betracht gekommen. Obwohl Frank, seit Oktober 1939 Generalgouverneur in Polen, sich sehr für die Justiz im nationalsozialistischen Sinne eingesetzt hatte, so als Verteidiger in vielen Prozessen, als bayerischer Justizminister, als „Reichskommissar für die Gleichschaltung der Justiz in den Ländern und für die Erneuerung der Rechtsordnung" sowie schließlich als Leiter des Reichsrechtsamtes der Partei und des Rechtswahrerbundes sowie als Präsident der Akademie für Deutsches Recht, gehörte er nie zu den Vertrauten Hitlers und wurde ebenfalls von dessen Juristenhaß umfaßt. Auch war er zum Zeitpunkt der geplanten Neubesetzung des Justizministeriums aufgrund von vier Reden, welche er im Sommer 1942 an den Universitäten Berlin, Wien, München und Heidelberg gehalten hatte und in denen er gegen die Verunglimpfung der Justiz und für das Recht und die Unabhängigkeit der Richter eingetreten war, in Ungnade gefallen.[697] Mithin kam er für diese Position nicht mehr in Betracht.
Auch Freisler, der sich ebenfalls Hoffnungen auf die Ernennung zum Justizminister machte, kam für Hitler nicht in Betracht. Dieser hegte eine Abneigung gegen Freisler, den er als „Bolschewik" bezeichnete. Freisler entstammte einer Kasseler Familie mit langer kommunistischer Tradition und hatte selbst nach der Revolution von 1918/19 mit kommunistischen Idealen sympathisiert. Auch hielt er dessen radikale Auffassungen und stilisiertes Auftreten für die in Frage stehende Position ungeeignet.[698]

---

[696] Tagebucheintrag vom 21.10.1943, zitiert nach Fröhlich, Die Tagebücher von Joseph Goebbels, Teil II, Bd. 10, S. 142.
[697] Vgl. hierzu Hattenhauer, Vom Reichsjustizamt zum Bundesministerium der Justiz, S. 95; Hattenhauer, Die Akademie für Deutsches Recht (1933 – 1944), in JuS 1986, 680, 684; Heiber, Der Fall Elias, VfZ 1955, 275, 276; in seinem Tagebuch vermerkte Goebbels, daß Frank bei Hitler sehr stark in Mißkredit geraten sei, Tagebucheintrag vom 20.8.1942, zitiert nach Fröhlich, Die Tagebücher von Joseph Goebbels, Teil II, Bd. 5, S. 350.
[698] Vgl. Wulff, Staatssekretär Prof. Dr. Dr. h.c. Franz Schlegelberger 1876 – 1970, S. 52; Heiber, Der Fall Elias, VfZ 1955, 275, 276.

Somit scheint Thierack der einzige Kandidat für das Amt des Reichsjustizministers gewesen zu sein.

Am Tage der Ernennung, dem 20. August 1942, empfing Hitler Thierack und Rothenberger zur Vereidigung im Führerhauptquartier.
Er erteilte Thierack eine besondere Vollmacht zum Aufbau einer „nationalsozialistischen Rechtspflege“:

> „ Erlaß des Führers über besondere Vollmachten des Reichsministers der Justiz
>
> Zur Erfüllung der Aufgaben des Großdeutschen Reiches ist eine starke Rechtspflege erforderlich. Ich beauftrage und ermächtige daher den Reichsminister der Justiz, nach meinen Richtlinien und Weisungen im Einvernehmen mit dem Reichsminister und Chef der Reichskanzlei und dem Leiter der Partei-Kanzlei eine nationalsozialistische Rechtspflege aufzubauen und alle dafür erforderlichen Maßnahmen zu treffen. Er kann hierbei von bestehendem Recht abweichen.“[699]

Sein Amt trat Thierack am 26. August 1942 im Rahmen eines kleinen Festaktes im Reichsjustizministerium an. Zunächst nahm Schlegelberger von seinen bisherigen Mitarbeitern Abschied und dankte ihnen für ihre kameradschaftliche Zusammenarbeit. Sodann begrüßte er den neuen Minister und übergab ihm die Geschäfte. Thierack dankte Schlegelberger und wies in einer Ansprache auf die großen Aufgaben hin, die ihm der Führer gestellt habe, wobei er die Bedeutung des Rechts und einer volkstümlichen Rechtspflege betonte. Im Anschluß begrüßte der neue Staatssekretär Rothenberger die Gefolgschaft des Ministeriums.[700]

Kurz nach der Ernennung Thieracks ging Bormann in einem Rundschreiben an die Reichsleiter, Gauleiter und Verbändeführer betreffend die Neuordnung der Justiz auf die Ernennung Thieracks, die damit verbundenen Veränderungen in der Justizverwaltung und auf die Thierack von Hitler erteilte Vollmacht ein. Hierbei beschrieb er die Thierack gestellte Aufgabe folgendermaßen:

> „...
> Die Konzentration der genannten Ämter in seiner Person und die ihm erteilten besonderen Vollmachten werden es dem Reichsminister Dr. Thierack ermöglichen, an die Lösung der großen Aufgaben heranzugehen, die die Rechtspflege während des Krieges wie nach seinem erfolgreichen Abschluß zu meistern haben wird. Die dem Parteigenossen Dr. Thierack gestellte Aufgabe ist in erster Linie eine politische, sie besteht in der Ausrichtung der Justiz und der Justizbeamten auf den Na-

---

[699] BA R 8034 III/463, Völkischer Beobachter vom 25.8.1942, Amtliche Mitteilung des Führererlasses vom 20.8.1942.
[700] DJ 1942, 562.

> tionalsozialismus. Dieses Ziel kann nur erreicht werden in engster Zusammenarbeit mit der Partei. Sie wird dem neuen Justizminister bei der Beseitigung der bestehenden Mißstände und dem Aufbau einer starken nationalsozialistischen Justiz helfen.
> ...“[701]

Gleichzeitig betonte Bormann:

> „...
> Dazu gehört, daß jede öffentliche Kritik an Einrichtungen der Justiz, an Richtern und an einzelnen gerichtlichen Entscheidungen unterbleibt.
> ...“[702]

In Zukunft sollten sämtliche Beanstandungen in Justizangelegenheiten ihm mitgeteilt werden, damit er sie in „vertrauensvollen Verhandlungen“ mit dem Justizminister bereinigen könne.[703]
Auch Goebbels vermerkte in seinem Tagebuch, daß Thierack nun von Seiten aller obersten Reichsbehörden größtmögliche Hilfe zuteil werden solle. Die Kritik an der Justizpflege in der Presse habe nun selbstverständlich ganz zu unterbleiben. Das Bestreben müsse nun darin bestehen, die Justiz neu auszurichten und Thierack bei seinem schweren Amt nach allen Möglichkeiten zu helfen.[704]

Auch Thierack traf Maßnahmen, um die massive Justizkritik durch die Presse zu beenden. So traf er im September 1942 mit Himmler eine Vereinbarung, daß das „Schwarze Korps“ seine Angriffe gegen die Justiz einstellen sollte und auf Anregung der Justiz auch positive Urteile, negative aber nur „nach vorheriger Übereinstimmung mit der Justiz“ bringen sollte. Trotz dieser Absprache wurde hierdurch das Problem der öffentlichen Justizkritik nicht endgültig gelöst und es kam weiterhin zu gelegentlichen Auseinandersetzungen in dieser Frage.[705]
Die Veröffentlichung „positiver Urteile“ hatte Goebbels in einer Aussprache mit Thierack angeregt, damit das Volk nach und nach Vertrauen zur Justiz gewinnen sollte. Ebenso regte er an, diese Urteile auch Hitler als Zeitungsausschnitte vorzulegen, was außerordentlich wichtig sei, da Hitler, wenn er Zeitungen lese, fast nur Gerichtsurteile lese.[706]

---

[701] BA R 3001/4722, Bl. 21 ff., Rundschreiben der Partei-Kanzlei Nr. 131/42 vom 27.8.1942.
[702] BA R 3001/4722, Bl. 21 ff., Rundschreiben der Partei-Kanzlei Nr. 131/42 vom 27.8.1942.
[703] BA R 3001/4722, Bl. 21 ff., Rundschreiben der Partei-Kanzlei Nr. 131/42 vom 27.8.1942.
[704] Tagebucheintrag vom 2.9.1942, zitiert nach Fröhlich, Die Tagebücher von Joseph Goebbels, Teil II, Bd. 5, S. 435.
[705] Gruchmann, Justiz im Dritten Reich 1933-1940, S. 674 f.
[706] Staatsarchiv Nürnberg, KV Anklagedokumente, PS 682, Aktenvermerk Thieracks über eine Aussprache mit Goebbels am 14.9.1942; vgl. Tagebucheintrag vom 15.9.1942, zitiert nach Fröhlich, Die Tagebücher von Joseph Goebbels, Teil II, Bd. 5, S. 504.

In der gleichgeschalteten deutschen Presse wurde die Ernennung Thieracks groß aufgemacht.[707] So schrieb unter anderem der „Völkische Beobachter“:

> „...
> Wenn nunmehr der Führer den bisherigen Präsidenten des Volksgerichtshofs Dr. Otto Georg Thierack auf den Posten des Reichsjustizministers berief, so ist dem neuen Reichsjustizminister unter den erwähnten Zielsetzungen der deutschen Rechtswahrung ein besonders verantwortungsvolles Amt auferlegt worden. Zugleich hat der Führer damit aber auch sein Vertrauen in die Person Dr. Thieracks, in seine weltanschauliche Haltung und sein fachliches Können, bekundet.
> ...“[708]

Aus einem Tagebucheintrag Goebbels' wird deutlich, daß die ausländische Presse dagegen deutlich negativ auf die Ernennung Thieracks reagierte:

> „...
> Die englischen Zeitungen ergehen sich in einer infamen Hetze gegen den deutschen Rechtsgedanken bei Gelegenheit der Ernennung Thieracks zum Reichsjustizminister. Aus der Verlautbarung über die Einsetzung Thieracks glauben sie entnehmen zu können, daß in Deutschland praktisch kein Rechtsstaat mehr bestehe.
> ...“[709]

Über die Aufnahme der Ernennung Thieracks in der Bevölkerung existieren gegensätzliche Berichte. So vermerkte Goebbels, der Personalwechsel im Justizministerium werde im Volk außerordentlich stark besprochen, wobei vor allem Frank schlecht wegkomme. Thieracks Wirken werde mit den größten Erwartungen verknüpft.[710]

In einem Lagebericht über die Aufnahme der Ernennung Thieracks hingegen wurde vermerkt, daß in der breiten Bevölkerung von der Bestellung eines neuen Justizministers nur wenig Notiz genommen wurde. Vorgänge innerhalb der Justiz würden kaum beachtet, von Interesse sei lediglich Kritik an Urteilen über Schwarzschlachtungen und ähnliche Verstöße. Eine einzige Meldung habe davon gesprochen, daß man in der Bevölkerung durch die Neuernennung auch eine weitere Verschärfung in der Rechtsprechung erwarte, die teilweise begrüßt werde. Der Name Thierack sei der Bevölkerung gänzlich neu.

Dagegen sei man in den sogenannten „Rechtswahrerkreisen“ äußerst stark interessiert und verschiedentlich auch überrascht. In den letzten Monaten sei dauernd

---

[707] Hattenhauer, Vom Reichsjustizamt zum Bundesministerium der Justiz, S. 99.

[708] BA R 8034 III/463, Völkischer Beobachter vom 28.8.1942.

[709] Tagebucheintrag vom 26.8.1942, zitiert nach Fröhlich, Die Tagebücher von Joseph Goebbels, Teil II, Bd. 5, S. 403.

[710] Tagebucheintrag vom 2.9.1942, zitiert nach Fröhlich, Die Tagebücher von Joseph Goebbels, Teil II, Bd. 5, S. 436.

der Ruf nach der Neubestellung eines Justizministers erhoben worden. Die bisherige Vakanz des Postens sei als eine schwere Beeinträchtigung der Justiz empfunden worden.[711]

3. Präsident der Akademie für Deutsches Recht und Leiter des Rechtswahrerbundes

Nachdem Thierack sowohl das Amt des Reichsjustizministers, des Präsidenten der Akademie für Deutsches Recht als auch das des Leiters des nationalsozialistischen Rechtswahrerbundes übertragen worden waren, waren damit die höchsten Ämter der Justizverwaltung in seiner Hand vereinigt.

Thierack wollte die Arbeit dieser drei Organisationen so gestalten, daß sie nicht wie früher nebeneinander existierten oder sogar zum Teil gegeneinander arbeiteten. Um ein Überschneiden der Arbeitsbereiche und „Doppelarbeit" zu vermeiden, sollte jede der drei Organisationen eine klare Zielsetzung verfolgen. Dazu wollte Thierack sie nach einem einheitlichen Plan mit abgegrenzten Aufgaben einsetzen.[712] Dabei sollten die Akademie und der Rechtswahrerbund zentral vom Ministerium aus geführt werden.[713]

Die Aufgabenteilung sollte dergestalt vorgenommen werden, daß dem Justizministerium die Leitung der Gesetzgebung obliegen sollte, soweit die Justiz damit befaßt war, sowie die Leitung der Justizverwaltung.[714] Die Akademie für Deutsches Recht sollte als wissenschaftlicher Helfer eingesetzt werden und an der Gesetzgebung mitarbeiten.[715] Der Rechtswahrerbund schließlich sollte von allen seinen bisherigen Aufgaben befreit werden und sich nur noch der „Menschenführung" widmen.[716]

---

[711] BA R 3001/3377, Bl. 62, Ausschnitt aus einem Lagebericht über die Aufnahme der Ernennung Thieracks in der Bevölkerung und in Rechtswahrerkreisen.

[712] Thierack, Gedanken zum Neuaufbau der deutschen Rechtspflege, Ansprache auf der Tagung der Oberlandesgerichtspräsidenten und Generalstaatsanwälte im Reichsjustizministerium am 29.9.1942, in DJ 1942, 661; Thierack, Die Aufgaben des Nationalsozialistischen Rechtswahrerbundes, in DR 1942, 1473.

[713] BA R 3001/5144, Thierack in einer Rede vor den Vertretern der deutschen Presse am 9.9.1942.

[714] BA R 3001/5114, Thierack, Nationalsozialistische Rechtspolitik, in Völkischer Beobachter vom 8.2.1943.

[715] BA R 3001/5144, Thierack in einer Rede vor den Vertretern der deutschen Presse am 09.09.1942; BA R 3001/5114, Thierack, Nationalsozialistische Rechtspolitik, in Völkischer Beobachter vom 8.2.1943.

[716] BA R 3001/5114, Thierack, Nationalsozialistische Rechtspolitik, in Völkischer Beobachter vom 8.2.1943.

a) Akademie für Deutsches Recht

Die Akademie für Deutsches Recht[717] war am 26.6.1933 in München von Hans Frank gegründet und von ihm im Laufe der Zeit stark ausgebaut worden.[718] Ihre Aufgabe sollte es sein, Anregungen zu geben und Vorarbeiten zu leisten für den nationalsozialistischen Umbau des Rechtssystems, für die Unterstützung wissenschaftlicher Unternehmungen und für die Beziehungen zum Ausland.[719] Unter ihren Mitgliedern waren neben Politikern, Ministerialbeamten und Industriellen vor allem Professoren.[720]

Im Dezember 1933 konnte Frank den organisatorischen Aufbau sowie die personelle Besetzung der Akademie bekannt geben. Er selbst bekleidete das Amt des „Führers" der Akademie. Ihm zur Seite standen ein stellvertretender Führer sowie der sogenannte Führerrat. Letzterer sollte den Führer der Akademie vor Entscheidungen in wichtigen Dingen beraten und die Aufsicht über Arbeiten und Geschäftsgang der Akademie ausüben.[721] Vorsitzender des Führerrates wurde Kerrl, stellvertretender Vorsitzender Freisler. Thierack, damals noch sächsischer Justizminister, wurde neben Gürtner, Ernst Röhm, Schlegelberger und anderen Mitglied dieses Führerrates.[722] Er war im November 1933 in die Akademie berufen worden.[723]

Die eigentliche Akademiearbeit fand in Ausschüssen statt, in denen das „Führerprinzip" herrschte. Die Meinungsäußerungen der Mitglieder hatten lediglich beratende Bedeutung, während die Entscheidung in der Hand des Vorsitzenden lag.[724]

Durch Reichsgesetz vom 11. Juli 1934[725] wurde die Akademie von einer Körperschaft öffentlichen Rechts in Bayern in eine öffentlich-rechtliche Körperschaft des Reiches umgewandelt.[726] Gemäß § 2 dieses Gesetzes bestand die Aufgabe der Akademie darin, „die Neugestaltung des deutschen Rechtslebens zu fördern und in enger dauernder Verbindung mit den für die Gesetzgebung zuständigen Stellen das nationalsozialistische Programm auf dem Gebiete des Rechts zu verwirklichen". Die Aufsicht über die Akademie hatten gemäß § 3 der

---

717 Zur Akademie für Deutsches Recht vgl. die umfassenden Darstellungen bei Pichinot, Die Akademie für Deutsches Recht; Anderson, The Academy for German Law; Hattenhauer, Die Akademie für Deutsches Recht (1933 – 1944), in JuS 1986, 680.

718 Weinkauff, Die deutsche Justiz und der Nationalsozialismus – ein Überblick, S. 110.

719 Weinkauff, Die deutsche Justiz und der Nationalsozialismus – ein Überblick, S. 110.

720 Hattenhauer, Die Akademie für Deutsches Recht (1933 – 1944) in JuS 1986, 680, 681.

721 Pichinot, Die Akademie für Deutsches Recht, S. 16 f.

722 Pichinot, Die Akademie für Deutsches Recht, S. 17.

723 S.o. Kapitel V 2.

724 Schubert, Aktienrecht, S. IX ff.

725 RGBl. 1934 I, S. 605.

726 Schubert, Band I, Ausschuß für Aktienrecht, S. XII.

Reichsminister der Justiz und der Reichsminister des Innern inne. Frank trug nun den Titel des Präsidenten der Akademie für Deutsches Recht.[727]
Durch eine im April 1937 erlassene Verwaltungsordnung wurde die Akademie in zwei Abteilungen gegliedert, die Abteilungen für Rechtsforschung und für Rechtsgestaltung.[728]
Die Ausschüsse der Akademie arbeiteten auf nahezu allen Gebieten der Gesetzgebung.[729] Auf einigen Gebieten kam es auch trotz der ansonsten eher ablehnenden Haltung des Justizministeriums zu einer Zusammenarbeit zwischen diesem und der Akademie. Diese Zusammenarbeit spielte sich vor allem auf dem Gebiet des bürgerlichen Rechts ab.[730] So kam es zu einer Mitwirkung der Akademie sowohl am Ehe- als auch am Testamentsgesetz vom Juli 1938.
Vor allem aber widmete sich die Akademie ab 1939 den Arbeiten an einem neuen Bürgerlichen Gesetzbuch, dem „Volksgesetzbuch"[731].
Mit Kriegsbeginn änderte sich auch die Arbeit der Akademie für Deutsches Recht. Nachdem Frank im Oktober 1939 zum Generalgouverneur für die besetzten polnischen Gebiete bestellt wurde, behielt er dennoch sein Amt als Präsident der Akademie.[732] Er übertrug der Akademie eine Reihe von Aufgaben, die in unmittelbarem Zusammenhang mit seiner Tätigkeit als Generalgouverneur standen und die politischen Zielsetzungen dienen sollten.[733] Im Jahr 1941 rückten die kriegswichtigen Probleme in den Vordergrund der Akademiearbeit.[734] Nachdem Frank, wie oben erwähnt[735], aufgrund seiner Reden an den Universitäten Berlin, München, Heidelberg und Wien in Ungnade gefallen war, wurde er von Hitler von seinem Amt als Präsident der Akademie entbunden. Die offizielle Version hingegen lautete, daß Frank den Führer darum gebeten habe, von seinen Ämtern als Präsident der Akademie für Deutsches Recht, Leiter des Rechtswahrerbundes sowie als Leiter des Reichsrechtsamtes der NSDAP entbunden zu werden, um sich völlig seinen Aufgaben als Generalgouverneur widmen zu können.[736]
Sein Nachfolger als Präsident der Akademie für Deutsches Recht wurde Thierack.

---

[727] Pichinot, Die Akademie für Deutsches Recht, S. 39.
[728] Hattenhauer, Die Akademie für Deutsches Recht (1933 – 1944), in JuS 1986, 680, 683.
[729] Hattenhauer, Die Akademie für Deutsches Recht (1933 – 1944), in JuS 1986, 680, 683.
[730] Hattenhauer, Die Akademie für Deutsches Recht (1933 – 1944), in JuS 1986, 680, 683 f.
[731] Vgl. zu den Arbeiten am Volksgesetzbuch, Hattenhauer, Das NS-Volksgesetzbuch in Festschrift für Rudolf Gmür, S. 255 ff.; Schubert, Band III, Volksgesetzbuch, S. 6. ff.
[732] Hattenhauer, Die Akademie für Deutsches Recht (1933 – 1944), in JuS 1986, 680, 684.
[733] Pichinot, Die Akademie für Deutsches Recht, S. 124.
[734] Pichinot, Die Akademie für Deutsches Recht, S. 124 f.
[735] S.o. Kapitel VIII 2.
[736] Pichinot, Die Akademie für Deutsches Recht, S. 136.

aa) Thierack als Mitglied der Akademie für Deutsches Recht

Thierack wirkte sowohl in dem Zentralausschuß der Strafrechtsabteilung der Akademie als auch in dem Ausschuß für Strafprozeßrecht mit. Des weiteren leitete er die Arbeitsgemeinschaft für die deutsch-italienischen Rechtsbeziehungen.

Zunächst war Thierack Mitglied des Ende 1933 von Frank eingerichteten Zentralausschusses der Strafrechtsabteilung der Akademie für Deutsches Recht.[737] Frank hatte diesen Ausschuß eingerichtet, weil er für sich das Vorrecht hinsichtlich der Arbeiten zur Erneuerung der Strafrechtsgesetzgebung beanspruchte. Im April 1933 hatte der damalige Reichsjustizminister Gürtner beschlossen, beim Reichsjustizministerium ein Gremium zu bilden, welches sich mit der Reform der Justizgesetzgebung befassen sollte. Zunächst sollte sich dieses Gremium mit der Reform der Strafrechtsgesetzgebung befassen.[738] Die somit entstandene sogenannte amtliche Strafrechtskommission stand unter dem Vorsitz Gürtners. Dieser strebte an, die von Frank entwickelten Aktivitäten hinsichtlich der Gesetzgebungsarbeit dem Reichsjustizministerium unterzuordnen. Frank hingegen betonte wiederholt, daß der Kampf um das Recht eine nationalsozialistische Angelegenheit sei und ausschließlich von den Machtexponenten dieser Bewegung geführt werde.[739] In der Folgezeit beharrte Frank immer wieder auf seinem angeblichen Vorrecht im Hinblick auf die Arbeiten an der Strafrechtsreform.[740] Zwar war er in der amtlichen Strafrechtskommission zusammen mit Kerrl als stellvertretender Vorsitzender vorgesehen.[741] Dennoch ließ er es auf einen Machtkampf mit Gürtner ankommen und erklärte diesem, er habe nun selbst Ausschüsse zur Vorbereitung der Rechtsreform gebildet. Dies begründete er damit, daß ihm als Reichsjustizkommissar die Rechtsreform unterstellt sei und er daher für die von ihm bestellten Ausschüsse den Vorrang auf dem Gebiet der Rechtsreformvorbereitung in Anspruch nehme.[742]

---

737 Schubert, Band VIII, Ausschüsse für Strafrecht, Strafvollstreckungsrecht, S. XII f.; Gruchmann, Justiz im Dritten Reich 1933 – 1940, S. 766.

738 Gruchmann, Justiz im Dritten Reich 1933 – 1940, S. 753.

739 Gruchmann, Justiz im Dritten Reich 1933 – 1940, S. 754.

740 Vgl. zu den Auseinandersetzungen zwischen Gürtner und Frank im Hinblick auf die Vorbereitung der geplanten Strafrechtsreform sowie zu der Arbeit der amtlichen Strafrechtskommission die ausführliche Darstellung bei Gruchmann, Justiz im Dritten Reich 1933 – 1940, S. 753 ff.; zur Arbeit des Strafrechtsausschusses vgl. Schubert Band VIII, Ausschüsse für Strafrecht, Strafvollstreckungsrecht, S. XII ff.

741 Gruchmann, Justiz im Dritten Reich 1933 – 1940, S. 754.

742 Gruchmann, Justiz im Dritten Reich 1933 – 1940, S. 755.

Am 3. November 1933 fand die Eröffnungssitzung der amtlichen Strafrechtskommission statt, der Frank fern blieb.[743] Er erklärte am 15. November, daß er nun die Ausschüsse der Akademie für Deutsches Recht eingesetzt habe, die in der nächsten Woche ihre Arbeit aufnehmen würden und die den von den anderen Instanzen eingesetzten Ausschüssen gleichberechtigt seien.[744]
In der Folgezeit blieb Frank den Sitzungen der amtlichen Kommission fern und konzentrierte sich auf die Arbeit der Akademie in dieser Richtung. Eine Zusammenarbeit der beiden Kommissionen bei der Ausarbeitung des Gesetzentwurfs kam nicht zustande.[745]
Thierack, der bislang lediglich Mitglied des Strafrechtsausschusses der Akademie war, wurde Anfang 1935 mit Auflösung des sächsischen Justizministeriums ebenfalls Mitglied der amtlichen Strafrechtskommission.[746]
Die amtliche Strafrechtskommission hielt Ende Oktober 1936 eine mehrtägige Abschlußsitzung ab. Das Ergebnis ihrer dreijährigen Arbeit war der kabinettsreife Entwurf eines neuen RStGB.[747] Dieser wurde jedoch nie in Kraft gesetzt.[748]
Über Neuerungen hinsichtlich dieses Entwurfs im Gegensatz zum alten RStGB berichtete Thierack in einem Aufsatz mit dem Titel „Neues deutsches Strafrecht“.[749]
Der Strafrechtssausschuß der Akademie veröffentlichte zunächst Mitte 1934 eine Denkschrift, in der eine Zusammenfassung der Beratungsergebnisse durch Freisler sowie verschiedene Referate einzelner Ausschußmitglieder enthalten waren. Unter ihnen befand sich ein Referat Thieracks zu dem Thema „Sinn und Bedeutung der Richtlinien für die Strafrechtsreform“.[750] Dieses Referat hatte Thierack auf der dritten Sitzung des Ausschusses im Februar 1934 gehalten.[751]

Am 26. Januar 1937 bildete Frank innerhalb der Akademie erneut einen erweiterten Ausschuß für Strafrecht, dessen Aufgabe eine Stellungnahme zu dem Entwurf der amtlichen Kommission aus dem Jahr 1936 sein sollte. Thierack scheint in diesem Ausschuß nicht mehr mitgearbeitet zu haben.[752]
Anfang 1944 entschied sich das Justizministerium für eine Neubekanntmachung des RStGB. Diese war aufgrund der umfangreichen Änderungen des RStGB, die

---

743 Gruchmann, Justiz im Dritten Reich 1933 – 1940, S. 757.
744 Gruchmann, Justiz im Dritten Reich 1933 – 1940, S. 757.
745 Gruchmann, Justiz im Dritten Reich 1933 – 1940, S. 760.
746 Gruchmann, Justiz im Dritten Reich 1933 – 1940, S. 769.
747 Gruchmann, Justiz im Dritten Reich 1933 – 1940, S. 772 f.
748 Vgl. hierzu Gruchmann, Justiz im Dritten Reich 1933 – 1940, S. 791 ff.
749 DJZ 1935, 914 ff.
750 Schubert Band VIII, Ausschüsse für Strafrecht, Strafvollstreckungsrecht, S. XIII.
751 Schubert Band VIII, Ausschüsse für Strafrecht, Strafvollstreckungsrecht, S. 1.
752 vgl. Schubert Band VIII, Ausschüsse für Strafrecht, Strafvollstreckungsrecht, S. XIV.

durch den Entwurf des Gemeinschaftsfremdengesetzes hervorgerufen wurden, erforderlich geworden.[753]
Zur Vorbereitung dieser Gesetzgebungsarbeit berief Thierack am 29. Januar 1944 den Strafrechtsausschuß der Akademie zu einer Tagung im Februar in Bad Salzungen ein.[754] Es kam zwar ein Entwurf zum Allgemeinen Teil des Strafrechts zustande, zu einem Entwurf für einen Besonderen Teil kam es jedoch aufgrund der Kriegsereignisse nicht mehr.[755]

Weiterhin war Thierack Mitglied des Ausschusses für Strafprozeßrecht der Akademie für Deutsches Recht.[756] Dieser Ausschuß begann seine Arbeit Mitte Oktober 1934.[757]
Ebenso wie bei den Arbeiten zur Vorbereitung der Strafrechtsreform, tagten auch zur Reform des Strafprozeßrechts Ausschüsse des Reichsjustizministeriums[758] und der Akademie parallel zueinander. Schon 1933 hatte das Ministerium eine „kleine" Kommission von Ministerialbeamten und Praktikern der Justizverwaltung eingesetzt, die neben dem Entwurf zu einem neuen Gerichtsverfassungsgesetz zunächst Richtlinien für die Reform des Strafprozeßrechts vorlegen und sodann auf Grund dieser Richtlinien einen ersten Entwurf ausarbeiten sollte.[759] Sie legte im Februar 1936 den Entwurf einer neuen Strafverfahrensordnung vor.[760] Zur weiteren Beratung berief Gürtner daraufhin eine neue „amtliche Strafprozeßkommission", die zur Unterscheidung ihrer „kleinen" Vorgängerin auch die „Große Strafrechtskommission" genannt wurde. Sie nahm ihre Tätigkeit im Dezember 1936 auf. Den Vorsitz übernahm Gürtner selbst. Er ernannte Thierack zum Mitglied auch dieser Kommission.[761]
Der amtlichen Strafprozeßkommission standen bei ihrer Arbeit unter anderem auch die Beratungsergebnisse des Akademieausschusses zur Verfügung.[762] Das Ergebnis der zweijährigen Arbeit der amtlichen Strafprozeßkommission war der Entwurf einer neuen Strafverfahrensordnung nebst einer Friedensrichter- und

---

753 Schubert Band VIII, Ausschüsse für Strafrecht, Strafvollstreckungsrecht, S. XVIII.
754 Schubert Band VIII, Ausschüsse für Strafrecht, Strafvollstreckungsrecht, S. XVIII.
755 Schubert Band VIII, Ausschüsse für Strafrecht, Strafvollstreckungsrecht, S. XVIII.
756 Zu der Arbeit dieses Ausschusses vgl. Schubert, Band VII, Ausschüsse für Strafprozeßrecht und Strafrechtsangleichung.
757 Gruchmann, Justiz im Dritten Reich 1933 – 1940, S. 981.
758 Vgl. zur Arbeit der Ausschüsse des Reichsjustizministeriums die umfassende Darstellung bei Gruchmann, Justiz im Dritten Reich 1933 – 1940, S. 931 ff., 980 ff., 1011 ff.
759 Gruchmann, Justiz im Dritten Reich 1933 – 1940, S. 981.
760 Gruchmann, Justiz im Dritten Reich 1933 – 1940, S. 985.
761 Gruchmann, Justiz im Dritten Reich 1933 – 1940, S. 1015 f.
762 Gruchmann, Justiz im Dritten Reich 1933 – 1940, S. 1016.

Schiedsmannsordnung, deren endgültige Fassung am 1. Mai 1939 vorlag.[763] Jedoch traten auch diese Gesetzesvorhaben nie in Kraft.[764]
Die Beratungsergebnisse des Akademieausschusses wurden zunächst als Einzelberichte durch Thierack[765] sowie durch den Ausschußvorsitzenden Prof. Oetker veröffentlicht.[766] Zusammenfassend äußerte sich der Akademieausschuß zu den Grundfragen des neuen Strafverfahrensrechts erst durch eine im Juli 1937 veröffentlichte Denkschrift.[767]
Anläßlich der Beratungen des Akademieausschusses referierte Thierack unter anderem über die Wiederaufnahme des Verfahrens[768], das Laienrichtertum[769] sowie über die besonderen Arten des Verfahrens[770].

Im November 1937 gründete Frank an der Akademie eine Arbeitsgemeinschaft für die deutsch-italienischen Rechtsbeziehungen. Diese bestand aus einem Ausschuß von italienischen Fachjuristen unter Hinzuziehung von Gelehrten auf dem Gebiete der politischen, volkswirtschaftlichen, sozialen und verwandten Wissenschaften sowie einem gleichen Ausschuß deutscher „Rechtswahrer“. Zum Vorsitzenden der deutschen Gruppe wurde Thierack ernannt.[771] Für dieses Amt eignete er sich vermutlich besonders seiner Kenntnisse der italienischen Sprache[772] wegen. Zweck der neugebildeten Arbeitsgemeinschaft sollte sein, „eine neue Art der juristisch-politischen Wissenschaft“ herauszuarbeiten, die „zwischenstaatliche-politische Gesetzgebung“.[773]
Die Themen, mit denen sich die Arbeitsgemeinschaft beschäftigte, waren überwiegend politisch orientiert.[774]
Die erste Arbeitstagung fand im Juni 1938 in Rom statt. Thierack nahm daran teil.[775] Im März 1939 kam es zu einem Gegenbesuch der italienischen Delegation anläßlich der zweiten Arbeitstagung der Arbeitsgemeinschaft in Wien. Über

763 Gruchmann, Justiz im Dritten Reich 1933 – 1940, S. 1017.
764 Vgl. Gruchmann, Justiz im Dritten Reich 1933 – 1940, S. 1046 f.
765 Vgl. Thierack, Grundzüge eines nationalsozialistischen Strafprozesses unter besonderer Berücksichtigung des Ergebnisses der Arbeiten des Ausschusses für Strafprozeßrecht der Akademie für Deutsches Recht, in ZAkdR 1935, 94 ff.
766 Gruchmann, Justiz im Dritten Reich 1933 – 1940, S. 1016.
767 Schubert, Band VII, Ausschüsse für Strafprozeßrecht und Strafrechtsangleichung, S. IX; Gruchmann, Justiz im Dritten Reich 1933 – 1940, S. 1016.
768 Schubert, Band VII, Ausschüsse für Strafprozeßrecht und Strafrechtsangleichung, S. 2.
769 Schubert, Band VII, Ausschüsse für Strafprozeßrecht und Strafrechtsangleichung, S. 7.
770 Schubert, Band VII, Ausschüsse für Strafprozeßrecht und Strafrechtsangleichung, S. 11.
771 Pichinot, Die Akademie für Deutsches Recht, S. 112.
772 In seinem Personalbogen hatte Thierack angegeben, Kenntnisse in Italienisch und Französisch zu besitzen, vgl. BA SA-GruF, Personalbogen Thieracks.
773 Pichinot, Die Akademie für Deutsches Recht, S. 112.
774 Pichinot, Die Akademie für Deutsches Recht, S. 113.
775 ZAkDR 1938, 478.

diese Tagung fertigte Thierack einen Bericht an.[776] Danach beschäftigte man sich zunächst mit den Themen „Rasse und Recht“ sowie „Die Stellung des Richters im Führerstaat“.[777] Weiter tauschte man sich über die Neuordnung des materiellen bürgerlichen Rechts aus, welche in beiden Ländern vorbereitet wurde. Hierbei widmete man sich speziell schuldrechtlichen Themen.[778] Schließlich wurde auch über die „Sicherstellung eines Schutzes derjenigen Patente, die gewerblich ausgenutzt werden“ beraten.[779]
Man beabsichtigte eine weitere Tagung für den Herbst 1939, welche jedoch aufgrund der Kriegsereignisse nicht mehr stattfand. Die Arbeit der Arbeitsgemeinschaft für die deutsch-italienischen Rechtsbeziehungen war somit nach der Tagung in Wien beendet.[780]

bb) Thierack als Präsident der Akademie für Deutsches Recht

Nach seiner Ernennung durch Hitler übernahm Thierack am 29. August 1942 die Akademie. In einer Begrüßungsansprache benannte er Richtlinien für den künftigen Einsatz der Akademie.[781] Die Art und Weise, wie Thierack sich die künftige Arbeit der Akademie vorstellte, verkündete er schon bald nach seinem Amtsantritt. Er erklärte, daß die maßgebliche Mitarbeit an der Gestaltung eines volksnahen deutschen Rechts die stolze und wichtigste Aufgabe der Akademie sei.[782] Dabei betonte er:

> „...
> Rechtsgestaltung ist keine Wissenschaft und kein Selbstzweck, sondern eine politische Führungs- und Ordnungsaufgabe. Dabei muß die rechtsgestaltende Arbeit der Akademie für Deutsches Recht ständig auf die Zielsetzung der politischen Führung ausgerichtet sein.
> ...“[783]

Thierack erklärte, daß der Grund dafür, daß die Umgestaltung der Rechtsordnung im nationalsozialistischen Sinne bisher noch nicht erfolgt sei, vor allem darin liege, „daß die deutsche Rechtswahrerschaft und die Einrichtungen des deutschen Rechtslebens einer einheitlichen Führung entbehrten“[784]:

---

[776] Thierack, Recht und Richter in den autoritären Staaten, in ZAkDR 1939, 219 ff.
[777] Thierack, Recht und Richter in den autoritären Staaten, in ZAkDR 1939, 219, 221.
[778] Thierack, Recht und Richter in den autoritären Staaten, in ZAkDR 1939, 219, 222 f.
[779] Thierack, Recht und Richter in den autoritären Staaten, in ZAkDR 1939, 219, 223 f.
[780] Pichinot, Die Akademie für Deutsches Recht, S. 114.
[781] ZAkDR 1942, 253.
[782] ZAkDR 1942, 241.
[783] ZAkDR 1942, 241.
[784] Thierack, Die Kriegsaufgaben der Akademie für Deutsches Recht für die Gesetzgebung, in ZAkDR 1943, 1.

„...
Hierdurch entstanden viele Reibungen, die einen einheitlichen Einsatz der gesamten Kräfte der deutschen Rechtswahrerschaft verhinderten und auf dem Gebiet des Rechts nicht in vollem Umfang zu den Leistungen führten, die im Interesse des Ansehens des deutschen Rechtsstandes und der deutschen Rechtskultur erwartet werden mußten.
..."[785]

Thierack sprach sich dafür aus, trotz der Kriegssituation die Arbeit an „dem stolzen Bau eines großzügigen nationalsozialistischen deutschen Volksrechts" weiterzuführen.[786] Bei dieser Rechtsgestaltungsaufgabe sei die Akademie eine wertvolle Stütze. Sehr deutlich betonte Thierack jedoch die Grenzen des Aufgabenfeldes der Akademie und machte klar, daß sie lediglich eine beratende Funktion habe und an der eigentlichen Gesetzgebung in keiner Weise beteiligt sei:

„...
Die Akademie muß sich aber der Grenzen ihrer Aufgaben bewußt bleiben. Sie ist Vorbereitungs- und Beratungs-, aber nicht selbst Gesetzgebungsorgan. Sie hat zwar ein eigenes Initiativrecht, welche Arbeiten sie in Angriff nehmen will. Mit dem Abschluß ihrer Beratungen, der Vorlage der Beratungsergebnisse an die federführenden und beteiligten Dienststellen der Partei und des Staates und ihrer evtl. Veröffentlichung als Diskussionsgrundlage ist aber ihre Tätigkeit beendet. Es geht nicht an, daß die Akademie eine eigene Politik durchführt und neben den federführenden Dienststellen die Durchbringung eines Entwurfs betreibt.
..."[787]

Kurz nach der Amtsübernahme Thieracks wurde der bisherige Vizepräsident der Akademie, Prof. Carl August Emge, von seinen Aufgaben entbunden und sein Amt Rothenberger übertragen. Emge hatte ein Schreiben an Thierack gerichtet, in dem er „in Rücksicht auf Ihre Ernennung zum Präsidenten der Akademie für Deutsches Recht und weil ich glaube, daß Sie eine Neuordnung vorzunehmen wünschen" darum bat, von seinem Amt entbunden zu werden.[788] Offensichtlich war jedoch Thierack die treibende Kraft bei dieser Ablösung. In einer Aufzeichnung über eine Besprechung mit dem Direktor der Akademie, Dr. Gaeb, hatte Thierack als ersten Punkt vermerkt, daß Gaeb Emge nahelegen solle, sein Amt zur Verfügung zu stellen.[789]

---

785 Thierack, Die Kriegsaufgaben der Akademie für Deutsches Recht für die Gesetzgebung, in ZAkDR 1943, 1.
786 Thierack, Die Kriegsaufgaben der Akademie für Deutsches Recht für die Gesetzgebung, in ZAkDR 1943, 1, 2.
787 Thierack, Die Kriegsaufgaben der Akademie für Deutsches Recht für die Gesetzgebung, in ZAkDR 1943, 1, 2.
788 IfZ, NG 1262, Schreiben Emges an Thierack.
789 BA R 3001/4062, Aufzeichnung Thieracks über eine Besprechung mit Dr. Gaeb vom 28.8.1942.

Ebenfalls kurz nach seiner Amtsübernahme betrieb Thierack Änderungen der Satzung und der Verwaltungsordnung der Akademie. Diese traten jedoch erst im Juni 1943 in Kraft.[790]
Schon im August 1942 hatte Thierack beschlossen, daß die Akademie nicht mehr aus anderen als aus staatlichen Mitteln finanziert werden dürfe. Die schon gemachten Zuwendungen für dieses Jahr wollte er der Adolf-Hitler-Spende zukommen lassen.[791] Mit Einführung der neuen Satzung wurde dann auch das Amt des Schatzmeisters aufgehoben. Auch durfte die Akademie nun keine fördernden Mitglieder mehr haben.[792] Bezüglich der neuen Verwaltungsordnung ist hervorzuheben, daß diese bestimmte, daß künftig die Ausschußvorsitzenden das Ergebnis der Arbeiten dem Präsidenten vorlegen mußten, der dann über die Veröffentlichung entscheiden konnte.[793]

Die vordringlichste Aufgabe, die durch die Akademie vorbereitet werden solle, war nach Thieracks Ansicht die Klärung der Stellung des deutschen Richters. Die diesbezüglichen Fragen sollten durch drei im Januar 1943 neugebildete Ausschüsse geklärt werden, die auch in der Folgezeit ihre Arbeit aufnahmen. Dies waren die Ausschüsse „Rechtspflege durch das Volk“, „Richter und Rechtspfleger“ sowie „Neuordnung der deutschen Gerichtsverfassung“. Diese Ausschüsse sollten in enger Verbindung mit den zur gleichen Zeit im Justizministerium gebildeten Ämtern gleichen Namens zusammenarbeiten.[794]

Aufgrund der Kriegsbedingungen wurden im Februar und März 1943 die Mehrzahl der Akademieausschüsse als „nicht kriegswichtig“ suspendiert. Nur einige wenige Ausschüsse arbeiteten weiter.[795]

Im Juli 1943 veranstaltete Thierack noch einmal eine Sondertagung im Haus des Deutschen Rechts in München. Hierzu hatte er im Einvernehmen mit der Partei-Kanzlei und dem Ministerium für Wissenschaft, Erziehung und Volksbildung eine größere Zahl deutscher Hochschullehrer eingeladen.[796] Die Tagung sollte einer Aussprache zwischen Thierack „als dem verantwortlichen Leiter der deutschen Rechtspflege und des deutschen Rechtslebens“ und den Vertretern der

---

790 Pichinot, Die Akademie für Deutsches Recht, S. 142.
791 BA R 3001/4062, Aufzeichnung Thieracks über eine Besprechung mit Dr. Gaeb vom 28.8.1942.
792 Pichinot, Die Akademie für Deutsches Recht, S. 143.
793 Pichinot, Die Akademie für Deutsches Recht, S. 143.
794 Thierack, Die Kriegsaufgaben der Akademie für Deutsches Recht für die Gesetzgebung, in ZAkDR 1943, 1, 2; Pichinot, Die Akademie für Deutsches Recht, S. 146.
795 Pichinot, Die Akademie für Deutsches Recht, S. 146 f.
796 ZAkDR 1934, 177 f.

Rechtswissenschaft dienen.[797] Sie sollte die Vertreter der Rechtswissenschaft mit den Plänen und Gedanken der Justizführung bekanntmachen und diese dadurch zur Mitarbeit anregen.[798]
Thierack sprach unter anderem über die Stellung der Rechtswissenschaft im nationalsozialistischen Staat. Hierzu vertrat er die Ansicht, daß die Rechtswissenschaft eine „lebenspraktische Wissenschaft" sei, die von zweckbetontem, politischem Denken bestimmt werde. Daher verlange ihre Arbeit auch eine ständige enge Verbindung mit den Trägern und Führern des politischen Lebens.[799] Er erklärte:

> „...
> Die Rechtswissenschaft kann nur dadurch wieder restlos von dem Odium einer volksabgewandten Geheimwissenschaft der Juristen befreit werden, daß sie sich in eine enge Beziehung zum politischen Leben unserer Zeit stellt.
> ..."[800]

Weiter legte Thierack seine Ansichten über das Verhältnis von Wissenschaft und Praxis[801] sowie über die Ausbildung des juristischen Nachwuchses[802] dar.

Am 12. August 1944 beendete Thierack die Arbeit der Akademie für Deutsches Recht, indem er erklärte, daß die Verschärfung des totalen Krieges ihn veranlaßt habe, die Arbeiten vorläufig stillzulegen.[803]

b) Nationalsozialistischer Rechtswahrerbund

Mit Nationalsozialistischem Rechtswahrerbund (NSRB) bezeichnet sich seit 1936 der BNSDJ, die der NSDAP angeschlossene Standesvereinigung der Juristen. Die Umbenennung war erfolgt, um die Einbeziehung auch nichtakademischer Berufe aus dem Bereich der Rechtspflege in die Organisation zum Ausdruck zu bringen. Im NSRB waren alle in der Rechtspflege Beschäftigten zusammengeschlossen.[804] Aufgabe der Organisation war es, berufliche Belange zu

---

[797] BA R 3001/4164 Thierack in seiner Rede anläßlich der Sondertagung am 30 Juli, S. 1.
[798] BA R 3001/4164, Thierack in seiner Rede anläßlich der Sondertagung am 30 Juli, S. 3.
[799] BA R 3001/4164, Thierack in seiner Rede anläßlich der Sondertagung am 30 Juli, S. 5.
[800] BA R 3001/4164, Thierack in seiner Rede anläßlich der Sondertagung am 30 Juli, S. 5.
[801] BA R 3001/4164, Thierack in seiner Rede anläßlich der Sondertagung am 30 Juli, S. 8 ff..
[802] BA R 3001/4164, Thierack in seiner Rede anläßlich der Sondertagung am 30 Juli, S. 11 ff..
[803] Pichinot, Die Akademie für Deutsches Recht, S. 149.
[804] Zentner/Bedürftig, Das große Lexikon des Dritten Reiches, S. 410.

bearbeiten und vor allem politisch-weltanschauliche Schulungen durchzuführen.[805]

Thierack war der Ansicht, daß sich die Aufgaben des NSRB mit der Zeit gewandelt hätten. So sei es in der Zeit nach ihrer Gründung 1929 der eindeutig politische Auftrag der Organisation gewesen, daß der damals kleine Kreis nationalsozialistischer Juristen, der sich in ihr zusammenfand, die Ideen der nationalsozialistischen Bewegung unter den Rechtswahrern und im Rechtsleben vertreten sollte. Nun jedoch sei der Rechtswahrerbund zum Sammelbecken aller mit dem Recht befaßten deutschen Menschen geworden, wodurch sich auch der Auftrag des Bundes gewandelt habe.[806] Zunächst kritisierte Thierack, „daß der NSRB seine Aufgaben bisher nicht in der Weise erfüllt hat, wie mancher deutscher Rechtswahrer das bei der Größe der Organisation und ihrer finanziellen Lage wohl erwarten konnte". Seine Aufgabe sah er darin, den Bund „aus einer bloßen Zahlgemeinschaft zu einer lebendigen nationalsozialistischen Kameradschaft zu machen". In der Bundesarbeit sollten die gesetzgeberischen und rechtspolitischen Arbeiten wegfallen, die neue und alleinige Aufgabe sollte in der „Menschenführung" liegen.[807] Diese verfolge das Ziel, „die Rechtswahrer in der Heimat fachlich und weltanschaulich zu festigen und politisch zu aktivieren".[808] Der Erreichung dieses Ziels sollte zum einen die politische Schulung, welche in den Mittelpunkt der Arbeit des NSRB rückte, zum anderen die Betreuung der Bundesmitglieder dienen.[809]
Die Schulungen wurden in verschiedenen Formen durchgeführt. So gab es die Wochenendgemeinschaft, bei der die Menschen, losgelöst vom Berufsleben des Alltags, einige Zeit beieinander bleiben sollten, um sich persönlich näherzukommen und bestimmte Fragen in „gemeinsamer kameradschaftlicher Aussprache" zu erörtern und zu klären.[810] Die Tagesgemeinschaft war mit der Zeit in einigen besonders großen Gauen wegen kriegsbedingter Schwierigkeiten an die Stelle der Wochenendgemeinschaft getreten.[811] In den Arbeitsgemeinschaften

805 Zentner/Bedürftig, Das große Lexikon des Dritten Reiches, S. 410; Weinkauff, Die deutsche Justiz und der Nationalsozialismus – ein Überblick, S. 106 f.
806 Thierack, Die Aufgaben des Nationalsozialistischen Rechtswahrerbundes, in DR 1942, 1473.
807 Thierack, Die Aufgaben des Nationalsozialistischen Rechtswahrerbundes, in DR 1942, 1473.
808 DR 1944, 593, Thierack in einer Ansprache auf der Tagung der Gauwalter und Gauschulungsbeauftragten des NSRB im Juni 1944.
809 Thierack, Die Aufgaben des Nationalsozialistischen Rechtswahrerbundes, in DR 1942, 1473 f.
810 DR 1944, 593, Thierack in einer Ansprache auf der Tagung der Gauwalter und Gauschulungsbeauftragten des NSRB im Juni 1944.
811 DR 1944, 593, Thierack in einer Ansprache auf der Tagung der Gauwalter und Gauschulungsbeauftragten des NSRB im Juni 1944.

schließlich sollten die bei einer Wochenendgemeinschaft aufgetauchten Einzelprobleme „in ernster ruhiger Arbeit durchdacht, geprüft und geklärt“ werden.[812]
Als wesentliches Prinzip bei der Schulungsarbeit des NSRB wurde die „horizontale Gestaltung“ angesehen. Dies bedeutete, daß bei den einzelnen Schulungen mehrere sogenannte Rechtswahrersparten unter Behandlung eines „Lebensgebiets“, an dem verschiedene Berufsgruppen interessiert waren, beteiligt werden sollten.[813]
Großen Wert legte Thierack auch auf die Betreuung der Bundesmitglieder durch den Rechtswahrerbund. Die Mitglieder sollten sowohl in berufspolitischer und fachlicher als auch in wirtschaftlicher und sozialer Hinsicht betreut werden.[814]
Thierack betonte, daß er großen Wert auf den „kameradschaftlichen Zusammenhalt“ lege und sich vor allem um die Betreuung der Mitglieder, welche als Soldaten an der Front seien, sorge. Aus eigener Erfahrung als Soldat kenne er die Sorgen „derer, die Jahr um Jahr mehr die Verbindung mit ihrem alten Beruf verlieren und die doch wissen, daß in der Heimat das Leben und die berufliche und rechtliche Entwicklung weitergehen“.[815] Zur Betreuung dieser Soldaten wurde angeordnet, ihnen sogenannte Soldatenbriefe zukommen zu lassen. Weiter ordnete Thierack an, die Vorbereitungen für die berufliche Wiedereingliederung der Versehrten und Entlassenen aufzunehmen. Die Betreuung durch den Rechtswahrerbund sollte auch die Angehörigen und Hinterbliebenen der Soldaten umfassen.[816]
In der Mitte des Jahres 1944 wurden kriegsbedingt Veränderungen in der Arbeit des NSRB vorgenommen. Die Arbeit konzentrierte sich nun unter Stillegung im übrigen ganz auf die Schulung.[817] Thierack ordnete im Einvernehmen mit Bormann an, daß in Zukunft keine reichszentralen Schulungsveranstaltungen mehr stattfinden sollten und sich die Schulungsarbeit auf die Gaue und Kreise beschränken sollte. Auch die sogenannten Wochenendgemeinschaften fielen weg.[818]

---

[812] DR 1944, 593, Thierack in einer Ansprache auf der Tagung der Gauwalter und Gauschulungsbeauftragten des NSRB im Juni 1944.
[813] DR 1944, 593 Thierack in einer Ansprache auf der Tagung der Gauwalter und Gauschulungsbeauftragten des NSRB im Juni 1944.
[814] Thierack, Die Aufgaben des Nationalsozialistischen Rechtswahrerbundes, in DR 1942, 1473, 1474.
[815] Thierack, Die Aufgaben des Nationalsozialistischen Rechtswahrerbundes, in DR 1942, 1473, 1474.
[816] Thierack, Die Aufgaben des Nationalsozialistischen Rechtswahrerbundes, in DR 1942, 1473, 1474.
[817] DR 1944, 801.
[818] DR 1944, 801.

Interessant ist, daß Thierack, bevor er die Leitung des NSRB übernahm, im Juli 1942 in einem Schreiben an Lammers noch für die Auflösung des Rechtswahrerbundes eingetreten war. In diesem Schreiben hatte Thierack Lammers „einige Gedanken über die nächsten Maßnahmen in der Justiz" mitgeteilt. Er vertrat hierbei den Gedanken, daß die sogenannte Menschenführung ohne Beteiligung des Rechtswahrerbundes vorgenommen werden solle. Dies begründete er damit, daß ein Rechtswahrer nicht in eine Standesorganisation, welche ihn nur vom Volk scheide, gehöre. Statt dessen gehöre der Rechtswahrer in eine Organisation der NSDAP, die jedem Volksgenossen offenstehe. Dort solle er sich bewähren und empordienen. Erst dann dürfe er den Anspruch erheben, im Namen des Volkes Recht zu sprechen oder Recht zu vertreten.[819]

4. Auftrag zur Neuordnung der Justiz

Mit dem oben zitierten Erlaß[820] hatte Hitler Thierack beauftragt und bevollmächtigt, nach seinen Weisungen und im Einvernehmen mit dem Chef der Reichskanzlei und dem Leiter der Partei-Kanzlei eine nationalsozialistische Rechtspflege aufzubauen, wobei Thierack vom bestehenden Recht abweichen durfte. Hierbei sollte er durch Curt Rothenberger[821] unterstützt werden. Dieser wurde mit Schreiben vom 23. September 1942 von Bormann offiziell beauftragt, „Vorschläge für eine grundlegende Justizreform" auszuarbeiten.[822] Rothenberger, der vor seiner Ernennung zum Staatssekretär im Reichsjustizministerium Justizsenator und später Präsident des Hanseatischen Oberlandesgerichts war, war schon früh von der Notwendigkeit einer Justizreform überzeugt gewesen. Er betrachtete es nach der Machtergreifung als seine Aufgabe, die deutsche Justiz in das nationalsozialistische Reich einzugliedern.[823] Nachdem seine Versuche, Gürtner und später Schlegelberger ebenfalls von dieser Notwendigkeit zu überzeugen, ohne Erfolg geblieben waren, begann er selbst mit der Arbeit an einem Plan zur Reform der deutschen Justiz.[824] Hierbei sah er als Grundproblem die Stellung des Richters im nationalsozialistischen Reich an.[825] Rothenberger erstellte eine

---

[819] IfZ, NG 61, Thierack in einem Schreiben an Lammers vom 15.7.1942.
[820] S.o. Kapitel VIII 2.
[821] Eine ausführliche Darstellung der Biographie Rothenbergers findet sich bei Schott, „Curt Rothenberger – eine politische Biographie".
[822] Neliba, Die vier Staatssekretäre des NS-Reichsjustizministeriums (1933-1945), Verw 1994, 195, 227.
[823] IfZ, NG 866, Rothenberger, „ Sechzehn Monate Berlin", S. 1.
[824] IfZ, NG 866, Rothenberger, „ Sechzehn Monate Berlin", S. 2.
[825] IfZ, NG 866, Rothenberger, „ Sechzehn Monate Berlin", S. 2.

Denkschrift[826] über seine Reformpläne. Es gelang ihm, diese über Alwin Albrecht von der Adjutantur des Führers und Albert Bormann Hitler persönlich vorlegen zu lassen.[827] Dieser billigte die Reformpläne Rothenbergers. Nach Aussage von Lammers war die Denkschrift die unmittelbare Veranlassung für die Ernennung Rothenbergers zum Staatssekretär.[828] Thieracks Wunschkandidat für diese Stellung war jedoch nicht Rothenberger, sondern Herbert Klemm. Mit letzterem war Thierack eng verbunden.[829] Klemm war schon im sächsischen Justizministerium persönlicher Referent Thieracks gewesen.[830] Nach der Abschaffung der Länderjustizverwaltungen 1935 war er als Referent in das Reichsjustizministerium übernommen worden. Im Krieg wurde er zunächst zum Reichskommissar für die besetzten niederländischen Gebiete bestellt, bevor er in die Partei-Kanzlei abgeordnet wurde.[831]

Als Hitler am 20. August Thierack und Rothenberger im Führerhauptquartier zur Vereidigung empfing, sprach er während eines gemeinsamen Mittagessens und bei einem sich daran anschließenden Gespräch fast zwei Stunden über Justizprobleme.[832] Über dieses „Tischgespräch“ wurde auf Weisung Bormanns eine Abschrift erstellt, die offenbar für Thierack bestimmt war, damit dieser die Auslassungen Hitlers als Richtlinien für seine Justizpolitik nutzen konnte.[833] Hitler äußerte sich vor allem darüber, wie die Strafrechtspflege in Kriegszeiten auszusehen habe, sowie über seine Vorstellungen von dem Richterstand und schließlich über die Funktion der Rechtsanwälte.
Seiner Ansicht nach müsse die Justiz Rücksicht nehmen auf den gegebenen und nicht immer gleichbleibenden Zweck.[834] So müßten gerade in Kriegszeiten „Dinge, welche die Gefahr einer Seuche annehmen“ rücksichtslos bekämpft werden, da ansonsten die Heimatfront zusammenbrechen würde.[835] Die Richter als „Träger der völkischen Selbsterhaltung“ müßten der durch den Krieg bedingten sogenannten „negativen Auslese“ entgegentreten. Während an der Front

---

[826] Vgl. zu Rothenbergers Denkschrift Schott, „Curt Rothenberger – eine politische Biographie“, S. 108 ff.
[827] Schott, „Curt Rothenberger – eine politische Biographie“, S. 110 ff.
[828] IfZ, NG 866, Rothenberger, „Sechzehn Monate Berlin“, S. 3 f.; zur Ernennung Rothenbergers zum Staatssekretär im Reichsjustizministerium vgl. Schott, „Curt Rothenberger – eine politische Biographie“, S. 119 ff.
[829] Weinkauff, Die deutsche Justiz und der Nationalsozialismus – ein Überblick, S. 150, 152.
[830] S.o. Kapitel V 3 a).
[831] Gruchmann, Justiz im Dritten Reich 1933-1940, S. 246.
[832] IfZ, NG 866, Rothenberger, „ Sechzehn Monate Berlin“, S. 5.
[833] Gruchmann, „Hitler über die Justiz“ in VfZ 1964, 86.
[834] Gruchmann, „Hitler über die Justiz“ in VfZ 1964, 86, 95.
[835] Gruchmann, „Hitler über die Justiz“ in VfZ 1964, 86, 95.

die Besten fielen, würden die schlechten Volksteile im Gefängnis „konserviert".[836] Hierzu führte Hitler aus:

> „...
> Nun ist es doch in einem Volk so: Die breite Masse ist weder gut noch böse. Sie besitzt weder den Mut noch die Schlechtigkeit zu ganz Gutem und ganz Bösem. Die Extreme bestimmen den Ausschlag. Wenn ich das Gute dezimiere, während ich das Schlechte konserviere, dann kommt das, was 1918 war, daß fünf- oder sechshundert Strolche eine ganze Nation vergewaltigen. Der idealistische Gegenpol ist nicht mehr da!
> ..."[837]

Weiter erklärte Hitler, daß die ganze Justiz verstehen müsse, im Volkssinne zu handeln.[838] Auch befürwortete er die Methode der Gestapo, Geständnisse durch körperliche Mißhandlungen zu erpressen.[839]
Er trat für die Bildung eines Richterkorps ein, welches die Auslese der Nation darstellen sollte. Die Richter sollten den Gesetzgeber begreifen und ergänzen, wozu es notwendig sei, „daß der Richter von der obersten Stelle aus Einblick erhält in die Absichten und Ziele der Gesetzgebung und in die ganze Art der gewünschten Tendenz, in der die Urteilsfällung sich zu vollziehen hat."[840] Dann müßte es seiner Ansicht nach genügen, anstatt vieler Gesetze ein Rahmengesetz zu erlassen. Die Justiz müßte aufs engste mit der Staatsräson zusammenarbeiten.[841]
In diesem Sinne trat Hitler auch für eine Veränderung der Juristenausbildung ein. Weiter befürwortete er die Behandlung vieler kleiner Dinge durch ehrenamtliche Richter. Schließlich ging Hitler auf die Rechtsanwälte ein. Diese sollten, genau wie die Richter, „Staatspersonen" werden.[842]

Zu Beginn seiner Tätigkeit als Reichsjustizminister äußerte sich Thierack sich des öfteren öffentlich über die ihm von Hitler gestellte Aufgabe und über seine Pläne hinsichtlich der angestrebten Justizreform[843]. Bei der Lektüre dieser Äußerungen fällt auf, daß Thierack oft die im „Tischgespräch" von Hitler geäußerten Gedanken verwendete und diese zum Teil – sogar unter Verwendung derselben Beispiele – wörtlich wiederholte. Thieracks Äußerungen über den Richterstand und die diesbezüglich ins Auge gefaßten Reformen entsprechen weitestgehend

[836] Gruchmann, „Hitler über die Justiz" in VfZ 1964, 86, 89, 96.
[837] Gruchmann, „Hitler über die Justiz" in VfZ 1964, 86, 96.
[838] Gruchmann, „Hitler über die Justiz" in VfZ 1964, 86, 96.
[839] Gruchmann, „Hitler über die Justiz" in VfZ 1964, 86, 92, 97.
[840] Gruchmann, „Hitler über die Justiz" in VfZ 1964, 86, 98.
[841] Gruchmann, „Hitler über die Justiz" in VfZ 1964, 86, 98 f.
[842] Gruchmann, „Hitler über die Justiz" in VfZ 1964, 86, 99 f.
[843] Vgl. zu der geplanten Justizreform Wagner, Die Umgestaltung der Gerichtsverfassung und des Verfahrens- und Richterrechts im Nationalsozialistischen Staat, S. 349 ff.

den von Rothenberger entwickelten Gedanken, welche dieser in seinem Buch „Der deutsche Richter" niedergelegt hat.

In seinem Antrittserlaß erklärte Thierack:

> „ Der Führer hat mich nicht nur in das Amt des Reichsministers der Justiz berufen, sondern hat mir die Aufgabe gestellt, eine starke, nationalsozialistische Rechtspflege aufzubauen. Dies werde ich fortan mit aller Kraft vorantreiben und dieses Ziel nie aus den Augen lassen. Ich bedarf hierzu der Mitarbeit aller mir unterstellten Menschen und Einrichtungen. Diese werden alle herangezogen werden, damit die Rechtspflege, die der Führer für sein Volk mir als Ziel gesetzt hat, lebendig wird. Der Krieg läßt nicht alles sofort durchführen, aber das Kriegswichtige muß sofort durchgeführt werden, und am Tage des Sieges muß die deutsche Rechtspflege stehen, bereit, ihre für die Zukunft des Reiches so wichtige Aufgabe zu erfüllen.
> ..."[844]

In den Mittelpunkt seiner geplanten Neuordnung der Justiz stellte Thierack die Reform des Richtertums. Dies begründete er damit, daß im Mittelpunkt der Rechtspflege der Richter als Repräsentant der Rechtspflege stehe.[845] Er trat, wie auch von Hitler gefordert, ebenfalls für die Bildung eines Richterkorps ein, welches eine Auslese der Nation darstellen sollte.[846] Hinsichtlich der Befugnisse des Richters zur Rechtsprechung griff Thierack den Gedanken Rothenbergers auf, oberster Gerichtsherr sei der Führer, der jedoch, da er nicht in allen Sachen selbst richten könne, einzelne Menschen mit dem Richteramt belehne. Diese Richter wiederum seien dem Führer gegenüber verantwortlich.[847] Die früher vertretene liberale Auffassung von der Unabhängigkeit des Richters, welche zu der Befugnis der Justiz zur Kontrolle der Staatsführung geführt habe, lehnte Thierack als Mißbrauch der Richterstellung ab.[848] Der Richter sei nicht der Überwacher, sondern der unmittelbare Gehilfe der Staatsführung.[849] Aus diesem Grunde

---

[844] DJ 1942, 550, Antrittserlaß Thieracks vom 24.8.1942.

[845] Vgl. BA R 3001 (alt R 22) 5114, Thierack in einer Rede anläßlich der Groß-Kundgebung der NSDAP in Breslau am 05.1.1943; BA R 3001 (alt R 22) 4199, Bl. 17, Thierack in einer Ansprache auf der Tagung der Chefpräsidenten und Generalstaatsanwälte im Reichsjustizministerium am 29.9.1942; BA R 3001 (alt R 22) 5114, Thierack in einem Interview für die kroatische Presse.

[846] BA R 3001 (alt R 22) 4199, Bl. 21, Thierack in einer Ansprache auf der Tagung der Chefpräsidenten und Generalstaatsanwälte im Reichsjustizministerium am 29.09.1942; vgl. Rothenberger, Der deutsche Richter, S. 59.

[847] Vgl. BA R 3001 (alt R 22) 5114, Thierack in einer Rede anläßlich der Groß-Kundgebung der NSDAP in Breslau am 5.1.1943; Rothenberger, Der deutsche Richter, S. 50.

[848] BA R 3001 (alt R 22) 4199, Bl. 19 f., Thierack in einer Ansprache auf der Tagung der Chefpräsidenten und Generalstaatsanwälte im Reichsjustizministerium am 29.9.1942.

[849] BA R 3001 (alt R 22) 4199, Bl. 20, Thierack in einer Ansprache auf der Tagung der Chefpräsidenten und Generalstaatsanwälte im Reichsjustizministerium am 29.9.1942.

müsse der Richter, um seiner Aufgabe gerecht zu werden, mit den Problemen, vor die die Staatsführung sich gestellt sehe, vertraut gemacht werden. Hieraus ergebe sich Sinn und Notwendigkeit einer Führung der Rechtspflege.[850]
Entscheidend für die Übertragung des Richteramtes auf einen Juristen sollten nicht dessen Wissen und Gesetzeskenntnisse, sondern seine innere Haltung sein. Der zukünftige Richter müsse zunächst durch das Leben auf seine Aufgabe vorbereitet worden sein, da ein Richter „in und mit seinem Volke leben" müsse.[851]
Weiterhin sei es erforderlich, einen „schöpferischen Richter" zu haben, das geschriebene Gesetz sei nur die Hilfe zur Auslegung der nationalsozialistischen Idee.[852]
Die Erschaffung des gewünschten Richterkorps erfordere eine Verringerung der Zahl der Richter. Diese sollte zum einen durch die Abgabe von Aufgaben, die nichts mit dem ursprünglichen Aufgabenfeld des Richters zu tun hätten, an andere Institutionen erreicht werden.[853] Zu weiteren Einsparungen sollte auch die sogenannte „Rechtsprechung durch das Volk" führen. In kleineren alltäglichen Fällen sollten Streitigkeiten nicht mehr vor einem Gericht, sondern vor Laienrichtern ausgetragen werden. Laienrichter sollten Deutsche werden, „die fest im Volke wurzeln, sein Ansehen und Vertrauen genießen und bewiesen haben, daß sie das Leben meistern".[854]
Die Erreichung der geplanten Ziele, machte nach Thieracks Auffassung eine Änderung der juristischen Ausbildung notwendig. Diese sollte zweiteilig sein. Der erste Teil sollte das Universitätsstudium sowie den praktischen Vorbereitungsdienst umfassen. Den zweiten Teil der Ausbildung sollte künftig „das Leben selbst" übernehmen[855]:

> „...
> Ich strebe an, daß nach der zweiten Staatsprüfung der Richteranwärter im freien Lebenskampf zeigen muß, was in ihm steckt, etwa im Handel, der Industrie, bei Versicherungsunternehmen, in der Rechtsanwaltschaft, in der Verwaltung, vielleicht auch in der Justiz in den Aufgaben, von denen künftig der Richter entlastet

---

[850] BA R 3001 (alt R 22) 4199, Bl. 20, 111 ff., Thierack in einer Ansprache auf der Tagung der Chefpräsidenten und Generalstaatsanwälte im Reichsjustizministerium am 29.9.1942.
[851] BA R 3001 (alt R 22) 4199, Bl. 27 f., Thierack in einer Ansprache auf der Tagung der Chefpräsidenten und Generalstaatsanwälte im Reichsjustizministerium am 29.9.1942.
[852] BA R 3001 (alt R 22) 5114, Thierack in einer Rede anläßlich der Groß-Kundgebung der NSDAP in Breslau am 5.1.1943.
[853] BA R 3001 (alt R 22) 5114, Thierack in einem Interview für die kroatische Presse; BA R 3001 (alt R 22) 5114, Thierack in einer Rede anläßlich der Groß-Kundgebung der NSDAP in Breslau am 5.1.1943.
[854] BA R 3001 (alt R 22) 5114, Thierack in einem Interview für die kroatische Presse; vgl. zur Rechtsprechung durch das Volk Rothenberger, Der deutsche Richter, S. 161 ff.
[855] BA R 3001 (alt R 22) 5114, Thierack in einem Interview für die kroatische Presse; vgl. zur sogenannten Richteranwärterzeit Rothenberger, Der deutsche Richter, S. 84 ff.

wird. Nur wer sich in diesem zweiten Abschnitt bewährt, wird zum Richter bestellt werden.

...“[856]

Ebenso wie die Richterschaft sollte auch die Rechtsanwaltschaft reformiert werden. Thierack sprach von einer Krise der Rechtsanwaltschaft, welche dadurch eingetreten sei, daß das Streben der Rechtsanwälte nach Verdienst oft stärker zutage trete als die Erkenntnis, „eine soziale Funktion im Leben unseres Volkes auszuüben“. Die Anwälte erweckten bei ihrer Tätigkeit den Eindruck, mehr Vertreter der persönlichen Interessen ihrer Mandanten zu sein, als Vertreter des Rechts.[857] Thierack betonte zwar, daß der Stand des Rechtsanwalts erhalten bleiben müsse, da der Anwalt in seiner Funktion als Rechtsberater des rechtsunkundigen und rechtsunerfahrenen Volksgenossen wichtig sei.[858] Es sei jedoch notwendig, die Rechtsanwälte „näher an den Staat“ heranzuführen. Hierbei legte Thierack jedoch Wert darauf, daß dies nicht durch eine Verbeamtung der Anwälte geschehen sollte.[859] Er sprach jedoch von dem Rechtsanwalt als Organ der Rechtspflege.[860] Dieser Begriff wurde unter den Nationalsozialisten in die Rechtsanwaltsordnung aufgenommen und steht bis heute in der Bundesrechtsanwaltsordnung.

Die Rechtsanwaltschaft müßte durch die Justiz geführt und beaufsichtigt werden, so daß unter anderem die Möglichkeit für den Reichsjustizminister bestünde, „Anwälte, die nicht in Ordnung sind“, zu entfernen.[861] Auch äußerte Thierack den Gedanken, daß Anwälte, die „ihre Funktion in der lautersten Form erfüllen“ eine Belohnung erhalten sollten. Diese Belohnung sollte darin bestehen, daß ihnen die Möglichkeit gegeben werden sollte, in das Amt eines Notars oder Richters überzuwechseln.[862]

Weiterhin sollte nach Thieracks Ansicht auch für künftige Rechtsanwälte eine Anwärterzeit am Anfang ihrer Laufbahn stehen, in welcher sie zunächst einige Jahre als Rechtspfleger tätig werden sollten. Ihre Leistungen und Haltung in die-

---

[856] BA R 3001 (alt R 22) 5114, Thierack in einem Interview für die kroatische Presse.

[857] BA R 3001 (alt R 22) 4700, Thierack in einem Schreiben an Lammers vom 17.11.1942; BA R 3001 (alt R 22) 5114, Thierack in einer Rede anläßlich der Groß-Kundgebung der NSDAP in Breslau am 5.1.1943.

[858] BA R 3001 (alt R 22) 4700, Thierack in einem Schreiben an Lammers vom 17.11.1942.

[859] BA R 3001 (alt R 22) 5114, Erklärung des Reichsjustizministers zur Breslauer Rede.

[860] BA R 3001 (alt R 22) 4700, Bl. 74, Geleitwort Thieracks für die Kommentierung der „Richtlinien für die Ausübung des Anwaltsberufs“ von Dr. Neubert.

[861] BA R 3001 (alt R 22) 5114, Thierack in einer Rede anläßlich der Groß-Kundgebung der NSDAP in Breslau am 5.1.1943; BA R 3001 (alt R 22) 4700, Thierack in einem Schreiben an Lammers vom 17.11.1942.

[862] BA R 3001 (alt R 22) 5114, Thierack in einer Rede anläßlich der Groß-Kundgebung der NSDAP in Breslau am 5.1.1943; BA R 3001 (alt R 22) 4700, Thierack in einem Schreiben an Lammers vom 17.11.1942.

sen Jahren sollten dann für die künftige Zulassung zur Rechtsanwaltschaft ausschlaggebend sein.[863]

Auch den Aufbau und die Gliederung der Gerichte wollte Thierack reformieren, da seiner Ansicht nach eine Überorganisation der Rechtspflege herrschte.[864] Es sollte unter anderem eine Vereinfachung des Instanzenzuges erreicht werden.[865] Zunächst sollten die Amtsrichter von Aufgaben freigestellt werden, welche nicht eigentlich richterlicher Natur seien. Hierdurch und durch einige weitere Maßnahmen sollte eine Verringerung der Anzahl der Amtsgerichte erreicht werden.[866] Auch sollte Thieracks Angaben nach künftig nur noch das Amtsgericht als erstinstanzliches Gericht erhalten bleiben. Die Aufgaben der Landgerichte sollten, soweit sie solche des ersten Rechtszuges waren, auf die Amtsgerichte, im übrigen auf die Oberlandesgerichte übergehen. Die Oberlandesgerichte sollten als Rechtsmittelgerichte fortbestehen, wobei in jedem Gau ein Oberlandesgericht errichtet werden sollte. Insgesamt sollte die noch geltende Gliederung in vier Instanzen künftig durch eine Dreigliederung ersetzt werden.[867]

Neben diesen Vorhaben umfaßten die Reformpläne des Reichsjustizministeriums weiterhin eine Neugestaltung der Justizverwaltung[868], eine Veränderung des Strafprozesses[869], Reformen der Bürgerlichen Rechtspflege[870] und auch Veränderungen hinsichtlich der Staatsanwaltschaft.[871]

Zur Durchführung und Gestaltung der geplanten Justizreform wurden am 1. Januar 1943 im Reichsjustizministerium drei Ämter gegründet. Dies waren die Ämter „Neuordnung der deutschen Gerichtsverfassung“, „Richter und Rechts-

---

863 BA R 3001 (alt R 22) 4700, Thierack in einem Schreiben an Lammers vom 17.11.1942.

864 BA R 3001 (alt R 22) 5144, Thierack in einer Rede vor den Vertretern der deutschen Presse am 9.9.1942.

865 BA R 3001 (alt R 22) 5144, Thierack in einer Rede vor den Vertretern der deutschen Presse am 9.9.1942.

866 BA R 3001 (alt R 22) 5114, Thierack in einem Interview für die kroatische Presse.

867 BA R 3001 (alt R 22) 5114, Thierack in einem Interview für die kroatische Presse.

868 Vgl. hierzu Wagner, Die Umgestaltung der Gerichtsverfassung und des Verfahrens- und Richterrechts im Nationalsozialistischen Staat, S. 350 f.

869 Vgl. hierzu Wagner, Die Umgestaltung der Gerichtsverfassung und des Verfahrens- und Richterrechts im Nationalsozialistischen Staat, S. 352.

870 Vgl. hierzu Wagner, Die Umgestaltung der Gerichtsverfassung und des Verfahrens- und Richterrechts im Nationalsozialistischen Staat, S. 353 f.

871 Vgl. hierzu Wagner, Die Umgestaltung der Gerichtsverfassung und des Verfahrens- und Richterrechts im Nationalsozialistischen Staat, S. 352 f.

pfleger“ und „Rechtsprechung durch das Volk“.[872] Diese Ämter bauten weitgehend auf den Reformplänen Rothenbergers auf.[873]
Auch als Rothenberger nach sechzehnmonatiger Tätigkeit aus dem Ministerium ausschied, arbeiteten diese Ämter weiter.[874] Erst Mitte 1944 mußten sie ihre Arbeiten einstellen, ohne ein konkretes Ergebnis erlangt zu haben.[875]
Die geplante Justizreform wurde mithin zwar vorbereitet, jedoch nie gänzlich durchgeführt.[876]

Um sein Ziel, die Neuordnung der Justiz im nationalsozialistischen Sinne, zu erreichen, ergriff Thierack gleich nach seinem Amtsantritt einschneidende personelle Maßnahmen sowohl innerhalb des Ministeriums als auch in der gesamten Justizverwaltung. Er begann, systematisch alle leitenden Stellen in der Justiz mit überzeugten Nationalsozialisten zu besetzen.[877] So soll er unter anderem elf Oberlandesgerichtspräsidenten ersetzt haben.[878]
Im Ministerium beseitigte er fast sämtliche Personen, die mit dem ehemaligen Justizminister Gürtner eng zusammengearbeitet hatten.[879] Auch löste er fast alle Abteilungsleiter ab.[880] Dabei soll die Art und Weise, wie diese Mitarbeiter entlassen wurden, sehr „häßlich“ gewesen sein.[881]

Im Oktober 1942 wandte sich Thierack an die Leiter von Partei- und Reichskanzlei mit der Bitte um eine allgemeine Zustimmung für die von ihm geplanten Personalmaßnahmen in der Justizverwaltung. Diese Zustimmung benötigte er, da in dem Erlaß, mit dem Hitler ihn zum Aufbau einer nationalsozialistischen Rechtspflege beauftragt und ermächtigt hatte, festgelegt war, daß Thierack seine Maßnahmen diesbezüglich im Einvernehmen mit den Leitern von Reichskanzlei und Partei-Kanzlei treffen sollte.[882] Er erklärte, daß der Auftrag zum Aufbau einer nationalsozialistischen Justiz verlange, daß er in der Durchführung zwingen-

[872] DJ 1943, 15, Anordnungen des Reichsjustizministers zur Errichtung der Ämter vom 23.12.1942.
[873] Wagner, Die Umgestaltung der Gerichtsverfassung und des Verfahrens- und Richterrechts im Nationalsozialistischen Staat, S. 349.
[874] IfZ, NG 866, Rothenberger, „Sechzehn Monate Berlin“, S. 14.
[875] Wagner, Die Umgestaltung der Gerichtsverfassung und des Verfahrens- und Richterrechts im Nationalsozialistischen Staat, S. 349.
[876] Wagner, Die Umgestaltung der Justiz im NS-Staat, in DRiZ 1970, 373, 374.
[877] Weinkauff, Die deutsche Justiz und der Nationalsozialismus – ein Überblick, S. 70, 172; Majer, Grundlagen des nationalsozialistischen Rechtssystems, S. 239.
[878] IfZ, ZS 438 I, Bl. 39, Aussage Günther Joel.
[879] IfZ, ZS 438 I, Bl. 19, Aussage Günther Joel.
[880] IfZ, ZS 438 I, Bl. 19, ZS 438 II Bl. 16, Aussage Günther Joel; IfZ NG 97, Aussage Schlegelberger; Staatsarchiv Nürnberg, KV-Prozesse Fall 3, L7, S. 23, Eidesstattliche Versicherung Dr. Franz Hupperschwiller.
[881] IfZ, ZS 438 II, Bl. 15 f., Aussage Günther Joel.
[882] S.o. Kapitel VIII 2.

der Personalmaßnahmen durch bestehende gesetzliche Vorschriften nicht behindert werde.
Seine geplanten Maßnahmen beschrieb er folgendermaßen:

> „...
> Einmal kann es sich darum handeln, daß ihrer Persönlichkeit nach für die neuen Aufgaben nicht geeignete Beamte meines Ministeriums in einer für sie geeigneten Stellung unterzubringen sind. Dann kann sich die Möglichkeit ergeben, daß Behördenleiter und leitende Beamte des gehobenen Dienstes, die in den Rahmen der Neuordnung nicht hineinpassen, anderweitig verwendet oder in den Ruhestand versetzt werden müssen. Endlich kann es erforderlich werden, in besonderen Einzelfällen Richter, die in ihrer jetzigen Stellung nicht tragbar sind, zu versetzen oder in den Ruhestand zu versetzen.
> ...“[883]

Er erbat diesbezüglich die allgemeine Zustimmung, „daß in zwingenden Fällen Richter und Beamte der Reichsjustizverwaltung in ein anderes Amt der gleichen Besoldungsgruppe oder – unter Belassung der Amtsbezeichnung und des Diensteinkommens ihrer bisherigen Dienststelle – in ein Amt derselben Laufbahn mit geringerem planmäßigen Diensteinkommen oder in den Ruhestand versetzt werden können“.[884] Ausgenommen von dieser allgemeinen Zustimmung sollten lediglich die Präsidenten des Reichsgerichts und des Volksgerichtshofes, die Oberreichsanwälte beim Reichsgericht und beim Volksgerichtshof, die Chefpräsidenten der Oberlandesgerichte und die Generalstaatsanwälte bei den Oberlandesgerichten sein.[885]
Mit Schreiben vom 11. November 1942 erhielt Thierack die gewünschte Zustimmung aus der Reichskanzlei.[886]
Offenbar hatte zumindest der Reichsminister des Inneren Bedenken gegen die getroffene Vereinbarung. In einem Schreiben vom Mai 1943 teilte Lammers Thierack mit, daß der Innenminister seine Besorgnis darüber zum Ausdruck gebracht habe, daß das gesamte beamtenrechtliche Gefüge der Verwaltung durch die Schaffung dieser, angeblich dem § 5 des Gesetzes zur Wiederherstellung des Berufsbeamtentums völlig nachgebildeten Möglichkeit gefährdet werden könnte. Dies sei besonders dann der Fall, wenn noch andere Ressortchefs durchgreifende Reformen ihrer Verwaltung unter Zugrundelegung ähnlicher vom Führer zu erbittender Vollmachten, durchzuführen wünschten. Deshalb hielte es der Innenminister für erforderlich, daß Thierack mit ihm und dem Finanzmini-

---

[883] IfZ, NG 199, Schreiben Thieracks an den Reichsminister und Chef der Reichskanzlei und an den Leiter der Partei-Kanzlei vom 20.10.1942.
[884] IfZ, NG 199, Schreiben Thieracks an den Reichsminister und Chef der Reichskanzlei und an den Leiter der Partei-Kanzlei vom 20.10.1942.
[885] IfZ, NG 199, Schreiben Thieracks an den Reichsminister und Chef der Reichskanzlei und an den Leiter der Partei-Kanzlei vom 20.10.1942.
[886] IfZ, NG 199, Bl. 612 f., Schreiben des Reichsministers und Chef der Reichskanzlei an Thierack vom 11.11.1942.

ster eine grundlegende Klarstellung aller damit in Zusammenhang stehenden beamten- und haushaltsrechtlichen Fragen herbeiführen solle.[887] Lammers äußerte sich zwar nicht zu den geäußerten Bedenken, wies Thierack jedoch darauf hin, daß er es für dringend geboten halte, den Ausnahmecharakter der getroffenen Regelung aufrecht zu erhalten und diese in möglichste Übereinstimmung mit den allgemeinen beamtenrechtlichen, beamtenpolitischen und haushaltsrechtlichen Grundsätzen und Bestimmungen zu bringen.[888]

5. Führung der Geschäfte im Reichsjustizministerium

Im folgenden soll geschildert werden, wie Thierack die Geschäfte im Reichsjustizministerium führte, wie er sich seinen Mitarbeitern gegenüber verhielt und welches Verhältnis er zur Partei und ihren Organisationen hatte.

a) Geschäftsverteilung im Reichsjustizministerium

Nach Thieracks Amtsantritt gab es im Reichsjustizministerium neun Abteilungen: Abteilung I war zuständig für Personal- und Organisationssachen, Abteilung II für Ausbildung und Fortbildung, Abteilung III für Strafgesetzgebung mit einer Unterabteilung für Jugendrecht, Abteilung IV mit einigen Unterabteilungen für Strafrechtspflege, Abteilung V für Strafvollzug, Abteilung VI für Bürgerliches Recht, bürgerliche Rechtspflege und bäuerliches Recht, Abteilung VII für Handels-, Verkehrs- und Wirtschaftsrecht, Vereinsrecht, öffentliches Recht und Völkerrecht, Abteilung VIII für Haushaltssachen und Abteilung XV für den Sondereinsatz von Strafgefangenen.[889]
Mit einer Hausverfügung vom 11. September 1942 hatte Thierack ein „Ministeramt im Reichsjustizministerium" errichtet. Begründet wurde das Ministeramt zur Unterstützung Thieracks „in der einheitlichen, zentralen Führung des Reichsjustizministeriums, des NS-Rechtswahrerbundes und der Akademie für Deutsches Recht".[890] Dem Ministeramt gehörten an als persönliche Referenten des Ministers Landgerichtsrat Dr. Kümmerlein und Erster Staatsanwalt Ebersberg. Weiterhin gehörten ihm ein Referent für die Angelegenheiten des Rechts-

---

[887] IfZ, NG 199, Bl. 600, Schreiben des Reichsministers und Chefs der Reichskanzlei an Thierack vom 21.5.1943.
[888] IfZ, NG 199, Bl. 600, Schreiben des Reichsministers und Chefs der Reichskanzlei an Thierack vom 21.5.1943.
[889] BA R 3001 (alt R 22) 2735, Bl. 2 ff., Geschäftsverteilungsplan des Reichsjustizministeriums.
[890] BA R 3001 (alt R 22) 55, Bl. 23, Hausverfügung Thieracks vom 11.9.1942.

wahrerbundes und für Sonderaufträge, ein Referent für die Präsidialangelegenheiten der Akademie für Deutsches Recht, ein Referent für die Bearbeitung der Richterbriefe sowie ein Referent für die Bearbeitung persönlicher Eingaben an.[891]

b) Arbeit im Ministerium

Thierack pflegte bei der Leitung des Ministeriums einen sehr autoritären Führungsstil.

Mitarbeiter aus dem Ministerium erklärten später, er sei ein „starker Autokrat nach unten" gewesen, der keine selbständigen Personen neben sich geduldet habe.[892] Weiter wurde er als grobschlächtig und brutal beschrieben.[893] Einige Mitarbeiter fanden Ausdrücke wie „Kraftmensch"[894], „brutaler Gewaltmensch"[895], „Diktator und Tyrann..., dem ein Menschenleben nichts galt"[896] oder auch „Neandertaler"[897]. Er habe keinen Widerspruch vertragen und sei dann ausfallend und grob geworden.[898] Sachlichen Erwägungen gegenüber sei er nur sehr schwer zugänglich gewesen, wenn sie seinem Gedankenkreis und seiner Auffassung nicht entsprachen.[899] Auch sei sein Wesen durch Mißtrauen anderen Menschen gegenüber geprägt gewesen.[900]

---

891 BA R 3001 (alt R 22) 2735, Bl. 2, Geschäftsverteilungsplan des Reichsjustizministeriums.

892 Vgl. IfZ ZS 477, Bl. 66, Aussage Rothenberger; Staatsarchiv Nürnberg, KV-Prozesse Fall 3, D 2, Dok. Nr. 19, S. 41, Eidesstattliche Versicherung Hermann Schoetensack.

893 Vgl. Staatsarchiv Nürnberg, KV-Prozesse Fall 3, Q 7, S. 7 ff., Eidesstattliche Versicherung Fritz Fechner; Staatsarchiv Nürnberg, KV-Prozesse Fall 3, J 16, Exh. Nr. 71, Eidesstattliche Versicherung Wilhelm Miethsam; IfZ, NG 525, Aussage Catharina Frohböse; Staatsarchiv Nürnberg, KV-Prozesse Fall 3, Q 6, Dor. Nr. 77, S. 39, Eidesstattliche Versicherung Walter Frhr. von Steinacker.

894 Staatsarchiv Nürnberg, KV-Prozesse Fall 3, L 7, Exh. Nr. 37, S. 27, Eidesstattliche Versicherung Friedrich Preiser.

895 Staatsarchiv Nürnberg, KV-Prozesse Fall 3, Q 8, Dok. Nr. 106, S. 2, Eidesstattliche Versicherung Rudolf Marx.

896 IfZ, NG 393, Aussage Karl Ferber.

897 IfZ, NG 525, Aussage Catharina Frohböse darüber, wie Rudolf Letz Thierack bezeichnete.

898 vgl. Staatsarchiv Nürnberg, KV-Prozesse Fall 3, Q 7, S. 7 ff., Eidesstattliche Versicherung Fritz Fechner; Staatsarchiv Nürnberg, KV-Prozesse Fall 3, J 12, Exh. Nr. 60, Aussage Werner Mattern.

899 Staatsarchiv Nürnberg, KV-Prozesse Fall 3, D 2, Dok. Nr. 19, S. 41, Eidesstattliche Versicherung Hermann Schoetensack.

900 Staatsarchiv Nürnberg, KV-Prozesse Fall 3, D 2, Dok. Nr. 18, S. 36, Eidesstattliche Versicherung Hans Willers; Staatsarchiv Nürnberg, KV-Prozesse Fall 3, D 2, Dok. Nr. 19, S. 41, Eidesstattliche Versicherung Hermann Schoetensack.

Diese Charakterzüge Thieracks bestimmten auch die Arbeit im Ministerium. So bestimmte Thierack allein die politische Linie des Ministeriums.[901] Er behielt sich in den wichtigen Fragen die Entscheidungen selbst vor.[902] Hierbei entschied er nach eigenem Ermessen, wobei er sich in der Regel nicht an Vorschläge der einzelnen Abteilungen und ihrer Referenten hielt.[903]
Thieracks Praxis, Entscheidungen zu treffen, wurde später im Nürnberger Juristenprozeß als „Linie Thierack" bezeichnet. Diese „Linie" hatte sich im Ministerium auf Grund von vielen Präzedenzentscheidungen Thieracks herausgebildet. Die Mitarbeiter wußten meistens schon aufgrund einer vorhergehenden Entscheidung, wie Thierack entscheiden würde und waren gehalten, auch in einem neuerlichen Fall diese „Linie" einzuhalten.[904] Die „Linie Thierack" soll außerordentlich scharf gewesen sein.[905]
Auch traf Thierack zum Teil Verfügungen, ohne die Abteilungsleiter zu informieren, deren Aufgabengebiet eigentlich betroffen war.[906]
Sein Hauptinteresse galt den strafrechtlichen Belangen.[907] Bei Entscheidungen hierüber ließ er sich von niemandem aus dem Ministerium beeinflussen.[908]

Thierack scheint sich eines Büroleiters, den er in das Ministerium mitgebracht hatte, bedient zu haben, um durch ihn Informationen über andere Mitarbeiter zu

---

901 Staatsarchiv Nürnberg, KV-Prozesse Fall 3, D 2, Dok. Nr. 18, S. 36, Eidesstattliche Versicherung Hans Willers.

902 Rothenberger, „Sechzehn Monate Berlin", S. 9; Staatsarchiv Nürnberg, KV-Prozesse Fall 3, D 2, Dok. Nr. 19, S. 41, Eidesstattliche Versicherung Hermann Schoetensack; Staatsarchiv Nürnberg, KV-Prozesse Fall 3, D 2, Dok. Nr. 59, S. 23, Eidesstattliche Versicherung Joachim Wilkerling; Staatsarchiv Nürnberg, KV-Prozesse Fall 3, J 12, Exh. Nr. 60 Aussage Werner Mattern.

903 Staatsarchiv Nürnberg, KV-Prozesse Fall 3, D 2, Dok. Nr. 19, S. 41, Eidesstattliche Versicherung Hermann Schoetensack.

904 BA Fall 3, 38588/47466 P, Aussage Dr. Hans Hartmann, persönlicher Referent Rothenbergers.

905 BA Fall 3, 38588/47466 P, Aussage Dr. Hans Hartmann; Staatsarchiv Nürnberg, KV-Prozesse Fall 3, A 51, S. 3798, Aussage Dr. Hugo Suchomel.

906 Staatsarchiv Nürnberg, KV-Prozesse Fall 3, D 2, Dok. Nr. 18, S. 36, Eidesstattliche Versicherung Hans Willers.

907 Staatsarchiv Nürnberg, KV-Prozesse Fall 3, J 15, Exh. Nr. 68 b, Eidesstattliche Versicherung Friedrich Preiser; Staatsarchiv Nürnberg, KV-Prozesse Fall 3, J 16, Exh. Nr. 70, Eidesstattliche Versicherung Hans Willers.

908 Staatsarchiv Nürnberg, KV-Prozesse Fall 3, J 15, Exh. Nr. 68 b, Eidesstattliche Versicherung Friedrich Preiser.

erlangen. Dieser Mann war Mitglied des SD und stand im Ministerium in dem Ruf, Spitzeldienste für Thierack zu leisten.[909]

c) Thierack und Rothenberger

Das Verhältnis zwischen Thierack und seinem Staatssekretär Rothenberger gestaltete sich schwierig. Schon bald zeigte sich, daß die Gegensätze zwischen beiden so stark waren, daß eine gute Zusammenarbeit nicht möglich schien.[910] Während Thierack, wie oben beschrieben[911], grobschlächtig und autoritär veranlagt war, vertrat der Hanseat Rothenberger eher den Typus des intellektuellen, auf die wissenschaftliche Seite ausgerichteten Juristen.[912] Auch war Rothenberger sehr ehrgeizig und konnte sich schwer unterordnen.[913] Dies mußte zu Reibereien mit dem autokratisch veranlagten Thierack führen.
Es wurde verschiedentlich, so auch von Rothenberger selbst, die Vermutung geäußert, daß es für Thierack nicht leicht war, daß die Pläne für die Justizreform, zu deren Durchführung er von Hitler beauftragt war, von Rothenberger und nicht von ihm selbst stammten. Dadurch habe er sich in den Schatten gestellt gefühlt.[914]

.

Diese Situation soll auch Freisler erkannt und dazu ausgenutzt haben, einen Keil zwischen Thierack und Rothenberger zu treiben. So soll er bei einer „Chefpräsidententagung" im September 1942, an der alle „Chefpräsidenten" und Generalstaatsanwälte zugegen waren, folgendes zu Thierack gesagt haben:

---

909 Staatsarchiv Nürnberg, KV-Prozesse Fall 3, Q 5, Eidesstattliche Versicherung Hans Willers; Staatsarchiv Nürnberg, KV-Prozesse Fall 3, Q 5, Eidesstattliche Versicherung Irmgard Velder.

910 Vgl. IfZ ZS 353 Bd. I, Bl. 34 f., 43, Aussage Lammers; Staatsarchiv Nürnberg, KV-Prozesse Fall 3, J 16, Aussage Catharina Frohböse, persönliche Sekretärin Rothenbergers; Staatsarchiv Nürnberg KV-Prozesse Fall 3, Q 6 Eidesstattliche Versicherung Walter Frhr. von Steinacker; Staatsarchiv Nürnberg KV-Prozesse Fall 3, Q 7, Eidesstattliche Versicherung Bernhard Hinrichs; Bästlein, Vom hanseatischen Richtertum zum nationalsozialistischen Justizverbrechen, S. 125.

911 S.o. Kapitel VIII 5 b).

912 Bästlein, Vom hanseatischen Richtertum zum nationalsozialistischen Justizverbrechen; S. 125; KV- Prozesse Fall 3, J 16, Aussage Catharina Frohböse; IfZ, ZS 353 Bd. I, Bl. 34 Aussage Lammers; Staatsarchiv Nürnberg KV-Prozesse Fall 3, Q 6, Eidesstattliche Versicherung Walter Frhr. von Steinacker; Schott, „Curt Rothenberger – eine politische Biographie", S. 149.

913 IfZ, NG 525, Aussage Catharina Frohböse; vgl. IfZ, NG 866, Rothenberger, „Sechzehn Monate Berlin", S. 6.

914 Vgl. IfZ, ZS 477, Bl. 41, Aussage Rothenberger; IfZ, NG 866, Rothenberger, „Sechzehn Monate Berlin", S. 6; Staatsarchiv Nürnberg, KV- Prozesse Fall 3, J 16, Aussage Catharina Frohböse; Johe, Die gleichgeschaltete Justiz, S. 241.

„Herr Minister, ich warne Sie. Es geht in den deutschen Landen das Gerücht herum, daß die große Justizreform von anderer Seite ausgeht als von Ihnen."[915]

Damit sei, so Freisler, das Prinzip der einheitlichen Führung gefährdet.[916] Diese Spitze Freislers soll Thierack stark getroffen haben.[917]

Die Arbeit im Ministerium war so zwischen Thierack und Rothenberger aufgeteilt, daß Thierack die strafrechtlichen Bereiche sich allein unterstellt hatte, während Rothenberger an der Justizreform arbeitete und die Abteilungen, die sich mit zivilrechtlichen Themen beschäftigten, übernahm.[918] Dieser Ausschluß Rothenbergers von den strafrechtlichen Bereichen geschah zunächst mit dessen Einverständnis. Rothenberger begründete dies zum einen damit, daß er zeitlich die Bearbeitung dieser Themen gar nicht geschafft hätte und zum anderen ihm das Strafrecht nicht gelegen habe, da er „Zivilist" gewesen sei.[919] Jedoch wurde ihm der Einblick in die laufenden Arbeiten der strafrechtlichen Abteilungen auch verweigert, als er später darum bat.[920] Thierack soll dies damit begründet haben, daß Rothenberger politisch nicht genügend versiert sei. Rothenberger durfte lediglich bei den Vorträgen dieser Abteilungen anwesend sein.[921]

Thierack schloß Rothenberger gegen dessen Willen auch von vielen anderen Vorgängen im Ministerium aus.
So zog Thierack ihn nie hinzu, wenn er sich zu Besprechungen mit maßgebenden Personen der SS, der Partei-Kanzlei oder anderen Organisationen traf.[922] Von diesen Konferenzen erhielt Rothenberger lediglich Kenntnis, soweit sie seine Abteilungen betrafen.[923] Weiterhin wurden nach Aussage Rothenbergers die wichtigsten Angelegenheiten, ohne ihm auch nur nachträglich Kenntnis zu geben, von Thierack selbst oder in seinem Auftrag vom Ministeramt erledigt.[924] Auch wenn es um die Arbeit in der Akademie für Deutsches Recht und im Rechtswahrerbund ging, wurde Rothenberger nicht hinzugezogen, obwohl er der Stellvertreter Thieracks in diesen Organisationen war. Als er Thierack darum bat, hinzugezogen zu werden, um im Bilde über die Vorgänge zu sein, soll die-

---

915 IfZ, NG 866, Rothenberger, „Sechzehn Monate Berlin", S. 6; IfZ, ZS 477, Bl. 41, Aussage Rothenberger.
916 IfZ, NG 866, Rothenberger, „Sechzehn Monate Berlin", S. 6.
917 IfZ, NG 866, Rothenberger, „Sechzehn Monate Berlin", S. 6.
918 IfZ, ZS 477, Bl. 43, Aussage Rothenberger.
919 IfZ, ZS 477, Bl. 43, Aussage Rothenberger.
920 IfZ, ZS 477, Bl. 43, Aussage Rothenberger.
921 IfZ, NG 866, Rothenberger, „Sechzehn Monate Berlin", S. 8.
922 IfZ, NG 866, Rothenberger, „Sechzehn Monate Berlin", S. 9.
923 IfZ, ZS 477, Bl. 66, Aussage Rothenberger.
924 IfZ, NG 866, Rothenberger, „Sechzehn Monate Berlin", S. 9.

ser den Wunsch Rothenbergers verneint haben, indem er Rothenberger erklärte, daß dieser nur dann seine Funktion auszuüben brauche, wenn er selbst abwesend wäre.[925]

Bald nach seinem und Rothenbergers Amtsantritt begann Thierack, immer wieder gegen Rothenberger vorzugehen, offensichtlich mit dem Ziel, ihn aus dem Ministerium zu entfernen.

Schon im Dezember 1942 versuchte Thierack hinter dem Rücken Rothenbergers, eine zweite Staatssekretärsstelle genehmigt zu bekommen. Rothenberger hatte jedoch vor seiner Berufung erklärt, daß er nur als alleiniger Staatssekretär bereit wäre, ins Ministerium überzuwechseln.[926] Thierack beschwerte sich bei Lammers darüber, daß Rothenberger ihm angeblich nicht die nötige Stütze sei, die er von einem Staatssekretär erwarten müsse. Dieser beschäftige sich mit Problemen, die in Kriegszeiten keine Rolle spielten.[927] Daher benötige er eine zweite Staatssekretärsstelle. Dieses Verlangen wurde jedoch abgelehnt.[928]

Ebenfalls im Dezember 1942 erfuhr Rothenberger von einer Umfrage des SD-Abschnitts Königsberg aus dem Oktober. In dieser hieß es über ihn:

> „...
> In Bezug auf Staatssekretär Rothenberger ist man der Auffassung, daß er nicht über die Qualitäten verfügt, um sich in seinem Amt lange zu halten. Sein bisheriger Wirkungskreis ist ein wesentlich geringerer gewesen.
> ...“[929]

Rothenberger sah sich dadurch in seiner Ehre angegriffen und bat Thierack um Unterstützung gegen Himmler. Thierack lehnte ein Eingreifen jedoch als nicht erforderlich ab. Er soll sich auch geweigert haben, ein schon von Rothenberger entworfenes Schreiben in dieser Sache an Himmler zu unterzeichnen.[930] Rothenberger wandte sich daraufhin selbst an Himmler, ohne jedoch zu einem für ihn befriedigenden Ergebnis zu gelangen.[931]

---

925 IfZ, NG 866, Rothenberger, „Sechzehn Monate Berlin“, S. 9 f.; IfZ, ZS 477, Bl. 67 f., Aussage Rothenberger.
926 IfZ, NG 866, Rothenberger, „Sechzehn Monate Berlin“, S. 7.
927 IfZ, ZS 353 Bd. I, Bl. 38 f., Aussage Lammers.
928 IfZ, ZS 353 Bd. I, Bl. 38, Aussage Lammers.
929 IfZ, NG 866, Rothenberger, „Sechzehn Monate Berlin“, S. 12.
930 IfZ, NG 866, Rothenberger, „Sechzehn Monate Berlin“, S. 13; IfZ, ZS 477, Bl. 66, Aussage Rothenberger.
931 Vgl. IfZ, NG 866, Rothenberger, „Sechzehn Monate Berlin“, S.13; IfZ, ZS 477, Bl. 66, Aussage Rothenberger.

Als sich im Jahr 1943 die Kriegslage schnell verschlechterte, verlor Hitler das Interesse an einer Neuordnung der Justiz. Dadurch ging der Einfluß Rothenbergers zurück.[932]
Dies gab Thierack die Möglichkeit, auf die Entfernung Rothenbergers aus dem Ministerium hinzuarbeiten.
Zunächst verfolgte er scheinbar den Plan, Rothenberger auf den Posten des Reichsgerichtspräsidenten abzuschieben. Nachdem bisher die Staatssekretäre und der Reichsgerichtspräsident nach Rang und Gehalt gleichgestellt waren, änderte sich dies, als im Januar 1943 die Staatssekretäre durch eine neue Besoldungsbestimmung ein höheres Gehalt bekamen. Daraufhin fragte Thierack bei einem Ministerialdirigenten nach, ob nun noch ein Staatssekretär gegen seinen Willen zum Reichsgerichtspräsidenten gemacht werden könne. Dieses wurde von Rothenberger selbst sowie von anderen Mitarbeitern im Ministerium als Versuch Thieracks gewertet, Rothenberger an das Reichsgericht abzuschieben. Als Rothenberger Thierack daraufhin fragte, ob dieser die Absicht habe, ihn zum Reichsgerichtspräsidenten zu machen, soll Thierack geantwortet haben: „noch nicht“.[933]

Im April 1943 erklärte Thierack, als es darum ging, ob Rothenberger in die SS aufgenommen werden sollte, daß er seine Meinung zu Rothenberger zu dessen Ungunsten habe ändern müssen.[934] Rothenberger wurde letztlich nicht in die SS aufgenommen, da Himmler dies ablehnte. Dieser erklärte, es würden sich hinsichtlich der Person Rothenbergers, der ein klarer Vertreter der Justiz sei, zu viele Schwierigkeiten ergeben.[935]

Im Sommer 1943 ließ Thierack persönlich eine Untersuchung gegen Rothenberger einleiten, nachdem eine anonyme Anzeige eingegangen war, daß dieser ohne Berechtigung in einer Strafanstalt Möbelstücke für sich habe anfertigen lassen. Diese Untersuchung zog sich über Wochen hin und kam zu keinem Ergebnis.[936]

Schließlich schied Rothenberger im Dezember 1943 tatsächlich aus dem Ministerium aus. Der Anlaß hierfür war, daß gegen ihn der Vorwurf erhoben wurde,

---

932 Vgl. Johe, Die gleichgeschaltete Justiz, S. 240 f.; Bästlein, Vom hanseatischen Richtertum zum nationalsozialistischen Justizverbrechen, S. 125 f.

933 IfZ, NG 866, Rothenberger, „Sechzehn Monate Berlin“, S.7; IfZ, ZS 477, Bl. 67, Aussage Rothenberger; vgl. Staatsarchiv Nürnberg KV-Prozesse Fall 3, Q 8, Eidesstattliche Versicherung Rudolf Marx; Schott, „Curt Rothenberger – eine politische Biographie“, S. 153.

934 BA NS 19/2984, Schreiben des Chefs der Sicherheitspolizei an den Reichsführer-SS vom 2.4.1943.

935 BA, NS 19/2984, Schreiben des Reichsführers-SS/ Persönlicher Stab vom 19.12.1942.

936 IfZ, NG 866, Rothenberger, „Sechzehn Monate Berlin“, S.7; IfZ, ZS 477, Bl. 67, Aussage Rothenberger.

bei seinem Buch „Der deutsche Richter“ handele es sich um ein Plagiat.[937] In der historischen Einleitung des Buches waren einige Passagen enthalten, die wörtlich einem Werk des schweizer Rechtshistorikers Hans Fehr entnommen waren. Rothenberger hatte einen Mitarbeiter mit der Recherche für diesen Teil des Buches beauftragt. Dieser hatte offensichtlich die fraglichen Stellen dem Buch Fehrs entnommen, ohne dies zu kennzeichnen.[938] Thierack erfuhr hiervon und nutzte dies als Anlaß, Rothenberger in den Wartestand zu versetzen. Er erklärte, die Sache sei „höchst peinlich“ und berge die Möglichkeit außenpolitischer Gefahren. Dies begründete er damit, daß angeblich die Gefahr bestünde, daß im Ausland das Gerücht aufkommen könne, die deutsche Justizreform stamme eigentlich von einem schweizer Demokraten.[939] Thierack berief Rothenberger zu sich und eröffnete ihm, daß er sofort in den Wartestand versetzt sei.[940] Er erklärte, Professoren aus Hamburg hätten in dieser Sache eine Eingabe an Lammers gemacht. Sie hätten sich darüber beschwert, daß im Justizministerium ein Staatssekretär sitze, der ein Plagiat hergestellt habe. Lammers habe die Sache daraufhin Hitler vortragen müssen, welcher Rothenberger in den Wartestand versetzt habe.[941]

Rothenberger gab später an, Thierack darauf angesprochen zu haben, daß dies nicht der tatsächliche Grund für seine Versetzung in den Wartestand gewesen sein könne. Darauf habe Thierack erwidert, daß dies nur die äußere Veranlassung gewesen sei. Rothenberger habe nie ein gutes Verhältnis zur SS und zur Partei-Kanzlei gehabt. Infolgedessen habe der Führer sich veranlaßt gesehen, ihn in den Wartestand zu versetzen.[942] Rothenberger gab weiter an, nun Lammers um Aufklärung gebeten zu haben. Dieser habe daraufhin erklärt, daß er in der Sache nichts habe machen können, da Thierack ihn gedrängt habe.[943] Rothenberger forschte später ebenfalls nach, was es mit der angeblichen Eingabe der Hamburger Professoren auf sich hatte. Dabei ergab sich, daß eine solche Eingabe offensichtlich nicht vorlag, sondern lediglich befürchtet wurde.[944] Auch eine auf Veranlassung Rothenbergers durchgeführte Überprüfung der Angelegenheit innerhalb der Hamburger Universität ergab, daß eine solche Eingabe

---

[937] Vgl. hierzu Schott, „Curt Rothenberger – eine politische Biographie“, S. 153 ff.
[938] IfZ, ZS 477, Bl. 69, Aussage Rothenberger; IfZ, ZS 353 Bd. I, Bl. 42, Aussage Lammers.
[939] IfZ, ZS 477, Bl. 69, Aussage Rothenberger.
[940] IfZ, ZS 477, Bl. 69, Aussage Rothenberger.
[941] IfZ, ZS 477, Bl. 69, Aussage Rothenberger.
[942] IfZ, ZS 477, Bl. 70, Aussage Rothenberger.
[943] IfZ, ZS 477, Bl. 70, Aussage Rothenberger.
[944] IfZ, ZS 477, Bl. 71, Aussage Rothenberger; Staatsarchiv Nürnberg, KV-Prozesse Fall 3, Q 5 Dok. Nr. 51, Eidesstattliche Versicherung Hans Lammers.

von keinem der Mitglieder der Rechts- und Staatswissenschaftlichen Fakultät gemacht worden war.[945]
Auch die von Thierack angeblich befürchteten außenpolitischen Gefahren scheinen tatsächlich nicht gedroht zu haben. Als Rothenberger sich mit einer Entschuldigung an Prof. Fehr wandte, antwortete dieser, daß er der Sache keinerlei Bedeutung zumesse.[946]
Das Vorgehen Thieracks wird allgemein so gewertet, daß er die Angelegenheit als Vorwand dazu benutzte, Rothenberger aus seinem Amt zu entfernen.[947] Auch Lammers sah dies so.[948]
In dem Urteil des Nürnberger Juristenprozesses heißt es über Rothenberger und seine Zeit im Reichsjustizministerium:

> „...
> Bald erfuhr er von der maßlosen Roheit des Nazisystems und der grundsatzlosen Abgefeimtheit Thieracks und Himmlers ... Er konnte nicht verdauen, was er sah, und sie konnten ihn nicht verdauen. Das Beweismaterial tut zur Genüge dar, daß Rothenberger von seinen Vorgesetzten getäuscht und mißbraucht wurde; daß Beweise gegen ihn an den Haaren herbeigezogen wurden und daß er schließlich entfernt wurde, zumindest teilweise, weil er nicht brutal genug war, den Anforderungen der Stunde zu genügen.
> ...“[949]

Rothenberger wurde am 21. Dezember 1943 seines Amtes enthoben.[950] Seine Nachfolge trat am 1. Januar 1944 Herbert Klemm an.[951] Damit war die Stelle des Staatssekretärs mit Thieracks Wunschkandidaten besetzt.
Mit Klemm verband Thierack eine enge Freundschaft. Klemm wohnte schließlich sogar bei Thierack in dessen Lichterfelder Wohnung.[952]

---

945 Staatsarchiv Nürnberg, KV-Prozesse Fall 3, Q 5 Dok.Nr. 65, Schreiben des Prodekans der Rechts- und Staatswissenschaftlichen Fakultät der Universität Hamburg an Lammers vom 4.3.1944.

946 BA R 3001 (alt R 22) pers. Nr. 72951, Bl. 53 Schreiben Prof. Hans Fehrs an Rothenberger vom 6.9.1944; IfZ, ZS 477, Bl. 70, Aussage Rothenberger; Bästlein, Vom hanseatischen Richtertum zum nationalsozialistischen Justizverbrechen, S. 126.

947 Vgl. Neliba, Die vier Staatssekretäre des NS-Reichsjustizministeriums (1933-1945) in Verw 1994, 195, 229; Bästlein, Vom hanseatischen Richtertum zum nationalsozialistischen Justizverbrechen, S. 126.

948 IfZ ZS 353 Bd. I, Bl. 42, Aussage Lammers.

949 Zitiert nach Bästlein, Vom hanseatischen Richtertum zum nationalsozialistischen Justizverbrechen, S. 132.

950 Neliba, Die vier Staatssekretäre des NS-Reichsjustizministeriums (1933-1945) in Verw 1994, 195, 229.

951 Neliba, Die vier Staatssekretäre des NS-Reichsjustizministeriums (1933-1945) in Verw 1994, 195, 230.

952 IfZ, NG 1474, Eidesstattliche Versicherung Günter Franke.

d) Verhältnis zur Partei und ihren Organisationen

Auch als Reichsjustizminister war Thierack sehr bemüht, gute und enge Beziehungen zur Partei und ihren Organisationen und vor allem zu den führenden Männern im Staat zu pflegen. Er galt als absolut parteihörig, als „Parteisoldat".[953] Oft hatte er Besprechungen mit Männern in leitenden Positionen der Partei.[954] Seine Entscheidungen sollen oft merkbar unter dem Einfluß justizfremder Stellen, wie zum Beispiel des Reichssicherheitshauptamtes, ergangen seien.[955] Auch zur Partei-Kanzlei und ihrem Leiter Bormann hielt Thierack sehr enge Beziehungen. Hatten seine Vorgänger, Gürtner und Schlegelberger, wenn es sich um staatliche Angelegenheiten handelte, den Weg über Lammers und die Reichskanzlei gesucht, so wandte Thierack sich in solchen Angelegenheiten direkt an die Partei-Kanzlei.[956] Es sei damals allgemein bekannt gewesen, „daß Thierack nichts unternahm, ohne vorher Bormanns Genehmigung eingeholt zu haben".[957] So soll Thierack beispielsweise dafür gesorgt haben, daß Verfahren gegen führende Persönlichkeiten der Partei ausschließlich nach dem Willen des Leiters der Partei-Kanzlei verhandelt wurden.[958] Auch in Fragen der Personalpolitik zeigte er sich den Wünschen der Partei gegenüber gefügig. Die Personalabteilung des Justizministeriums stand in regem Geschäftsverkehr mit der Partei-Kanzlei[959] und Thierack nutzte auch Auskünfte von SS-Stellen oder des SD, wenn es um die Besetzung von Stellen ging[960].

Mit den Männern der Obersten SA-Führung zeigte sich Thierack oft.[961] Er selbst trat, wie Fotos zu entnehmen ist, bei offiziellen Anlässen immer in seiner SA-Uniform auf.

Ebenfalls enge Beziehungen unterhielt Thierack zur SS und dabei vor allem zu Himmler. Das Justizministerium sah sich ständig Forderungen und Einwir-

---

[953] Staatsarchiv Nürnberg, KV-Prozesse Fall 3, Q 6, Dok. Nr. 77, S. 39, Eidesstattliche Versicherung Walter Frhr. von Steinacker; IfZ, NG 408, Eidesstattliche Erklärung Dr. Rudolf Dix; IfZ, NG 125 Aussage Schlegelberger; Bästlein, Vom hanseatischen Richtertum zum nationalsozialistischen Justizverbrechen, S. 125; Wagner, Der Volksgerichtshof im nationalsozialistischen Staat, S. 834.

[954] IfZ, ZS 477, Bl. 66, Aussage Rothenberger;

[955] Staatsarchiv Nürnberg, KV-Prozesse Fall 3, J 13, Exh. Nr. 63 b; Eidesstattliche Versicherung Dr. Georg Bruns.

[956] IfZ, ZS 353 Bd. I, Bl. 30, Aussage Lammers.

[957] IfZ, NG 225, Eidesstattliche Erklärung Hans Frank.

[958] IfZ, NG 866, Rothenberger, „Sechzehn Monate Berlin", S. 8.

[959] Staatsarchiv Nürnberg, KV-Prozesse Fall 3, J 16, Exh. Nr. 70, Eidesstattliche Versicherung Hans Willers.

[960] IfZ, ZS 477, Bl. 87, Aussage Rothenberger.

[961] IfZ, ZS 438 Bd. I, Bl. 29, Aussage Günther Joel.

kungsversuchen der SS und der Polizei ausgesetzt.[962] Auf diese Forderungen, bei denen es zumeist um die Abgabe von Kompetenzen der Justiz an die Polizei ging, wird später noch einzugehen sein.[963]

e) Verhältnis zu Freisler

Thieracks Verhältnis zu dem ehemaligen Staatssekretär im Reichsjustizministerium Freisler, der, wie dargelegt[964], zugunsten Thieracks bei der Vergabe des Ministerpostens übergangen worden war, war offensichtlich von gegenseitiger Abneigung geprägt[965].

Im Zusammenhang mit seiner Berufung in das Reichsjustizministerium machte Thierack deutlich, daß er nicht gewillt war, dort mit Freisler zusammenzuarbeiten.[966] Aus diesem Grund wird es für möglich gehalten, daß die Berufung Freislers vom Ministerium weg an den Volksgerichtshof letzten Endes auf Thierack zurückgeht.[967] Er soll Freisler für geisteskrank gehalten haben.[968] Da Thierack ungern mit Freisler verhandelte, übertrug er notwendige Besprechungen mit diesem seinem Staatssekretär Klemm.[969]

Obwohl Thierack mehrmals im Ministerium zu erkennen gegeben haben soll, daß er nun geneigt sei, die Konsequenzen zu ziehen und Freisler gehen zu lassen, ihn mithin aus seinem Amt zu entfernen, leitete er Schritte in dieser Richtung nie ein. In den Fällen, in denen Thierack das Vorhaben, Freisler zu entfernen, geäußert habe, sei es immer zu langdauernden und heftigen Besprechungen zwischen Freisler und ihm gekommen, in denen es Freisler jedoch immer wieder geglückt sei, seinen Platz zu behaupten.[970] Es kam jedoch des öfteren zu kleineren Vorfällen zwischen beiden sowie zu Einzelmaßnahmen Thieracks gegen Freisler.[971] Diese Geschehnisse belegen das gespannte Verhältnis der beiden Männer zueinander.

---

[962] Wagner, Die Umgestaltung der Gerichtsverfassung und des Verfahrens- und Richterrechts im nationalsozialistischen Staat, S. 296; BA Fall 3, 38587/47465 P, Bl. 8544, Aussage Josef Altstötter.

[963] S.u. Kapitel VIII 6.

[964] S.o. Kapitel VIII 2.

[965] Zum Verhältnis zwischen Thierack und Freisler vgl. Wagner, Der Volksgerichtshof im nationalsozialistischen Staat, S. 834 ff.

[966] IfZ, ZS 353, Bd. 1, S. 37, Aussage Lammers.

[967] So Wagner, Der Volksgerichtshof im nationalsozialistischen Staat, S. 834.

[968] IfZ, NG 866, Rothenberger, „Sechzehn Monate Berlin", S. 9.

[969] IfZ, NG 1474, Eidesstattliche Erklärung Dr. Günter Franke.

[970] Aussage Kurt Behling, zitiert nach Wagner, Der Volksgerichtshof im nationalsozialistischen Staat, S. 839.

[971] Wagner, Der Volksgerichtshof im nationalsozialistischen Staat, S. 839.

Kurz nach seinem Amtsantritt am Volksgerichtshof schrieb Freisler an Thierack mit der Bitte um Bewilligung von zehn Hilfsrichtern, die nötig seien, um die Rückstände am Volksgerichtshof aufzuarbeiten. Schon seit langer Zeit seien monatlich weniger Sachen erledigt worden als neu eingingen. Zum Zeitpunkt seiner Amtsübernahme hätten Hunderte von Sachen vorgelegen, in denen noch kein Termin anberaumt werden konnte und die das Gericht auf 4 ¾ Monate blockieren würden. Freislers Ansicht nach müsse der Volksgerichtshof jedoch besonders im Krieg eingehende Anklagen in Fließarbeit sofort erledigen können.[972] Trotz der äußerlich höflichen Form dieses Schreibens, vermittelt es den Eindruck einer Spitze Freislers gegen Thierack, der als ehemaliger Präsident des Volksgerichtshofes für die genannten Mißstände verantwortlich war.
Einen ähnlichen Eindruck vermittelt ein weiteres Schreiben Freislers an Thierack. Darin geht es um die Ernennung eines neuen Vizepräsidenten am Volksgerichtshof. Freisler erläuterte, daß Thierack größten Wert darauf gelegt habe, diese Stelle mit Ministerialdirektor Crohne zu besetzen. Aufgrund des dringenden Wunsches Thieracks erklärte Freisler sich bereit, „ihn nehmen zu wollen". Er selber habe jedoch aufgrund seiner mehr als neunjährigen Erfahrungen mit Crohne Bedenken gegen dessen Ernennung. Weiter erklärte Freisler, daß er im Falle der Ernennung Crohnes dessen Mängel durch erhöhte Wachsamkeit auszugleichen versuchen wolle, ohne jedoch versprechen zu können, daß dieses gelingen werde. Eine Unterstützung erwarte er von der Ernennung nicht.[973] Hier kritisierte Freisler unmißverständlich Thieracks Entscheidung und machte deutlich, daß er die Entscheidung aufgrund der Stellung Thieracks zwar akzeptieren würde, sie jedoch für falsch und der Sache nicht dienlich hielt.

Im Oktober 1942 wandte sich Freisler erneut an Thierack. Er habe erfahren, daß Ministerialdirektor Crohne auf einer Sitzung erklärt habe, es sei der besondere Wunsch des Ministers, daß nur der Senat des Vizepräsidenten mit der Bearbeitung bestimmter Sachen befaßt werden solle. Er halte sich für verpflichtet, Thierack dieses sofort zu berichten, da er wisse, daß letzterer „eine solche Zerstörung der Stellung des Präsidenten des Volksgerichtshofes" nie dulden würde und daher sicher ein Mißverständnis vorliege.[974] Unklar ist, ob Thierack tatsächlich plante, Freisler von bestimmten Verfahren, gemeint sind vermutlich die Verfahren wegen Wehrkraftzersetzung, auszuschließen. Weitere Schritte in dieser Sache wurden nicht unternommen.[975]

[972] BA R 3001 (alt R 22) 4694, Bl. 151 f., Schreiben Freislers an Thierack vom 14.9.1942.
[973] BA R 3001 (alt R 22) 4694, Bl. 149, Schreiben Freislers an Thierack vom 17.9.1942.
[974] BA R 3001 (alt R 22) 4694, Bl. 119, Schreiben Freislers an Thierack vom 16.10.1942.
[975] Wagner, Der Volksgerichtshof im nationalsozialistischen Staat, S. 835.

Thierack seinerseits übte im Januar 1943 in einem Schreiben an die Partei-Kanzlei Kritik an einem Urteil Freislers.[976] Aus diesem Urteil sei nicht ersichtlich, nach welchen gesetzlichen Bestimmungen die Verurteilung erfolgt sei. Er fügte unter Anspielung auf Freislers kommunistische Vergangenheit hinzu:

> „...
> Das Urteil erinnert an den früheren gescheiterten russischen Versuch, ohne gesetzliche Bestimmung Recht zu sprechen."[977]

Eine Auseinandersetzung zwischen den beiden Männern ergab sich aus der Frage, wie der Begriff der „Öffentlichkeit" im Zusammenhang mit sogenannten defaitistischen Äußerungen zu definieren sei. In einem Urteil[978] hatte der Senat Freislers angenommen, ein vom Angeklagten mit einem Bekannten geführtes Gespräch, in dem dieser unter anderem Deutschland die Schuld für den Krieg gab, falle unter den Begriff der Öffentlichkeit in § 5 der Kriegssonderstrafrechtsverordnung. Thierack erklärte in einem Schreiben an Freisler, daß die Auslegung des Begriffes durch den Ersten Senat zu weit gehe. Er würde es begrüßen, wenn der Senat künftig diese Auffassung nicht mehr vertreten würde.[979] Freisler widersprach dieser Ansicht Thieracks und verteidigte seine Auslegung.[980]

Ein weiterer Anlaß, der zu Unstimmigkeiten zwischen Freisler und Thierack führte, war die von Freisler am Volksgerichtshof vorgenommene Geschäftsverteilung.
In der Geschäftsverteilung vom 1. Oktober 1942 sowie in der für das Jahr 1943 hatte Freisler „zur Entlastung des 2. Senats und um selbst an der gesamten Rechtsprechung des Volksgerichtshofes teilnehmen zu können" die Geschäftsverteilung dahingehend geändert, daß der von ihm geleitete Erste Senat nun auch zuständig sein sollte für Sachen, die ihm der Präsident des Volksgerichtshofes in Einzelfällen zuteilte, auch wenn diese allgemein nicht zum Geschäftsbereich des Senats gehörten.[981] Thierack reagierte auf diese Aufhebung des Grundsatzes des gesetzlichen Richters erst im November 1943. Zu diesem Zeitpunkt teilte er Freisler seine Bedenken gegen diese Bestimmung in der Geschäftsverteilung mit und forderte ihn auf, diesen Bedenken bei der Aufstellung

---

[976] Vgl. zu diesem Urteil Wagner, Der Volksgerichtshof im nationalsozialistischen Staat, S. 188.
[977] BA R 3001 (alt R 22) 4694, Bl. 94, Schreiben Thieracks an die Partei-Kanzlei vom 19.1.1943
[978] Zu diesem Urteil vgl. Wagner, Der Volksgerichtshof im nationalsozialistischen Staat, S. 293.
[979] BA R 3001 (alt R 22) 4694, Bl. 80, Schreiben Thieracks an Freisler vom 11.9.1943.
[980] BA R 3001 (alt R 22) 4694, Bl. 77, Schreiben Freislers an Thierack vom 28.9.1943.
[981] BA R 3017 (alt R 60 II) 574, Geschäftsverteilungspläne des Volksgerichtshofes.

des neuen Geschäftsverteilungsplans Rechnung zu tragen. Eine solche Bestimmung erscheine nur dann tragbar, wenn der Präsident außerhalb der richterlichen Tätigkeit stehen würde. Sie sei nicht vereinbar mit einem festen Plan für das ganze Geschäftsjahr. Weiter erwecke eine solche Bestimmung den Eindruck, als ob die anderen Senate nur zur Aburteilung minder wichtiger Sachen berufen sein sollten.[982] Freisler fügte sich dieser Aufforderung und brachte die fragliche Bestimmung nicht mehr in die nächsten Geschäftsverteilungspläne ein.[983]
Ein weiterer Kritikpunkt Thieracks an der Geschäftsverteilung Freislers ergab sich aus dessen Formulierung, der Erste Senat sei zuständig für strafbare Handlungen „katholisch-kirchlich staatsfeindlicher Richtung". Unter dem Hinweis, der Führer wolle alles vermeiden, was den Anschein erwecken könnte, als seien von Staats wegen Maßnahmen gegen eine der christlichen Kirchen als solche im Gange, stellte Thierack es ihm im März 1944 frei, von „konfessionell-bedingten staatsfeindlichen Handlungen zu sprechen".[984] Daraufhin änderte Freisler die Geschäftsverteilung für das Jahr 1944 in dem von Thierack gewünschten Sinn.[985]
Auch Freislers Art der Verhandlungsführung gab Thierack Anlaß zur Kritik. So ersuchte er ihn im Beisein von Goebbels im August 1944, sich künftig in öffentlichen Verhandlungen des Volksgerichtshofes vorsichtiger zu benehmen.[986]
In einem Schreiben vom 8. September 1944 beschwerte Thierack sich in sehr deutlichen Worten bei Bormann über Freislers Verhandlungsführung:

> „...
> Die Verhandlungsführung des Vorsitzers war bei den Angeklagten Wirmer und Goerdeler unbedenklich und sachlich, bei Lejeune-Jung etwas nervös. Leuschner und von Hassell ließ er nicht ausreden. Er überschrie sie wiederholt. Das machte einen recht schlechten Eindruck, zumal der Präsident etwa 300 Personen das Zuhören gestattet hatte.
> ...
> Ein solches Verfahren in einer solchen Sitzung ist sehr bedenklich. Die politische Führung der Verhandlung war sonst nicht zu beanstanden. Leider redete er aber Leuschner als Viertelportion und Goerdeler als halbe Portion und sprach von den Angeklagten als Würstchen. Darunter litt der Ernst dieser gewichtigen Versammlung erheblich. Wiederholte längere, nur auf Propagandawirkung abzielende Reden des Vorsitzers wirkten in diesem Kreise abstoßend. Auch hierunter litt der Ernst und die Würde des Gerichts. Es fehlte dem Präsidenten völlig an eiskalter, überlegener Zurückhaltung, die in solchem Prozeß allein geboten ist.
> ..."[987]

[982] BA R 3001 (alt R 22) 4694, Bl. 101, Schreiben Thieracks an Freisler vom 22.11.1943.
[983] Wagner, Der Volksgerichtshof im nationalsozialistischen Staat, S. 27.
[984] IfZ, NG 200, Schreiben Thieracks an Freisler vom 15.3.1944.
[985] Wagner, Der Volksgerichtshof im nationalsozialistischen Staat, S. 27.
[986] Wagner, Der Volksgerichtshof im nationalsozialistischen Staat, S. 838.

An Freisler selbst richtete er folgende Warnung:

„...
Es dürfen ebensowenig Redereien aufkommen, wie die, daß die Verhandlung vor einem bestimmten Senat den sicheren Tod bedeutet, oder wie die, daß die „Öffentlichkeit“ in ihrer juristischen Definition überspannt sei. Wenn solche Redereien auftreten, so kann ihnen nur durch eine überlegene, ruhige, und – wenn es angebracht ist – eiskalte Verhandlungsführung begegnet werden.
...“[988]

Als Freisler für den 24. April 1944 eine Feier anläßlich des Tages plante, an dem zehn Jahre zuvor das Gesetz zur Änderung von Vorschriften des Strafrechts und Strafverfahrens erlassen worden war, teilte Thierack dieses Bormann mit. Gleichzeitig äußerte Thierack in diesem Schreiben seine Bedenken, ob im fünften Kriegsjahr aus solchem Anlaß eine Feier veranstaltet werden sollte und ob dies im Sinne des Führers sei. Diesbezüglich sei er für eine Weisung des Führers dankbar.[989] Am folgenden Tag richtete Thierack dann ein Schreiben an Freisler, in dem er ihm mitteilte, er habe die Weisung erhalten, daß Hitler die Durchführung der geplanten Feier nicht wünsche.[990]

Zu erkennen ist die Tendenz Thieracks, seine Kritik an Freisler nicht zunächst diesem persönlich mitzuteilen, sondern sich zunächst an die Partei-Kanzlei zu wenden.

Als Freisler im Februar 1945 bei einem Luftangriff auf Berlin ums Leben kam, richtete Thierack zwar einen Beileidsbrief an dessen Witwe. Dem privaten Begräbnis, ein Staatsbegräbnis hatte Hitler abgelehnt, blieb er jedoch fern und schickte einen Vertreter.[991] Die vom Justizministerium herausgegebene knappe Pressenotiz über den Tod Freislers war mit einer Aufforderung an die Redaktionen versehen, „von weiteren Kommentierungen der vorstehenden Meldung und eigenen Zusätzen durch die Zeitungen Abstand zu nehmen“.[992]

---

987 Schreiben Thieracks an Bormann vom 8.9.1944, zitiert nach Hofer, Der Nationalsozialismus, Dokumente 1933 – 1945, S. 356.

988 IfZ, NG 157, Schreiben Thieracks an Freisler vom 18.10.1944.

989 BA R 3001 (alt R 22) 4694, Bl. 54, Schreiben Thieracks an Bormann vom 18.4.1944.

990 BA R 3001 (alt R 22) 4694, Bl. 55, Schreiben Thieracks an Freisler vom 19.4.1944.

991 Ortner, Der Hinrichter, S. 268 ff.

992 Ortner, Der Hinrichter, S. 270 f.

6. Abgabe von Kompetenzen der Justiz an Polizei und SS

Schon vor dem Amtsantritt Thieracks im Reichsjustizministerium war die Justiz zum Teil massiven Eingriffen der Polizei und der SS[993] ausgesetzt, wie zum Beispiel durch das Instrument der polizeilichen Schutzhaft oder auch durch die „Korrektur“ angeblich zu milder Strafurteile durch die politische Polizei oder durch SS-Stellen.[994]

In der Amtszeit Thieracks steigerte sich dieser Verlust von Kompetenzen der Justiz an die Polizei noch erheblich. Am 18. September 1942, kurz nach seinem Amtsantritt traf Thierack sich mit Himmler zu einer Besprechung in dessen Feldquartier in der Ukraine. Hier wurden Vereinbarungen getroffen, durch die die Justiz in einigen Bereichen ihre Kompetenzen gänzlich an die Polizei verlieren sollte.

Der Besprechung vorausgegangen waren ab Anfang September 1942 Verhandlungen zwischen Rothenberger und dem kommissarischen Leiter des Reichssicherheitshauptamtes, Bruno Streckenbach.[995] An der abschließenden Besprechung in Himmlers Hauptquartier nahmen neben letzterem und Thierack auch Rothenberger, Streckenbach sowie der SS-Obersturmbannführer Bender teil.[996]

Die Besprechung soll ungefähr zwei bis drei Stunden gedauert haben. Im Anschluß daran sollen Himmler und Thierack noch einige Zeit alleine miteinander verhandelt haben.[997] Da Himmler die meiste Zeit doziert haben soll, soll Thierack bei der Besprechung verhältnismäßig wenig zu Wort gekommen sein. Er soll aber dennoch zu gewissen Punkten seinen Standpunkt zur Geltung gebracht haben.[998]

Aus einer Aufzeichnung Thieracks über die Besprechung geht hervor, über welche Themen verhandelt wurde. Danach wurden im Wesentlichen folgende Themen besprochen: Die Möglichkeit der Korrektur nicht genügender Justizurteile durch sogenannte polizeiliche Sonderbehandlung, die „Auslieferung asozialer

---

993 Zum Verhältnis von Polizei und SS vgl. Majer, Zum Verhältnis von Staatsanwaltschaft und Polizei im Nationalsozialismus, S. 127 ff.; Wagner, Die Umgestaltung der Gerichtsverfassung und des Verfahrens- und Richterrechts im nationalsozialistischen Staat, S. 295 f.

994 Vgl. hierzu die Darstellungen bei Broszat, Zur Perversion der Strafjustiz im Dritten Reich, VfZ 1958, 390 ff.; Majer, Zum Verhältnis von Staatsanwaltschaft und Polizei im Nationalsozialismus; Weinkauff, Die deutsche Justiz und der Nationalsozialismus – ein Überblick; S. 137 ff.; 143 ff.; Wagner, Die Umgestaltung der Gerichtsverfassung und des Verfahrens- und Richterrechts im nationalsozialistischen Staat, S. 296 ff.

995 Wagner, Volksgemeinschaft ohne Verbrecher, S. 335; Wagner, Das Gesetz über die Behandlung Gemeinschaftsfremder, S. 88.

996 BA R 3001/5029, Bl. 54, Aufzeichnung Thieracks über seine Besprechung mit Himmler am 18.9.1942; zu der Besprechung vgl. auch Schott, „Curt Rothenberger – eine politische Biographie“, S. 125 ff.

997 IfZ, ZS 477, Bl. 46, 110, Aussage Rothenberger.

998 IfZ, ZS 477, Bl. 107, 111, Aussage Rothenberger.

Elemente aus dem Strafvollzug an den Reichsführer SS zur Vernichtung durch Arbeit", die Frage des Übergangs der Staatsanwaltschaft an die Polizei sowie die Abgabe der Strafverfolgung gegen Juden, Polen, Zigeuner, Russen und Ukrainer von der Justiz an den Reichsführer SS.[999]

Ebenfalls wurde besprochen, Verordnungen, die Polizei und Justiz betrafen, in Zukunft abgestimmt herauszugeben. Weitere Themen waren unter anderem die Prügelstrafe, das geplante Gemeinschaftsfremdengesetz, die Herabsetzung der Strafmündigkeit sowie die Ernennung eines Verbindungsmannes zum Reichsführer SS.[1000]

Im folgenden soll auf die einzelnen Besprechungspunkte eingegangen und untersucht werden, welche Auswirkungen sie tatsächlich hatten.

a) Urteilskorrektur durch polizeiliche Sonderbehandlung

Als ersten Punkt seiner Aufzeichnungen nennt Thierack die „Korrektur bei nicht genügenden Justizurteilen durch polizeiliche Sonderbehandlung".[1001]

Es sei auf Vorschlag Bormanns zwischen ihm und Himmler folgende Vereinbarung getroffen worden:

> „1.
>
> ...
>
> a) Grundsätzlich wird des Führers Zeit mit diesen Dingen überhaupt nicht mehr beschwert.
>
> b) Über die Frage, ob polizeiliche Sonderbehandlung eintreten soll oder nicht, entscheidet der Reichsjustizminister.
>
> c) Der Reichsführer SS sendet seine Berichte, die er bisher dem Reichsleiter Bormann zusandte, an den Reichsjustizminister
>
> d) Stimmen die Ansichten des Reichsführers SS und des Reichsjustizministers überein, so wird die Angelegenheit zwischen ihnen erledigt.
>
> e) Stimmen beider Ansichten nicht überein, so wird die Meinung des Reichsleiters Bormann, der evtl. den Führer unterrichten wird, herbeigezogen.
>
> f) Soweit auf anderem Wege (etwa durch ein Schreiben eines Gauleiters) die Entscheidung des Führers über ein mildes Urteil angestrebt wird, wird Reichsleiter

---

[999] BA R 3001 (alt R 22) 5029, Bl. 54 ff., Aufzeichnung Thieracks über seine Besprechung mit Himmler am 18.9.1942.

[1000] BA R 3001 (alt R 22) 5029, Bl. 54 ff., Aufzeichnung Thieracks über seine Besprechung mit Himmler am 18.9.1942.

[1001] BA R 3001 (alt R 22) 5029, Bl. 54, Aufzeichnung Thieracks über seine Besprechung mit Himmler am 18.9.1942; vgl. hierzu die Darstellungen bei Werle, Justiz-Strafrecht und polizeiliche Verbrechensbekämpfung im Dritten Reich, S. 599 ff. und Majer, „Fremdvölkische" im Dritten Reich, S. 663 ff.

> Bormann den Bericht an den Reichsjustizminister weiterleiten. Die Angelegenheit wird sodann zwischen dem Reichsführer SS und dem Reichsminister der Justiz in vorbezeichneter Form erledigt werden."[1002]

Schon vor dieser Vereinbarung zwischen Himmler und Thierack hatte es die Praxis der „Korrektur" angeblich zu milder Justizurteile durch Polizei und SS gegeben. Als Korrekturmaßnahmen dienten zum einen die Verhängung der sogenannten polizeilichen Schutzhaft über Personen, die von den Gerichten entweder freigesprochen worden waren oder die nach Verbüßung ihrer Strafe aus der Haft entlassen worden waren.[1003] Zum anderen kam es in einer Vielzahl von Fällen angeblich zu milder Justizurteile zu polizeilichen Tötungsbefehlen.[1004] Nicht abschließend zu klären ist hierbei, ob diese Tötungsbefehle ausschließlich auf Hitler zurückgingen oder ob Himmler selbst auch als „Korrektor" tätig wurde.[1005]
Die Praxis der „Urteilskorrektur" verstärkte sich noch in der Zeit, als Schlegelberger kommissarisch das Justizministerium leitete.[1006]
Mit der Zeit wurde die Bezeichnung „polizeiliche Sonderbehandlung" zum Synonym für „Exekution".[1007]

Indem Thierack die zitierte Vereinbarung mit Himmler und die damit verbundene Einigung über die Verfahrensweise bei „Urteilskorrekturen" durch „polizeiliche Sonderbehandlung", also auch durch Exekution der Betreffenden, schloß, erkannte er diesen weitreichenden Eingriff in den Bereich der Justiz als Instrument polizeilichen Handelns an. Diese Vereinbarung wurde in der Literatur dahingehend gewertet, daß durch sie die „Urteilskorrektur" nun ein etabliertes und auch von der Justizführung anerkanntes Instrument polizeilicher Kontrolle geworden war.[1008] Durch die Vereinbarung über die Zusammenarbeit Himmlers und Thieracks sowie der eventuellen Hinzuziehung Bormanns bei der

---

[1002] BA R 3001 (alt R 22) 5029, Bl. 54, Aufzeichnung Thieracks über seine Besprechung mit Himmler am 18.9.1942.
[1003] Zur Problematik der polizeilichen Schutzhaft, s.o. Kapitel VII 3 c) dd).
[1004] Vgl. hierzu Werle, Justiz-Strafrecht und polizeiliche Verbrechensbekämpfung im Dritten Reich, S. 599; Weinkauff, Die deutsche Justiz und der Nationalsozialismus – ein Überblick, S. 137 ff.; 143 ff.; Broszat, Zur Perversion der Strafjustiz im Dritten Reich, VfZ 1958, 390, 400 ff.
[1005] Werle, Justiz-Strafrecht und polizeiliche Verbrechensbekämpfung im Dritten Reich, S. 600.
[1006] Weinkauff, Die deutsche Justiz und der Nationalsozialismus – ein Überblick, S. 143.
[1007] Werle, Justiz-Strafrecht und polizeiliche Verbrechensbekämpfung im Dritten Reich, S. 590; Majer, „Fremdvölkische" im Dritten Reich, S. 666.
[1008] Majer, „Fremdvölkische" im Dritten Reich, S. 665.

Entscheidung über die in Frage stehenden Fälle sei eine „Korrekturinstanz“[1009] beziehungsweise ein „zentrales Entscheidungsgremium“[1010] geschaffen worden.

Bei genauerer Betrachtung der getroffenen Vereinbarung fällt zunächst ins Auge, daß Thierack sich zwar unter 1. b) die Entscheidung, ob eine sogenannte polizeiliche Sonderbehandlung stattfinden sollte, vorbehielt. Jedoch ergibt sich aus den Punkten 1. d) und e), daß Himmler ebenso mitzuentscheiden hatte, da nur im Falle einer Übereinstimmung zwischen beiden „die Angelegenheit zwischen ihnen erledigt“ werden konnte. Anderenfalls mußte die Meinung Bormanns eingeholt werden.
Durch diese Regelung war es Thierack unmöglich, einen Antrag Himmlers auf Durchführung der „polizeilichen Sonderbehandlung“ durch Ablehnung zu erledigen.[1011] Durch die Regelung der Hinzuziehung Bormanns in Zweifelsfällen sollte offenbar dessen Meinung ein entscheidendes Gewicht beigemessen werden.[1012]
Faktisch lag die Entscheidung, ob eine „polizeiliche Sonderbehandlung“ stattfinden sollte somit nicht bei Thierack, sondern unter den dargestellten Voraussetzungen bei Himmler und Thierack gemeinsam.

Einer in den Akten des Reichsjustizministeriums enthaltenen vorläufigen Niederschrift über die Besprechung ist zu entnehmen, daß Thierack äußerte, er wolle die bisherigen Presseveröffentlichungen über „Erschießungen wegen Widerstände“ als Korrektur unzureichender richterlicher Strafen eingeschränkt sehen. Dagegen habe Himmler keine grundsätzlichen Bedenken gehabt, er habe jedoch auf „die in diesem Fall vorliegende persönliche Anordnung des Führers“ verwiesen.[1013]

In der Folgezeit setzten SS und Gestapo während der gesamten Amtszeit Thieracks ihre Praxis der Korrektur richterlicher Urteile auch durch Erschießen der zu Freiheitsstrafen Verurteilten in verstärktem Maße fort.[1014]
Hierbei wurde so verfahren, daß der Chef der Sicherheitspolizei und des SD Thierack über die Partei-Kanzlei regelmäßig Namenslisten von zu Freiheitsstrafen verurteilten Gefangenen mit dem Antrag auf „Sonderbehandlung“ zustellte.

[1009] Werle, Justiz-Strafrecht und polizeiliche Verbrechensbekämpfung im Dritten Reich, S. 600.
[1010] Wagner, Volksgemeinschaft ohne Verbrecher, S. 337.
[1011] So auch Werle, Justiz-Strafrecht und polizeiliche Verbrechensbekämpfung im Dritten Reich, S. 601.
[1012] Werle, Justiz-Strafrecht und polizeiliche Verbrechensbekämpfung im Dritten Reich, S. 601.
[1013] BA R 3001 (alt R 22) 5029, Bl. 64, vorläufige Niederschrift der in der Besprechung am 18.9.1942 erörterten Punkte vom 21.09.1942.
[1014] Weinkauff, Die deutsche Justiz und der Nationalsozialismus – ein Überblick, S. 155 f.

Die Anträge waren mit kurzen Begründungen versehen.[1015] In einem Fall wurde Thierack auf Befehl Himmlers und im Einvernehmen mit Bormann eine Sammlung von 72 Fällen vorgelegt. Verbunden damit war die Bitte um Überprüfung der Urteile, da diese der herrschenden Auffassung nicht entsprechen würden.[1016] Aus dem Antwortschreiben Thieracks geht hervor, daß er in 42 der vorgelegten Fälle die „Überstellung der Verurteilten an die Gestapo zum Sonderarbeitseinsatz im Konzentrationslager" und in zehn Fällen die Erhebung der Nichtigkeitsbeschwerde gegen das Urteil anordnete.[1017]
In drei Fällen ordnete er an, daß die Haftzeit während des Krieges auf die erkannte Strafe nicht angerechnet werden sollte. Den Einsatz der Verurteilten in einer militärischen Sonderverwendung sah Thierack in fünf der Fälle vor. Hinsichtlich zweier Fälle regte er an, im Wege der polizeilichen Vorbeugungshaft vorzugehen. Ein Urteil wurde durch das Reichsgericht aufgehoben und der Angeklagte anschließend zum Tode verurteilt und hingerichtet. In neun Fällen schließlich beschloß Thierack, es bei den ergangenen Urteilen bewenden zu lassen.[1018]

b) Auslieferung „Asozialer" aus dem Strafvollzug zur „Vernichtung durch Arbeit"

Der zweite Punkt in Thieracks Besprechungsprotokoll ist dem Thema „Auslieferung asozialer Elemente aus dem Strafvollzug an den Reichsführer SS zur Vernichtung durch Arbeit" gewidmet.[1019] Dazu ist zu lesen:

> „...
> Es werden restlos ausgeliefert die Sicherungsverwahrten, Juden, Zigeuner, Russen und Ukrainer, Polen über 3 Jahre Strafe, Tschechen oder Deutsche über 8 Jahre Strafe nach Entscheidung des Reichsjustizministers. Zunächst sollen die übelsten asozialen Elemente unter letzteren ausgeliefert werden. Hierzu werde ich den Führer durch Reichsleiter Bormann unterrichten."[1020]

[1015] Majer, „Fremdvölkische" im Dritten Reich, S. 666.
[1016] BA R 3001 (alt R 22) 4202, Bl. 20, Schreiben des Chefs der Sicherheitspolizei und des SD an Thierack vom 28.10.1942.
[1017] BA R 3001 (alt R 22) 4202, Bl. 103 ff., Schreiben Thieracks an den Chef der Sicherheitspolizei und des SD vom 2.2.1943.
[1018] BA R 3001 (alt R 22) 4202, Bl. 103 ff., Schreiben Thieracks an den Chef der Sicherheitspolizei und des SD vom 2.2.1943.
[1019] BA R 3001 (alt R 22) 5029, Bl. 54, Aufzeichnung Thieracks über seine Besprechung mit Himmler am 18.9.1942.
[1020] BA R 3001 (alt R 22) 5029, Bl. 54, Aufzeichnung Thieracks über seine Besprechung mit Himmler am 18.9.1942.

In der in den Akten des Reichsjustizministeriums enthaltenen vorläufigen Niederschrift über die Besprechung ist der Ausdruck „Vernichtung durch Arbeit" nicht zu finden. Dort ist folgendes festgehalten:

> „...
> Sicherungsverwahrte.
> Der Reichsjustizminister legt Wert darauf, die Sicherungsverwahrten an die Polizei bzw. an die Konzentrationslager abzugeben. Die Sicherungsverwahrung soll nach dem Wunsch des Reichsführers in einem Konzentrationslager und zwar im KZ Mauthausen vollstreckt werden, da eine scharfe arbeitsmäßige Inanspruchnahme dieser Elemente erwünscht scheint. Der Herr Reichsjustizminister wird eine Anordnung wegen der Überstellung der Sicherungsverwahrten erlassen mit der Begründung, daß diese Maßnahme durch die Kriegsverhältnisse bedingt sei.
> ...
> Strafgefangene.
> Von der großen Zahl der Strafgefangenen beabsichtigt der Reichsjustizminister, an die Konzentrationslager folgende Kategorien abzugeben:
> a) alle Juden ohne Rücksicht auf das Strafmaß,
> b) alle Russen ohne Rücksicht auf das Strafmaß,
> c) Polen und Ukrainer von einem gewissen Strafmaß ab (etwa 3 Jahre Gefängnis)
> d) Tschechen von einer bestimmten Höhe der Zuchthausstrafen ab, da die Tschechen nicht mit demselben scharfen Maßstab gemessen werden sollen, wie Polen usw.
> ...
> Abgabe von deutschen Strafgefangenen.
> Es soll auch eine Reihe von deutschen Strafgefangenen, die außergewöhnlich schwere Strafen zu verbüßen haben, an die Konzentrationslager abgegeben werden. Da eine Norm hierbei schlecht aufzustellen ist, soll hierbei von Fall zu Fall entschieden werden.
> ..."[1021]

Eine Erklärung dafür, warum der Begriff der „Vernichtung durch Arbeit" nur in Thieracks Aufzeichnung enthalten ist, versuchte Rothenberger in einer seiner Aussagen zu geben. Rothenberger, der an der Besprechung teilgenommen hatte, behauptete, von dem Ausdruck „Vernichtung durch Arbeit" erst im nachhinein beim Lesen des von Thierack angefertigten Protokolls Kenntnis erlangt zu haben. Er erklärte hierzu, daß in der Besprechung hiervon nicht die Rede gewesen sei.[1022] Dort habe Himmler davon gesprochen, daß die Menschen in der Kriegsindustrie tätig werden sollten. Er habe nicht davon gesprochen, daß sie „durch Arbeit vernichtet" werden sollten.[1023]

[1021] BA R 3001 (alt R 22) 5029, Bl. 61 ff., vorläufige Niederschrift der in der Besprechung am 18.9.1942 erörterten Punkte vom 21.9.1942.
[1022] IfZ, ZS 477, Bl. 46 f., 111 f., Aussage Rothenberger
[1023] IfZ, ZS 477, Bl. 55, Aussage Rothenberger.

Daß die Auslieferung bestimmter Personengruppen „zur Vernichtung durch Arbeit“ erfolgen solle, müßten Thierack und Himmler vereinbart haben, als sie nach der eigentlichen Besprechung noch allein miteinander sprachen.[1024]
Als Rothenberger von diesem Ausdruck Kenntnis erlangt habe, habe er Thierack hierauf angesprochen. Dieser habe erklärt, Rothenberger könne ganz beruhigt sein, da dieser Punkt zwischen ihm und Himmler erledigt worden sei. Auf die Frage, was Rothenberger unter „erledigt“ verstanden habe, antwortete dieser, er habe es so aufgefaßt, daß der Gedanke der „Vernichtung durch Arbeit“ erledigt gewesen sei, in dem Sinne, daß Himmler die an die Polizei abgegebenen Menschen nicht vernichten, sondern sie zur Kriegsarbeit einsetzen wollte. Thierack habe ihm gegenüber behauptet, Himmler habe ihm versprochen, von der „Vernichtung durch Arbeit“ abzusehen.[1025]

Daß offensichtlich dennoch die „Vernichtung“ der betreffenden Menschen „durch Arbeit“ bezweckt wurde und daß dies auch in Thieracks Sinn war, wird bei der Beschäftigung mit seinen Äußerungen zu diesem Thema deutlich. So erklärte er am 29. September 1942 anläßlich einer Besprechung mit den Oberlandesgerichtspräsidenten und Generalstaatsanwälten im Reichsjustizministerium[1026], daß die in den Gefängnissen einsitzenden „Asozialen“ vernichtet werden müßten. Sie müßten „durch Einsatz“ vernichtet werden. Thierack erklärte, auf diese Weise löse er das Problem „durch Anwendung einer gewissen Ethik“.[1027] Der geplante „Einsatz“ sollte differenziert nach verschiedenen Personengruppen stattfinden. So sollten Zuchthäusler mit einer Strafe bis zu drei Jahren, die später als 1908 geboren wurden, ins Heer eingereiht werden. Sollten sie sich dort bewähren, sollte ihnen die Wehrwürdigkeit zuerkannt werden. Ebenfalls sollte ihnen dann die Strafe erlassen werden.[1028] Die Sicherungsverwahrten, die Thierack als „unwertes Leben in höchster Potenz“ bezeichnete, sollten alle dort eingesetzt werden, „wo sie zugrunde gehen“. Dabei sollten sie „noch Werte für unser Volk leisten“.[1029] Hinsichtlich der sogenannten „Masse dazwischen“

[1024] IfZ, ZS 477, Bl. 46 f., Aussage Rothenberger.
[1025] IfZ, ZS 477, Bl. 47, 130 f., Aussage Rothenberger.
[1026] Zu dieser Besprechung vgl. Schott, „Curt Rothenberger – eine politische Biographie“, S. 129 ff., Weinkauff, Die deutsche Justiz und der Nationalsozialismus – ein Überblick, S. 153 ff.
[1027] BA R 3001 (alt R 22) 4199, Bl. 41, Thierack in einer Ansprache auf der Tagung der Chefpräsidenten und Generalstaatsanwälte im Reichsjustizministerium am 29.9.1942.
[1028] BA R 3001 (alt R 22) 4199, Bl. 41, Thierack in einer Ansprache auf der Tagung der Chefpräsidenten und Generalstaatsanwälte im Reichsjustizministerium am 29.9.1942.
[1029] BA R 3001 (alt R 22) 4199, Bl. 41, Thierack in einer Ansprache auf der Tagung der Chefpräsidenten und Generalstaatsanwälte im Reichsjustizministerium am 29.9.1942.

sei ebenfalls an einen Einsatz gedacht, „der außerordentlich gefährlich ist, bei dem wahrscheinlich ein Teil dieser Menschen zugrunde gehen wird“.[1030] Thierack vertrat die Ansicht, die Hitler in seinem „Tischgespräch“ vom 20. August 1942 kundgetan hatte. So sprach er, genau wie Hitler es formuliert hatte, von der kriegsbedingten sogenannten „negativen Auslese“, wonach die besten Volksteile sich an der Front befänden und dort zum Teil getötet würden, während die angeblich schlechten Volksteile im Gefängnis den Krieg unbeschadet überstehen könnten.[1031] Diesem müsse man entgegentreten. Die Zahl der „Asozialen“ müsse vermindert werden. Er erklärte:

> „...
> Wenn es wahr ist, - und es ist leider wahr -, daß die Idealisten in der Batterie, weil sie immer einsatzbereit sind, zuerst fallen, so ist es auch wahr, daß, je länger der Krieg dauert, umso mehr Idealisten fallen. Es darf aber nie soweit kommen, daß die Waage ungleich wird. Daß irgendwie im Volke sich die Waage verschiebt, daß die Zahl der Asozialen schwerer wiegt, als die Zahl der Idealisten. Wehe dem Volk, wenn das geschieht, dann wird irgendwie und irgendwann sich das ungleiche Gewicht durchsetzen. Daher die Forderung, die Zahl der Asozialen muß im Volk verringert werden. Wo sind denn die Asozialen? Sie sitzen in der Hauptsache in den Zuchthäusern, dort werden sie konserviert! Das darf nicht sein. Es mußten nun Möglichkeiten erwogen werden, die Zahl dieser Asozialen zu vermindern.
> ....“[1032]

> „...
> Ich sage Ihnen bewußt ein Beispiel. Wenn ich in der Winterzeit in einem Zuchthaus, wo Sicherungsverwahrte, also asoziales Gesindel, verwahrt wird, anordnen würde: „Nun schlafen diese Menschen 14 Tage lang auf Pritschen draußen auf dem Zuchthaushofe“, und sie frieren, dann würde mich allgemein das Volk mit Recht für einen Verbrecher halten. Das kann ich nicht tun und darf ich nicht tun. Aber dieses selbe Volk versteht, daß draußen in den Wintersteppen Rußlands unsere Soldaten bei 30 bis 40 Grad Kälte ohne Schutz liegen. Hier ist eine Divergenz vorhanden, die überbrückt werden muß. Und so habe ich es denn durchgesetzt, daß diese Menschen nicht mehr zu irgendwelchen Arbeiten herangezogen werden, die ungefährlich sind. Die gefährlichsten Arbeiten sind gerade gut für sie. Wenn heute tausende von diesen Menschen hoch im Norden den Nachschub fördern oder wenn sie Straßen bauen, so kann ich nicht ändern, wenn sie dabei sterben. Aber sie leisten wenigstens noch etwas.
> ...“[1033]

[1030] BA R 3001 (alt R 22) 4199, Bl. 41, Thierack in einer Ansprache auf der Tagung der Chefpräsidenten und Generalstaatsanwälte im Reichsjustizministerium am 29.9.1942.

[1031] Vgl. BA R 3001 (alt R 22) 5114, S. 15, Thierack in einer Rede anläßlich der Groß-Kundgebung der NSDAP in Breslau am 5.1.1943; BA R 3001 (alt R 22) 4164, S. 10, Referat Thieracks auf einer Arbeitstagung am 30.6.1943.

[1032] BA R 3001 (alt R 22) 4164, S. 11 f., Referat Thieracks auf einer Arbeitstagung am 30.6.1943.

Thierack befaßte sich auf der Besprechung mit Himmler nicht zum ersten Mal mit dem Gedanken der „Vernichtung asozialen Lebens durch Arbeit“.

Dieser Besprechung war eine Unterredung zwischen Thierack und Goebbels am 14. September 1942 vorausgegangen, in der Goebbels seine Gedanken über die Vernichtung angeblich asozialen Lebens dargelegt hatte. In einem von Thierack gezeichneten Aktenvermerk über diese Besprechung ist zu lesen:

> „...
> 2.) Hinsichtlich der Vernichtung asozialen Lebens steht Dr. Goebbels auf dem Standpunkt, daß Juden und Zigeuner schlechthin, Polen, die etwa 3 – 4 Jahre Zuchthaus zu verbüßen hätten, Tschechen und Deutsche, die zum Tode, lebenslangem Zuchthaus oder Sicherungsverwahrung verurteilt wären, vernichtet werden sollen. Der Gedanke der Vernichtung durch Arbeit sei der beste. Im übrigen müsse man aber, außer den vorgenannten Fällen, jeden Fall individuell behandeln, wobei man Tschechen und Deutsche natürlich verschieden beurteilen müsse. Es könne Fälle geben, wo ein zu 15 Jahren verurteilter Deutscher nicht als asozial anzusprechen sei, dagegen aber ein zu höchstens 8 Jahren Verurteilter.
> ...“[1034]

In einem Rundbrief vom 22. Oktober 1942 teilte das Justizministerium den Generalstaatsanwälten mit, welche in Strafvollzugsanstalten befindliche Personengruppen an den Reichsführer SS abzugeben seien.
Danach waren zunächst abzugeben Juden, Zigeuner, Russen und Ukrainer, jeweils Männer und Frauen, weiterhin Polen, Männer und Frauen, die am 1. September 1939 ihren Wohnsitz im ehemaligen Staatsgebiet Polens hatten, soweit auf Strafen über drei Jahre oder anschließende Sicherungsverwahrung erkannt wurde. Ebenfalls an Himmler übergeben werden sollten männliche Sicherungsverwahrte sowie männliche Zuchthausgefangene mit anschließender Sicherungsverwahrung.[1035] Diejenigen Sicherungsverwahrten und Zuchthausgefangenen mit anschließender Sicherungsverwahrung, bei denen die Anstalt zu der Überzeugung gelangt war, daß wegen ihrer günstigen Entwicklung im Strafvollzug Entlassung aus der Sicherungsverwahrung in absehbarer Zeit in Frage kommen würde, seien für eine besondere Prüfung durch die Abteilung XV des Reichsjustizministeriums vorgesehen und sollten daher vorerst nicht abgegeben werden. Allgemein für diese Prüfung vorgesehen waren auch diejenigen Verurteilten, bei denen Sicherungsverwahrung im Anschluß an Strafen wegen Hoch-

---

[1033] BA R 3001 (alt R 22) 5114, S. 15 f., Thierack in einer Rede anläßlich der Groß-Kundgebung der NSDAP in Breslau am 5.1.1943.

[1034] Staatsarchiv Nürnberg, KV Ankl. Dok., PS 682, Aktenvermerk über die Besprechung zwischen Thierack und Goebbels vom 14.9.1942.

[1035] BA R 3001 (alt R 22) 5029, Bl. 69, Rundbrief des Reichsjustizministeriums an die Generalstaatsanwälte vom 22.10.1942.

und Landesverrats angeordnet worden war. Die Entscheidung, wer aus diesen Gruppen von der Abgabe an die Polizei endgültig ausgenommen werden sollte, sollte bei der Abteilung XV des Reichsjustizministeriums liegen.[1036]
Abgegeben werden sollten nur Gefangene, deren rechtskräftige Verurteilung vor dem 1. November 1942 lag.[1037] Ausdrücklich erwähnt wurde in dem Rundbrief, daß kranke Gefangene von der Abgabe nicht ausgeschlossen werden sollten. Sie sollten abgegeben werden, sobald sie transportfähig waren. Die geisteskranken Gefangenen sollten, vorbehaltlich einer endgültigen Regelung, zunächst von der Abgabe ausgenommen sein.[1038] Am 2. Juli 1943 ordnete das Ministerium schließlich die Übergabe der geisteskranken Gefangenen an die Polizei an.[1039]

Im Oktober 1942 wurde im Reichsjustizministerium die Abteilung XV gegründet. Anläßlich ihrer Gründung fand eine erste grundsätzliche Besprechung über die Tätigkeit dieser Abteilung in Thieracks Büro statt. Dieser erklärte, daß gefährliche Verbrecher kein Recht hätten, im Krieg in gesicherten Anstalten zu wohnen und deshalb an das Reichssicherheitshauptamt überwiesen werden sollten, um für besonders gefährliche und schwierige Arbeiten eingesetzt zu werden.[1040] Franz Hupperschwiller, Oberregierungsrat im Justizministerium und Mitarbeiter in der Abteilung XV[1041], erklärte später, er habe Thierack auf dieser Besprechung die Frage gestellt, ob es so sei, daß Hitler diese ganzen Leute zum Tode verurteilt habe. Diese Frage habe Thierack entschieden zurückgewiesen.[1042]
Die Abteilung XV erhielt die Aufgabe, alle Zuchthausinsassen im Reich, deren Strafzeit sich auf acht oder mehr Jahre belief, in Einzelüberprüfungen dahingehend zu untersuchen, ob sie zu den „Asozialen" gerechnet werden könnten.[1043]
Die Abgabe der in den Vollzugsanstalten befindlichen Juden, Polen, Zigeuner und der grundsätzlich abzugebenden Sicherungsverwahrten sollte durch die Abteilung V bearbeitet werden.[1044]

1036 BA R 3001 (alt R 22) 5029, Bl. 70, Rundbrief des Reichsjustizministeriums an die Generalstaatsanwälte vom 22.10.1942.
1037 BA R 3001 (alt R 22) 5029, Bl. 71, Rundbrief des Reichsjustizministeriums an die Generalstaatsanwälte vom 22.10.1942.
1038 BA R 3001 (alt R 22) 5029, Bl. 71, Rundbrief des Reichsjustizministeriums an die Generalstaatsanwälte vom 22.10.1942.
1039 Wagner, Das Gesetz über die Behandlung Gemeinschaftsfremder, S. 89.
1040 IfZ, ZS 462 Bd. 2, Bl. 10, Aussage Franz Hupperschwiller.
1041 IfZ, ZS 462 Bd. 1, Bl. 1 f., Aussage Franz Hupperschwiller.
1042 IfZ, ZS 462 Bd. 1, Bl. 20, Aussage Franz Hupperschwiller.
1043 IfZ, ZS 462 Bd. 1, Bl. 2, Bd. 2, Bl. 10, Aussage Franz Hupperschwiller.
1044 IfZ, ZS 462 Bd. 1, Bl. 2, Bd. 2 Bl. 11, Aussage Franz Hupperschwiller.

Engert, der unter Thierack Vizepräsident des Volksgerichtshofes war, wurde Ministerialdirektor im Justizministerium und Leiter der Abteilung XV.[1045] Die Abteilung unterstand Thierack unmittelbar.[1046]

Engert sagte später aus, Thierack habe ihm gegenüber erklärt, die Abgabe der „Asozialen" an die Polizei sei auf eine persönliche Vereinbarung zwischen ihm und Himmler zurückzuführen. Thierack habe weiter erklärt, daß er sich dazu entschlossen habe, auf diese Vereinbarung einzugehen, weil Himmler sonst die Absicht gehabt habe, aufgrund seines Vortrags bei Hitler den ganzen Fragenkomplex von sich aus allein ohne Mitwirkung des Justizministeriums zu regeln.[1047]

Ab dem 1. November 1942 bereisten Gutachterkommissionen aus hohen Justizbeamten der Abteilung XV die Haftanstalten, um die Gefangenen zu selektieren, die an die Polizei abgegeben werden sollten.[1048]
Nach Weisung Engerts ging die Überprüfung der einzelnen Gefangenen in folgender Form vor sich: Die Oberstaatsanwälte als Strafvollstreckungsbehörden und die Strafanstaltsvorstände mußten je ein Formular für jeden Gefangenen mit einer Strafe über acht Jahren ausfüllen. Die Beamten des Justizministeriums besuchten dann die jeweiligen Strafanstalten und besprachen, soweit nötig, die einzelnen Fälle mit den Strafanstaltsvorständen und ließen sich dann die betreffenden Gefangenen vorführen, um sich selbst ein Bild zu machen.[1049] Das Ergebnis wurde Engert mitgeteilt, der die endgültige Entscheidung über die Abgabe traf. Hatte Engert seine Entscheidung getroffen, wurden die abzugebenden Gefangenen in Listen erfaßt, welche dann an das Reichssicherheitshauptamt gingen.[1050]

Auf Thieracks Anregung hin sollten auch politische Gefangene als möglicherweise „asozial" behandelt werden, da sie angeblich in einer kritischen Situation die Reichssicherheit gefährden könnten.[1051] Dies könne beispielsweise der Fall sein, wenn feindliche Truppen vor dem Gebiet eines Bezirkes stünden, in dem sich eine Gefangenenanstalt befinde, in der man mit Meuterei, Unruhe und Gewalttaten gegen das Anstaltspersonal rechnen müßte. In einer solchen Situation

---

1045 IfZ, NG 471, Eidesstattliche Versicherung Karl Engert.
1046 IfZ, ZS 462 Bd. 1, Bl. 23, Aussage Franz Hupperschwiller.
1047 IfZ, NG 471, Eidesstattliche Versicherung Karl Engert.
1048 Wagner, Volksgemeinschaft ohne Verbrecher, S. 337; Angermund, Deutsche Richterschaft 1919 – 1945, S. 188.
1049 IfZ, ZS 462 Bd. 1, Bl. 3 f., Aussage Franz Hupperschwiller.
1050 IfZ, ZS 462 Bd. 1, Bl. 6, Aussage Franz Hupperschwiller.
1051 IfZ, ZS 462 Bd. 2, Bl. 10, Aussage Franz Hupperschwiller.

sollten auch die angeblich politisch gefährlichen Leute aus diesen Anstalten der Gestapo übergeben werden.[1052]
Noch im Jahr 1942 ordnete Thierack an, daß entgegen den vorherigen Anweisungen nun auch Frauen von der Abteilung XV zu überprüfen und gegebenenfalls abzugeben seien.[1053]

Im Juli 1943 betrachtete die Gestapo die Aktion als „zum größten Teil durchgeführt". Dennoch gingen die Selektionen in den Zuchthäusern bis zum Oktober 1944 weiter.[1054]
Bis zum 30. April 1943 wurden 14.700 Personen in die Konzentrationslager deportiert. Am 1. April 1943 waren über 5.900 dieser Menschen verstorben.[1055] Diese hohe Sterblichkeit wurde vor allem darauf zurückgeführt, daß bevorzugt kranke Menschen aus den Justizgefängnissen an die Polizei ausgeliefert worden seien.[1056]

c) Übergang der Staatsanwaltschaft auf die Polizei

Ein weiteres Thema bei der Besprechung war der Übergang der Staatsanwaltschaft auf die Polizei. Hierzu vermerkte Thierack lediglich:

> „...
> Schließlich schneidet Reichsführer SS die Frage der Staatsanwaltschaft und ihren Übergang an die Polizei an. Ich lehnte das rundweg ab. Weiter wurde dieses Thema nicht behandelt.
> ..."[1057]

Auch in der schon oben erwähnten vorläufigen Niederschrift über die Besprechung wird Thieracks Ablehnung gegenüber der Forderung Himmlers hinsichtlich des Übergangs der Staatsanwaltschaft auf die Polizei deutlich. Hiernach erklärte Thierack zwar, daß er die Übernahme der Anklage durch die Sicherheitspolizei vor den einzurichtenden Friedensrichtern durchaus für zweckmäßig

[1052] IfZ, NG 471, Eidesstattliche Versicherung Karl Engert.
[1053] IfZ, ZS 462 Bd. 1, Bl. 28, Aussage Franz Hupperschwiller.
[1054] Wagner, Das Gesetz über die Behandlung Gemeinschaftsfremder, S. 89.
[1055] Angermund, Deutsche Richterschaft 1919 – 1945, S. 188; Wagner, Das Gesetz über die Behandlung Gemeinschaftsfremder, S. 89.
[1056] Wagner, Das Gesetz über die Behandlung Gemeinschaftsfremder, S. 89.
[1057] BA R 3001 (alt R 22) 5029, Bl. 56, Aufzeichnung Thieracks über seine Besprechung mit Himmler am 18.9.1942.

halte, eine Abgabe der staatsanwaltlichen Befugnisse in den oberen Gerichtsinstanzen halte er jedoch für unmöglich und auch nicht zweckdienlich.[1058]

Bestrebungen von Seiten der SS und der Polizei, Teile der staatsanwaltlichen Tätigkeiten oder auch die gesamte Staatsanwaltschaft auf die Polizei zu verlagern, waren schon früher ersichtlich.[1059]
So versuchte die Gestapo im Krieg verstärkt, die Staatsanwaltschaft von der Verfolgung strafbarer Handlungen auszuschließen. In der zweiten Kriegshälfte versuchte Himmler schließlich offen, sein Ziel, die völlige Übernahme der Funktion der Staatsanwaltschaft durch die Polizei, zu erreichen.[1060]

Fraglich ist, wie Thieracks Haltung hierzu aussah. Zwar lehnte er in der besagten Besprechung mit Himmler den Übergang der Staatsanwaltschaft auf die Polizei ab. Im Fall Elias[1061] jedoch hatte er selbst maßgebend dazu beigetragen, die Staatsanwaltschaft zugunsten der Gestapo aus dem Verfahren auszuschließen. Auch behauptete Rothenberger, von Thierack selbst erfahren zu haben, daß dieser eine Vereinbarung mit Heydrich geschlossen habe, wonach er im Falle seiner Ernennung zum Reichsjustizminister die Staatsanwaltschaft an den Reichsführer SS abtreten würde.[1062] Weshalb Thierack dann das entsprechende Ansinnen Himmlers ablehnte, konnte nicht genau ermittelt werden. Rothenberger führte die Änderung von Thieracks Auffassung zu diesem Thema auf seinen Einfluß sowie auf die Erfahrungen, die Thierack im Ministerium gemacht habe, zurück.[1063] Rothenberger habe Thierack auf der Hinreise zu der Besprechung mit Himmler mit Erfolg davon zu überzeugen versucht, daß die Abgabe der Staatsanwaltschaft an die Polizei das Ende der Justiz bedeuten würde.[1064]
Himmler gab jedoch trotz der Absage Thieracks offensichtlich die Verfolgung seines Ziels nicht auf. Einem von Thierack gezeichneten Vermerk über eine weitere Besprechung zwischen ihm und Himmler vom 13. Dezember 1942 ist zu entnehmen, daß der Reichsführer SS erneut Anspruch auf die Staatsanwaltschaft erhoben habe.[1065] Thierack habe hiergegen folgende Argumente vorgebracht: Es sei ihm unmöglich, die Strafrechtspflege zu lenken, wenn ihm die Staatsanwaltschaft nicht unterstünde. Auch in der Zivilrechtspflege lägen eine ganze Reihe

---

[1058] BA R 3001 (alt R 22) 5029, Bl. 65, vorläufige Niederschrift der in der Besprechung am 18.9.1942 erörterten Punkte vom 21.9.1942.
[1059] Vgl. zu hierzu die Darstellung bei Majer, Zum Verhältnis von Staatsanwaltschaft und Polizei im Nationalsozialismus; Gruchmann, Justiz im Dritten Reich 1933 – 1940, S. 584 ff.
[1060] Gruchmann, Justiz im Dritten Reich 1933 – 1940, S. 597.
[1061] S.o. Kapitel VII 3 c) ee).
[1062] IfZ, NG 866, Rothenberger, „Sechzehn Monate Berlin", S. 11.
[1063] IfZ, NG 866, Rothenberger, „Sechzehn Monate Berlin", S. 11.
[1064] IfZ, ZS 477, Bl. 45, Aussage Rothenberger.
[1065] BA R 3001/4062, Bl. 28 ff., Vermerk über eine Besprechung mit Himmler vom 13.12.1942.

von Verfahren vor, in denen die Staatsanwaltschaft in der Hand des Justizministers bleiben müsse. Diese Funktion könne die Polizei gar nicht ausfüllen, da die Beeinflussung dieser Streitverfahren eine routinierte Zivilrechtsabteilung erfordere, wie sie nur das Justizministerium besäße. Weiter sei die Staatsanwaltschaft deshalb wichtig, weil sie das Strafverfahren aus ganz anderen Blickpunkten betreibe, nämlich nicht von denen der ausschließlichen Zweckmäßigkeit, wie es die Polizei tun müsse. Einen weiteren Grund für den Verbleib der Staatsanwaltschaft im Justizministerium sah Thierack darin, daß bei einem Auseinanderfallen von Staatsanwaltschaft und Gericht das Gericht gegenüber der Staatsanwaltschaft völlig isoliert würde, was zu „Reibungen ohne Unterlaß" führen würde. Schließlich könne auch dem Justizminister nicht zugemutet werden, daß er über das Ressort der Polizei gehen müsse, wenn er eigene Rechtsprobleme oder hochpolitische Fragen mit Hilfe der Staatsanwaltschaft zu gerichtlichen Entscheidungen bringen wolle.[1066]

Himmler wandte dagegen ein, daß es unzweckmäßig und mit unnötigem Zeitverlust verbunden sei, wenn ein Staatsanwalt eine Sache, die er bisher nicht kannte, die aber ein Polizeibeamter völlig beherrscht, sich erst erarbeiten müßte. Der Polizei sei es nicht mehr zuzumuten, daß die Kenntnisse der Polizeibeamten nur in einer Rolle als Zeugen oder Sachverständige verwertet würden. Dies entspreche auch in keiner Weise der Rolle, die der Polizeibeamte im Ermittlungsverfahren gespielt habe. Himmler brachte zum Ausdruck, daß ihm, wenn nicht der Ersatz des Staatsanwalts, so doch die Beiordnung eines Polizeibeamten zu dem Staatsanwalt als eine Prozeßfunktion vorschwebe.[1067] Hiergegen wendete Thierack wiederum ein, daß, wenn ein Polizeiangehöriger in der Rolle des Staatsanwalts auftrete, die Beweismöglichkeit fehle, da das Gericht unmöglich der Darstellung eines Polizeibeamten in der Rolle des Staatsanwalts den Glauben eines Beweismittels beimessen könne.[1068]

Die Besprechung führte hinsichtlich dieses Punktes schließlich zu keinem Ergebnis. Himmler regte lediglich an, daß in beiden Ressorts die Entwicklung des Anklägers im deutschen Strafverfahren und vor allem die Frage, wie es zur Stellung des Staatsanwalts und zur Trennung zwischen Polizei und gerichtlichem Ankläger gekommen sei, erörtert werden solle. Danach solle eine weitere Besprechung erfolgen.[1069]

[1066] BA R 3001 (alt R 22) 4062, Bl. 28, Vermerk über eine Besprechung mit Himmler vom 13.12.1942.

[1067] BA R 3001 (alt R 22) 4062, Bl. 29, Vermerk über eine Besprechung mit Himmler vom 13.12.1942.

[1068] BA R 3001 (alt R 22) 4062, Bl. 29, Vermerk über eine Besprechung mit Himmler vom 13.12.1942.

[1069] BA R 3001 (alt R 22) 4062, Bl. 29, Vermerk über eine Besprechung mit Himmler vom 13.12.1942.

Ebenfalls bei der Besprechung am 13. Dezember 1942 kam ein Erlaß Himmlers vom 28. Oktober 1942 zur Sprache. Darin hieß es, daß die Polizei die Aufgabe habe, die „deutsche Volksordnung zu sichern" und somit berechtigt und verpflichtet sei, alle Maßnahmen zu treffen, die zur Erfüllung ihrer Aufgabe erforderlich sei. Danach sei die Bestellung von Polizeiangehörigen zu Hilfsbeamten der Staatsanwaltschaft (§§ 163 Abs. 2 StPO, 152 GVG) überflüssig, da die Polizei ohnehin alle Maßnahmen treffen könne, die sich aus der genannten Aufgabe ergäben.[1070]
Thierack machte auf die Unstimmigkeiten dieses Erlasses aufmerksam. Diese erblickte er darin, daß zum einen angeordnet würde, daß Polizeiangehörige nicht mehr Hilfsbeamte der Staatsanwaltschaft gemäß der StPO seien, im gleichen Augenblick aber ihnen alle Befugnisse zuerkannt würden, zu denen die Reichsstrafprozeßordnung einen Hilfsbeamten der Staatsanwaltschaft ermächtigte. Hierzu erklärte Thierack, er habe gar keine Bedenken, daß die Polizei aus anderen rechtlichen Gründen als aus der Stellung als Hilfsbeamte der Staatsanwaltschaft ihre strafprozessuale Verfolgung von Straftaten herleite, da die Stellung der Polizei tatsächlich eine andere sei als zur Zeit des Inkrafttretens der Strafprozeßordnung. Seiner Ansicht nach hätten die Unstimmigkeiten in dem Erlaß unterbleiben können, wenn er vor dessen Veröffentlichung gehört worden wäre. Daraufhin habe Himmler Thieracks Beteiligung an solchen auch die Justiz berührenden Erlassen zugesagt.[1071]

Auch wenn es letztlich nicht zu einer völligen Übernahme der staatsanwaltlichen Funktion durch die Polizei kam, so sind doch die Befugnisse der Staatsanwaltschaft in Folge der Abgabe zahlreicher Kompetenzen der Justiz an die Polizei stark eingeschränkt worden. Dies geschah unter anderem durch die Abgabe der Strafverfolgung gegen ganze Bevölkerungsgruppen an die Polizei.

d) Konkurrenz von Strafgesetzen und Polizeiverordnungen

In seiner Besprechungsaufzeichnung erwähnt Thierack als vierten Punkt:

> „...
> Verordnungen, die die Polizei und Justiz betreffen, sollen in Zukunft abgestimmt herausgegeben werden, z.B. Nichtverfolgung unehelicher Mütter bei dem Versuch der Abtreibung. ..."[1072]

[1070] Majer, Zum Verhältnis von Staatsanwaltschaft und Polizei im Nationalsozialismus, S. 133 f.

[1071] BA R 3001 (alt R 22) 4062, Bl. 32 f., Vermerk über eine Besprechung mit Himmler vom 13.12.1942.

[1072] BA R 3001 (alt R 22) 5029, Bl. 55, Aufzeichnung Thieracks über seine Besprechung mit Himmler am 18.9.1942.

Zum Zeitpunkt der Amtsübernahme Thieracks kam es zu ständigen Konflikten zwischen Polizei und Justiz, die in dem Verhältnis von Strafgesetzen und Polizeierlassen zueinander begründet waren.
Beide standen zunächst unverbunden nebeneinander. Verstieß ein Verhalten sowohl gegen ein Strafgesetz als auch gegen einen Polizeierlaß, ergab sich eine Zuständigkeitskonkurrenz. Dabei war die Zuständigkeit der Polizei umfassender, da die Polizeierlasse weitreichender waren als die Strafgesetze.[1073] Aufgrund dieser Tatsache kam es zu Konflikten zwischen Polizei und Justiz in Fragen der Zuständigkeit, vor allem in bezug auf Strafmaßnahmen gegen ausländische Zivilarbeiter. Hier fühlte sich die Polizei zuständig. Im März 1940, als der Arbeitseinsatz ausländischer Arbeiter im Reich in größerem Umfang begann, hatte Göring als Beauftragter für den Vierjahresplan in einem unveröffentlichten Erlaß eine Generalermächtigung an Himmler erteilt. Diese ermächtigte letzteren dazu, die „einwandfreie Lebensführung der polnischen Zivilarbeiter im Reich durch Rechts- und Verwaltungsvorschriften sicherzustellen".[1074]
Diese Ermächtigung wurde bald zur Grundlage aller weiteren polizeilichen Richtlinien zur Behandlung sämtlicher „fremdvölkischen" Arbeitskräfte, da die Polizei eigenmächtig ihre Kompetenz hinsichtlich der polnischen Zivilarbeiter auch auf die Zivilarbeiter anderer Nationalitäten ausdehnte.[1075] Auch bezog Himmler in seinen Auftrag zur „Sicherstellung der Lebensführung" die polizeiliche Ahndung von Straftaten ein.[1076]
Da die Justiz von der Ermächtigung Himmlers durch Göring „keine offizielle Kenntnis" hatte, kam es zu ständigen Konflikten zwischen Justiz- und Polizeistellen.[1077]
Thierack wurde seit seiner Amtsübernahme durch Meldungen der Oberstaatsanwälte und der Gerichte immer wieder darauf hingewiesen, daß die der Justiz zustehende Strafverfolgung gegen Ausländer aber auch gegen Deutsche nicht durchgeführt werden könne, weil die Stapo die Strafverfolgung selbst durchführen würde.[1078] Er sah sich hinsichtlich dieser Tatsachen vor ein Problem gestellt,

---

[1073] Werle, Justiz-Strafrecht und polizeiliche Verbrechensbekämpfung im Dritten Reich, S. 614.
[1074] Majer, Zum Verhältnis von Staatsanwaltschaft und Polizei im Nationalsozialismus, S. 134 f.; Werle, Justiz-Strafrecht und polizeiliche Verbrechensbekämpfung im Dritten Reich, S. 603.
[1075] Majer, Zum Verhältnis von Staatsanwaltschaft und Polizei im Nationalsozialismus, S. 135.
[1076] Werle, Justiz-Strafrecht und polizeiliche Verbrechensbekämpfung im Dritten Reich, S. 604.
[1077] Werle, Justiz-Strafrecht und polizeiliche Verbrechensbekämpfung im Dritten Reich, S. 614.
[1078] BA R 3001 (alt R 22) 4062, Bl. 31, Vermerk über eine Besprechung mit Himmler vom 13.12.1942.

da auch er zunächst keine Kenntnis von der Ermächtigung Himmlers und der daraufhin ergangenen Polizeierlasse hatte.[1079]
Schließlich kam er auf den Gedanken, daß zentrale Anweisungen Himmlers diesbezüglich vorliegen müßten und beschaffte sich diese.[1080]
Bei seiner Besprechung vom 13. Dezember 1942 mit Himmler sprach Thierack das Thema an. Himmler bestätigte sofort das Vorliegen solcher Anweisungen.[1081] Daraufhin erwiderte Thierack, daß es richtiger gewesen wäre, wenn er vom Bestehen dieser internen Anweisungen an die Stapoleitstellen erfahren hätte. Himmler erklärte den Umstand, daß Thierack nicht informiert worden war damit, daß die fraglichen Erlasse vor dessen Amtsantritt herausgegeben worden seien. Von nun an wolle er aber selbstverständlich Thierack informieren.[1082] Auch berichtete er Thierack über die Ermächtigung durch Göring. Die fraglichen Erlasse, so erklärte Himmler, würden auf den Gedanken zurückgehen, daß die Justiz gar nicht in der Lage sei, „die Millionen von fremdvölkischen Arbeitern, die zur Zeit im Reich eingesetzt sind, so zu überwachen und justizmäßig so in die Hand zu bekommen, daß sie keinen Schaden stiften können".[1083] Diesen Ausführungen stimmte Thierack „unumwunden" zu. Er vermerkte in seiner Aufzeichnung über die Besprechung, daß Einstimmigkeit darüber bestünde, daß die fraglichen Erlasse Himmlers die Grundlage der Durchführung von Strafverfahren gegen „fremdvölkische" Menschen im Reich sein müßten, betonte aber, daß Deutsche, sobald ihnen eine strafbare Handlung vorgeworfen würde, der Justiz zu überlassen seien.

Auf einer Tagung am 10./11. Februar 1943 wurden die Oberlandesgerichtspräsidenten und Generalstaatsanwälte über den Inhalt der Polizeierlasse, die jedoch lediglich verlesen wurden, informiert. Es wurde erklärt, daß man nun „durch Verhandlungen mit dem Reichsführer SS zu einer für die Justiz wie für die Polizei tragbaren Regelung gelangen" wolle.[1084]

1079 BA R 3001 (alt R 22) 4200, Bl. 94, Thierack bei einer Besprechung mit den Chefpräsidenten und Generalstaatsanwälten im Hause des NSRB am 10./11.2.1943.
1080 BA R 3001 (alt R 22) 4062, Bl. 31, Vermerk über eine Besprechung mit Himmler vom 13.12.1942.
1081 BA R 3001 (alt R 22) 4062, Bl. 31, Vermerk über eine Besprechung mit Himmler vom 13.12.1942.
1082 BA R 3001 (alt R 22) 4062, Bl. 31, Vermerk über eine Besprechung mit Himmler vom 13.12.1942.
1083 BA R 3001 (alt R 22) 4062, Bl. 31, Vermerk über eine Besprechung mit Himmler vom 13.12.1942.
1084 BA R 3001 (alt R 22) 4200, Bl. 90 ff., Thierack auf einer Besprechung mit den Chefpräsidenten und Generalstaatsanwälten im Hause des NSRB am 10./11.2.1943.

e) Abgabe der Strafverfolgung gegen Juden, Polen, Zigeuner, Russen und Ukrainer an die Polizei

In Thieracks Protokoll ist als letzter Besprechungspunkt vermerkt:

> „…
> Es besteht Übereinstimmung darüber, daß in Rücksicht auf die von der Staatsführung für die Bereinigung der Ostfragen beabsichtigten Ziele in Zukunft Juden, Polen, Zigeuner, Russen und Ukrainer nicht mehr von den ordentlichen Gerichten, soweit es sich um Strafsachen handelt, abgeurteilt werden sollen, sondern durch den Reichsführer SS erledigt werden. Das gilt nicht für bürgerlichen Rechtsstreit und auch nicht für Polen, die in die deutschen Volkslisten angemeldet oder eingetragen sind.
> …“[1085]

In der vorläufigen Niederschrift über die Besprechung ist hierzu unter der Überschrift „Ostvölker“ vermerkt:

> „…
> Der Herr Justizminister ist grundsätzlich bereit, alle Angehörigen der Ostvölker an die Polizei abzugeben und auf die Durchführung von ordentlichen Gerichtsverfahren gegen diese zu verzichten. Es erübrigt sich daher, wie es zum Teil geschehen ist, von der Polizei an die Justiz Anfragen zu richten, ob gegen irgendeinen Angehörigen eines Ostvolkes ein Todesurteil garantiert werden könne.
> …“[1086]

Durch diese Vereinbarung sollte der Justiz die Strafverfolgung gegen ganze Bevölkerungsgruppen zugunsten der Polizei entzogen werden. Thierack befürwortete diese Maßnahme als Mittel zur „Freimachung“ der zum Reich gekommenen Ostgebiete. Seiner Ansicht nach sollten die dort lebenden Völker vernichtet werden. Dieses Ziel sei effektiver durch die Polizei zu erreichen als mit Mitteln der Justiz. Diesen Gedanken äußerte er mehrmals.

Anläßlich einer Besprechung mit den Oberlandesgerichtspräsidenten und Generalstaatsanwälten im Reichsjustizministerium am 29. September 1942 sprach Thierack über „das Problem der fremdrassigen Völker“. Er betonte, daß es sich hierbei um letzte Pläne der Staatsführung handele, die streng geheim seien und daher als „geheime Reichssache“ zu behandeln seien.[1087] In der Folge sprach er in menschenverachtender Weise darüber, wie dieses Problem gelöst werden

[1085] BA R 3001 (alt R 22) 5029, Bl. 56, Aufzeichnung Thieracks über seine Besprechung mit Himmler am 18.9.1942.

[1086] BA R 3001 (alt R 22) 5029, Bl. 62, vorläufige Niederschrift der in der Besprechung am 18.9.1942 erörterten Punkte vom 21.9.1942.

[1087] BA R 3001 (alt R 22) 4199, Bl. 32, Thierack in einer Ansprache auf der Tagung der Chefpräsidenten und Generalstaatsanwälte im Reichsjustizministerium am 29.9.1942.

sollte: Thierack erklärte, daß im Osten deutscher Kolonialboden liege. Er führte aus:

> „...
> Das setzt voraus, meine Herren, daß wir die dort lebenden Völker vernichten müssen - brutal spreche ich das vor Ihnen aus, meine Herren -, mindestens niederhalten müssen.
> ..."[1088]

Thierack äußerte den Gedanken, daß man in diesen Gebieten keine Gerichte einrichten sollte, da diese das dortige Volkstum nicht vernichten könnten:

> „...
> Ich persönlich stehe auf dem Standpunkt: es ist ein Wahnsinn, in diesen Gebieten Gerichte aufzuziehen, noch dazu deutsche Gerichte. Es geht mich nichts an; es ist nicht mein Ressort. Wenn Sie dann aber zu der Problemstellung kommen, daß die Gerichte einmal da sind, so werden Sie mir sofort zugeben, daß diese Gerichte das große Problem im letzten Ziel gar nicht durchführen können.
> ...
> Dieses Volkstum muß also dezimiert, vernichtet werden, nicht aus Grausamkeit, nicht weil wir Freude am Sadismus haben, oder weil ich – angeblich – hundertfacher Mörder bin, spreche ich das aus, nein, das tue ich meines Volkes wegen, weil es getan werden muß. Das sind auch Gedanken des Führers.
> Wenn man das erkennt, wird man sofort verstehen, daß die Justiz in dieser Form dort gar nicht eingesetzt werden darf; denn es wird ihr etwas zugemutet, was sie nicht tun kann.
> ...
> Wenn also dieses Problem gelöst werden muß - und es muß gelöst werden, nicht etwa aus theoretischen Überlegungen heraus oder aus sadistischen Beweggründen, sondern aus unserem Volkswillen: wir müssen dieses Kolonialland für unser Volk haben -, dann mag dieses Problem gelöst werden von den Stellen, die es allein lösen können, von der Wehrmacht und der Polizei, aber nicht vom Gericht. Meine Herren, hier zerbrechen wir ja unseren Richter, wenn wir ihm zumuten, in solcher Form zu urteilen. Ich kann verstehen, daß ein Pole, der des Nachts einen deutschen Bauernhof bestohlen hat, von Ihnen zum Tode verurteilt wird.
> Das taten Sie auch aus innerem Verständnis, weil es unter Ausnutzung der Verdunkelung geschah. Aber bei einem Polen, der z.B. gegen irgend einen Bauern auf dem Felde Schimpfworte gebraucht oder die Hand gegen ihn erhoben hat, sind Sie schon nicht geneigt, die Todesstrafe zu erkennen. Es ist aber in Ordnung, daß der Pole, der sich gegen einen Deutschen empört, beseitigt und ausgebrannt wird. Dann mag das aber eine Stelle tun, die mit der Justiz nichts zu tun hat. So habe ich dieses Problem auch bereits weiter verfolgt. Die Verhandlungen sind abgeschlossen. In Zukunft werden deutsche Gerichte nicht mehr in Strafsachen gegen Polen, Juden, Russen, Ukrainer und Zigeuner judizieren.
> Diese gehen mich nichts an, das macht die Polizei.

[1088] BA R 3001 (alt R 22) 4199, Bl. 34, Thierack in einer Ansprache auf der Tagung der Chefpräsidenten und Generalstaatsanwälte im Reichsjustizministerium am 29.9.1942.

Meine Herren! So empfindlich ich werden kann, wenn es sich um Recht oder Unrecht eines deutschen Menschen handelt, so gleichgültig sind mir jene Menschen. ...“[1089]

In einem Schreiben an Bormann vom 13. Oktober 1942 teilte Thierack diesem die mit Himmler geschlossene Vereinbarung mit und schloß die Bitte an, ihn wissen zu lassen, ob Hitler diese Auffassung billige:

„...
Unter dem Gedanken der Befreiung des deutsche Volkskörpers von Polen, Russen, Juden und Zigeunern und unter dem Gedanken der Freimachung der zum Reich gekommenen Ostgebiete als Siedlungsland für das deutsche Volkstum beabsichtige ich, die Strafverfolgung gegen Polen, Russen, Juden und Zigeuner dem Reichsführer SS zu überlassen. Ich gehe hierbei davon aus, daß die Justiz nur in kleinem Umfang dazu beitragen kann, die Angehörigen dieses Volkstums auszurotten. Zweifellos fällt die Justiz jetzt sehr harte Urteile gegen solche Personen, aber das reicht nicht aus, um wesentlich zur Durchführung des eben ausgeführten Gedankens beizutragen. Es hat auch keinen Sinn, solche Personen Jahre hindurch in deutschen Gefängnissen und Zuchthäusern zu konservieren, selbst dann nicht, wenn, wie das heute weitgehend geschieht, ihre Arbeitskraft für Kriegszwecke ausgenutzt wird.
Dagegen glaube ich, daß durch die Auslieferung solcher Personen an die Polizei, die sodann frei von gesetzlichen Straftatbeständen ihre Maßnahmen treffen kann, wesentlich bessere Ergebnisse erzielt werden. Ich gehe hierbei davon aus, daß solche Maßnahmen im Kriege durchaus begründet erscheinen und daß gewisse von mir für notwendig erachtete Voraussetzungen beachtet werden.
...“[1090]

Hitler billigte die Abmachung zwischen Thierack und Himmler, als sie ihm zur Entscheidung vorgelegt wurde.[1091]
Die Durchführung dieser Vereinbarung gestaltete sich – zumindest was die Strafverfolgung gegen Polen betraf – schwieriger, als zunächst gedacht.
Zunächst fanden hinsichtlich der praktischen Durchführung Besprechungen zwischen den Sachbearbeitern des Reichsjustizministeriums und des Reichssicherheitshauptamtes statt.[1092] Es wurde beschlossen, daß aufgrund der Tatsache, daß die bisherige Zuständigkeit der Justiz in diesem Bereich gesetzlich festgelegt war und daher nur durch eine gesetzliche Regelung beseitigt werden könne, eine solche geschaffen werden sollte. Da eine gesetzliche Regelung eine Gesetzge-

---

[1089] BA R 3001 (alt R 22) 4199, Bl. 35 ff., Thierack in einer Ansprache auf der Tagung der Chefpräsidenten und Generalstaatsanwälte im Reichsjustizministerium am 29.9.1942.
[1090] IfZ NG 558, Schreiben Thieracks an Bormann vom 13.10.1942.
[1091] Vgl. BA NS 7/398, Bl. 5, Schreiben des Reichssicherheitshauptamtes an Himmler vom 19.11.1942.
[1092] BA NS 7/398, Bl. 5, Schreiben des Reichssicherheitshauptamtes an Himmler vom 19.11.1942.

bungsermächtigung voraussetzen würde, welche weder beim Reichsführer SS noch beim Reichsjustizminister ausreichend zur Regelung des gesamten Komplexes vorhanden wäre, sollte die Regelung in Form eines Führererlasses erfolgen. Dieser sollte schließlich durch zwei Durchführungsverordnungen, die der Reichsführer SS und der Reichsjustizminister jeweils getrennt für ihren Geschäftsbereich erlassen sollten, ergänzt werden.[1093]

Ein solcher Führererlaß wurde auch zunächst entworfen.[1094] Er wurde jedoch vorerst zurückgehalten, da die Gauleiter der eingegliederten Ostgebiete der geplanten Übergabe der Strafverfolgung gegen Polen an die Polizei widersprachen.[1095] Nachdem zunächst die Gauleiter der Gaue Danzig-Westpreußen und Wartheland Bedenken geäußert hatten, führte Thierack am 13. November 1942 in seinem Ministerium eine Besprechung durch, an der neben den genannten Gauleitern auch die Gauleiter der Gaue Ostpreußen, Oberschlesien, als Vertreter des Reichsinnenministers Staatssekretär Dr. Stuckart sowie ein Vertreter des Reichsministers für die besetzten Ostgebiete teilnahmen.[1096] Ergebnis der Aussprache war, daß die von Thierack eingeladenen Teilnehmer „schärfste Bedenken" gegen die Abgabe der Strafverfolgung an die Polizei hatten. Sie wendeten ein, daß in den Gauen, die früher Bestandteil des Deutschen Reiches waren oder eng an dieses angrenzten, oft enge Beziehungen zwischen den Polen und den deutschen Familien entstanden seien, die eine Sonderbehandlung der Polen in dem geplanten Sinne nicht ratsam erscheinen ließen. Es sei zu erwarten, daß im Falle einer Sonderbehandlung eines Teiles der Polen „Volksdeutsche" daran Anstoß nehmen würden und die betroffenen Polen so auf dem Wege über ihre Beziehungen zu Deutschen außerordentliche Unruhe in der Bevölkerung hervorrufen würden. Außerdem würde in allen beteiligten Gauen die Arbeitskraft der Polen noch auf viele Jahre hinaus notwendig gebraucht. Diese würde aber sofort absinken, wenn die Polen bemerkten, daß sie nicht mehr der ordentlichen Rechtspflege unterstünden. Weiterhin könnte im Falle einer Abgabe der Strafverfolgung gegen Polen und Sowjetrussen mit einer freiwilligen Rekrutierung von Polen und Russen aus dem Osten als Arbeitskräfte nicht mehr gerechnet werden. Auch im außenpolitischen Sinne sei die geplante Maßnahme untragbar, da sie der Feindpropaganda dienen würde. Schließlich erklärten die Gauleiter, daß ihnen als den für die politische Haltung ihres Gaues Verantwort-

---

1093 BA NS 7/398, Bl. 5 f., Schreiben des Reichssicherheitshauptamtes an Himmler vom 19.11.1942.

1094 Vgl. die Entwürfe hierzu in BA NS 7/398, Bl. 8 ff.; Wagner, Die Umgestaltung der Gerichtsverfassung und des Verfahrens- und Richterrechts im nationalsozialistischen Staat, S. 297.

1095 Wagner, Die Umgestaltung der Gerichtsverfassung und des Verfahrens- und Richterrechts im nationalsozialistischen Staat, S. 297; Angermund, Deutsche Richterschaft 1919 – 1945, S. 188 f.; Schott, „Curt Rothenberger – eine politische Biographie", S. 133 ff.

1096 BA NS 7/398, Bl. 2, Schreiben Thieracks an Himmler vom 16.11.1942, in dem er über die Besprechung berichtet.

lichen die Möglichkeit gegeben werden müsse, Hitler persönlich die gegen die Abgabe vorgebrachten Bedenken vorzutragen.[1097]
Thierack richtete an Himmler ein Schreiben, mit welchem er letzteren zunächst über die Ergebnisse der Besprechung informierte. Er berichtete, anläßlich der Stellungnahme durch die Gauleiter glaube er, zunächst von weiteren Schritten in dieser Angelegenheit absehen zu sollen, soweit es sich um Polen und Russen handele, bis der geplante Vortrag beim Führer stattgefunden habe. Einer sofortigen Abgabe der Strafverfolgung gegen Juden und Zigeuner stehe dagegen nichts im Wege.[1098]
Diese Haltung Thieracks wurde kritisiert von dem SS-Gruppenführer Streckenbach. Dieser äußerte in einem Telegramm an Himmler, daß Thierack bei der fraglichen Besprechung erklärt habe, die Neuregelung solle nicht durchgeführt werden. Diese Haltung sei „umso unverständlicher", als die zwischen dem Reichsführer SS und Thierack getroffene Vereinbarung bereits die Billigung des Führers gefunden habe und die zur Durchführung erforderlichen Verordnungsentwürfe bereits fertiggestellt seien.[1099]

Jedoch distanzierte sich auch Himmler in der Folge zunächst zeitweilig von der Abmachung. Er behauptete nun, daß die Überwachung der rund sieben Millionen im Reich arbeitenden Polen, Russen und Ukrainer die Kräfte der Polizei überfordern würde.[1100]
In einer Besprechung mit Thierack am 13. Dezember 1942 erklärte Himmler, nachdem Thierack ihm noch einmal den historischen Ablauf geschildert hatte, unter diesen Verhältnissen kein Interesse mehr zu haben, die Sache in der besprochenen Form zur Regelung zu bringen.[1101]

Eine gesetzliche Regelung erging schließlich lediglich hinsichtlich der Abgabe der Strafverfolgung gegen Juden. In der 13. Verordnung zum Reichsbürgergesetz vom 1. Juli 1943[1102] wurde in § 1 Abs. 1 bestimmt: „Strafbare Handlungen

---

[1097] BA NS 7/398, Bl. 2 f., Schreiben Thieracks an Himmler vom 16.11.1942, in dem er über die Besprechung berichtet; vgl. zum Besprechungsinhalt auch BA NS 7/398, Bl. 15 f., Schreiben Dr. Stuckarts an Himmler vom 20.11.1942.
[1098] BA NS 7/398, Bl. 3, Schreiben Thieracks an Himmler vom 16.11.1942, in dem er über die Besprechung berichtet.
[1099] BA NS 7/398, Bl. 14 f., Telegramm Streckenbachs an Himmler vom 19.11.1942.
[1100] Angermund, Deutsche Richterschaft 1919 – 1945, S. 189.
[1101] BA R 3001 (alt R 22) 4062, Bl. 30, Vermerk über eine Besprechung mit Himmler vom 13.12.1942.
[1102] RGBl. 1943 I, S. 372.

von Juden werden durch die Polizei geahndet".[1103] Diese Verordnung zeichnete neben Frick, Bormann und Graf Schwerin von Krosigk auch Thierack.
Schon am 11. März 1943 hatte das Reichssicherheitshauptamt angeordnet, daß Juden nach Verbüßung einer Strafe auf Lebenszeit den Konzentrationslagern Auschwitz und Lublin zu überstellen seien. Thierack folgte dieser Anordnung am 21. April 1943 mit der gleichen Verfügung.[1104]

Trotz der Vorgänge, die zunächst die Regelung der zwischen Himmler und Thierack geplanten Maßnahme im Rahmen eines Führererlasses hinfällig werden ließen, verfuhr die Polizei letztlich dennoch auch hinsichtlich der übrigen Personengruppen nach dieser Vereinbarung.[1105] So wurde die Übergabe der Gerichtshoheit über die genannten Personengruppen an Polizei und SS 1943 nach Verhandlungen zwischen dem Reichsjustizministerium, dem Reichssicherheitshauptamt, der Partei-Kanzlei, dem Ost-Ministerium und dem Generalbevollmächtigten für den Arbeitseinsatz realisiert.[1106] Am 30. Juni 1943 erging ein geheimer Runderlaß des Reichssicherheitshauptamtes, in dem unter Berufung auf die Vereinbarung zwischen Thierack und Himmler bestimmt wurde, daß alle Straftaten von Polen und Russen grundsätzlich durch die Gestapo verfolgt werden sollten. Gerichtliche Verfahren gegen Angehörige dieses Personenkreises sollten nur noch dann durchgeführt werden, wenn die Polizei dies wünschte und wenn durch vorherige Fühlungnahme sichergestellt war, daß das Gericht die Todesstrafe verhängen wird.[1107] Dieser Runderlaß wurde durch das Reichsjustizministerium durch einen eigenen Erlaß vom 27. August 1943 dem Oberreichsanwalt beim Reichsgericht sowie den Generalstaatsanwälten zur Kenntnis gebracht.[1108]

Im Ergebnis wurde mithin die Vereinbarung zwischen Thierack und Himmler vom 18. September 1942 über die Abgabe der Strafverfolgung gegen Polen, Juden, Russen und Zigeuner an die Polizei durchgeführt.

1103 Vgl. zur 13. Verordnung zum Reichsbürgergesetz Werle, Justiz-Strafrecht und polizeiliche Verbrechensbekämpfung im Dritten Reich, S. 449 ff.
1104 Krausnick, Judenverfolgung, S. 390 f.; Werle, Justiz-Strafrecht und polizeiliche Verbrechensbekämpfung im Dritten Reich, S. 451.
1105 Wagner, Die Umgestaltung der Gerichtsverfassung und des Verfahrens- und Richterrechts im nationalsozialistischen Staat, S. 298; Majer, „Fremdvölkische" im Dritten Reich, S. 668 f.; Majer, Zum Verhältnis von Staatsanwaltschaft und Polizei im Nationalsozialismus, S. 142.
1106 Angermund, Deutsche Richterschaft 1919 – 1945, S. 189.
1107 Majer, Zum Verhältnis von Staatsanwaltschaft und Polizei im Nationalsozialismus, S. 142; Angermund, Deutsche Richterschaft 1919 – 1945, S. 190.
1108 Majer, Zum Verhältnis von Staatsanwaltschaft und Polizei im Nationalsozialismus, S. 142; Werle, Justiz-Strafrecht und polizeiliche Verbrechensbekämpfung im Dritten Reich, S. 616 f.

f) Prügelstrafe für Jugendliche

Ein weiteres Thema der Besprechung zwischen Thierack und Himmler vom 18. September 1942 war die Prügelstrafe für Jugendliche.
Thierack notierte:

> „...
> Der von mir geplanten Regelung der vom Führer angeordneten Prügelstrafe stimmt Reichsführer SS in vollem Umfange zu.
> ...“[1109]

Etwas ausführlicher wird in der vorläufigen Niederschrift über die Besprechung berichtet:

> „...
> Anläßlich der Berichterstattung über die Swing-Jugend hat der Führer die Einführung der Prügelstrafe für diese Jugendlichen angeordnet. Aus äußerlichen Gründen soll von der gesetzlichen Einführung dieser Prügelstrafe abgesehen werden. Die für diese Strafe in Frage kommenden Jugendlichen sollen vielmehr durch den Herrn Justizminister an die Jugendschutzlager der Sicherheitspolizei abgegeben werden, wo dann die Prügelstrafe zu vollstrecken ist.
> ...“[1110]

Thierack stellte bei seiner Unterredung mit Himmler fest, daß Hitler die Prügelstrafe nicht gegen Jugendliche eingesetzt sehen wollte, „die noch ein gesundes Ehrgefühl haben“.[1111] Daher, erklärte Thierack in einem Schreiben vom 25. September 1942 an Himmler, sollte diese Strafe nur bei solchen Jugendlichen angewendet werden, „die eine gefängniswürdige Tat begangen haben und bei denen infolge ihrer fortgeschrittenen Verwahrlosung oder ihrer charakterlichen Abartigkeit die Erziehungsmittel des Jugendstrafvollzugs nicht ausreichend erscheinen“. Diese Jugendlichen gehörten nach Thieracks Ansicht nicht in ein Jugendgefängnis, sondern in ein polizeiliches Jugendschutzlager. Er beabsichtigte daher, diese Jugendlichen bereits vor Vollstreckung der Strafe im Einvernehmen mit dem Jugendführer des Reiches der Sicherheitspolizei zur Einweisung in ein Jugendschutzlager zu überstellen.[1112] Die Entscheidung, ob die Voraussetzungen für eine Überweisung an die Polizei vorhanden seien, wollte er sich dabei selbst vorbehalten. Ebenso wollte er sich die Entscheidung, ob und in welchem Umfang die Prügelstrafe angewendet werden sollte, selbst vorbehalten. Letzteres begründete Thierack damit, daß die Prügelstrafe auf Grund des Führerbefehls

[1109] BA R 3001 (alt R 22) 5029, Bl. 55, Aufzeichnung Thieracks über seine Besprechung mit Himmler am 18.9.1942.
[1110] BA R 3001 (alt R 22) 5029, Bl. 64, vorläufige Niederschrift der in der Besprechung am 18.9.1942 erörterten Punkte vom 21.9.1942.
[1111] BA R 3001 (alt R 22) 1103, Bl. 1 f., Schreiben Thieracks an Himmler vom 25.9.1942.
[1112] BA R 3001 (alt R 22) 1103, Bl. 1 f., Schreiben Thieracks an Himmler vom 25.9.1942.

Strafcharakter habe und daher der Ahndung einer Straftat dienen sollte.[1113] Auch hielt Thierack „angesichts der Weisung des Führers" eine Rechtsverordnung über die Einführung der Prügelstrafe nicht für erforderlich. Die Regelung könne vielmehr auf dem Verwaltungswege getroffen werden.
Die Prügelstrafe gegen Jugendliche wurde auch Gegenstand der Besprechung vom 13. Dezember 1942 zwischen Thierack und Himmler. Thierack berichtete darüber, daß der Reichsjugendführer die Sache Hitler vorzutragen wünsche, „weil er gegen eine erweiterte Anwendung sich wenden zu müssen glaubt".[1114] Himmler erklärte, für die Polizei sei die Tatsache nicht tragbar, daß sie den betreffenden Jugendlichen mit der Anordnung der Prügelstrafe überwiesen bekomme und ihn dann zurückzugeben habe. Dadurch werde die Polizei lediglich zum Mittel des Justizstrafvollzugs.
Thierack entgegnete, daß die Entscheidung über die Anwendung der Prügelstrafe dem Gericht vorbehalten bleiben müsse, daß aber dann, wenn die Überweisung an die Polizei ausgesprochen sei, die Form und die Dauer der Strafe sowie die Dauer des Verbleibens im Polizeilager der Polizei zustehen solle.[1115]

Thierack war somit auch im Bereich des Jugendstrafrechts mit einer Abgabe von Kompetenzen der Justiz an die Polizei einverstanden. Zwar wollte er sich die Entscheidung über das Ob der Anwendung dieser Strafe und damit über die Einweisung der betreffenden Jugendlichen in die polizeilichen Jugendschutzlager vorbehalten. Danach jedoch sollten die Jugendlichen in die Zuständigkeit der Polizei übergehen, die unter anderem über die Dauer des Aufenthaltes in den Lagern bestimmen sollte.

Obwohl Thierack sich die Entscheidung über die Verhängung der Prügelstrafe wegen deren Strafcharakter vorbehalten wollte, äußerte er Himmler gegenüber, daß es selbstverständlich dessen Entscheidung unterliegen sollte, inwieweit von der Prügelstrafe als Disziplinarmaßnahme im Jugendschutzlager Gebrauch gemacht werden sollte.[1116]

Die polizeilichen Jugendschutzlager, von denen in den Unterredungen mit Himmler die Rede war, waren 1941 errichtet worden.[1117]

[1113] BA R 3001 (alt R 22) 1103, Bl. 1 f., Schreiben Thieracks an Himmler vom 25.9.1942.
[1114] BA R 3001 (alt R 22) 4062, Bl. 30, Vermerk über eine Besprechung mit Himmler vom 13.12.1942.
[1115] BA R 3001 (alt R 22) 4062, Bl. 31, Vermerk über eine Besprechung mit Himmler vom 13.12.1942.
[1116] BA R 3001 (alt R 22) 1103, Schreiben Thieracks an Himmler vom 19.12.1942.
[1117] Peukert, Arbeitslager und Jugend-KZ, S. 422; Werle, Justiz-Strafrecht und polizeiliche Verbrechensbekämpfung im Dritten Reich, S. 469.

In einem Erlaß vom 25. April 1944 beschrieb Himmler die Aufgaben dieser Lager:

> „...
> Aufgabe der Jugendschutzlager der Sicherheitspolizei (...) ist, ihre Insassen nach kriminalbiologischen Gesichtspunkten zu sichten, die noch Gemeinschaftsfähigen so zu fördern, daß sie ihren Platz in der Volksgemeinschaft ausfüllen können und die Unerziehbaren bis zu ihrer endgültigen anderweitigen Unterbringung (in Heil- und Pflegeanstalten, Bewahrungsanstalten, Konzentrationslager usw.) unter Ausnutzung ihrer Arbeitskraft zu verwahren.
> ...“[1118]

Deutlich wurde die Abgabe von Kompetenzen an die Polizei hinsichtlich des Jugendstrafrechts in der von Thierack erlassenen Neufassung des Reichsjugendgerichtsgesetzes (RJGG). Aufgrund der ihm von Hitler erteilten Vollmacht erließ Thierack am 6. November 1943 eine Jugendstrafrechtsverordnung[1119]. Als Anlage hierzu wurde das grundlegend novellierte Reichsjugendgerichtsgesetz[1120] verkündet.[1121] In diesem Gesetz wurde die Polizei neben der Justiz als weiteres Organ der Jugendstrafrechtspflege anerkannt.[1122] So konnte gemäß § 52 Abs. 1 RJGG durch polizeiliche Strafverfügung Jugendarrest, Geldstrafe und die Einziehung verhängt werden. Jedoch wurde der Vorrang der Justiz im Bereich der polizeilichen Strafverfügung durch eine Anfechtungsmöglichkeit nach § 52 Abs. 4 RJGG gewahrt.[1123] Auch wurde in § 60 RJGG die Überweisung Jugendlicher in die polizeilichen Jugendschutzlager geregelt. Danach konnte gemäß § 60 Abs. 1 RJGG zum einen während des Vollzugs einer Gefängnisstrafe der Vollstrekkungsleiter einen Jugendlichen an die Polizei zur Unterbringung in einem Jugendschutzlager überweisen, wenn er während des Vollzugs der Strafe die Überzeugung erlangt hatte, „daß der Verurteilte die Einordnung in die Volksgemeinschaft nicht erwarten läßt“. Zum anderen konnte gemäß § 60 Abs. 2 RJGG unter den gleichen Voraussetzungen auch nach der Verbüßung einer Strafe die Überweisung in ein Jugendschutzlager ausgesprochen werden.
In einem Runderlaß vom 25. April 1944 regelte Himmler das Verfahren hinsichtlich der polizeilichen Einweisung in die polizeilichen Jugendschutzlager.

[1118] Erlaß Himmlers vom 25.4.1944, zitiert nach Ayaß, „Gemeinschaftsfremde“, S. 374.
[1119] Verordnung über die Vereinfachung und Vereinheitlichung des Jugendstrafrechts.
[1120] RGBl. 1943 I, S. 635, 637; vgl. hierzu die Darstellung bei Werle, Justiz-Strafrecht und polizeiliche Verbrechensbekämpfung im Dritten Reich, S. 456 ff.
[1121] Werle, Justiz-Strafrecht und polizeiliche Verbrechensbekämpfung im Dritten Reich, S. 456 f.
[1122] Werle, Justiz-Strafrecht und polizeiliche Verbrechensbekämpfung im Dritten Reich, S. 467.
[1123] Werle, Justiz-Strafrecht und polizeiliche Verbrechensbekämpfung im Dritten Reich, S. 468.

Durch eine Allgemeinverfügung des Reichsjustizministers vom 27. April 1944 wurde der Inhalt des Himmlerschen Erlasses den Justizbehörden bekanntgegeben.[1124]

g) Das Gemeinschaftsfremdengesetz

Weiteres Gesprächsthema zwischen Thierack und Himmler am 18. September 1942 war das geplante Gemeinschaftsfremdengesetz. Diesbezüglich meldete Thierack Ansprüche der Justiz an. Daraufhin sagte Himmler ihm zu, die Stellungnahme des Justizministeriums abzuwarten und bis dahin die Vorlage des Gesetzes nicht zu betreiben.[1125]

Ein sogenanntes Gemeinschaftsfremdengesetz[1126] war seit 1939 in Vorbereitung.[1127] Der Anstoß dazu war vom Reichsinnenministerium ausgegangen. Dieses leitete im Mai 1940 einen ersten Entwurf den Reichsministern der Justiz und der Finanzen sowie dem Reichsarbeitsminister zu. An diesem Gesetzesentwurf war das Justizministerium nicht beteiligt.[1128] Der Entwurf sah die Übertragung der Aufgabe der Behandlung der sogenannten Asozialen auf die Polizei vor.[1129] Der Zweck des Gesetzes wurde in § 2 des Entwurfes beschrieben:

> „Gemeinschaftsfremde, die durch ihr Verhalten die Volksgemeinschaft schädigen, müssen dieser wieder als nützliche Glieder zugeführt oder an einer weiteren Schädigung der Volksgemeinschaft gehindert werden."[1130]

Der Begriff der „Gemeinschaftsfremden" war nicht genau definiert. Es waren lediglich exemplarisch Personengruppen genannt, die als „gemeinschaftsfremd" anzusehen seien. Dieses sollten zum Beispiel sein „nichtseßhafte Personen, die einen geordneten Erwerb ihres Lebensunterhalts nicht nachweisen können",

---

[1124] Werle, Justiz-Strafrecht und polizeiliche Verbrechensbekämpfung im Dritten Reich, S. 472; Abdruck der Erlasse in DJ 1944, 151 f.

[1125] BA R 3001 (alt R 22) 5029, Bl. 55, Aufzeichnung Thieracks über seine Besprechung mit Himmler am 18.9.1942.

[1126] Vgl. hierzu die umfassende Darstellungen bei Werle, Justiz-Strafrecht und polizeiliche Verbrechensbekämpfung im Dritten Reich, S. 621 ff. und Wagner, Das Gesetz über die Behandlung Gemeinschaftsfremder.

[1127] Wagner, Das Gesetz über die Behandlung Gemeinschaftsfremder, S. 80.

[1128] Werle, Justiz-Strafrecht und polizeiliche Verbrechensbekämpfung im Dritten Reich, S. 621.

[1129] Werle, Justiz-Strafrecht und polizeiliche Verbrechensbekämpfung im Dritten Reich, S. 621.

[1130] Zitiert nach Werle, Justiz-Strafrecht und polizeiliche Verbrechensbekämpfung im Dritten Reich, S. 622.

„seßhafte Personen, die ihren Lebensunterhalt ganz oder teilweise nicht auf rechtmäßige Weise erwerben", „Arbeitsscheue", Personen, die durch Verletzung von Unterhalts- und Erziehungspflichten „gegen ihre Verpflichtung gegenüber der Volksgemeinschaft verstoßen", Haftentlassene aus Vollzugsanstalten der Reichsjustizverwaltung und aus Polizeilagern, „die nicht nachweisen können, daß sie spätestens 8 Wochen nach ihrer Entlassung in geordnete Verhältnisse zurückgekehrt sind", „Minderjährige, für die Fürsorgeerziehung nicht angeordnet oder aufrecht erhalten werden kann" sowie „Personen, die durch ihre Lebensführung andere Volksgenossen in sittlicher Hinsicht gefährden".[1131]
Das Justizministerium kritisierte in einer Stellungnahme zu dem Entwurf vor allem, daß der Personenkreis der „Gemeinschaftsfremden" nicht abschließend bezeichnet wäre.[1132] Auch lehnte es diejenigen Vorschriften ab, die in besonderem Maße zu Überschneidungen mit strafgerichtlichen Kompetenzen führen mußten[1133] und forderte die „Vorhand der Strafrechtspflege"[1134]. Dem Grundgedanken des Gesetzes, sowie der alleinigen Kompetenz der Polizei zur Inhaftierung der nicht straffälligen „Gemeinschaftsfremden" stimmte das Ministerium unter Gürtner jedoch zu.[1135]
In der Folgezeit wurden Verhandlungen über den Gesetzesentwurf zwischen dem Reichsjustizministerium und dem Reichsinnenministerium geführt.[1136] Ergebnis dieser Verhandlungen war ein vom Reichsjustizministerium wie auch vom Reichsinnenministerium gebilligter Entwurf vom Juni 1941.[1137] Auch dieser Entwurf enthielt keine abschließende Definition des „Gemeinschaftsfremden", sondern neben einer exemplarischen Aufzählung eine Generalklausel, nach der „gemeinschaftsfremd" war, wer „in einer gegen das gesunde Volksempfinden verstoßenden Weise hartnäckig die ihm gegenüber der Volksgemeinschaft obliegenden Pflichten verletzt und dadurch befürchten läßt, daß er bei Fortsetzung seines Verhaltens eine allgemeine Gefahr bildet oder infolge seiner ungeordneten Lebensführung der Allgemeinheit dauernd zur Last fällt"[1138].

[1131] Zitiert nach Werle, Justiz-Strafrecht und polizeiliche Verbrechensbekämpfung im Dritten Reich, S. 622.
[1132] Wagner, Das Gesetz über die Behandlung Gemeinschaftsfremder, S. 82.
[1133] Werle, Justiz-Strafrecht und polizeiliche Verbrechensbekämpfung im Dritten Reich, S. 623.
[1134] Wagner, Das Gesetz über die Behandlung Gemeinschaftsfremder, S. 82.
[1135] Peukert, Arbeitslager und Jugend-KZ, S. 419; Wagner, Das Gesetz über die Behandlung Gemeinschaftsfremder, S. 82.
[1136] Vgl. hierzu Wagner, Das Gesetz über die Behandlung Gemeinschaftsfremder, S. 83 ff.; Werle, Justiz-Strafrecht und polizeiliche Verbrechensbekämpfung im Dritten Reich, S. 624 ff.
[1137] Werle, Justiz-Strafrecht und polizeiliche Verbrechensbekämpfung im Dritten Reich, S. 626.
[1138] Zitiert nach Werle, Justiz-Strafrecht und polizeiliche Verbrechensbekämpfung im Dritten Reich, S. 627.

Ein dreistufiger Maßnahmenkatalog sah zunächst die grundsätzliche Überwachung aller „Gemeinschaftsfremden“ vor. Reichte diese Maßnahme nicht aus, war der „Gemeinschaftsfremde“ den Landesfürsorgeverbänden zu überweisen. Die dritte Stufe bildete die Unterbringung in einem Konzentrationslager.[1139]
Obwohl während der Verhandlungen die Polizeivertreter der vom Justizministerium gewünschten Abgrenzung von Justiz- und Polizeizuständigkeiten im Grundsatz zugestimmt hatten, war diese in dem Entwurf aus angeblich technischen Gründen nicht enthalten.[1140] Der Gesetzesentwurf wurde jedoch nicht verabschiedet, da zunächst das Oberkommando der Wehrmacht sowie Göring Bedenken gegen die Kriegswichtigkeit äußerten. Nachdem diese Bedenken beseitigt worden waren, widersprachen Frank, erneut Göring sowie Keitel dem Entwurf. Letztere nahmen ihren Widerspruch zwar später zurück. Dennoch scheiterte der Entwurf von 1941 schließlich am Widerspruch des neuen Justizministers Thierack.[1141] Dieser meldete, wie oben berichtet, bei seiner Besprechung mit Himmler vom 18. September 1942 zunächst Ansprüche der Justiz an, woraufhin Himmler ihm zusagte, bis zur Stellungnahme des Justizministeriums die Vorlage des Gesetzes, welches zu diesem Zeitpunkt im Entwurf von 1941 vorlag, nicht zu betreiben.
Nachdem das Justizministerium vor der Amtsübernahme Thieracks seine Bestrebungen darauf gerichtet hatte, die Reichweite der polizeilichen Kompetenzen im geplanten Gesetz möglichst einzudämmen[1142], dem Grundgedanken des Gesetzes aber, wie dargelegt, zugestimmt hatte, vertrat Thierack eine andere Richtung. Er war bestrebt, das Gemeinschaftsfremdengesetz nicht als reines Polizeigesetz zu konzipieren. Statt dessen forderte er parallele Vollmachten hinsichtlich der Behandlung der „Gemeinschaftsfremden“ für die Strafjustiz.[1143] In einem Schreiben an Lammers vom 21. Oktober 1942 erklärte Thierack, der Entwurf des Gemeinschaftsfremdengesetzes beschränke sich im Wesentlichen darauf, den Polizeibehörden Vollmachten für den Kampf gegen die Gemeinschaftsfremden zu erteilen. Diese Beschränkung entspreche jedoch nicht den Verhältnissen des Lebens, da die größere Zahl der Gemeinschaftsfremden strafbare Handlungen begangen habe und daher vor den Strafrichter gehöre. Die Justiz habe im Kampf gegen die Gemeinschaftsfremden die gleiche Aufgabe wie

[1139] Werle, Justiz-Strafrecht und polizeiliche Verbrechensbekämpfung im Dritten Reich, S. 628.
[1140] Werle, Justiz-Strafrecht und polizeiliche Verbrechensbekämpfung im Dritten Reich, S. 628.
[1141] Werle, Justiz-Strafrecht und polizeiliche Verbrechensbekämpfung im Dritten Reich, S. 629 f.
[1142] Werle, Justiz-Strafrecht und polizeiliche Verbrechensbekämpfung im Dritten Reich, S. 630.
[1143] Werle, Justiz-Strafrecht und polizeiliche Verbrechensbekämpfung im Dritten Reich, S. 632.

die Polizei, nämlich die „Mitwirkung an der Resozialisierung oder Unschädlichmachung". Daher müsse das geplante Gesetz sich zum Ziel setzen, nicht nur einen Teilausschnitt aus dem Problem der Gemeinschaftsfremden zu regeln, „sondern die Abwehr der Gemeinschaftsfremden durch die Polizei- und Justizbehörden nach einheitlichen Gesichtspunkten zu einem organischen Ganzen zu gestalten".[1144] Diese Ansicht begründete Thierack damit, daß der Führer klar ausgesprochen habe, „daß auch die Justizbehörden die Aufgabe des Schutzes der Volksgemeinschaft der Aufgabe, Unrecht zu sühnen, voranzustellen haben". Thierack forderte:

> „...
> Ein wirksamer Schutz der Volksgemeinschaft durch die Justizbehörden aber erfordert, daß dem Richter die Macht verliehen wird, Neigungs- und Triebverbrecher, soweit nicht auf Todesstrafe zu erkennen ist, auf unbestimmte Zeit (unter Festsetzung eines Mindestmaßes) zu Strafe zu verurteilen; denn bei diesen Verbrechern läßt sich nicht im voraus übersehen, welcher Zeitraum erforderlich ist, um sie nach ihrer erb- und konstitutionsbiologischen Eigenart so nachhaltig zu beeinflussen, daß sie für die Volksgemeinschaft weder eine Gefahr noch eine Last mehr bilden. Dabei wird dem Richter (ebenso wie nach dem Entwurf der Polizei) die Möglichkeit zu eröffnen sein, den mehr lästigen Neigungs- oder Triebverbrecher von dem gefährlichen durch die Wahl der Strafart zu unterscheiden. Während der Dauer der unbestimmten Strafe wird alsdann in der Strafanstalt der Versuch zu machen sein, den Verurteilten für die Volksgemeinschaft zurückzugewinnen. Ergibt sich, daß er das Vertrauen nicht rechtfertigt, er werde in die Volksgemeinschaft als taugliches Glied zurückkehren, so wird er der Polizei zur Unterbringung zu überstellen sein.
> ..."[1145]

Aus diesen Überlegungen zog Thierack den Schluß, daß die Richtlinien, die dem Richter für dessen Kampf gegen die Gemeinschaftsfremden zu erteilen seien, „den Leitgedanken, die der Entwurf für die Polizeibehörden vorsieht, durchaus parallel gehen" sollten. Er forderte, daß im Gesetz selbst klar ausgesprochen werden sollte, „daß die Entscheidungen der Gerichte, soweit Gemeinschaftsfremde den Tatbestand strafbarer Handlungen erfüllen, vor den Maßnahmen der Polizei den Vorrang haben" sollten.[1146]

In ihrer Besprechung am 13. Dezember 1942 erörterten Thierack und Himmler erneut das geplante Gesetz. Hierbei einigten sie sich darauf, daß das Gesetz als gemeinsames Gesetz von Polizei und Justiz ausgearbeitet werden solle. Die Gerichte sollten zukünftig befugt sein, „gemeinschaftsfremde Verbrecher" zu unbestimmter Strafe zu verurteilen. Hinsichtlich „unverbesserlicher Verbrecher"

[1144] BA R 3001 (alt R 22) 943, Bl. 244 ff., Schreiben Thieracks an Lammers vom 21.10.1942.
[1145] BA R 3001 (alt R 22) 943, Bl. 244 ff., Schreiben Thieracks an Lammers vom 21.10.1942.
[1146] BA R 3001 (alt R 22) 943, Bl. 244 ff., Schreiben Thieracks an Lammers vom 21.10.1942.

sollte der Richter künftig die sofortige Überstellung an die Polizei anordnen. Bezüglich der Abgrenzung der Zuständigkeiten der Polizei und der Justizbehörden wurde klargestellt, daß die Aufgabe der Polizei, den Sachverhalt strafbarer Handlungen zu erforschen und das Ergebnis ihrer Ermittlungen den Justizbehörden zu unterbreiten, durch das Gesetz nicht berührt werden sollte. Weiter wurde klargestellt, daß Entscheidungen der Gerichte vor Maßnahmen der Polizei aus dem Gesetz den Vorrang haben sollten. Auch sollte die Polizei, bevor sie einem Gemeinschaftsfremden die Freiheit in eigener Zuständigkeit entzog, die Akten der Staatsanwalt zwecks Prüfung, ob eine gerichtliche Verurteilung des Gemeinschaftsfremden herbeizuführen sein wird, dann übersenden, wenn der Verdacht einer strafbaren Handlung bestand oder wenn es zweifelhaft war, ob das Verhalten des Gemeinschaftsfremden strafbar war.[1147]

Auf der Grundlage dieser Besprechung einigten sich die Justiz- und Polizeireferenten auf einen neuen Entwurf des Gemeinschaftsfremdengesetzes, der im August 1943 zur Verabschiedung in das Umlaufverfahren eingebracht wurde.[1148] Jedoch scheiterte auch dieser Entwurf. Der Grund hierfür war der Widerspruch Goebbels', dem sich Hitler anschloß. Goebbels wandte sich gegen die in dem Entwurf enthaltenen Sammelbezeichnungen wie unter anderem „Versager", „Schmarotzer" und „Tunichtgut".[1149]

Ein neuer Entwurf[1150] vom März 1944 lehnte sich in Aufbau, Begründung und Inhalt weitgehend an den Entwurf von 1943 an.[1151]

Da schon durch den Entwurf von 1943 eine Erweiterung der strafgerichtlichen Befugnisse geplant war, wurde eine Anpassung vor allem des Allgemeinen Teils des Reichsstrafgesetzbuchs unumgänglich. Diese sollte ursprünglich in Form einer Durchführungsverordnung zum Gemeinschaftsfremdengesetz erfolgen. Nach dem Scheitern des Entwurfs von 1943 beschloß Thierack jedoch, die Anpassung des Strafgesetzbuchs im Wege einer Neubekanntmachung[1152] dieses Gesetzes durchzuführen.[1153]

[1147] Vermerk des Ministerialrats im Reichsjustizministerium Otto Rietzsch vom 21.12.1942 über die Besprechung zwischen Thierack und Himmler am 13.12.1942, zitiert nach Ayaß, „Gemeinschaftsfremde"; BA R 3001 (alt R 22) 4062, Bl. 29 f., Vermerk über eine Besprechung mit Himmler vom 13.12.1942.

[1148] Werle, Justiz-Strafrecht und polizeiliche Verbrechensbekämpfung im Dritten Reich, S. 635 f.

[1149] Peukert, Arbeitslager und Jugend-KZ, S. 421.

[1150] Zum Inhalt dieses Entwurfes vgl. Werle, Justiz-Strafrecht und polizeiliche Verbrechensbekämpfung im Dritten Reich, S. 636 ff.

[1151] Werle, Justiz-Strafrecht und polizeiliche Verbrechensbekämpfung im Dritten Reich, S. 636.

[1152] Zu den Arbeiten an einer Neufassung des Reichsstrafgesetzbuches s.o. Kapitel VIII 3 a) aa).

[1153] Werle, Justiz-Strafrecht und polizeiliche Verbrechensbekämpfung im Dritten Reich, S. 661.

Das Gemeinschaftsfremdengesetz sowie die Neubekanntmachung des Reichsstrafgesetzbuchs sollten zum 1. Januar 1945, spätestens zum 1. April 1945 in Kraft treten. Thierack beendete jedoch am 12. August 1944 die Arbeiten an diesen Gesetzen „im Zuge der Stillegung minder kriegswichtiger Aufgaben“.[1154]

Trotz der Einstellung der Arbeiten am Gemeinschaftsfremdengesetz wurden die diesem zugrundeliegenden Gedanken weitgehend umgesetzt. Zunächst waren Kernbestimmungen des Entwurfs bereits in das neue Jugendstrafrecht eingegangen.[1155] Auch wurden, wie dargelegt, in Ausführung der entsprechenden Vereinbarung Himmlers und Thieracks angeblich „asoziale“ Strafgefangene der Polizei überstellt.

7. Todesurteile und ihre Vollstreckung

Wie schon erwähnt, galt Thieracks Hauptinteresse strafrechtlichen Belangen.[1156] Hier soll zunächst dargelegt werden, welche Politik Thierack im strafrechtlichen Bereich betrieb. Weiter soll dargestellt werden, wie unter ihm das Gnadenverfahren durchgeführt wurde und wie die Praxis der Vollstreckung von Todesurteilen aussah.

a) Strafrecht als Instrument der „Volkshygiene“

Die Strafjustiz hielt Thierack ebenso wie die Erbgesundheitsgesetze sowie die Rasseschutzgesetze für eine Aufgabe der „Volkshygiene“.[1157] Neben der ordnenden Aufgabe der Justiz, die in der Schlichtung eines Streites der „Volksgenossen“ untereinander liege, komme ihr auch eine reinigende Aufgabe zu. Letztere bestünde im Schutz der Volksgemeinschaft „durch eine Bestrafung notfalls eine Ausschließung derjenigen, die sich gegen die Gesetze des völkischen Zusammenlebens auflehnen“.[1158] Zwar erkannte er Schuld und Sühne als ethische

---

[1154] Werle, Justiz-Strafrecht und polizeiliche Verbrechensbekämpfung im Dritten Reich, S. 677; s.o. Kapitel VIII 3 a) aa).

[1155] Werle, Justiz-Strafrecht und polizeiliche Verbrechensbekämpfung im Dritten Reich, S. 677.

[1156] S.o. Kapitel VIII 5 b).

[1157] BA R 3001 (alt R 22) 5114, Thierack in einer Rede anläßlich der Großkundgebung der NSDAP in Breslau am 5.1.1943.

[1158] BA R 3001 (alt R 22) 4165, Bl. 2 ff., Thierack, Die Aufgaben der Justiz im Kriege.

Grundlage der Strafe an, erklärte aber, daß, vor allem im Krieg, die Volksgemeinschaft bei der Verbrechensbekämpfung im Vordergrund stünde.[1159]
Über die Aufgabe der Rechtspflege, wobei vor allem die Strafrechtspflege gemeint war, äußerte er:

> „...
> Auch die deutsche Rechtspflege hat in diesem Entscheidungskampfe unseres Volkes ihre Aufgabe erhalten, wie jede andere Staatsverwaltung. Auch sie muß vor allem von dem Gedanken erfüllt sein, dem Siege zu dienen. Auch sie hat das Schwert zu führen, das ihr allegorisch in die Hand gelegt ist. Nicht etwa um ihrer selbst willen, sondern um der Gemeinschaft willen. Noch mehr als im Frieden muß die Rechtspflege sich vom Gemeinschaftsgedanken leiten lassen bei allen ihren Entscheidungen. Auch sie sieht sich in diesem Kriege vor Probleme gestellt, die sich nur aus diesem Kampfe eines Volkes auf Leben und Tod erklären, aber auch nur so lösen lassen.
> Was irgendwie die Gemeinschaft des Volkes und die aus ihr geborene Kraftquelle stört, schädigt, zersetzt oder gar beseitigen könnte, hat sie zu bekämpfen oder, wenn es sein muß, zu vernichten.
> ...“[1160]

Er forderte ein außerordentlich hartes Durchgreifen der Justiz bei kriegsbedingten Taten. So sagte er anläßlich der Besprechung mit den Oberlandesgerichtspräsidenten und Generalstaatsanwälten im Justizministerium vom 29. September 1942:

> „...
> Meine Herren, sagen Sie Ihren Richtern und Staatsanwälten: hart sein, barbarisch hart sein, um des Volkes willen, aber weich sein in den kleinen Dingen des Lebens.
> ...
> Hart sein muß man in allen Sachen, die jetzt im Kriege eine besondere Gefahr in sich tragen, ...
> ...“[1161]

Als wichtigste Kriegsaufgabe der Rechtspflege bezeichnete er, „Verräter und Saboteure der inneren Front“ rücksichtslos zur Verantwortung zu ziehen.[1162]
In diesem Sinne erklärte er bei relativ geringfügigen Verstößen gegen die Strafgesetze das Leben des Täters für verwirkt. Dies sollte zum Beispiel der Fall sein bei Fällen von Plünderungen nach Luftangriffen, auch wenn die Beute lediglich

---

1159 BA R 3001 (alt R 22) 5114, Thierack in einer Rede anläßlich der Großkundgebung der NSDAP in Breslau am 5.1.1943.
1160 BA R 3001 (alt R 22) 4164, Rede Thieracks, nicht datiert, S. 17.
1161 BA R 3001 (alt R 22) 4199, Bl. 42, Thierack in einer Ansprache auf der Tagung der Chefpräsidenten und Generalstaatsanwälte im Reichsjustizministerium am 29.9.1942.
1162 DJ 1944, 1, Neujahrsaufruf Thieracks.

in einem Paar Stiefel oder in einem Anzug bestünde, bei „Schleichhändlern" sowie bei Schwarzschlachtungen „im Großen" oder im Falle eines Betriebsführers, der die für seine Arbeiter gedachten Zuteilungen für sich verbraucht.[1163] Jedoch gab er zu, daß auch Unterschiede dahingehend gemacht werden müßten, daß in besonders gelagerten Fällen milde verfahren werden sollte, zum Beispiel wenn eine Hausfrau, die Mann und Kinder versorgen muß, eine Kleinigkeit außerhalb der ihr zustehenden Zuteilungen bekomme.[1164]

Nachdem ab dem Zeitpunkt der Machtübernahme der Nationalsozialisten immer mehr Delikte mit der Todesstrafe bedroht wurden, steigerte sich diese Entwicklung mit Kriegsausbruch.[1165] So stieg auch während Thieracks Amtszeit als Justizminister die Anzahl der gesetzlichen Todesdrohungen ständig.[1166]

Auf die Vorhaltung eines seiner Mitarbeiter im Ministerium, die deutsche Justiz habe jedes Maß bei der Strafbemessung verloren, die Todesstrafe werde in einem Umfang angewendet, der geradezu untragbar sei und daß, weil die Todesstrafe keine Abstufungen zulasse, es doch unmöglich sei, sie wegen bloßer Verbaldelikte und Schwarzschlachtungen in so großem Umfange anzuwenden wie es tatsächlich geschehe, antwortete Thierack ablehnend. Er erklärte, daß er während des Krieges nicht weich werden könne. Er gebe zu, daß dieser Zustand für Friedenszeiten untragbar sei, die Gesetzgebung und auch die Praxis müßten aber erst nach einem Friedensschluß zurückgeschraubt werden.[1167]

Noch im Februar 1945 erließ Thierack eine „Verordnung über die Errichtung von Standgerichten".[1168] Nachdem es bisher nur in den besetzten Gebieten polizeiliche Standgerichte gab, wurde mit dieser Verordnung die Standgerichtsbarkeit auch im Altreich eingeführt.[1169]
Die Verordnung regelte die Errichtung von Standgerichten in „feindbedrohten Reichsverteidigungsbezirken". Die Zusammensetzung des Gerichts, welches aus einem Strafrichter als Vorsitzer, einem Politischen Leiter oder Gliederungsfüh-

---

1163 Vgl. BA R 3001 (alt R 22) 5114, Thierack in einer Rede anläßlich der Großkundgebung der NSDAP in Breslau am 5.1.1943.
1164 Vgl. BA R 3001 (alt R 22) 5114, Thierack in einer Rede anläßlich der Großkundgebung der NSDAP in Breslau am 5.1.1943.
1165 Gribbohm, Nationalsozialismus und Strafrechtspraxis – Versuch einer Bilanz, in NJW 1988, 2842, 2844; Broszat, Zur Perversion der Strafjustiz im Dritten Reich, in VfZ 1958, 390, 397.
1166 Düsing, Abschaffung der Todesstrafe, S. 205; vgl. hier auch die Darstellung der einzelnen Delikte, für die während Thieracks Amtszeit die Todesstrafe eingeführt wurde.
1167 Staatsarchiv Nürnberg, KV-Prozesse Fall 3, A 51, S. 3798, Aussage Hugo Suchomel.
1168 Verordnung über die Errichtung von Standgerichten vom 15.2.1945, RGBl. 1945 I, S. 30.
1169 Vgl. Wagner, Die Umgestaltung der Gerichtsverfassung und des Verfahrens- und Richterrechts im nationalsozialistischen Staat, S. 248 f.

rer der NSDAP sowie einem Offizier der Wehrmacht, der Waffen-SS oder der Polizei bestand, bestimmte gemäß Artikel 2 der Gauleiter. Gemäß Artikel 3 der Verordnung waren diese Standgerichte für alle Straftaten zuständig, „durch die die deutsche Kampfkraft oder Kampfentschlossenheit gefährdet wird“. Die Urteile konnten gemäß Artikel 4 lediglich auf Todesstrafe, Freisprechung oder Überweisung an die ordentliche Gerichtsbarkeit lauten und bedurften der Bestätigung durch den Gauleiter in seiner Eigenschaft als Reichsverteidigungskommissar. In der Präambel hieß es:

> „Die Härte des Ringens um den Bestand des Reiches erfordert von jedem Deutschen Kampfentschlossenheit und Hingabe bis zum Äußersten. Wer versucht, sich seinen Pflichten gegenüber der Allgemeinheit zu entziehen, insbesondere, wer dies aus Feigheit oder Eigennutz tut, muß sofort mit der notwendigen Härte zur Rechenschaft gezogen werden, damit nicht aus dem Versagen eines einzelnen dem Reich Schaden erwächst.
> ...“

b) Behandlung von Gnadenverfahren und Vollstreckungspraxis

Im folgenden soll dargestellt werden, wie unter Thierack die Gnadenverfahren nach Todesurteilen der Justiz behandelt wurden und welche Änderungen in der Vollstreckungspraxis vorgenommen wurden.

Das Gnadenverfahren richtete sich nach der Gnadenordnung vom 6. Februar 1935[1170] in Verbindung mit der Anordnung des Reichsjustizministers über die Behandlung der Gnadensachen vom 10. Juni 1938.[1171]
Danach war gemäß Artikel 1 § 1 Abs. 2 Nr. 1 a der Gnadenordnung die Entschließung über die Ausübung des Begnadigungsrechts bei Todesstrafen dem Führer und Reichskanzler vorbehalten. Gemäß Abs. 4 in Verbindung mit Abs. 3 Nr. 1 lag die Vorbereitung dieser Hitler vorbehaltenen Entschließung bei Todesurteilen der Gerichte beim Reichsjustizminister. Das Gnadenrecht umfaßte gemäß Artikel 1 § 3 die Befugnis, rechtskräftig erkannte Strafen zu erlassen, zu ermäßigen, umzuwandeln oder auszusetzen sowie das Niederschlagungsrecht. Die Vollstreckung von Todesurteilen war gemäß § 453 der Strafprozeßordnung nur dann zulässig, wenn eine Entschließung der zur Ausübung des Gnadenrechts berufenen Stelle dahin ergangen war, von dem Begnadigungsrecht keinen Gebrauch zu machen. Daher war gemäß Artikel 2 § 13 Abs. 1 S. 2 dem Reichsjustizminister über Todesurteile auch dann zu berichten, wenn ein Gnadengesuch nicht eingegangen war.

[1170] Abgedruckt in DJ 1935, 203 ff.
[1171] Abgedruckt in DJ 1938, 925 f.

Die Gnadenordnung sah in Artikel 2 § 7 Abs. 1 vor, daß die Gnadenbehörde, gemäß Artikel 2 § 1 Abs. 1 die Vollstreckungsbehörde, die notwendigen Ermittlungen „schleunig" vorzunehmen hatte. Dabei sollten gemäß Artikel 2 §§ 8 und 9 sowohl das Gericht, falls der Verurteilte in Strafhaft war die Gefangenenanstalt als auch nach pflichtgemäßem Entscheiden der Gnadenbehörden weitere Stellen Stellungnahmen abgeben. Danach mußte gemäß Artikel 2 § 10 dem Reichsjustizminister Bericht erstattet werden.
Im Fall von Todesurteilen sollte die Gnadenbehörde gemäß Artikel 2 § 13 Abs. 2 sobald ein rechtskräftiges Todesurteil vorlag mit äußerster Beschleunigung berichten, ohne auf die Einreichung eines Gnadengesuchs zu warten. Hierzu sollten schon vor Eintritt der Rechtskraft des Urteils die erforderlichen Äußerungen eingeholt und die erforderlichen Ermittlungen durchgeführt werden.

Aufgrund der stark anwachsenden Zahl der Todesurteile sowie der kriegsbedingten Notwendigkeiten wurde eine Reihe von Maßnahmen zur Vereinfachung des Gnadenverfahrens eingeführt.[1172] So wurden nach Kriegsausbruch die Einzelentscheidungen über Begnadigungen durch ein summarisches Verfahren ersetzt. Der Justizminister legte Hitler über die Präsidialkanzlei allmonatlich eine Liste der ergangenen Todesurteile vor und wartete dessen Entscheidung ab.[1173]
In Thieracks Amtszeit fielen einige der Maßnahmen, die zur Veränderung und Vereinfachung des Gnadenverfahrens eingeführt wurden. Ziel dieser Maßnahmen war es, eine beschleunigte Vollstreckung der Todesstrafe zu erreichen.
Eine Änderung des Gnadenverfahrens wurde auf Anordnung Hitlers schon im Oktober 1942 eingeführt. Lammers teilte Thierack mit, daß künftig in allen Fällen, in denen Hitler eine Begnadigung vorgeschlagen werde, die Stellungnahme des zuständigen Gauleiters einzuholen sei.[1174] Thierack erließ daraufhin eine entsprechende Hausverfügung.[1175]

Mit einem Schreiben vom 17. August 1943 wandte sich Lammers an Thierack. Er teilte ihm mit, daß Hitler erfahren habe, daß im Reich zur Zeit über 900 zum Tode Verurteilte sich zum Teil länger als zwei Monate in Erwartung der Vollstreckungsentscheidung in Haft befänden. Diese Gefangenen bildeten vor allem in Großstädten bei Luftangriffen eine Gefahr. Die Vollstreckung solle beschleunigt werden. Daher sei der Führer damit einverstanden, daß Thierack für die Dauer der derzeitigen erhöhten Gefahr schwerer Luftangriffe von der Einholung des Einvernehmens oder der Stellungnahme anderer Dienststellen zur Gnadenfrage absehen solle. Weiter solle Thierack in Fällen, in denen er die Vollstrek-

[1172] Wagner, Der Volksgerichtshof im nationalsozialistischen Staat, S. 807.
[1173] Wagner, Der Volksgerichtshof im nationalsozialistischen Staat, S. 807.
[1174] IfZ, NG 327, Schreiben Lammers an Thierack vom 23.10.1942.
[1175] IfZ, NG 327, Hausverfügung Thieracks.

kung für zweifelsfrei geboten halte, die Vollstreckung der Todesstrafe selbständig anordnen. In allen anderen Fällen solle in der bisher üblichen Weise verfahren werden.[1176] Hiermit war Thierack ermächtigt, in allen zweifelsfreien Fällen, selbst über das Gnadenverfahren und damit über die Vollstreckung der Todesstrafe zu entscheiden. Aufgrund dieser Ermächtigung erklärte Thierack in einem Rundschreiben an die verantwortlichen Stellen, daß wegen der Gefahr, die zum Tode Verurteilte bei Luftangriffen bildeten, die Entscheidung über die Vollstreckung mit größter Beschleunigung getroffen werden müsse. Dies würde auch der von ihm erstrebten „Schlagkraft und Wucht der Strafrechtspflege" entsprechen. Er ordnete an, daß die betreffenden Akten spätestens drei Tage nach Erlaß des Urteils an das Justizministerium übergeben werden sollten. Von der Beteiligung anderer Stellen sollte abgesehen werden. Eine Stellungnahme sollte nur dann erfolgen, wenn Bedenken gegen die Vollstreckung erhoben würden.[1177]
Im September 1943 teilte der Chef der Präsidialkanzlei, Otto Meißner, Thierack mit, es sei beim Vortrag von Gnadensachen festgestellt worden, daß zwischen dem Erlaß des Urteils und dem Eingang von Thieracks Begnadigungsvorschlag in der Präsidialkanzlei ein sehr langer Zeitraum von fünf bis zwölf Monaten liege, während die Entscheidung des Führers in der Regel in kürzester Zeit herbeigeführt werde. Daher bat er darum zu prüfen, ob nicht in Fällen, in denen Thierack eine Begnadigung in Aussicht nehme und daher die Entscheidung Hitlers einholen müsse, die Frist erheblich abgekürzt werden könne.[1178]
Im Oktober 1944 richtete Thierack ein Schreiben an den Volksgerichtshof mit der Bitte um Beschleunigung des Eingangs der gefällten Todesurteile im Justizministerium. Er erklärte, in einer schlagkräftigen Strafrechtspflege müßten Todesurteile unverzüglich vollstreckt werden. Der von ihm gewünschte Erfolg diesbezüglich sei teilweise bisher noch nicht erreicht worden. In den Anstalten Brandenburg, Breslau und Dresden sei es zu einer bedrohlichen Erhöhung der Zahl der dort einsitzenden zum Tode Verurteilten gekommen.[1179]

Eine weitere Vereinfachung des Gnadenverfahrens erreichte Thierack, als er sich im November 1944 an Meißner wandte. Er legte dar, daß er allmonatlich die ihm gnadenwürdig erscheinenden Todesurteilssachen listenmäßig der Präsidialkanzlei zur Kenntnis bringen würde. Einen Gnadenerweis spreche er erst aus, nachdem der Führer keine Bedenken erhoben habe. Die Zahl der Fälle, in denen der Führer entgegen seinem Vorschlag die Vollstreckung der Todesstrafe angeordnet habe, sei außerordentlich gering. Daraus entnehme er, daß seine

[1176] IfZ, NG 302, Schreiben Lammers an Thierack vom 17.8.1943.
[1177] IfZ, NG 302, Rundschreiben Thieracks vom 27.8.1943 und vom 8.9.1943.
[1178] IfZ, NG 301, Schreiben Meißners an Thierack vom 3.9.1943; vgl. hierzu auch Wagner, Der Volksgerichtshof im nationalsozialistischen Staat, S. 807 f.
[1179] BA R 3016/119, Schreiben Thieracks an den Präsidenten des Volksgerichtshofes und den Oberreichsanwalt beim Volksgerichtshof vom Oktober 1944.

Gnadenpraxis in Todesurteilssachen den Richtlinien des Führers voll entspreche. Daher halte er es zur Vereinfachung und Beschleunigung des Gnadenverfahrens für möglich, dem Führer vorzuschlagen, die Vorlagepflicht auf besonders bedeutsame und zweifelhafte Fälle zu beschränken. Damit würde zugleich eine Entlastung der Strafanstalten, die zur Vollstreckung bestimmt sind, erreicht, denn die zum Tode Verurteilten seien dauernd gefesselt und würden durch besonderes Bewachungspersonal beaufsichtigt. Sie würden eine Gefahr bei Luftangriffen bilden. Daher liege ihm daran, Verurteilte, die begnadigt werden sollen, möglichst schnell aus diesen Anstalten zu verlegen.[1180]
Meißner erklärte sein Einverständnis mit diesem Vorschlag. Thierack solle aber nach der ihm bekannten Weisung des Führers, die Fälle, in denen er Todesurteile gegen Frauen aus den besetzten oder früher besetzten Westgebieten vollstrecken wolle, in jedem Fall vorlegen.[1181]

Neben den Maßnahmen, die Einfluß auf das Gnadenverfahren hatten, wurden auch Maßnahmen ergriffen, die Einfluß auf die Vollstreckung der Todesstrafe selbst hatten und die zum größten Teil ebenfalls deren Beschleunigung dienen sollten.
In einer Verfügung vom 1. September 1942 ordnete Thierack an, daß die Vollstreckung des Todesurteils zu jeder Tages- und Nachtzeit stattfinden könne. In erster Linie sollten hierzu die Nachtstunden benutzt werden.[1182] Ebenfalls wurde angeordnet, daß der Vollstreckungsleiter unmittelbar vor der Hinrichtung nicht mehr wie ursprünglich üblich den entscheidenden Teil des Urteils und die Entschließung zur Gnadenfrage verlesen sollte. Auch die Anstaltsglocke sollte nicht mehr geläutet werden.[1183]
Weiter verfügte Thierack im November 1942 unter anderem, daß künftig Anfragen bei den Angehörigen eines zum Tode Verurteilten, ob ihnen im Falle der Vollstreckung der Leichnam übergeben werden solle, unterbleiben sollten.
Die Vollstreckung der Todesstrafe sollte nach §§ 13 RStGB, 454 StPO durch Enthauptung vollzogen werden. Seit 1933 konnte die Reichsregierung auch die Vollstreckung durch Erhängen anordnen, wenn das Todesurteil wegen eines gegen die öffentliche Sicherheit gerichteten Verbrechens ergangen war.[1184] Im März 1943 erging eine Verfügung Thieracks, wonach die Todesstrafe auch durch Erschießen vollzogen werden konnte. Die Ausführung der Vollstreckung sollte ein Kommando der Polizei oder der Wehrmacht übernehmen. Die Entscheidung darüber, ob die Todesstrafe durch Erschießen vollzogen werden

---

1180 IfZ, NG 319, Schreiben Thieracks an Meißner vom 11.11.1944.
1181 IfZ, NG 319, Schreiben Meißners an Thierack vom 15.11.1944.
1182 BA R 3016/119, Bl. 14, Verfügung Thieracks vom 1.9.1942.
1183 BA R 3016/119, Bl. 14, Verfügung Thieracks vom 1.9.1942.
1184 Wagner, Die Umgestaltung der Gerichtsverfassung und des Verfahrens- und Richterrechts im nationalsozialistischen Staat, S. 277.

sollte, behielt Thierack sich vor. Er erklärte hierzu, er werde die Erschießung in Ausnahmefällen anordnen, wenn die Durchführung der sonst üblichen Vollzugsart Schwierigkeiten oder Verzögerung bedeuten würde oder aus anderen Gründen der Vollzug der Todesstrafe durch Erschießen geboten erscheine. Die Vollstreckung sollte nach den Vorschriften vorgenommen werden, welche für den Vollzug von Todesurteilen der SS- und der Polizei (Wehrmacht-) Gerichte galten.[1185]

Im Juli 1944 ordnete Thierack an, daß die Vollstreckungsbehörde den Angehörigen des Verurteilten mitteilen sollte, wann das Urteil vollstreckt wurde. Sie sollte hinzufügen, daß die Veröffentlichung einer Todesanzeige unzulässig ist. Diese Mitteilung sollte jedoch nur an Angehörige gerichtet werden, von denen bekannt war, daß sie in nahen Beziehungen zu dem Verurteilten standen. Unterbleiben sollte eine solche Mitteilung, wenn der Verurteilte oder die Angehörigen die deutsche Staatsangehörigkeit nicht besaßen oder eine Benachrichtigung aus anderen Gründen bedenklich war.[1186]

Einem Aktenvermerk ist zu entnehmen, daß im November 1944 auf Anordnung Thieracks geprüft werden sollte, ob Gefangene als Scharfrichter eingesetzt werden könnten, um an deren Stelle die Vollstreckung der Todesstrafe durchzuführen. Hierbei war vor allem an Gefangene gedacht worden, die zum Tode verurteilt, aber begnadigt worden waren.[1187] Dieses Vorhaben wurde offensichtlich nicht weiter verfolgt, nachdem der Generalstaatsanwalt davon mit der Begründung abgeraten hatte, daß hierdurch die „ernste Würde und Feierlichkeit der Todesstrafe“ gestört würde, da wohl kein ungestörter Verlauf zu erwarten sei.[1188]

Im Justizministerium verfolgte Thierack eine strenge Gnadenpraxis. Von seinem Recht, Begnadigungen vorzuschlagen beziehungsweise diese selbst auszusprechen machte er äußerst selten Gebrauch.[1189]

Einen ungefähren Überblick darüber, wie selten unter Thierack im Ministerium Begnadigungen befürwortet wurden, gibt eine Aufstellung, welche das Ministerium im Jahr 1944 erstellte. Darin sind aufgeführt die Anzahl der im Jahr 1943 sowie von Januar bis einschließlich August 1944 im Reichsjustizministerium entschiedenen Todesurteile. Für das Jahr 1943 ergibt sich hieraus eine Gesamtzahl von 4438 Todesurteilen, über die entschieden wurde. Davon wurden 206

[1185] BA R 3016/119, Bl. 27, Verfügung Thieracks vom 11.03.1943.

[1186] BA R 3016/119, Bl. 42, Anordnung Thieracks an die Oberreichsanwälte und Generalstaatsanwälte vom 19.7.1944.

[1187] IfZ, NG 374, Aktenvermerk vom 06.11.1944.

[1188] IfZ, NG 374, Schreiben des Generalstaatsanwalts vom 20.11.1944.

[1189] IfZ, NG 316, Aussage Walter Brem; IfZ, NG 1307, Aussage Altmeyer; IfZ, NG 1474, Aussage Günter Franke.

Begnadigungen ausgesprochen. Für die genannten Monate des Jahres 1944 ergibt sich eine Gesamtzahl von 2015 Todesurteilen, der 88 Begnadigungen gegenüberstehen.[1190]

Im Ministerium wurde das Gnadenverfahren grundsätzlich so gehandhabt, daß der betreffende Fall zunächst in der zuständigen Abteilung behandelt wurde und sodann dem Minister beziehungsweise in dessen Abwesenheit dem Staatssekretär vorgetragen wurde, welcher dann die Entscheidung traf.[1191] Somit fällte Thierack, mit Ausnahme der Tage, an denen er abwesend war, grundsätzlich alle Entscheidungen über Begnadigungen zum Tode Verurteilter.[1192]

In der letzten Zeit vor dem Kriegsende wurde das Gnadenverfahren derartig beschleunigt, daß vor allem in den Fällen von Plünderungen nach Luftangriffen die sogenannten Blitzvollstreckungen eingeführt wurden. Hier wurde das Gnadenverfahren im Ministerium so gut wie gar nicht mehr durchgeführt. Die Staatsanwaltschaft rief in diesen Fällen sofort nach der Urteilsverkündung im Ministerium bei Thierack beziehungsweise dem Staatssekretär an, trug den Fall vor und holte gleich noch im selben Telefonat die Entscheidung ein, die in der Regel auf Vollstreckung lautete.[1193]
Als, wie oben geschildert, die Gauleiter in das Gnadenverfahren eingeschaltet wurden und zu jedem Fall, in dem das Ministerium eine Begnadigung vorgeschlagen hatte, eine Stellungnahme abgeben sollten, sollen sie in der Regel jeden Gnadenvorschlag abgelehnt haben. Thierack soll in der Regel davon abgesehen haben, sich in diesen Fällen über die ablehnende Stellungnahme der Gauleiter hinwegzusetzen und dennoch Hitler eine Begnadigung vorzuschlagen.[1194]
Nach Aussage von Schirachs sollen aber in der Praxis die Gauleiter wegen eines Gnadenerweises nicht regelmäßig gehört worden sein. Er erklärte, es sei vorgekommen, daß auf Anweisung Thieracks Todesurteile vollstreckt wurden, bevor es für den in Frage kommenden Gauleiter technisch möglich gewesen sei, sich über das Urteil und die Umstände des Falles zu erkundigen. Darauf durch von Schirach angesprochen soll Thierack geantwortet haben, daß er selbst mehrfach durch direkte Weisungen Hitlers vor vollendete Tatsachen gestellt worden sei. So habe dieser mehrfach aus seinem Hauptquartier Vollstreckungen angeordnet,

---

[1190] BA, NS 7/204, Bl. 4.
[1191] IfZ, NG 1307, Aussage Altmeyer; IfZ, NG 393, Aussage Dr. Karl Ferber.
[1192] S. auch IfZ, NG 195, Niederschrift der Abteilungsleiterbesprechung vom 6.1.1944, in welcher Thierack anordnete, daß ihm auch künftig sämtliche Todesurteile vorgetragen werden sollten.
[1193] IfZ, NG 1307, Aussage Altmeyer; IfZ, NG 797, Aussage Dr. Hugo Suchomel; IfZ, NG 400, Aussage Helmut Boden; vgl. auch Wagner, Der Volksgerichtshof im nationalsozialistischen Staat, S. 808.
[1194] IfZ, NG 1307, Aussage Altmeyer.

ohne darauf Rücksicht zu nehmen, daß er, Thierack, einen Milderungsvorschlag des Urteils vorbereitet habe und Hitler vorlegen wollte.[1195]

Daß es zu der Situation kam, daß Hitler Begnadigungsvorschlägen denen Thieracks nicht entsprach, kann auch dem Tagebuch Goebbels entnommen werden. In einer Eintragung vom 18. April 1944 erwähnt er, daß er mit Thierack über eine Reihe von Todesurteilen gesprochen habe, von denen Thierack wünsche, daß sie nicht vollstreckt werden sollen. Hitler sei jedoch für eine Vollstreckung und werde daher auch das Todesurteil unterschreiben.[1196]
Schon im Oktober 1943 hatte Goebbels erwähnt, daß Hitler ihm die Ermächtigung gegeben habe, sich „energisch gegen Thierack zur Wehr zu setzen", wenn dieser ihm bei seinem Bestreben, Defaitisten schnellstens zum Tode zu verurteilen und dann auch enthaupten zu lassen, „in den Arm fallen will".[1197] Einige Tage vorher war es scheinbar zu Differenzen zwischen Thierack und Goebbels gekommen. Thierack habe sich in einem Brief bei Goebbels darüber beschwert, daß dieser „auf die Berliner Gerichte wegen einiger Todesurteile gedrängt habe". Damit habe Goebbels nach Thieracks Ansicht, in dessen Kompetenzen eingegriffen. Goebbels veranlaßte dieser Vorfall zu folgender Äußerung über Thierack:

> „...
> Es ist erstaunlich, daß jedesmal, wenn ein führender nationalsozialistischer Jurist noch nicht Justizminister ist, er sich durch besonderen Radikalismus auszeichnet; wird er aber wegen seiner Radikalität zum Justizminister ernannt, dann bemüht er sich, besonders seine juristischen Seiten in den Vordergrund zu stellen."[1198]

Ein Problem bei der Bearbeitung der Gnadenverfahren stellte sich den Referenten des Ministeriums hinsichtlich der von Freisler gefällten Todesurteile. Dessen Urteile waren meist oberflächlich gehalten und es kam offensichtlich vor, daß nachträglich Umstände bekannt wurden, die die im Urteil kurzerhand als unwahr abgetanen Behauptungen des Angeklagten sehr wahrscheinlich machten und eigentlich zu einer Wiederaufnahme des Verfahrens hätten führen müssen.[1199] Rothenberger berichtete, daß, wenn er in solchen Fällen ein schriftliches Votum auf Begnadigung oder Wiederaufnahme des Verfahrens abgegeben hätte, es der zu-

---

[1195] Staatsarchiv Nürnberg, KV-Prozesse, Fall 3, J 9, Exh.Nr. 40, Aussage Baldur von Schirach.
[1196] Tagebucheintrag vom 18.4.1944, zitiert nach Fröhlich, Die Tagebücher von Joseph Goebbels, Teil II, Bd. 12, S. 133.
[1197] Tagebucheintrag vom 27.10.1943, zitiert nach Fröhlich, Die Tagebücher von Joseph Goebbels, Teil II, Bd. 10, S. 192 f.
[1198] Tagebucheintrag vom 21.10.1943, zitiert nach Fröhlich, Die Tagebücher von Joseph Goebbels, Teil II, Bd. 10, S. 142.
[1199] Vgl. Wagner, Der Volksgerichtshof im nationalsozialistischen Staat, S. 808.

ständigen Abteilung IV verboten wurde, dieses Votum zu den Akten zu nehmen. Thierack soll die Vollstreckung auch dieser Urteile Rothenberger gegenüber damit begründet haben, daß in solchen Zeiten auch mal Unschuldige ihr Leben verlieren müßten.[1200]

Es wurde allgemein unter den Juristen erzählt, daß Thierack bei Luftangriffen auf Berlin persönlich in den Strafanstalten erschienen sein soll und die sofortige Tötung zahlreicher Gefangener angeordnet und überwacht haben soll. Unter diesen Gefangenen sollen sich rechtskräftig zum Tode Verurteilte sowie Gefangene, die noch Revision einlegen konnten, und auch solche, die todeswürdiger Verbrechen beschuldigt waren, befunden haben.
Inwieweit dieses Gerücht der Wahrheit entspricht, konnte nicht ermittelt werden.[1201]

Auch soll Thierack angeblich zu Hitlers Geburtstag, sozusagen als Geburtstagsgeschenk, die Zahl der vollstreckten Todesurteile mitgenommen haben.[1202]

c) Massenhinrichtungen in Plötzensee

In der Strafanstalt Plötzensee kam es in den Nächten zum 8. und zum 9. September 1943 zu Massenhinrichtungen.
Der Anlaß für diese Hinrichtungen war ein Luftangriff in der Nacht zum 4. September 1943, bei dem die Strafanstalt beschädigt worden war und infolgedessen es einer kleinen Anzahl Gefangener gelungen war, zu fliehen.[1203] Eine Kommission des Reichsjustizministeriums legte dem Minister am 6. September einen Bericht über die Zerstörungen in der Strafanstalt vor.[1204] In diesem Bericht wurde auch dargelegt, daß im Falle weiterer Bombenangriffe die Möglichkeit einer Flucht der Gefangenen bestünde. Aus diesem Grund wurde vorgeschlagen, das Gnadenverfahren für die noch in Plötzensee einsitzenden zum Tode verurteilten Häftlinge so zu beschleunigen, daß diese in den nächsten Tagen hingerichtet werden könnten. Ministerialdirigent Mettgenberg schlug zur Beschleunigung der Gnadenverfahren weiter vor, die im Hause bereits vorgelegten Gnadenberichte sollten von dem Referenten sofort vorgetragen werden und zwar auch diejenigen Sachen, in denen die Stellungnahme einer anderen Stelle angefordert aber noch nicht eingegangen sei. Soweit die Gnadenberichte

---

[1200] IfZ, NG 866, Rothenberger, „Sechzehn Monate Berlin“, S. 11.
[1201] IfZ, NG 397, Eidesstattliche Erklärung Dr. Hans Quambusch.
[1202] IfZ, NG 797, Aussage Dr. Hugo Suchomel.
[1203] Vgl. hierzu Gostomski/Loch, Der Tod von Plötzensee, S. 15 ff.
[1204] IfZ, NG 213, Aktenvermerk von Ministerialdirektor Vollmer über die Besichtigung der Strafanstalt Plötzensee vom 6.9.1943.

noch nicht erstattet seien, sollte der Sachbearbeiter des Oberreichsanwalts die entscheidungsreifen Sachen vortragen. Die Urteile sollten dann in den nächsten Tagen durch Erschießen vollstreckt werden.[1205]

Thierack war in diesen Tagen krank und deshalb nicht im Ministerium. Ministerialdirigent Mettgenberg fuhr in Vertretung für Ministerialdirektor Vollmer zu Thierack und berichtete ihm. Bei diesem Besuch soll Thierack erklärt haben, daß eine große Anzahl zum Tode Verurteilter infolge der Luftangriffe auf freien Fuß gekommen sei. Dies könne er nicht verantworten, daher müsse in einem beschleunigten Tempo die Gnadenfrage entschieden werden.[1206] Mettgenberg berichtete über Thieracks Äußerungen:

> „...
> Er warf Gedanken hin, die man unmöglich ernst nehmen konnte und denen ich sofort auf das lebhafteste widersprach. Er sprach nämlich von Vollstreckungen ungesetzlicher Art, Vollstreckungen durch Gift, vielleicht hat er auch von Vergasungen gesprochen. Jedenfalls sagte ich ihm, daß das natürlich nicht ginge, und er hat dann auf meine Vorstellungen hin diese Gedanken nicht mehr verfolgt.
> ...“[1207]

Thierack ordnete schließlich an, daß die Entscheidungen über die Ausübung des Gnadenrechts bezüglich der noch in Plötzensee in Haft befindlichen zum Tode Verurteilten mit möglichster Beschleunigung gefällt und die Vollstreckungen im Falle ihrer Anordnung durchgeführt werden sollten.[1208]
Er beauftragte Staatssekretär Rothenberger damit, über die Gnadengesuche zu entscheiden und äußerte dabei, Rothenberger müsse über die Gnadengesuche bis zum nächsten Morgen entschieden haben, und wenn er die ganze Nacht durcharbeite.[1209] Rothenberger erklärte seinem Adjutanten gegenüber, daß er sich nicht unter Zeitdruck setzen lasse und die Fälle in aller Ruhe durchgearbeitet werden sollten.[1210]

[1205] IfZ, NG 213, Aktenvermerk von Ministerialdirigent Mettgenberg vom 07.09.1943.
[1206] IfZ, NG 696, Aussage Wolfgang Mettgenberg.
[1207] IfZ, NG 696, Aussage Wolfgang Mettgenberg.
[1208] Staatsarchiv Nürnberg, KV-Prozesse Fall 3, Q 5, Eidesstattliche Versicherung Dr. Carl Dernedde; Staatsarchiv Nürnberg, KV-Prozesse Fall 3, Q 6, Dok.Nr. N-75a, Eidesstattliche Versicherung Josef Altmeyer.
[1209] Staatsarchiv Nürnberg, KV-Prozesse, Fall 3, A, deutsche Sitzungsprotokolle, S. 8635, Aussage Hans Hartmann, persönlicher Referent Rothenbergers; zur Tätigkeit Rothenbergers in diesem Fall vgl. auch Schott, „Curt Rothenberger – eine politische Biographie“, S. 140.
[1210] Staatsarchiv Nürnberg, KV-Prozesse, Fall 3, A, deutsche Sitzungsprotokolle, S. 8635, Aussage Hans Hartmann, Adjutant Rothenbergers.

Daraufhin wurden Rothenberger eine große Anzahl von Gnadensachen bezüglich der Plötzenseer Häftlinge vorgetragen.[1211] Die Besprechung endete am ersten Tag erst in der Nacht und dauerte am folgenden Tag bis in den Nachmittag hinein fort.[1212] Es sollen etwa 150 – 200 Fälle behandelt worden sein.
Während Rothenberger die Gnadenentscheidungen fällte, erteilte Thierack selbst den Vollstreckungsauftrag nach Plötzensee.[1213] Er hatte dem Adjutanten Rothenbergers gegenüber erklärt, Rothenberger brauche sich mit der Vollstreckung nicht zu befassen. Das regele er „von hier aus".[1214] Auch ließ er sich laufend über die Vollstreckungen berichten.[1215] Diese Vollstreckungen fanden in der Strafanstalt Plötzensee statt.[1216] Da das Fallbeil, mit welchem die Vollstreckungen sonst durchgeführt wurden, bei dem Bombenangriff beschädigt worden war, wurden die Vollstreckungen durch Erhängen vollzogen.[1217] In Plötzensee war ein Staatsanwalt damit beschäftigt, am Telefon laufend vom Justizministerium die Namen derjenigen Gefangenen entgegenzunehmen, denen der Gnadenerweis versagt worden war und die sofort hingerichtet werden sollten.[1218] Anhand dieser Liste wurden die Gefangenen dann aus den einzelnen Häusern der Strafanstalt zusammengeholt und in Gruppen zu je acht Gefangenen im halbstündigen Rhythmus hingerichtet.[1219]
Mit den Hinrichtungen begonnen wurde am 7. September um 19.30 Uhr. Sie endeten erst am nächsten Morgen.[1220] In der folgenden Nacht wurden die Hinrichtungen fortgesetzt. Weitere Hinrichtungen fanden statt am 9., 10. und 13. September.[1221]
In der ersten Nacht wurden insgesamt 186 Menschen hingerichtet. Nachdem diese Hinrichtungen erfolgt waren, stellte man fest, daß sechs Gefangene hinge-

---

1211 Staatsarchiv Nürnberg, KV-Prozesse Fall 3, Q 5, Eidesstattliche Versicherung Dr. Carl Dernedde; Staatsarchiv Nürnberg, KV-Prozesse Fall 3, Q 6, Dok.Nr. N-75a, Eidesstattliche Versicherung Josef Altmeyer; IfZ, NG 696, Aussage Wolfgang Mettgenberg.

1212 Staatsarchiv Nürnberg, KV-Prozesse Fall 3, Q 6, Dok.Nr. N-75a, Eidesstattliche Versicherung Josef Altmeyer.

1213 Staatsarchiv Nürnberg, KV-Prozesse Fall 3, Q 6, Dok.Nr. N-75a, Eidesstattliche Versicherung Josef Altmeyer.

1214 Staatsarchiv Nürnberg, KV-Prozesse, Fall 3, A, deutsche Sitzungsprotokolle, S. 8635, Aussage Hans Hartmann, Adjutant Rothenbergers.

1215 Staatsarchiv Nürnberg, KV-Prozesse Fall 3, Q 6, Dok.Nr. N-75a, Eidesstattliche Versicherung Josef Altmeyer.

1216 Zu den Massenhinrichtungen in den betreffenden Nächten in Plötzensee vgl. die umfassende Darstellung bei Gostomski/Loch, Der Tod von Plötzensee, S. 23 ff sowie Poelchau, Die letzten Stunden, S. 46 ff.

1217 Gostomski/Loch, Der Tod von Plötzensee, S. 23.

1218 Gostomski/Loch, Der Tod von Plötzensee, S. 24.

1219 Gostomski/Loch, Der Tod von Plötzensee, S. 26.

1220 Gostomski/Loch, Der Tod von Plötzensee, S. 26.

1221 Gostomski/Loch, Der Tod von Plötzensee, S. 34.

richtet worden waren, für die kein Vollstreckungsauftrag vorlag.[1222] Später stellte sich heraus, daß für zwei von ihnen doch Vollstreckungsaufträge vorlagen, von denen zum Zeitpunkt der Hinrichtung jedoch nichts bekannt war.[1223] Gleich am nächsten Tag, dem 8. September, wurden die an den Hinrichtungen beteiligten Beamten verhört, um den Grund für die irrtümlichen Hinrichtungen der vier Gefangenen herauszufinden.[1224] Thierack wurde am selben Tag telefonisch über die fälschlicherweise durchgeführten Hinrichtungen sowie über die Ermittlungsergebnisse informiert. In diesem Telefonat ordnete Thierack an, die Vorträge bei Rothenberger weiter fortzusetzen, bis sämtliche zur Zeit möglichen Vollstreckungen erledigt seien. Weiterhin ordnete er an, sicherzustellen, daß nirgendwo im Reich eine größere Zahl zum Tode Verurteilter an gefährdeten Orten zusammentreffen sollte. Notfalls müßten alle zum Tode Verurteilten in ein festes Lager der SS gebracht werden, wo ihre Bewachung durch „vollwertige Kräfte" sichergestellt sei.[1225] Da Thierack sich mit den durchgeführten Verhören nicht begnügte, forderte er am 17. September eine Untersuchung der Vorkommnisse durch Generalstaatsanwalt Hanssen.[1226] Dieser legte am 25. September einen Bericht über die von ihm durchgeführte Untersuchung vor.[1227]
Er kam zu dem Schluß, daß ein erhebliches Verschulden für die irrtümliche Hinrichtung von drei Gefangenen bei einem in der Strafanstalt tätigen Verwaltungsoberinspektor liege. Da in der Strafanstalt in der betreffenden Nacht jedoch ganz außergewöhnliche Umstände geherrscht hätten, die „eine sehr erhebliche seelische und arbeitsmäßige Belastung für die an der Vollstreckung beteiligten Beamten darstellte" sprach Hanssen sich gegen die Einleitung eines Dienststrafverfahrens gegen den Beamten aus. Er sollte lediglich ernsthaft verwarnt werden. Hinsichtlich des vierten irrtümlich hingerichteten Gefangenen konnte aufgrund der widersprüchlichen Aussagen nicht mehr ermittelt werden, wie der Irrtum entstanden war.
Aus dem Umstand, daß Maßnahmen unterlassen worden waren, die die ausschließliche Hinrichtung solcher Gefangener, für die ein Vollstreckungsauftrag

---

1222 IfZ, NG 213, Dienstliche Äußerung des Staatsanwalts Stoltz vom 8.9.1943.
1223 Wagner, Der Volksgerichtshof im nationalsozialistischen Staat, S. 813.
1224 Vgl. IfZ, NG 213, darin enthalten die Vernehmungsprotokolle der an der Hinrichtung beteiligten Beamten sowie ein Vermerk von Ministerialdirektor Vollmer über seinen Besuch in der Strafanstalt, der die Aufklärung der irrtümlichen Hinrichtungen zum Zweck hatte.
1225 IfZ, NG 213, Aktenvermerk von Ministerialdirigent Vollmer vom 8.9.1943
1226 Gostomski/Loch, Der Tod von Plötzensee, S. 31.
1227 IfZ, NG 653-PS, Bericht des Generalstaatsanwalts beim Kammergericht Berlin, Hanssen, vom 25.9.1943 über seine Ermittlungen hinsichtlich der Hinrichtungen in Plötzensee in der Nacht zum 8.9.1943.

vorlag, sichergestellt hätten, wollte Hanssen keine Pflichtverletzung des die Vollstreckung leitenden Staatsanwalts herleiten.[1228]

Im Justizministerium stellte man eine nachträgliche Prüfung der Fälle der irrtümlich Hingerichteten an. Dabei kam man zu dem Ergebnis, daß nach der sonstigen Praxis jene Fälle bestimmt negativ entschieden worden wären, so daß die Vollstreckung, wäre sie nicht bereits versehentlich vorzeitig erfolgt, in aller Kürze angeordnet worden wäre.[1229]

Einem Vermerk in den Akten des Reichsjustizministeriums ist zu entnehmen, daß in der Zeit vom 7. – 12. September 1943 in Plötzensee über 250 Todesurteile vollstreckt wurden.[1230]

8. Lenkung der Rechtsprechung

Wesentliches Element der Justizpolitik im Dritten Reich war der Versuch, die Rechtsprechung im nationalsozialistischen Sinn zu lenken.[1231]
Außerhalb der Justiz wurde die Beeinflussung der Rechtsprechung im gewünschten Sinn unter anderem durch Urteilskorrekturen durch Gestapo und SS, durch Hitlers eigenes Eingreifen in Verfahren sowie durch Angriffe der Presse gegen die Rechtsprechung und die ausführenden Organe versucht.
Auch von Seiten des Reichsjustizministeriums wurden schon unter Gürtner und Schlegelberger Maßnahmen zur Lenkung der Rechtsprechung vorgenommen.[1232]
Diese Politik wurde durch Thierack noch intensiviert.

a) Lenkungsmaßnahmen vor Thieracks Amtsantritt

Von den schon unter Gürtner und Schlegelberger durch das Reichsjustizministerium vorgenommenen Maßnahmen, ist die Berichtspflicht zu erwähnen, wonach

---

[1228] IfZ, NG 653-PS, Bericht des Generalstaatsanwalts beim Kammergericht Berlin, Hanssen, vom 25.9.1943 über seine Ermittlungen hinsichtlich der Hinrichtungen in Plötzensee in der Nacht zum 8.9.1943.

[1229] Staatsarchiv Nürnberg, KV-Prozesse Fall 3, Q 5, Eidesstattliche Versicherung Dr. Carl Dernedde.

[1230] IfZ, NG 213, Vermerk vom 15.9.1943.

[1231] Vgl. zur Lenkung der Justiz die ausführlichen Darstellungen bei Johe, Die gleichgeschaltete Justiz, S. 117 ff.; Gruchmann, Justiz im Dritten Reich 1933 – 1940, S. 1091 ff.; Boberach, Richterbriefe, S. XI ff.

[1232] Vgl. die ausführlichen Darstellungen bei Johe, Die gleichgeschaltete Justiz, S. 117 ff.; Gruchmann, Justiz im Dritten Reich 1933 – 1940, S. 1091 ff.

die Staatsanwälte verpflichtet waren, zunächst in Hoch- und Landesverratssachen sowie in Sondergerichtssachen, später auch in weiteren Fällen, dem Reichsjustizministerium eine Abschrift der Anklageschrift sowie des gefällten Urteils oder der anderweitigen Entscheidung, die das Verfahren abschloß, zu übersenden.[1233] Die Berichtspflicht wurde schon 1935 dergestalt erweitert, daß die Generalstaatsanwälte und kurz darauf auch die Oberlandesgerichtspräsidenten angewiesen wurden, alle zwei Monate vertrauliche „Lageberichte“ einzureichen, welche „einen allgemeinen Gesamtüberblick“ bieten sollten.[1234] Nach Ausbruch des Krieges mußten die Oberlandesgerichte sogar täglich über die wichtigsten Ereignisse in ihrem Bezirk berichten.[1235]

Ebenfalls mit dem Ziel der Lenkung der Rechtsprechung in der gewünschten Weise wurden durch veröffentlichte Allgemeinverfügungen sowie durch unveröffentlichte Rundverfügungen den weisungsgebundenen Staatsanwälten Richtlinien und Weisungen, den Strafrichtern „Empfehlungen“ und „Hinweise“ gegeben, wie bestimmte Verfahrensvorschriften gehandhabt, Strafgesetze angewendet und bestimmte Straftaten geahndet werden sollten.[1236]

Über die weisungsgebundenen Staatsanwälte wurde eine indirekte Einwirkung auf die Richter erzielt. Hierbei wurden die Staatsanwälte in wichtigen Fällen durch das Ministerium angewiesen, einen bestimmten Strafantrag zu stellen und den Vorsitzenden vor der Hauptverhandlung vertraulich von dieser Anweisung zu unterrichten. Die Richter erhielten auf diese Weise ebenfalls Kenntnis von den Wünschen des Ministeriums und wußten, daß die Staatsanwaltschaft gegen ein diesen Wünschen nicht entsprechendes Urteil Rechtsmittel einlegen würde.[1237]

Ferner fanden regelmäßig Besprechungen im Justizministerium mit den Oberlandesgerichtspräsidenten, den Generalstaatsanwälten und den Vorsitzenden der Sondergerichte statt, bei denen Weisungen erteilt wurden. Diese sollten an die Richter und Staatsanwälte weitergeleitet werden.[1238]

[1233] Vgl. zur Berichtspflicht Gruchmann, Justiz im Dritten Reich 1933 – 1940, S. 1091 ff.

[1234] Gruchmann, Justiz im Dritten Reich 1933 – 1940, S. 1094.

[1235] Johe, Die gleichgeschaltete Justiz, S. 130.

[1236] Gruchmann, Justiz im Dritten Reich 1933 – 1940, S. 1095; Johe, Die gleichgeschaltete Justiz, S. 118.

[1237] Gruchmann, Justiz im Dritten Reich 1933 – 1940, S. 1105; Johe, Die gleichgeschaltete Justiz, S. 120 f.

[1238] Wahl, Die Richterbriefe, S. 10; Gribbohm, Nationalsozialismus und Strafrechtspraxis – Versuch einer Bilanz, NJW 1988, 2842, 2844; Gruchmann, Justiz im Dritten Reich 1933 – 1940, S. 1099 f.

Auch die 1939 beziehungsweise 1940 eingeführten außerordentlichen Rechtsbehelfe, der außerordentliche Einspruch und die Nichtigkeitsbeschwerde, dienten der Justizlenkung.[1239]
Um zu verdeutlichen, welche Richtung die Rechtsprechung nach dem Willen der Justizleitung einschlagen sollte, nutzte das Ministerium die Möglichkeit, in Fachzeitschriften Urteile zu kritisieren oder zu loben.[1240]

b) Von Thierack eingeführte Lenkungsmaßnahmen

Kurz nach seinem Amtsantritt hatte Thierack im Zusammenhang mit dem Verfahren gegen einen Essener Gastwirt, dessen Ausgang das Mißfallen Hitlers erregt hatte[1241], an Bormann geschrieben, daß die Richter einer Führung dringend bedürften und er auf dieses Thema noch zurück kommen wolle.[1242]
Die „Führung" der Richter, welche er für notwendig erachtete, versuchte er dann auch durch verschiedene Maßnahmen unterschiedlicher Intensität zu erreichen.
Die schon unter seinen Vorgängern eingeführten Maßnahmen zur Lenkung der Rechtsprechung führte er fort und intensivierte sie.[1243] Daneben führte er neue Lenkungsmaßnahmen ein.

Zunächst dienten die von Thierack gleich zu Beginn seiner Tätigkeit im Ministerium vorgenommenen einschneidenden personellen Maßnahmen, auch innerhalb der Richterschaft, durch welche überzeugte Nationalsozialisten an die leitenden Stellen in der Justiz berufen wurden,[1244] der Ausrichtung der Rechtsprechung in der gewünschten Richtung.

Die, wie oben dargelegt, schon früher angewandte Methode der Beeinflussung der Richter durch die weisungsgebundene Staatsanwaltschaft setzte Thierack fort. Die Staatsanwälte sollten „in ständiger Fühlung" mit den Vorsitzenden der Strafgerichte stehen.
Wie er sich diese Zusammenarbeit der Staatsanwaltschaften mit den Gerichten vorstellte, erklärte Thierack in einem Erlaß vom 5. Oktober 1942, der an die Präsidenten des Reichsgerichts und des Volksgerichtshofes, die Generalstaatsanwälte an diesen Gerichten sowie an die Oberlandesgerichtspräsidenten gerichtet war:

1239 Weinkauff, Die deutsche Justiz und der Nationalsozialismus – ein Überblick, S. 136; Gribbohm, Nationalsozialismus und Strafrechtspraxis – Versuch einer Bilanz, NJW 1988, 2842, 2845; Boberach, Richterbriefe, S. XVI.
1240 Gruchmann, Justiz im Dritten Reich 1933 – 1940, S. 1095; Wahl, Die Richterbriefe, S. 9.
1241 Zu diesem Verfahren s.u. Kapitel VIII 8 c).
1242 BA R 3001 (alt R 22) /1560, Bl. 122 f., Schreiben Thieracks an Bormann vom 4.9.1942.
1243 Boberach, Richterbriefe, S. XVIII.
1244 S.o. Kapitel VIII 4.

„...
Die gegenwärtigen Verhältnisse erfordern mehr denn je eine verständnisvolle Zusammenarbeit zwischen Staatsanwaltschaft und Gericht. Von den Staatsanwälten erwarte ich, daß sie mit den Vorsitzenden der Strafgerichte in ständiger Fühlung sind, und bin überzeugt, daß diese ihnen dabei bereitwillig zur Verfügung stehen und entgegenkommen. Unerläßlich ist, daß diese Fühlungnahme taktvoll geschieht. Bei dem Richter darf nicht der Eindruck hervorgerufen werden, es werde eine unzulässige Beeinflussung seiner Entscheidungsfreiheit unternommen. Das gilt ganz besonders in den Ausnahmefällen, in denen dem Staatsanwalt von vorgesetzter Stelle aufgegeben ist, eine bestimmte Rechtsauffassung zu vertreten oder in denen ihm Richtlinien zur Frage der Strafzumessung gegeben sind.
Auch in der Öffentlichkeit dürfen in dieser Richtung Mißverständnisse nicht entstehen. Es darf nicht vorkommen, daß sich Staatsanwalt und Gericht gemeinsam vor den Augen der im Sitzungssaal Anwesenden in das Beratungszimmer begeben, oder daß der Staatsanwalt wie es in einem Einzelfall in einer Revisionsbegründung des Angeklagten behauptet wird, sich nach Schluß der Beweisaufnahme längere Zeit mit den Richtern zusammen im Beratungszimmer aufhält. Sollte in einem Einzelfall nach Beginn der Hauptverhandlung eine Fühlungnahme mit dem Vorsitzer des Gerichts nicht vermeidbar sein, so ist in besonderem Maße auf Zurückhaltung und Unauffälligkeit Bedacht zu nehmen.
...“[1245]

Thierack rügte hier keineswegs die Beeinflussung der Richter durch die vom Ministerium angewiesenen Staatsanwälte, sondern er wollte nur vermeiden, daß diese Maßnahme den Angeklagten und den Zuschauern und damit der Öffentlichkeit bekannt wurde. Ähnlich hatte Thierack sich auch auf der Tagung der Chefpräsidenten und Generalstaatsanwälte im September 1942 im Justizministerium geäußert. Auch hier hatte er betont, daß er Besprechungen zwischen Richter und Staatsanwalt begrüße. Diese dürften nur nicht nach außen offensichtlich werden.[1246] Der Grund hierfür war, daß es des öfteren geschehen war, daß sich Staatsanwälte für die im Gerichtssaal Anwesenden deutlich erkennbar unmittelbar vor der Hauptverhandlung oder in Verhandlungspausen mit den Richtern zur Beratung zurückgezogen hatten[1247].
Daß Thierack ebenfalls erwartete, daß die Richter sich auch tatsächlich an die den Staatsanwälten erteilten Weisungen hielten, drückt seine Äußerung aus, er sei überzeugt, die Vorsitzenden würden den Staatsanwälten „bereitwillig zur Verfügung stehen“ und ihnen „entgegenkommen“. Diese Äußerung darf wohl durchaus als Aufforderung an die Richter verstanden werden, sich in dieser Weise zu verhalten.

1245 Staatsarchiv Nürnberg, KV-Prozesse Fall 3, J 10 Exh.Nr.56, Erlaß Thieracks vom 5.10.1942.
1246 BA R 3001 (alt R 22) 4199, Bl. 114, Thierack in einer Ansprache auf der Tagung der Chefpräsidenten und Generalstaatsanwälte im Reichsjustizministerium am 29.9.1942.
1247 Vgl. hierzu Johe, Die gleichgeschaltete Justiz, S. 187.

Ein Lenkungsmittel, das heute meist im Zusammenhang mit dem Namen Thierack genannt wird, sind die von ihm herausgegebenen Richterbriefe.[1248]
Bei den Richterbriefen handelte es sich um monatlich vom Justizministerium herausgegebene Rundschreiben vertraulichen Charakters, in denen sowohl kritisch als auch lobend verschiedene Urteile dargestellt und durch eine Stellungnahme des Justizministers kommentiert wurden.
Vom 7. September 1942 stammen zwei Einführungserlasse Thieracks zu den Richterbriefen. Einer davon richtete sich an die Präsidenten des Reichsgerichts und des Volksgerichtshofes, die Oberlandesgerichtspräsidenten, die Landgerichtspräsidenten, an die Oberreichsanwälte, Generalstaatsanwälte und Oberstaatsanwälte. Der zweite Erlaß von diesem Tag richtete sich an alle Abteilungsleiter und sämtliche Referenten und Mitarbeiter der Abteilungen III, IV, VI und VII des Reichsjustizministeriums und enthielt Bestimmungen über die Bearbeitung der Briefe in den verschiedenen Abteilungen.[1249]
In dem ersten Erlaß erklärte Thierack, daß die Richter weiterhin weisungsfrei bleiben sollten und durch die Briefe keine Bevormundung stattfinden solle:

> „...
> Ich will, kann und darf nicht den Richter, der zur rechtlichen Ordnung eines Vorgangs berufen ist, anweisen, wie er im Einzelfall zu entscheiden hat. Der Richter muß weisungsfrei bleiben, damit er seine Entscheidungen mit eigener innerer Verantwortung tragen kann. Ich kann ihm daher eine bestimmte Rechtsauffassung nicht befehlen, sondern ihn lediglich davon überzeugen, wie ein Richter der Volksgemeinschaft helfen muß, um einen in Unordnung geratenen oder zur Ordnung reifen Lebensvorgang mit Hilfe des Gesetzes zu ordnen oder zu regeln.
> ...“[1250]

[1248] Vgl. die Darstellung zu der Entstehung und Aufnahme der Richterbriefe sowie die vollständige Edition der Briefe bei Boberach, Richterbriefe – Dokumente zur Beeinflussung der deutschen Rechtsprechung 1942 – 1944; die Darstellungen bei Wahl, Die Richterbriefe, Ein Beitrag zur Geschichte der nationalsozialistischen Justizpolitik; Rasehorn, Richterbriefe und Rechtspflege heute, in Boberach, Richterbriefe – Dokumente zur Beeinflussung der deutschen Rechtsprechung 1942 – 1944. Da diese Autoren die vorhandenen Materialien zu den Richterbriefen, die Richterbriefe ihrem Inhalt nach sowie die Aufnahme der Briefe umfassend ausgewertet haben, soll hier lediglich ein kurzer Überblick über die Einführung der Richterbriefe durch Thierack als Mittel zur Lenkung der Justiz gegeben werden. Auf eine ausführliche inhaltliche Auswertung der einzelnen Briefe soll unter Hinweis auf die genannten Werke verzichtet werden.

[1249] Verfügung des Reichsministers der Justiz an alle Abteilungsleiter und sämtliche Referenten und Mitarbeiter der Abteilungen III, IV, VI und VII des Reichsjustizminsteriums vom 7.9.1942, abgedruckt bei Boberach, Richterbriefe – Dokumente zur Beeinflussung der deutschen Rechtsprechung 1942 – 1944, S. 3 ff.

[1250] Runderlaß Thieracks an die Präsidenten des Reichsgerichts und des Volksgerichtshofes, die Oberlandesgerichtspräsidenten, die Landgerichtspräsidenten, Oberreichsanwälte, Generalstaatsanwälte und Oberstaatsanwälte vom 7.9.1942, zitiert nach Boberach,

Er verglich weiter den Beruf des Richters mit dem eines Arztes, da der Richter gleich einem Arzt einen Krankheitsherd im Volke ausbrennen müsse oder die Eingriffe eines Chirurgen machen können müsse. Zu dem Ziel, welches mit der Herausgabe der Briefe erreicht werden sollte, erklärte er:

> „...
> Um dem Richter zu helfen, seine hohe Aufgabe im Leben unseres Volkes zu erfüllen, habe ich mich daher zur Herausgabe von „Richterbriefen" entschlossen, die allen deutschen Richtern und Staatsanwälten zugehen sollen. Diese Richterbriefe werden Entscheidungen enthalten, die mir nach Ergebnis oder Begründung besonders hervorhebenswert erscheinen. An diesen Entscheidungen möchte ich aufzeigen, wie eine bessere Entscheidung hätte gefunden werden können und müssen; andererseits sollen gute, für die Volksgemeinschaft wesentliche Entscheidungen als beispielhaft hervorgehoben werden.
> Die Richterbriefe sind nicht dazu bestimmt, eine neue Kasuistik zu schaffen, die zu einer weiteren Erstarrung der Rechtspflege und zu einer Bevormundung der Richter führen würde. Sie sollen vielmehr nur eine Anschauung davon geben, wie sich die Justizführung nationalsozialistische Rechtsanwendung denkt, und auf diese Weise dem Richter die innere Sicherheit und Freiheit geben, die richtige Entscheidung zu finden.
> ..."[1251]

Obwohl er das Weiterbestehen der Weisungsfreiheit des Richters betonte, ließ Thierack dennoch keinen Zweifel daran, daß die Briefe ein Mittel zur Lenkung der Rechtsprechung sein sollten. So erklärte er den anwesenden Chefpräsidenten und Generalstaatsanwälten auf der Tagung im Justizministerium am 29. September 1942:

> „...
> Die Richterlenkung kann von hier aus durch die Richterbriefe geschehen, d.h. post hoc.
> ...
> Das ist eine ganz glatte Richterlenkung, die ich mir erlaube durchzuführen und die ich auch vertreten zu können glaube, also post hoc.
> ..."[1252]

Richterbriefe – Dokumente zur Beeinflussung der deutschen Rechtsprechung 1942 – 1944, S. 1 ff.

[1251] Runderlaß Thieracks an die Präsidenten des Reichsgerichts und des Volksgerichtshofes, die Oberlandesgerichtspräsidenten, die Landgerichtspräsidenten, Oberreichsanwälte, Generalstaatsanwälte und Oberstaatsanwälte vom 7.9.1942, zitiert nach Boberach, Richterbriefe – Dokumente zur Beeinflussung der deutschen Rechtsprechung 1942 – 1944, S. 1 ff.

[1252] BA R 3001 (alt R 22) 4199, Bl. 115, Thierack bei der Besprechung mit den Chefpräsidenten und Generalstaatsanwälten im Reichsjustizministerium am 29.9.1942.

Die Idee zu den Richterbriefen als Mittel der Lenkung der Rechtsprechung stammte nicht von Thierack selbst. Dies erklärte er auf der Tagung vom 29. September. Dort berichtete er, daß die Richterführung mittels der Richterbriefe mit dem Führer verabredet sei. Die Idee hierzu stamme weder vom Führer noch von ihm selbst, sondern von einer dritten Seite. Diese Idee sei jedoch so gut, daß er sie dem Führer vorgetragen habe und dieser daraufhin verlangt habe, von jedem Brief eine Abschrift zu erhalten.[1253] Hinsichtlich der Frage, um wen es sich bei der „dritten Seite" handelte, wird vermutet, daß dies entweder der SD gewesen sein könnte, weil dieser sich in seinen „Meldungen aus dem Reich" vom 3. September 1942 für „eine Einwirkung auf die Richter im Sinne einer Unterrichtung von wichtigen politischen Gesichtspunkten", für eine „politische und weltanschauliche Ausrichtung des Richterkorps" ausgesprochen hatte. Aber auch die Parteikanzlei, speziell der damalige Leiter der Rechtsabteilung, Klemm, wird als Urheber für die Idee der Richterbriefe in Betracht gezogen.[1254]

Der erste Richterbrief datiert vom 1. Oktober 1942. Er begann mit einem Aufruf Thieracks an die deutschen Richter. Darin legte er seine Forderungen und Ansichten über den Richterberuf dar.[1255] In diesem Zusammenhang sprach er von dem Richter als „Träger der völkischen Selbsterhaltung", als „Ordner von Lebensvorgängen, die Krankheiten im Leben des Volkskörpers sind" und von der Stellung des Richters als unmittelbarer Gehilfe der Staatsführung. Der Richterstand müsse daher ein Richterkorps werden, welches eine „Auslese der Nation" darstellt. Wieder betonte er die Notwendigkeit der Beibehaltung der Weisungsfreiheit des Richters. Wohl aber müsse die Staatsführung dem Richter die allgemeine Linie geben, die eingehalten werden müsse, wenn die Rechtspflege ihre Aufgabe erfüllen solle. Dann legte er seine schon im Einführungserlaß vom 7. September geschilderte Zielsetzung bei Herausgabe der Briefe dar.[1256] In diesem ersten Richterbrief wurden folgende Themen anhand mehrer Urteile aus den Jahren 1941/42 behandelt: „Volksschädlinge, insbesondere Verdunkelungsverbrecher", „Sittlichkeitsverbrechen an Kindern und Jugendlichen", „Kaffeeanmeldung durch Juden", „Devisenverbrechen eines Juden" sowie „Verschwei-

---

[1253] BA R 3001 (alt R 22) 4199, Bl. 115, Thierack bei der Besprechung mit den Chefpräsidenten und Generalstaatsanwälten im Reichsjustizministerium am 29.9.1942.

[1254] Vgl. zu diesen Überlegungen Boberach, Richterbriefe – Dokumente zur Beeinflussung der deutschen Rechtsprechung 1942 – 1944, S. XIX und Wahl, Die Richterbriefe, Ein Beitrag zur Geschichte der nationalsozialistischen Justizpolitik, S. 21.

[1255] Zu Thieracks Richterbild und zu der geplanten Bildung eines Richterkorps im Zuge des Aufbaus einer nationalsozialistischen Rechtspflege s.o. Kapitel VII 3 b) und VIII 4.

[1256] Thieracks Aufruf im Richterbrief Nr. 1 vom 1.10.1942, abgedruckt bei Boberach, Richterbriefe – Dokumente zur Beeinflussung der deutschen Rechtsprechung 1942 – 1944, S. 5 ff.

gung der Judenkennzeichnung".[1257] Zu jedem Themenbereich wurden zunächst die Urteile beschrieben. Dann folgte eine „Stellungnahme des Reichsministers der Justiz", in welcher die Urteile kommentiert und entweder kritisiert oder gelobt wurden.

Insgesamt gab das Justizministerium 21 Richterbriefe heraus, den letzten am 1. Dezember 1944.
Die Briefe wurden in einer Auflage von 11 000 Exemplaren hergestellt.[1258] Zu dem Empfängerkreis der Briefe gehörten alle deutschen Richter und Staatsanwälte. Jedoch sollten gemäß einem Erlaß Thieracks vom November 1942 im Elsaß, in Lothringen und Luxemburg politisch unzuverlässige Richter und Staatsanwälte von dem Empfang der Briefe ausgeschlossen bleiben. Auch mehrere Ministerien und zahlreiche Parteidienststellen erhielten die Richterbriefe.[1259]

Die Briefe behandelten nicht nur strafrechtliche, sondern auch zivilrechtliche Urteile. In den ersten sechs Briefen lag der Schwerpunkt auf dem Strafrecht. Danach ordnete Thierack im März 1943 an, verstärkt Material aus anderen Rechtsgebieten wie unter anderem „gesundes Volksempfinden im interlokalen Privatrecht" für die Veröffentlichung in den Briefen zu sammeln. Nach einer Wiederholung dieser Weisung durch Rothenberger im Juni 1943 wurden allmählich strafrechtliche und privatrechtliche Urteile in ausgewogenem Verhältnis zueinander veröffentlicht.[1260]

In seinem Einführungserlaß an die Mitarbeiter des Ministeriums hatte Thierack die Federführung für allgemeine und organisatorische Fragen zu den Richterbriefen der für die Strafrechtspflege zuständigen Abteilung IV übertragen. Die Bearbeitung des Materials für die Briefe, einschließlich der Bemerkungen zu den einzelnen Urteilen sollte durch die jeweils zuständige Abteilung erfolgen. Die Abteilungen sollten ihr Material Thierack laufend vorlegen.[1261] Mehrmals

---

[1257] Thieracks Aufruf im Richterbrief Nr. 1 vom 1.10.1942, abgedruckt bei Boberach, Richterbriefe – Dokumente zur Beeinflussung der deutschen Rechtsprechung 1942 – 1944, S. 5 ff.

[1258] Boberach, Richterbriefe – Dokumente zur Beeinflussung der deutschen Rechtsprechung 1942 – 1944, S. XX.

[1259] Wahl, Die Richterbriefe, Ein Beitrag zur Geschichte der nationalsozialistischen Justizpolitik, S. 22 f.

[1260] Boberach, Richterbriefe – Dokumente zur Beeinflussung der deutschen Rechtsprechung 1942 – 1944, S. XXI.

[1261] Verfügung des Reichsministers der Justiz an alle Abteilungsleiter und sämtliche Referenten und Mitarbeiter der Abteilungen III, IV, VI und VII des Reichsjustizminsteriums vom 07.09.1942, abgedruckt bei Boberach, Richterbriefe – Dokumente zur Beeinflussung der deutschen Rechtsprechung 1942 – 1944, S. 3 ff.

wurden auch die Richter und Staatsanwälte aufgefordert, Entscheidungen zur Behandlung in den Richterbriefen vorzulegen.[1262]
Anfangs wurde die Bearbeitung der Briefe dem Schriftleiter der Zeitschrift „Deutsches Recht“ übertragen. Dieser war später jedoch nicht mehr beteiligt.[1263] An seiner Stelle wurde das Arbeitsgebiet dem an das Ministerium abgeordneten Landgerichtsrat Dr. Erich Schmidt-Leichner übertragen. Dieser beschrieb die Bearbeitung der Briefe im Ministerium dergestalt, daß die Themen fast ausnahmslos von Thierack selbst bestimmt worden seien. Der zu bearbeitende Stoff, Akten oder einzelne Gerichtsurteile, sei Schmidt-Leichner entweder auf Weisung Thieracks oder dessen Abteilungsleitern durch die verschiedenen Sachreferenten zugeleitet worden oder durch die Chefpräsidenten und Generalstaatsanwälte der einzelnen Bezirke. Kamen die Vorlagen direkt aus dem Ministerium, seien sie regelmäßig bereits mit konkreten Hinweisen und Richtlinien, die den Wünschen der verschiedenen Fachabteilungen entsprachen oder Entscheidungen Thieracks enthielten, versehen gewesen. Die Entwürfe der Richterbriefe habe Schmidt-Leichner den zuständigen Abteilungsleitern zur sachlichen und verantwortlichen Prüfung, Abänderung, Stellungnahme und Zeichnung vorgelegt. Danach seien die Entwürfe zu Thierack gegangen, durch den die endgültige Stellungnahme und Zeichnung erfolgt sei. Thierack habe sich die endgültige Entscheidung in jedem Fall selbst vorbehalten. Er habe sich sogar die Druckbogen noch einmal vorlegen lassen, an denen er wiederholt noch Zusätze und erhebliche Änderungen vorgenommen habe, welche den übrigen Beteiligten manchmal erst nach dem Erscheinen der Briefe bekannt wurden.
Schmidt-Leichner erklärte weiter, daß die sachliche Verantwortung für den Inhalt der Briefe zunächst bei dem für das behandelte Sachgebiet zuständigen Abteilungsleiter, im wesentlichen jedoch bei Thierack selbst gelegen habe.[1264]

Neben der Herausgabe der Richterbriefe war geplant, den Rechtsanwälten ähnliche Rundschreiben zukommen zu lassen, um eine einheitliche Ausrichtung der Rechtsanwaltschaft zu erreichen. Thierack kündigte dieses Vorhaben in einem in den Mitteilungen der Reichs-Rechtsanwaltskammer erschienenen Aufruf an. Dieser Aufruf wurde in einem Runderlaß vom 11. März 1943 den höchsten Richtern und Staatsanwälten des Reiches bekanntgemacht.[1265] Thierack erklärte,

---

[1262] Boberach, Richterbriefe – Dokumente zur Beeinflussung der deutschen Rechtsprechung 1942 – 1944, S. XXI.

[1263] Boberach, Richterbriefe – Dokumente zur Beeinflussung der deutschen Rechtsprechung 1942 – 1944, S. XX; vgl. Staatsarchiv Nürnberg, KV-Prozesse Fall 3, J 10, Exh. Nr. 42, Eidesstattliche Erklärung Dr. Erich Schmidt-Leichner.

[1264] Staatsarchiv Nürnberg, KV-Prozesse Fall 3, J 10, Exh. Nr. 42, Eidesstattliche Erklärung Dr. Erich Schmidt-Leichner.

[1265] Wahl, Die Richterbriefe, Ein Beitrag zur Geschichte der nationalsozialistischen Justizpolitik; Runderlaß des Reichsministers der Justiz an die Präsidenten des Reichsgerichts, des Volksgerichtshofes und des Preußischen Landeserbhofgerichts, die

daß Richter, Staatsanwaltschaft und Rechtsanwalt gemeinsame Diener am Recht seien. Er stellte weiter fest, daß dem Anwaltsberuf eine schwierige Doppelstellung innewohne, da der Rechtsanwalt dem Recht und dem rechtsuchenden oder rechtempfangenden Volksgenossen diene. Hierzu äußerte er:

> „...
> so selbstverständlich es heute ist, daß bei der Entscheidung der Frage zwischen Dienst am Recht und der Vertretung eines Wunsches eines Volksgenossen der Dienst am Recht vorgeht, so schwierig ist es oft im Einzelfall diesen Grundsatz in der praktischen Alltagsarbeit zu verwirklichen.
> Er muß aber verwirklicht werden. Denn Stellung und Bestand der Rechtsanwaltschaft hängen von der richtigen Lösung dieser Frage ab.
> Es geht somit um das Schicksal der deutschen Rechtsanwaltschaft.
> ...“[1266]

Bei der Lösung dieser Frage wolle die Justizführung der Rechtsanwaltschaft helfen. Daher habe er sich zur Herausgabe von vertraulichen Rechtsanwaltsbriefen entschlossen. In diesen wolle er laufend Fragen aus verschiedenen Rechtsgebieten, während des Krieges insbesondere aus dem Strafrecht, sowie Standesfragen der Rechtsanwaltschaft an Hand praktischer Fälle erörtern, „die im Interesse einer gedeihlichen Rechtsarbeit aller Rechtswahrer einer einheitlichen Lenkung und Ausrichtung bedürfen“.[1267]
Auch hier beeilte Thierack sich zu betonen, daß es sich bei den Briefen nicht um Weisungen an die Empfänger handele:

> „...
> Der Rechtsanwalt bleibt auch künftig in seinen Amtshandlungen und Entschließungen ebenso weisungsfrei und selbstverantwortlich wie der Richter. Er soll aus den Rechtsanwaltsbriefen aber Anregungen empfangen, die ihm seine berufliche Arbeit und die Zusammenarbeit mit Richter und Staatsanwalt erleichtern.
> Ich bin überzeugt, daß diese damit auch auf die Rechtsanwaltschaft ausgedehnte fachliche und persönliche Führung der Rechtspflege auch von der Rechtsanwalt-

---

Oberlandesgerichtspräsidenten, Oberreichsanwälte und Generalstaatsanwälte vom 11.3.194, abgedruckt bei Boberach, Richterbriefe – Dokumente zur Beeinflussung der deutschen Rechtsprechung 1942 – 1944, S. 397 ff.

1266 Runderlaß des Reichsministers der Justiz an die Präsidenten des Reichsgerichts, des Volksgerichtshofes und des Preußischen Landeserbhofgerichts, die Oberlandesgerichtspräsidenten, Oberreichsanwälte und Generalstaatsanwälte vom 11.3.194, abgedruckt bei Boberach, Richterbriefe – Dokumente zur Beeinflussung der deutschen Rechtsprechung 1942 – 1944, S. 397 ff.

1267 Runderlaß des Reichsministers der Justiz an die Präsidenten des Reichsgerichts, des Volksgerichtshofes und des Preußischen Landeserbhofgerichts, die Oberlandesgerichtspräsidenten, Oberreichsanwälte und Generalstaatsanwälte vom 11.3.194, abgedruckt bei Boberach, Richterbriefe – Dokumente zur Beeinflussung der deutschen Rechtsprechung 1942 – 1944, S. 397 ff.

schaft begrüßt werden wird und daß durch diese Neueinrichtung viele Fehler, Uneinigkeiten, Zweifel und Bedenken behoben werden können, die die Arbeit bisher erschwerten.
...“[1268]

Trotz der Ankündigung im März 1943 erschien der erste Rechtsanwaltsbrief erst am 1.10.1944. Er sollte auch der einzige bleiben.
Der Brief begann, ähnlich wie der erste Richterbrief, mit einem Aufruf Thieracks an die deutschen Rechtsanwälte. Darin wies er auf die Notwendigkeit hin, aufgrund der kriegsbedingten Verhältnisse lediglich unmittelbar kriegswichtige Rechtsangelegenheiten zu bearbeiten. Hinsichtlich des Ziels, welches mit den Rechtsanwaltsbriefen erreicht werden sollte, führte er aus:

„...
Diese Rechtsanwaltsbriefe verfolgen ein doppeltes Ziel. Sie wollen einmal den Rechtsanwälten anhand von Urteilen der Gerichte auf den verschiedenen kriegswichtigen Rechtsgebieten die Ziele der Justizführung bekanntgeben und die Linie der Gerichte aufzeigen, um ihnen unnötige Arbeit bei Gegenvorstellungen, Beschwerden oder Rechtsbehelfen sonstiger Art zu ersparen, für die heute kein Raum mehr ist. Sie wollen andererseits das allgemeine Verhalten und Auftreten der Rechtsanwälte im Beruf untereinander und gegenüber den Richtern und Staatsanwälten so ausrichten, daß eine geschlossene Arbeitskameradschaft aller Rechtswahrer entsteht und künftig Reibungen, Beanstandungen oder Streitigkeiten auf diesem Gebiet nach Möglichkeit unterbleiben, um die ganze Arbeitskraft in den Dienst der eigentlichen Rechtsarbeit zu stellen. Je härter die Zeit und je größer die Einschränkungen, desto enger muß auch der Zusammenschluß aller Rechtswahrer zu gemeinsamer Arbeit sein.
...“[1269]

Der Brief behandelte das Thema „Verhalten von Rechtsanwälten in Strafsachen“.[1270]

Ein weiteres Lenkungsmittel, welches kurz nach Thieracks Amtsantritt auf Reichsebene eingeführt wurde, waren die von Rothenberger bereits vor seinem

---

[1268] Runderlaß des Reichsministers der Justiz an die Präsidenten des Reichsgerichts, des Volksgerichtshofes und des Preußischen Landeserbhofgerichts, die Oberlandesgerichtspräsidenten, Oberreichsanwälte und Generalstaatsanwälte vom 11.3.194, abgedruckt bei Boberach, Richterbriefe – Dokumente zur Beeinflussung der deutschen Rechtsprechung 1942 – 1944, S. 397 ff.
[1269] Rechtsanwaltsbrief Nr. 1 vom 1.10.1944, abgedruckt bei Boberach, Richterbriefe – Dokumente zur Beeinflussung der deutschen Rechtsprechung 1942 – 1944, S. 400 ff.
[1270] Zur Entstehung sowie zur inhaltlichen Auswertung des Rechtsanwaltsbriefs vgl. die ausführliche Darstellung bei Wahl, Die Richterbriefe, Ein Beitrag zur Geschichte der nationalsozialistischen Justizpolitik, S. 183 ff.

Wechsel ins Reichsjustizministerium in Hamburg angewandten sogenannten Vor- und Nachschauen[1271]. Die Einführung dieses Lenkungsmittels nach Hamburger Vorbild auf Reichsebene wurde von Rothenberger schon am 29. September 1942 auf der Besprechung mit den Oberlandesgerichtspräsidenten und den Generalstaatsanwälten im Justizministerium angekündigt.[1272] Unter diesen Besprechungen verstand Rothenberger Beratungen der Oberlandesgerichtspräsidenten mit den Landgerichtspräsidenten, Senatspräsidenten, den Generalstaatsanwälten und Oberstaatsanwälten und den Richtern, die in der Sache zu entscheiden hatten. Diese Besprechungen sollten sowohl vor der Hauptverhandlung stattfinden, wobei Richtlinien vorgegeben werden sollten, sowie nach der Hauptverhandlung, wobei die ergangenen Urteile erörtert werden sollten.[1273] Am 13. Oktober 1942 erging daraufhin eine von Rothenberger gezeichnete vertrauliche Anordnung des Reichsjustizministeriums über die „Lenkung der Rechtsprechung im Kriege“, mit der die Vor- und Nachschaubesprechungen auf Reichsebene eingeführt wurden. In der Anordnung heißt es zur Begründung der Notwendigkeit einer Lenkung der Rechtsprechung:

> „...
> Im Kriege hat die Rechtsprechung wie jede Tätigkeit des Volkes in erster Linie der Erringung des Sieges zu dienen. Ihre Aufgabe ist im besonderen, sich nach den staatspolitischen Notwendigkeiten auszurichten und durch ihre Entscheidung auf allen Gebieten den Führer im schweren Kampfe um die Freiheit Europas zu unterstützen.
> Das Ziel kann im Augenblick nur durch eine einheitliche maßvolle Lenkung der Rechtsprechung erreicht werden, da viele Voraussetzungen für eine einheitliche Ausrichtung der Rechtsprechung nach der geschichtlichen Entwicklung noch nicht gegeben sind.
> ...“[1274]

Weiter wurde dargelegt, daß eine maßvolle Lenkung nichts mit einer Gängelung oder Aufhebung der Weisungsfreiheit eines Richters zu tun habe. Sie solle dem Richter „kameradschaftlich helfen“. Die Ausübung dieser Lenkung solle so taktvoll durchgeführt werden, „daß die Richter sich ihrer selbständigen, eigenen

---

[1271] Vgl. zur Einführung der Vor- und Nachschauungen in Hamburg durch Rothenberger im Mai 1942; Johe, Die gleichgeschaltete Justiz, S. 180 ff.; Schott, „Curt Rothenberger – eine politische Biographie“, S. 86 ff.; Schmitz, Die Vor- und Nachschaubesprechungen in Hamburg 1942 – 1945.

[1272] BA R 3001 (alt R 22) 4199, Bl. 56 f., Rothenberger auf der Tagung der Chefpräsidenten und Generalstaatsanwälte im Reichsjustizministerium am 29.9.1942; vgl. hierzu Schott, „Curt Rothenberger – eine politische Biographie“, S. 129 ff.

[1273] BA R 3001 (alt R 22) 4199, Bl. 55 f., Rothenberger auf der Tagung der Chefpräsidenten und Generalstaatsanwälte im Reichsjustizministerium am 29.9.1942.

[1274] BA R 3001 (alt R 22) 2732, Bl. 230 ff., Anordnung des Reichsjustizministeriums vom 13.10.1942.

Verantwortung bewußt bleiben und die geleistete Hilfe dankbar anerkennen, anstatt sich gegängelt oder unfrei zu fühlen".
Von der Lenkung ausgenommen bleiben sollte die Feststellung des Tatbestandes, da sie allein Sache des Gerichts sei. Die Lenkung könne sich nur auf die Folgen beziehen, die aus einem frei und verantwortlich vom Gericht festgestellten Tatbestand zu ziehen seien.[1275]
Zuständig für die Lenkung sollten nach dem Reichsjustizminister die Präsidenten der Obersten Gerichte und die Oberlandesgerichtspräsidenten in Zusammenarbeit mit den Oberreichsanwälten und den Generalstaatsanwälten sein.[1276] Die Lenkung der Rechtsprechung wurde als vordringlichste Aufgabe beschrieben, die vor die laufende Verwaltungsarbeit zu stellen sei.
Es werden weiterhin verschiedene Wege zur Durchführung der Lenkung beschrieben. Zunächst wird allgemein die „ständige Übermittlung der jeweiligen Zielpunkte der Staatsführung an die Richter, soweit sie für die Rechtsprechung von Bedeutung sind", erwähnt. Weiterhin könne auch die Auswertung der Rechtsprechung zur Lenkung herangezogen werden, die daher der ständigen Kontrolle bedürfe. Durch entsprechende Hinweise und Belehrungen solle eine gleichmäßige Ausrichtung in grundsätzlichen Rechtsfragen sowie insbesondere in Fragen des Strafmaßes angestrebt werden.[1277]
Dann werden als wichtigstes Lenkungsmittel die Vor- und Nachschauen erläutert. Dabei sollten die einzelnen wichtigen Fälle durch die richterlichen Behördenleiter, welche ihrerseits die erforderliche Verbindung mit den Leitern der Staatsanwaltschaften aufrecht erhalten sollten, mit dem Gericht vor der Entscheidung besprochen werden. Ausdrücklich wurde bestimmt, daß daneben die über die Zusammenarbeit der Staatsanwaltschaften mit den Gerichten getroffenen Anordnungen unberührt bleiben sollten.
Es wurde davon abgesehen, ins einzelne gehende Anordnungen über die Durchführung der Besprechungen zu erlassen. Dies wurde den Präsidenten der höchsten Gerichte und den Oberlandesgerichtspräsidenten überlassen.[1278]
Themen der Vorbesprechungen sollten „alle wichtigen Sachen" sein. Zur Orientierung darüber, welche Fälle hierzu gehören sollten, wurde ein Katalog aufgestellt, der unter anderem diejenigen Strafsachen nannte, in denen die Todesstrafe oder eine schwere Zuchthausstrafe zu erwarten war, ebenso alle Strafsachen von besonderer Wichtigkeit, die Kriegsverbrechen betrafen oder die mit Rücksicht auf die Kriegsverhältnisse von besonderer Bedeutung waren. Zum Katalog gehörten auch Strafsachen von besonderer Bedeutung, die Straftaten von oder ge-

---

[1275] BA R 3001 (alt R 22) 2732, Bl. 230, Anordnung des Reichsjustizministeriums vom 13.10.1942.
[1276] BA R 3001 (alt R 22) 2732, Bl. 230, Anordnung des Reichsjustizministeriums vom 13.10.1942.
[1277] BA R 3001/2732, Bl. 230 f., Anordnung des Reichsjustizministeriums vom 13.10.1942.
[1278] BA R 3001/2732, Bl. 230 f., Anordnung des Reichsjustizministeriums vom 13.10.1942.

gen Jugendliche zum Gegenstand hatten, oder Straf- und Zivilsachen, in denen allgemeine Rechtsfragen auftauchten, die eine einheitliche Praxis der Gerichte erforderten sowie eine ganze Reihe weiterer Fälle.[1279]
Neben diesen Vorschaubesprechungen sollten die Oberlandesgerichtspräsidenten weiterhin mindestens alle zwei Wochen persönliche Besprechungen mit allen Landgerichtspräsidenten und Amtsgerichtspräsidenten über Fragen der Lenkung der Rechtsprechung abhalten, an denen der Generalstaatsanwalt beteiligt werden sollte. In diesen Besprechungen sollten die anstehenden wichtigen Sachen behandelt werden, Fragen von grundsätzlicher Bedeutung erörtert werden sowie eine Übersicht der ergangenen Urteile gegeben werden.[1280]
In der Folgezeit wurden die Vor- und Nachschauen in allen Oberlandesgerichtsbezirken eingeführt.[1281]

Um das Ziel einer im nationalsozialistischen Sinn ausgerichteten einheitlichen Rechtsprechung zu erreichen, wurden Schulungen für Richter und Staatsanwälte eingerichtet. Neben der schon bestehenden Schulungsarbeit, die vor allem durch den Rechtswahrerbund durchgeführt wurde, richtete Thierack die Burg Cochem an der Mosel als nationalsozialistische Schulungsstätte für Juristen unter seiner persönlichen Leitung ein. Hier wurden auf Reichsebene Schulungen für Richter und Staatsanwälte durchgeführt. Zu diesen Schulungen wurden die Richter und Staatsanwälte, zumeist nach Spezialgruppen aufgeteilt, zusammengezogen.[1282]

Neben diesen Lenkungsmaßnahmen kritisierte das Reichsjustizministerium wiederholt offiziell angeblich zu milde Urteile.[1283]

c) Direktes Eingreifen in Verfahren durch Thierack

Neben den dargestellten Maßnahmen zur Lenkung der Rechtsprechung, griff Thierack wiederholt selbst direkt in verschiedene Verfahren ein. Einige dieser Fälle sollen hier exemplarisch dargestellt werden.

Besonders deutlich tritt Thieracks Bestreben, die Rechtsprechung völlig seiner Weisung zu unterstellen, in dem Fall seines Eingreifens in das Verfahren gegen

---

1279 BA R 3001/2732, Bl. 231 f., Anordnung des Reichsjustizministeriums vom 13.10.1942.
1280 BA R 3001/2732, Bl. 231 f., Anordnung des Reichsjustizministeriums vom 13.10.1942.
1281 Angermund, Deutsche Richterschaft 1919 – 1945, S. 233.
1282 IfZ, ZS 438, Bd. 2, S. 26, Aussage Günther Joel; Johe, Die gelenkte Justiz, S. 212 f.; Broszat, Zur Perversion der Strafjustiz im Dritten Reich, in VfZ 1958, 390, 402; IfZ, NG 393, Eidesstattliche Versicherung Dr. Karl Ferber.
1283 Vgl. Weinkauff, Die deutsche Justiz und der Nationalsozialismus – ein Überblick, S. 159 mit Beispielen zu der Urteilskritik des Ministeriums; Johe, Die gelenkte Justiz, S. 193 f.; Broszat, Zur Perversion der Strafjustiz im Dritten Reich, in VfZ 1958, 390, 402.

einen Essener Gastwirt zutage. Dieser Gastwirt war von einer Essener Strafkammer zu einer Gefängnisstrafe von anderthalb Jahren verurteilt worden. Ihm war vorgeworfen worden, seine zwei Wachhunde auf eine Gruppe Schulkinder gehetzt zu haben, die an einem bei seiner Gaststätte gelegenen Teich Wasserflöhe fingen. Ein Junge war hierbei so stark verletzt worden, daß ihm ein Bein amputiert werden mußte.[1284] Hitler war, vermutlich durch Zeitungsberichte, auf dieses Urteil aufmerksam geworden und hatte es als zu milde kritisiert. Diese Kritik wurde Thierack durch Bormann mitgeteilt.[1285]

Thierack antwortete umgehend und erklärte, er habe auf die ihm durch Bormann übermittelte Weisung des Führers den Sachverhalt des betreffenden Falles nachgeprüft. Er halte die Strafe ebenfalls für zu milde und eine wesentlich höhere für erforderlich. Ebenfalls habe er auch Bedenken gegen die Vollständigkeit der bisherigen Beweisaufnahme. Aus diesen Gründen habe er den Oberreichsanwalt angewiesen, das Urteil mit der Nichtigkeitsbeschwerde anzufechten. Eine Mitteilung über deren Ergebnis und den Ausgang des Strafverfahrens behalte er sich vor. Das Schreiben schließt mit der Bemerkung Thieracks, auch dieser Fall zeige, „daß die Richter einer Führung dringend bedürfen".[1286]

Einen Bericht über den Fortgang des Verfahrens sandte Thierack im November 1942 an Lammers und an Bormann. Es habe eine durch Revision beim Reichsgericht herbeigeführte erneute Verhandlung vor der Jugendkammer des Landgerichts Essen stattgefunden. Dabei habe das Gericht diesmal auf eine einjährige Gefängnisstrafe erkannt, obwohl, wie Thierack betont, dem Gericht seine Stellungnahme bekannt gewesen sei und obwohl die Staatsanwaltschaft ebenso wie bei der ersten Verhandlung zwei Jahre sechs Monate Zuchthaus beantragte habe. Das Strafmaß liege also noch um sechs Monate niedriger als die Strafe des ersten Urteils.[1287]

Thierack schlug zum weiteren Vorgehen vor:

> „...
> Ich kann nunmehr wiederum durch die Revision das Urteil zu Fall bringen und eine erneute Verhandlung herbeiführen. Das halte ich jedoch nicht mehr für zweckmäßig. Ich habe vielmehr die Absicht, dadurch einzugreifen, daß ich in den allernächsten Tagen persönlich die Sache nochmals in Essen als Richter verhandele. Ich würde hierbei sämtliche Richter des LG Essen zur Teilnahme als Zuhörer veranlassen, darunter auch die Richter, die bisher die beiden Urteile gesprochen haben.
> Um aber in dieser Sache und gegebenenfalls in ähnlich gelagerten Sachen selbst als Richter entscheiden zu können, bedarf es einer Vollmacht des Führers, da die mir am 20.8. erteilte Vollmacht diese Fälle nicht umfassen würde. Ich schlage deshalb vor, den Führer um folgende Vollmacht zu bitten:

1284 BA R 43 II/1560.
1285 BA R 3001/4720, Bl. 44, Schreiben Bormanns an Thierack vom 2.9.1942.
1286 BA R 43 II/1560 Bl. 122, Schreiben Thieracks an Bormann vom 4.9.1942.
1287 BA R 43 II/1560, Bl. 143 f., Schreiben Thieracks an Lammers vom 3.11.1942.

> Ich ernenne den Reichsminister der Justiz Dr. Thierack zum Obersten Reichsrichter. Als solcher kann er jede vor einem Gericht anhängige Rechtssache aufgrund der Gesetze endgültig entscheiden.

Sobald ich im Besitz dieser Ermächtigung sein werde, werde ich die Verhandlung in Essen in dem gegebenen Rahmen selbst durchführen. Selbstverständlich werden bei der Verhandlung die Verfahrensvorschriften beachtet werden. Gerade das Beispiel soll die Richter überzeugen.
..."[1288]

Von der Absicht, sich als „Obersten Reichsrichter" einsetzten zu lassen, nahm Thierack offenbar jedoch sofort wieder Abstand. Aus einem Aktenvermerk vom 4. November 1942 in den Akten der Reichskanzlei ist ersichtlich, daß der persönliche Referent Thieracks im Auftrag seines Ministers um unerledigte Rückgabe des Schreibens zu dem besagten Fall gebeten habe. Es werde ein neues Schreiben in dieser Angelegenheit ergehen.[1289] In einem weiteren Aktenvermerk vom 23. November ist noch einmal erwähnt, daß Thierack davon abgesehen habe, die in seinem zurückgezogenen Schreiben vorgeschlagenen Pläne weiter zu verfolgen.[1290] Was zu diesem Sinneswandel bei Thierack geführt hat, konnte nicht ermittelt werden.
Mit Schreiben vom 16. November berichtete Thierack, daß auf seine Weisung gegen das zweite Urteil gegen den Gastwirt der außerordentliche Einspruch eingelegt worden sei, woraufhin der Besondere Senat des Reichsgerichts auf eine Strafe von drei Jahren Gefängnis erkannt habe.[1291]
Schon am 13. Oktober hatte er Bormann mitgeteilt, daß der Richter, der in der Verhandlung gegen den Gastwirt den Vorsitz geführt hatte, am 30. September aus der Justiz ausgeschieden sei.[1292]

Auch wenn Thierack von seinen Plänen, sich zum „Obersten Reichsrichter" einsetzten zu lassen, aus welchen Gründen auch immer sofort wieder Abstand nahm, beweist die Tatsache, daß er diesen Vorschlag überhaupt einmal kundtat, eine ungeheuerliche Skrupellosigkeit im Umgang mit der Justiz im allgemeinen und den Gerichten im besonderen.
Diese Begebenheit verdeutlicht, daß Thierack offensichtlich keinerlei Bedenken hegte, zugunsten einer straffen nationalsozialistischen Führung der deutschen Justiz selbst von den grundlegendsten Prinzipien, wie unter anderem dem der Gewaltenteilung oder des gesetzlichen Richters, abzuweichen.

1288 BA R 43 II/1560, Bl. 143 f., Schreiben Thieracks an Lammers vom 3.11.1942.
1289 BA R 43 II/1560, Bl. 144, Aktenvermerk in den Akten der Reichskanzlei vom 4.11.1942.
1290 BA R 43 II/1560, Bl. 150, Aktenvermerk in den Akten der Reichskanzlei vom 23.11.1942.
1291 BA R 43 II/1560, Bl. 145, Schreiben Thieracks an Lammers vom 16.11.1942.
1292 BA R 3001 (alt R 22) 4720, Bl. 35, Schreiben Thieracks an Bormann vom 13.10.1942.

Interessant ist in diesem Zusammenhang, daß Thierack wie oben berichtet[1293] ungefähr ein Jahr später, als Freisler mit einer Bestimmung im Geschäftsverteilungsplan des Volksgerichtshofes das Prinzip des gesetzlichen Richters verletzte, diesen scharf zurechtwies und die Aufhebung der fraglichen Bestimmung forderte.

In einem anderen Fall griff Thierack in ein schwebendes Verfahren ein, indem er die Durchführung eines Beweisbeschlusses verbot.[1294]
Um die Jahreswende 1943/44 war gegen einen kriegsgefangenen polnischen Offizier Anklage wegen Landesverrats vor dem Volksgerichtshof erhoben worden. Ihm wurde vorgeworfen, daß er vor Beginn des Zweiten Weltkrieges in der Spionage-Abwehr-Abteilung der polnischen Armee tätig war. Der Verteidiger erklärte später, er habe durch Unterhaltungen mit Beamten des Volksgerichtshofes sowie mit anderen Rechtsanwälten erfahren, daß diese Anklage der ständigen Judikatur des Volksgerichtshofes entspräche, der sich auf sie schon unter dem Vorsitz Thieracks im Falle von tschechischen Offizieren festgelegt habe. Der Verteidiger wollte, wie er später erklärte, versuchen, die Richter von der Unvereinbarkeit des von ihnen beabsichtigten Urteils mit der nationalsozialistischen Ideologie zu überzeugen, indem er an ihr soldatisches Gefühl appellierte. Er führte in seinem Beweisantrag aus, daß es gegen jedes soldatische Empfinden und gegen jede soldatische Moral verstoße, einen Offizier zu bestrafen, der nichts anderes getan habe, als seine Pflicht und das, was jeder Offizier in jeder anderen Armee der Welt in entsprechender Stellung völkerrechtlich anerkannt zu tun verpflichtet sei. Auch wäre eine solche Verurteilung für die deutschen Abwehroffiziere gefährlich, falls diese einmal in Feindeshand fallen sollten.
Für die Richtigkeit seiner Auffassung nahm der Anwalt Bezug auf ein Gutachten der Abwehrabteilung des Oberkommandos der Wehrmacht sowie auf ein Gutachten der entsprechenden Abteilung des Reichssicherheitshauptamtes. Der Senat verkündete daraufhin einen Beweisbeschluß entsprechend dem Antrag des Anwalts, die genannten Gutachten beizuziehen. Damit soll der Senat sich grundsätzlich von der bisherigen Rechtsprechung des Volksgerichtshofes zu dieser Frage abgewandt haben.[1295]
Das Beweisersuchen mußte über das Justizministerium an das Oberkommando der Wehrmacht geleitet werden, so daß auf diese Weise Thierack hiervon Kenntnis erlangte. Daraufhin soll es innerhalb des Reichsjustizministeriums zu heftigen Erörterungen über diesen Beweisbeschluß gekommen sein. Dabei sol-

[1293] S.o. Kapitel VIII 5 e).
[1294] IfZ, NG 408, Eidesstattliche Versicherung des Rechtsanwalts Dr. Rudolf Dix; vgl. hierzu auch Wagner, Der Volksgerichtshof im nationalsozialistischen Staat, S. 226.
[1295] IfZ, NG 408, Eidesstattliche Versicherung des Rechtsanwalts Dr. Rudolf Dix.

len die Sachbearbeiter des Ministeriums die rechtliche Auffassung des Anwalts geteilt haben, während Thierack darüber sehr empört gewesen sein soll. Er soll verboten haben, das Beweisersuchen an das Oberkommando der Wehrmacht weiterzuleiten. Weiter soll er befohlen haben, die Akten dem Volksgerichtshof zurückzugeben, die Durchführung des Beweisbeschlusses zu verweigern und das Verfahren ohne Durchführung des Beweisbeschlusses zu Ende zu bringen. Als die Sachbearbeiter ihn auf die rechtliche Unmöglichkeit dieses Verhaltens hinwiesen, soll Thierack sehr ärgerlich geworden sein und auf seinem Standpunkt beharrt haben.[1296]
Das Verfahren wurde in der Folge nach Thieracks Anweisungen fortgeführt. In der Hauptverhandlung wurde bekannt gegeben, daß der Justizminister die Durchführung des Beweisbeschlusses verweigert habe. Der Angeklagte wurde zu einer lebenslänglichen Zuchthausstrafe verurteilt.
Auch soll Thierack bereits Anweisung gegeben haben, daß für den Fall, daß der Senat wagen sollte, freizusprechen, der Oberreichsanwalt sofort außerordentlichen Einspruch gegen das Urteil erheben sollte.[1297]

Offensichtlich war Thierack auch bereit, direkte Weisungen an Richter auszusprechen, um den Wünschen hochrangiger Nationalsozialisten zu entsprechen.
In einem Scheidungsverfahren gegen eine Angestellte des Ehepaares Göring trat das Problem auf, daß die Ehefrau ein Kind von einem SS-Mann erwartete. Der Ehemann wußte von diesem Umstand noch nichts. Göring hatte erklärt, er wünsche, daß die Ehe möglichst bald geschieden werde, daß aber das Gericht nicht erfahren sollte, daß die Ehefrau schwanger sei und dieses von einem SS-Mann. Der Grund für dieses Verlangen lag in der Gefahr, daß die Genehmigung zur späteren Verheiratung der Frau mit dem SS-Mann vom Reichsführer-SS hätte verweigert werden können, weil der SS-Mann mit einer Kriegerfrau ein Kind gezeugt hatte, während deren Ehemann sich im Felde befand.
In einem Aktenvermerk äußerte Thierack sich zu dieser Angelegenheit in der Weise, daß er es für ausgeschlossen halte, daß das Gericht im Unklaren über die Schwangerschaft der Frau bleiben solle. Er kündigte jedoch an, die Angelegenheit durch eigenes Eingreifen zu bereinigen:

> „...
> Der richtige Weg ist folgender: Das Gericht erfährt die Tatsache der Schwangerschaft, wobei die Ehefrau den Namen des Schwängerers nicht anzugeben braucht. Darauf wird die Ehe mit Sicherheit geschieden. Es wird dann meine Sache sein, das Ehehindernis durch eine entsprechende Weisung an den zuständigen Landgerichtspräsidenten zu beseitigen...
> ...“[1298]

[1296] IfZ, NG 408, Eidesstattliche Versicherung des Rechtsanwalts Dr. Rudolf Dix.
[1297] IfZ, NG 408, Eidesstattliche Versicherung des Rechtsanwalts Dr. Rudolf Dix.

In einem weiteren Fall hatte im Frühjahr 1944 der Vorsitzende des Zweiten Strafsenats des Reichsgerichts, Paul Vogt, in einem Urteil entgegen den von Thierack erteilten Weisungen entschieden. Ein zweites unter seinem Vorsitz ergangenes Urteil erregte ebenfalls das Mißfallen Thieracks.[1299] Dieser bestellte daraufhin Vogt im Juni zu sich ins Ministerium und wies ihn scharf zurecht, ohne ihm vorher Gelegenheit zu geben, die Gründe für die Entscheidungen seines Senats darzulegen. Dabei machte Thierack ihm Vorwürfe über die „politische Schimmerlosigkeit“ des Senats.[1300] Schließlich ersuchte er Vogt, so rechtzeitig ein Gesuch um Pensionierung einzureichen, daß die Versetzung in den Ruhestand zum 1. Juli des Jahres ausgesprochen werden könne. Vogt wehrte sich gegen den Eingriff Thieracks in die Rechtsprechung und betonte, daß er bei seinen Entscheidungen nicht an Weisungen gebunden sei. Mit den Vorwürfen geschehe ihm bitteres Unrecht. Vogt erklärte weiter, der Eingriff des Ministers beende in Deutschland die richterliche Unabhängigkeit. Er weigerte sich, seine vorzeitige Pensionierung zu beantragen. Daraufhin sah Thierack zwar von einer zwangsweisen Pensionierung zum 1. Juli ab, versetzte Vogt jedoch zum 1. November 1944 unter dem Vorwand der Erreichung der Altersgrenze in den Ruhestand. Thierack hatte außerdem schon am 9. Juni 1944 angeordnet, daß der Präsident des Vierten Senats auch den Vorsitz des Zweiten Strafsenats übernehmen sollte. Auch wurden dem Zweiten Strafsenat einige Richter zugeteilt, die man für politisch besonders zuverlässig hielt. Am 1. Oktober 1944 wurde der Zweite Strafsenat dann, entgegen dem üblichen Verfahren, den letzten Senat aufzulösen, wegen eines angeblichen Rückgangs der Geschäfte aufgelöst.[1301]

Als Mitte Januar 1945 die sowjetischen Truppen Königsberg abzuschnüren drohten, lösten der dortige Oberlandesgerichtspräsident Dr. Draeger und der ehemalige Oberlandesgerichtspräsident von Marienwerder, Szelinski, der nach seiner Pensionierung als Generalstaatsanwalt weiter amtierte, ihre Behörden auf. Sie begaben sich nach Swinemünde.[1302] Von dort aus meldeten sie sich bei Thierack mit der Bitte um weitere Weisung.[1303] Daraufhin wurden sie von dem dortigen Gauleiter im Einvernehmen mit Thierack als Deserteure verhaftet und nach

[1298] BA R 3001/4692, Bl. 128, Aktenvermerk Thieracks.
[1299] Vgl. zu diesen Urteilen Brückner, Der Müller-Arnold-Prozeß des Reichsgerichts, in DRiZ 1951, 196, 197.
[1300] Brückner, Der Müller-Arnold-Prozeß des Reichsgerichts, in DRiZ 1951, 196, 197.
[1301] Vgl. hierzu die Darstellung bei Schorn, Der Richter im Dritten Reich, S. 442 ff.; Brückner, Der Müller-Arnold-Prozeß des Reichsgerichts, in DRiZ 1951, 196, 197.
[1302] Schorn, Der Richter im Dritten Reich, S. 232; Wagner, Der Volksgerichtshof im nationalsozialistischen Staat, S. 392.
[1303] Wagner, Der Volksgerichtshof im nationalsozialistischen Staat, S. 392.

Berlin gebracht.[1304] Dort verhörte Thierack Szelinski persönlich. Dieser nahm sich daraufhin im Gefängnis das Leben. Dr. Draeger wurde im April 1945 vom Volksgerichtshof wegen Desertion zum Tode verurteilt und schließlich hingerichtet.[1305] Thierack setzte die Justizbehörden von der Verhaftung Dr. Draegers und dem Selbstmord Szelinskis in Kenntnis und erklärte dazu, daß „pflichtvergessen und ehrlos der handelt, der aus Feigheit die ihm unterstellten Beamten im Stich läßt“.[1306]

IX. Ende der Amtszeit im Reichsjustizministerium, Internierung und Selbstmord

Das Schicksal Thieracks nach dem Zusammenbruch des Dritten Reiches ist weitgehend ungeklärt.

Zunächst hatte Hitler geplant, im Fall einer Aufspaltung des Kriegsschauplatzes mit der Reichsregierung und dem OKW in den Südraum Deutschlands auszuweichen. Nachdem er sich jedoch dazu entschlossen hatte, in Berlin zu bleiben und schließlich eine Übersiedlung der Reichsregierung in den Süden nicht mehr möglich war, wurden die Pläne für die noch in Berlin verbliebenen Regierungsmitglieder geändert. An die Ende April noch in Berlin befindlichen Reichsminister erging die Anweisung, in den Nordraum Deutschlands auszuweichen und sich in Eutin zu konstituieren.[1307] Thierack soll daraufhin in der Nacht vom 20. zum 21. April 1945 Berlin verlassen haben.[1308] Eine Zeugin sagte später aus, er sei nach dem Zusammenbruch zusammen mit Regierungsrat Bürkner, einem persönlichen Freund, im Auto weggefahren.[1309] Es muß ihm gelungen sein, sich bis nach Schleswig-Holstein durchzuschlagen. Dr. Günter Franke sagte später aus, er sei am 2. Mai zusammen mit Thierack, Bürkner und Klemm in Eutin gewesen. Über den weiteren Verbleib Thieracks konnte er nichts sagen. Nach einer Kabinettsitzung in Plön unter Dönitz war der Abmarschbefehl nach Flensburg gegeben worden. Daraufhin erteilte Thierack ohne weitere Begründung die Wei-

1304 Schorn, Der Richter im Dritten Reich, S. 232.
1305 Wagner, Der Volksgerichtshof im nationalsozialistischen Staat, S. 392.
1306 Schorn, Der Richter im Dritten Reich, S. 233.
1307 Hansen, Das Ende des Dritten Reiches, S. 115 f.
1308 Hoffmann, Widerstand – Staatsstreich – Attentat, S. 654.
1309 IfZ, NG 523, Eidesstattliche Versicherung Lilly Ruth.

sung an Franke, in Eutin zurückzubleiben und sich zu tarnen.[1310] Ob Thierack sich tatsächlich zusammen mit Dönitz nach Flensburg begeben hat, konnte nicht ermittelt werden, es scheint jedoch wahrscheinlich.

Am 29. April, einen Tag bevor er Selbstmord beging, hatte Hitler ein sogenanntes politisches Testament aufgesetzt, in dessen zweiten Teil er eine neue Regierung unter Dönitz in der Funktion als Reichspräsident benannte. Thierack sollte auch in diesem neuen Kabinett das Amt des Justizministers bekleiden.[1311] Als Dönitz am 5. Mai in Flensburg seine Regierung bildete, soll er dieses Testament nicht gekannt haben.[1312] Er nahm Thierack nicht in sein Kabinett auf und übertrug das Justizressort kommissarisch an Klemm.[1313]
Mit Schreiben vom 6. Mai teilte er Thierack mit:

> „...
> In Berücksichtigung der gegenwärtigen Lage habe ich mich entschlossen, auf Ihre weitere Mitarbeit als Reichsjustizminister und als Mitglied der Reichsregierung zu verzichten. Ich danke Ihnen für die Dienste, die Sie dem Reich geleistet haben."[1314]

Ob dieses Schreiben Thierack je erreicht hat, ist unklar.

Von den Alliierten wurde er als Kriegsverbrecher gesucht. Darüber geben sogenannte „Wanted Lists" Auskunft. Er wird erwähnt in einer Liste mit der Überschrift „Officials of Reich Ministries and other supreme Reich authorities"[1315], sowie in einer Liste mit der Überschrift „Central registry of war criminals and security suspect". In der zweiten Liste wird sein Name zweimal aufgeführt. Als Grund für die Suche nach ihm wurde angegeben: „misc.", Verschiedenes, sowie „murder".[1316]

Thierack wurde schließlich von den Briten inhaftiert. Es konnte jedoch nicht ermittelt werden, zu welchem Zeitpunkt und auf welche Weise dies geschah. Jedoch wurde in der ersten „Wanted List" handschriftlich unter der Rubrik „Last location" eingetragen, Thierack befinde sich in „Neumünster, camp II".[1317] Da-

---

[1310] IfZ, NG 1474, Eidesstattliche Versicherung Dr. Günter Franke.
[1311] Zweiter Teil des politischen Testaments Hitlers vom 29.04.1945, zitiert nach Lüdde-Neurath, Regierung Dönitz, S. 125.
[1312] Hillmann, Die „Reichsregierung" in Flensburg, S. 45; Steinert, Die 23 Tage der Regierung Dönitz, S. 45.
[1313] Lüdde-Neurath, Regierung Dönitz, S. 85; Hansen, Das Ende des Dritten Reiches, S. 168.
[1314] IfZ, MA 653, 0551-0554, Schreiben Dönitz' an Thierack vom 6.5.1945.
[1315] Staatsarchiv Nürnberg, KV-Anklage Handakten, Wanted Lists, Wanted List No. 1.
[1316] Staatsarchiv Nürnberg, KV-Anklage Handakten, Wanted Lists, Wanted List No. 7.
[1317] Staatsarchiv Nürnberg, KV-Anklage Handakten, Wanted Lists, Wanted List No. 1.

mit muß das Internierungslager Neumünster-Gadeland gemeint gewesen sein. Dieses wurde im Sommer 1945 durch die Briten auf dem Gelände und in den Räumen einer ehemaligen Lederfabrik eingerichtet. Bis zu seiner Schließung im Oktober 1946 wurden hier rund 20.000 Männer und 300 Frauen interniert.[1318] Erwähnenswert ist, daß auch Rothenberger in Neumünster-Gadeland interniert war.[1319] Leider konnten keine Unterlagen ausfindig gemacht werden, die etwas über Thieracks Aufenthalt in Neumünster aussagen könnten. Als das Internierungslager im Oktober 1946 geschlossen wurde, wurden die noch verbliebenen Insassen in die Lager Neuengamme und Eselheide bei Paderborn verlegt.[1320] Thierack wurde in das Lager Eselheide verbracht.
Hier nahm er sich am 26. Oktober 1946 das Leben.[1321] Als Todeszeitpunkt ist 4 Uhr 30 angegeben.[1322] Er soll kurz vor seinem Abtransport nach Nürnberg gestanden haben, wo er sich vor dem amerikanischen Gerichtshof verantworten sollte.[1323] Angeblich soll Thierack kurz vor seinem Selbstmord im Radio von dem bevorstehenden Prozeß gegen ihn gehört haben.[1324]

Frau Eveline Thierack war schon vor Kriegsende nach Triebes in Thüringen ausgewichen, wo sie sich zunächst bei ihrer Mutter aufhielt.[1325] Dort blieb sie auch nach Kriegsende. Sie wurde in der damaligen SBZ entnazifiziert und bezog eine kleine Rente. Durch Erteilung von Klavierunterricht verdiente sie sich etwas hinzu.[1326]
Sie behauptete später, sich schon im Jahr 1940 von ihrem Ehemann getrennt zu haben. Ob diese Behauptung der Wahrheit entspricht, darf angezweifelt werden. Zumindest aus dem Jahr 1941 konnten noch Schreiben gefunden werden, die belegen, daß das Ehepaar gemeinsam an verschiedenen gesellschaftlichen Veranstaltungen teilgenommen hat.[1327]

[1318] Ullmeyer, Neumünster – Die Geschichte von 1127 – 2000, S. 74.
[1319] Schott, „Curt Rothenberger – eine politische Biographie", S. 161.
[1320] Ullmeyer, Neumünster – Die Geschichte von 1127 – 2000, S. 74.
[1321] LA Berlin, SK 12708, Bd.2, Bl. 378, Beschreibung des persönlichen Werdegangs Thieracks anläßlich des Antrags auf Eröffnung des Sühneverfahrens.
[1322] LA Berlin, SK 12708, Bd.1, Bl. 40, beglaubigte Abschrift der Sterbeurkunde Thieracks.
[1323] LA Berlin, SK 12708, Bd.1, Bl. 29, Abschrift aus einem Bericht der Berliner Zeitung vom 22.11.1946, der sich in seiner Berichterstattung über den Selbstmord Thieracks auf einen amtlichen Bericht bezieht.
[1324] Schlüter, Dr. Otto Georg Thierack, S. 72.
[1325] Vgl. BA R 3001 (alt R 22) 4694, Bl. 162, Schreiben Thieracks an Generalleutnant Ernst Seifert vom 8.1.1945.
[1326] LA Berlin, SK 12708, Bd.2, Bl. 456, Urteil im Sühneverfahren gegen Thierack.
[1327] BA R 3016/18, Bl. 49 ff.

X. Die geplante Anklage in Nürnberg

Geplant war, Thierack im sogenannten Juristenprozeß vor dem amerikanischen Militärgerichtshof in Nürnberg anzuklagen. Diesem Prozeß entzog Thierack sich durch Selbstmord im Oktober 1946.
Zu diesem Zeitpunkt hatte die Anklagebehörde jedoch schon gegen ihn ermittelt und verschiedene Punkte der Anklage gegen ihn festgelegt. Dies zeigt ein sogenannter „trial brief ... In the Case Against Otto Georg Thierack".[1328] In diesem Dokument finden sich drei Anklagepunkte gegen Thierack, die jeweils unter Anführung verschiedener Unterpunkte dargelegt wurden. Für die verschiedenen Unterpunkte wurden zum großen Teil Dokumente als Beweismittel angeführt. Bei einigen Punkten findet sich ein Vermerk, daß hierzu noch weitere Beweise erforderlich seien.
Der erste Anklagepunkt warf Thierack vor, eine aktive Rolle bei der Vorbereitung des Angriffskrieges gespielt zu haben.[1329] Dieser Anklagepunkt wurde zum einen dadurch begründet, daß Thierack vollständig über die Verschwörung der Nationalsozialisten, einen Angriffskrieg zu unternehmen, informiert gewesen sei.[1330] Ebenfalls zur Stützung dieses Anklagepunktes wurde angeführt, daß Thierack direkt verantwortlich für die Funktion des Volksgerichtshofes als Instrument des legalisierten Terrors zur Unterdrückung von Widerstand gewesen sei.[1331] Weiter seien während seiner Amtszeit grausame Verfahrensweisen eingeführt worden, wie die „Nacht und Nebel"-Verfahren, das Instrument der Sippenhaft und die Standgerichtsverfahren.[1332] Auch sei Unterdrückung durch die Gerichte ausgeübt worden durch die weite Anwendung der Anklagen wegen Landesverrats, welche meistens zu einem Todesurteil führten. In diesem Zusammenhang wurden auch die Vorgänge in Plötzensee in der Nacht vom 7. zum 8. September 1943 angeführt.[1333] Es wurde ferner ausgeführt, daß durch die Richterbriefe auf die Richter Druck ausgeübt wurde, nach dem Willen der Partei zu entscheiden. Auch habe Thierack zur Unterdrückung von Widerstand eng mit der Gestapo und dem SD zusammengearbeitet, so unter anderem als er mit Himmler verabredete, die „asozialen" Gefangenen an die SS auszuliefern. Hier

---

[1328] Staatsarchiv Nürnberg, KV-Prozesse geplant, Nr. 3, Trial Brief In the Case Against Otto Georg Thierack.

[1329] Staatsarchiv Nürnberg, KV-Prozesse geplant, Nr. 3, Trial Brief In the Case Against Otto Georg Thierack, S. 5.

[1330] Staatsarchiv Nürnberg, KV-Prozesse geplant, Nr. 3, Trial Brief In the Case Against Otto Georg Thierack, S. 5.

[1331] Staatsarchiv Nürnberg, KV-Prozesse geplant, Nr. 3, Trial Brief In the Case Against Otto Georg Thierack, S. 6.

[1332] Staatsarchiv Nürnberg, KV-Prozesse geplant, Nr. 3, Trial Brief In the Case Against Otto Georg Thierack, S. 8 ff.

[1333] Staatsarchiv Nürnberg, KV-Prozesse geplant, Nr. 3, Trial Brief In the Case Against Otto Georg Thierack, S. 11 f.

habe er Kenntnisse über die Ziele der Nationalsozialisten gezeigt, solche Personen zu vernichten. Auch sollte unter anderem am Fall Elias dargestellt werden, daß der Volksgerichtshof unter Thierack in den annektierten Gebieten als Werkzeug für die Ziele der Nationalsozialisten tätig wurde.[1334] Weiterhin habe Thierack verschiedene Kriegsverbrechen unterstützt. So habe er sich dadurch, daß er die Anklagen gegen Mörder von alliierten Piloten niederschlug, an diesen Morden beteiligt. Ebenfalls wurde ihm vorgeworfen, verantwortlich gewesen zu sein für die Zusammenarbeit des Justizministeriums mit Göring an dessen Plan, deutsche Sträflinge hinter der russischen Linie freizulassen, um dort Morde, Brandstiftungen und Vergewaltigungen zu begehen.[1335]

Ein zweiter Anklagepunkt warf Thierack die Beteiligung an rassisch motivierten Verfolgungen vor.[1336] Hierzu wurde zunächst die Abgabe der Strafverfolgung gegen Juden, Polen und Russen an die SS durch Thierack angeführt. Er habe weiterhin zu der Einrichtung von polizeilichen Standgerichten für Juden und Polen in den besetzten Gebieten beigetragen. Auch wurde ihm vorgeworfen, diskriminierende Änderungen im Bereich des Familien- und Erbrechts sowie im Staatsangehörigkeitsrecht eingeführt zu haben. Zum Beispiel wurde die Bestimmung genannt, daß beim Tod eines Juden dessen Vermögen ohne Entschädigung der Erben vom Reich eingezogen werden konnte. Ebenso wurde die Bestimmung angeführt, die besagte, daß alle Juden aus dem Protektorat Böhmen und Mähren ihre Staatsangehörigkeit verlieren sollten, wenn sie einen festen Wohnsitz im Ausland erwarben.[1337] Weiterhin habe Thierack an der illegalen Enteignung von Vermögen teilgenommen. Als Beispiel hierfür wurde unter anderem die von Thierack gezeichnete Bestimmung genannt, wonach das Eigentum von Juden in Böhmen und Mähren, die ihre Staatsangehörigkeit verloren hatten, vom Reich zu konfiszieren war.[1338]

Der dritte Anklagepunkt warf Thierack die Teilnahme an der Unterdrückung von Personen in den besetzten Gebieten vor.[1339] Dieser Anklagepunkt wurde unter anderem dadurch begründet, daß es im Protektorat mit dem Tode bedroht

---

[1334] Staatsarchiv Nürnberg, KV-Prozesse geplant, Nr. 3, Trial Brief In the Case Against Otto Georg Thierack, S. 13 ff.

[1335] Staatsarchiv Nürnberg, KV-Prozesse geplant, Nr. 3, Trial Brief In the Case Against Otto Georg Thierack, S. 15.

[1336] Staatsarchiv Nürnberg, KV-Prozesse geplant, Nr. 3, Trial Brief In the Case Against Otto Georg Thierack, S. 16 ff.

[1337] Staatsarchiv Nürnberg, KV-Prozesse geplant, Nr. 3, Trial Brief In the Case Against Otto Georg Thierack, S. 16 f.

[1338] Staatsarchiv Nürnberg, KV-Prozesse geplant, Nr. 3, Trial Brief In the Case Against Otto Georg Thierack, S. 17 ff.

[1339] Staatsarchiv Nürnberg, KV-Prozesse geplant, Nr. 3, Trial Brief In the Case Against Otto Georg Thierack, S. 19 ff.

war, Personen zu unterstützen, von denen bekannt war, daß sie an feindlichen Akten gegen das Reich beteiligt waren. Weiterhin wurde angeführt, daß es erlaubt war, Fremdarbeiter unmenschlich zu behandeln, solange ihre Arbeitsleistung dadurch nicht vermindert wurde. Auch wurde Thierack vorgeworfen, daß seinem Erlaß über die Evakuierung von Gefangenen beim Vorrücken der Alliierten ein geheimer Erlaß beigefügt war, der die Hinrichtung von verschiedenen Gruppen von Gefangenen erlaubte.[1340]

XI. Das Sühneverfahren vor der Spruchkammer Berlin

Vor der Spruchkammer Berlin wurde 1960 zu Lasten von Thieracks Nachlaß ein Sühneverfahren nach § 4 des Zweiten Gesetzes zum Abschluß der Entnazifizierung vom 20. Dezember 1955[1341] in der Fassung vom 24. Oktober 1956[1342] durchgeführt.[1343]

Der Zweck des Zweiten Gesetzes zum Abschluß der Entnazifizierung findet sich in der Präambel:

> „Getragen von dem Wunsche, zehn Jahre nach dem Zusammenbruch der nationalsozialistischen Gewaltherrschaft die Sühnemaßnahmen gegen die Mitläufer oder weniger belasteten Anhänger dieses Regimes, die häufig bereits von der vollen Schärfe der Entnazifizierungsgesetzgebung erfaßt wurden, einzustellen, zum anderen aber die Möglichkeit offenzuhalten, jene Hauptschuldigen gerechter Sühne zuzuführen, die es vielfach verstanden haben, sich oder ihr Vermögen dem Zugriff zu entziehen, hat das Abgeordnetenhaus das folgende Gesetz beschlossen:"

§ 1 des Gesetzes legte den Kreis der betroffenen Personen fest, während § 2 bestimmte, daß ein Sühneverfahren im Lande Berlin durchgeführt werden konnte, wenn der Betroffene entweder seinen Wohnsitz in Berlin hatte oder sein Vermögen oder Nachlaß sich im Lande Berlin befand. In § 4 wurde bestimmt, daß, wenn eine Person bereits verstorben war, gegen die ein Sühneverfahren einzuleiten gewesen wäre, Sühnemaßnahmen zu Lasten des Nachlasses oder Vermögens verhängt werden konnten. Als Betroffene in diesem Verfahren sollten die

---

[1340] Staatsarchiv Nürnberg, KV-Prozesse geplant, Nr. 3, Trial Brief In the Case Against Otto Georg Thierack, S. 19 ff.
[1341] GVBl. Berlin 1955 S. 1022.
[1342] GVBl. Berlin 1956 S. 1095
[1343] Vgl. Anhang A, B.

Erben gelten. Einleitungsbehörde war gemäß § 6 der Senator für Inneres. Dieser führte gemäß § 6 Abs. 2 die Ermittlungen und reichte gegebenenfalls gemäß Abs. 3 bei der Spruchkammer einen Antrag auf Eröffnung des Sühneverfahrens ein. Über die Verhängung von Sühnemaßnahmen entschied gemäß § 7 die Spruchkammer.

Nachdem man nach Kriegsende einen Nachlaß Thieracks, der vor allem aus Wertpapieren bestand, gefunden hatte, wurde dieser nach Militärregierungsgesetz Nr. 52 gesperrt und der Kontrolle des Haupttreuhänders für NSDAP-Vermögen unterstellt.[1344]

1. Ermittlungsverfahren und Antrag auf Eröffnung des Sühneverfahrens

Ein offenbar im Jahr 1955 aufgrund der Vorschriften des Gesetzes zum Abschluß der Entnazifizierung vom 14. Juni 1951[1345] eingeleitetes Ermittlungsverfahren gegen Thierack verlief scheinbar ergebnislos. Der Berliner Innensenator nahm das Ermittlungsverfahren daraufhin aufgrund des Zweiten Gesetzes zum Abschluß der Entnazifizierung im Jahr 1957 wieder auf.[1346]

Im Laufe des Ermittlungsverfahrens wurden zunächst die erbberechtigten Personen und deren Aufenthaltsort festgestellt. Ein Testament Thieracks, welches nach Angaben seiner Witwe zu ihren Gunsten lauten sollte, konnte nicht mehr aufgefunden werden. Nach gesetzlicher Erbfolge wurden als Erben festgestellt Eveline Thierack, die Schwester Thieracks, Gertrud, sowie seine Halbschwester Margarete. Im Laufe des Ermittlungsverfahrens starb Thieracks Halbschwester. Daher ging ihr Erbteil auf ihre zwei Kinder sowie ein Enkelkind über.[1347]
Die Belastung Thieracks gemäß § 1 des Zweiten Gesetzes zum Abschluß der Entnazifizierung wurde ermittelt vor allem anhand von Unterlagen, die das Berlin Document Center sowie die Freie Universität Berlin zur Verfügung stellten.[1348] Weiterhin wurden die Protokolle des Prozesses gegen die

[1344] Vgl. LA Berlin, SK 12708, Bd. 1, Bl. 31, Schreiben des Haupttreuhänders für NSDAP-Vermögen an den Berliner Innensenator vom 12.6.1957.
[1345] GVBl. Berlin 1951, S. 405.
[1346] LA Berlin, SK 12708, Bd. 1, Bl. 30, Schreiben des Berliner Innensenators an den Haupttreuhänder für NSDAP-Vermögen vom 27.5.1957.
[1347] LA Berlin, SK 12708, Bd. 1, Bl. 38, Eidesstattliche Versicherung Eveline Thierack vom 15.10.1954; Bl. 42, gemeinschaftlicher Erbschein vom 28.9.1955; Bd. 2, Bl. 341, Auskunft Standesamt Kaiserslautern vom 01.06.1960.
[1348] LA Berlin, SK 12708, Bd. 1, Bl. 13 f., Auskunft des Berlin Document Center vom 28.1.1957.

Hauptkriegsverbrecher vor dem Internationalen Militärgerichtshof sowie aus dem Juristenprozeß in Nürnberg herangezogen.[1349]
Größere Schwierigkeiten bereitete die genaue Feststellung des Wertes des Nachlasses. Es meldete sich eine Freundin der Familie Thierack, Fräulein M.[1350], über ihren Anwalt und behauptete, Thierack habe ihr Vermögen verwaltet. Sie forderte die Herausgabe ihrer Wertpapiere aus dem gesperrten Nachlaß Thieracks.[1351] Eveline Thierack bestätigte den Anspruch und erklärte sich mit dem Herausgabeverlangen einverstanden.[1352] Im Laufe des Verfahrens stellte sich heraus, daß Thierack tatsächlich das Vermögen der M. verwaltet hatte. Deren Familie und die Familie Thierack waren schon viele Jahre befreundet. Offenbar hatte Thierack, als die Mutter der M. starb, die Funktion des Testamentsvollstreckers eingenommen. Aus ihrem Erbe gewährte dann die M. Thierack ein Darlehen in Höhe von 10.000 RM. Dafür überschrieb Thierack der M. Wertpapiere aus seinem Besitz in dieser Höhe. Diese verwahrte er zusammen mit seinen Papieren in einem Safe. Auch weiterhin verwaltete er das Vermögen der M. und erstellte deren Vermögenssteuererklärungen.[1353] Zwar konnte der grundsätzliche Anspruch der M. schließlich bewiesen werden. Da aber erhebliche Differenzen zwischen dem Betrag, den die M. als ihr zustehend tatsächlich beweisen konnte und dem, den sie forderte, bestanden, tauchte bei den zuständigen Behörden der Verdacht auf, Eveline Thierack habe die M. über die genauen Vermögensverhältnisse Thieracks informiert, um neben dem tatsächlich bestehenden Eigentum der M. noch weitere Vermögenswerte aus dem gesperrten Nachlaß freizubekommen.[1354]

Nach Abschluß des Ermittlungsverfahrens richtete der Berliner Innensenator am 26. August 1960 einen Antrag auf Eröffnung des Sühneverfahrens an die Spruchkammer Berlin.[1355]
Er begründete den Antrag damit, daß

[1349] LA Berlin, SK 12708, Bd. 1, 197 ff.; 227.

[1350] Der vollständige Name ist der Verfasserin bekannt.

[1351] LA Berlin, SK 12708, Bd. 1, Bl 55 ff., Schreiben des Anwalts von Fräulein M. an den Berliner Innensenator vom 24.10.1957.

[1352] LA Berlin, SK 12708, Bd. 1, Bl. 65, Schreiben Eveline Thieracks vom 20.12.1957.

[1353] LA Berlin, SK 12708, Bd. 1, Bl. 70 f., 110; Schreiben des Anwalts von Fräulein M. an den Berliner Innensenator vom 12.5.1958 und 26.2.1959; Bl. 113, Eidesstattliche Erklärung des Bruders von Fräulein M.

[1354] LA Berlin, SK 12708, Bd. 1, Bl. 67, Schreiben des Haupttreuhänders für NSDAP-Vermögen an den Berliner Innensenator vom 21.1.1958; Bl. 123 ff., Schreiben des Haupttreuhänders für NSDAP-Vermögen an den Berliner Innensenator vom 15.4.1959.

[1355] LA Berlin, SK 12708, Bd. 2, Bl. 375 ff, Antrag auf Eröffnung des Sühneverfahrens vom 26.8.1960.

„... ausreichende Anhaltspunkte dafür vorhanden sind, daß der Verstorbene an der nationalsozialistischen Gewaltherrschaft im Sinne von § 1 Nr.1 und 2 des Gesetzes teilgenommen hat, da er

als Präsident des Volksgerichtshofs und Vorsitzender des 1. Senats des VGH vom Frühjahr 1936 bis 19. August 1942 und
als Reichsminister der Justiz vom 20. August bis Mai 1945

sich nach dem 30. Januar 1933 in der Regierung, Verwaltung und Rechtsprechung an führender und besonders verantwortlicher Stelle aktiv im Sinne des Nationalsozialismus betätigt und die Herrschaft des Nationalsozialismus durch Unterstützung auf dem Gebiete der Rechtspflege in besonderem Maße gefördert hat.
...“[1356]

Sodann wurden die Ermittlungsergebnisse dargelegt. Zunächst wurde der persönliche und berufliche Werdegang Thieracks anhand der Angaben in seinen Personalbögen kurz skizziert. Daraufhin wurde der politische Werdegang Thieracks unter Auswertung der Beweismittel ausführlich beschrieben.

Aufgrund des Antrags auf Eröffnung des Verfahrens entschied die Spruchkammer Berlin mit Beschluß vom 14. November 1960, das Sühneverfahren nach § 4 des Zweiten Gesetzes zum Abschluß der Entnazifizierung zu Lasten des Nachlasses des Dr. Georg Thierack vor der Spruchkammer Berlin zu eröffnen. Der Grund für diese Entscheidung war, daß man hinsichtlich der Behauptung des Berliner Innensenators, Thierack erfülle die Voraussetzungen des § 1 Nr. 1 und 2 des Zweiten Gesetzes zum Abschluß der Entnazifizierung, hinreichenden Tatverdacht gegeben sah. Als Verfahrensbetroffene galten die Erben Thieracks.[1357]

2. Prozeß und Urteil

Das Verfahren vor der Spruchkammer Berlin fand in öffentlicher Sitzung am 16. Januar 1961 statt. Die Kammer war besetzt mit einem Vorsitzenden und zwei Beisitzern. Weiter waren anwesend ein Vertreter der Einleitungsbehörde sowie der Rechtsanwalt von Eveline Thierack. Für die übrigen Betroffenen erschien niemand.[1358]
Zu der Frage des persönlichen, beruflichen und politischen Werdegangs Thieracks sowie zu seinen Belastungen wurden die schon von der Einleitungsbe-

---

1356 LA Berlin, SK 12708, Bd. 2, Bl. 375 ff., Antrag auf Eröffnung des Sühneverfahrens vom 26.8.1960.
1357 LA Berlin, SK 12708, Bd. 2, Bl. 400 f., Beschluß der Spruchkammer Berlin vom 14.11.1960.
1358 LA Berlin, SK 12708, Bd. 2, Bl. 428 ff., Protokoll über die Verhandlung vor der Spruchkammer Berlin am 16.1.1961.

hörde in ihrem Antrag auf Eröffnung des Verfahrens dargelegten Beweismittel verlesen.[1359] Weiterhin wurde ein Auszug der Vermögensaufstellung zum Gegenstand der Verhandlung gemacht. Weitere Anträge zur Beweisaufnahme wurden nicht gestellt.[1360]

Anschließend beantragte der Vertreter der Einleitungsbehörde:

> „1. Thierack ist betroffen nach § 1 Abs.1 und 2 des 2. EAG.
> 2. Der Nachlaß des am 26. Oktober 1946 verstorbenen Dr. Thierack unterliegt Sühnemaßnahmen gemäß § 1 Ziff.1 und 2 und § 4 Ziff. 1 des 2. EAG.
> 3. Den Betroffenen eine Geldstrafe von DM 187.600,-- aufzuerlegen.
> 4. Die Vollstreckung ist gegen die Erben zulässig."[1361]

Der Beistand Eveline Thieracks beantragte:

> „1. Die Geldstrafe auf etwa 120.000,-- bis 150.000 DM festzusetzen, damit die Erben entsprechende Möglichkeiten haben,
> einen besseren Lebensabend zu verbringen, da die Witwe in der Ostzone wohnt und nur eine kleine Rente bezieht."[1362]

Die Spruchkammer entschied, daß der Nachlaß Thieracks Sühnemaßnahmen nach § 1 Ziff. 1 und 2 in Verbindung mit § 3 Abs. 2 und § 4 des Zweiten Gesetzes zum Abschluß der Entnazifizierung vom 20.12.1955 unterlag. Sie setzte eine Geldstrafe in Höhe von DM 175.000,-- fest und erklärte die Vollstreckung der Geldstrafe gegen die Betroffenen als Gesamtschuldner für zulässig.[1363]

In den Urteilsgründen findet sich eine ausführliche Würdigung der einzelnen Beweismittel. Daran anschließend stellte die Kammer zusammenfassend fest:

> „...
> Thierack ist als Präsident des Volksgerichtshofes nicht nur für die immer drakonischer werdenden Strafen bei diesem Gerichtshof verantwortlich. Er hat auch in immer zunehmenden Maße nationalsozialistischen Ideen Eingang in die Rechtsprechung verschafft und bereits damals versucht, Teile der Rechtsprechung an die Polizei abzutreten. Als Reichsminister der Justiz hat er die letzten Reste eines Rechtsstaates beseitigt, sich als gefügiges Werkzeug seines Führers gezeigt und Himmler und seiner geheimen Staatspolizei freie Verfügungsgewalt über Rechtsbrecher eingeräumt. In seiner Vereinbarung mit Himmler vom 18. September 1942 hat er die Ausmerzung völkischer Minderheiten durch Arbeit beschlossen

---

1359 zu den einzelnen Beweismitteln vgl. Anhang C.

1360 LA Berlin, SK 12708, Bd. 2, Bl. 428 ff., Protokoll über die Verhandlung vor der Spruchkammer Berlin am 16.1.1961.

1361 LA Berlin, SK 12708, Bd. 2, Bl. 428 ff., Protokoll über die Verhandlung vor der Spruchkammer Berlin am 16.1.1961.

1362 LA Berlin, SK 12708, Bd. 2, Bl. 428 ff., Protokoll über die Verhandlung vor der Spruchkammer Berlin am 16.1.1961.

1363 Das vollständige Urteil findet sich im Anhang D.

und damit die Menschenrechte mißachtet. Thierack hat sich deshalb seit dem 30. Januar 1933 in der Regierung, Verwaltung und Rechtsprechung an führender oder besonders verantwortlicher Stelle aktiv im Sinne des Nationalsozialismus betätigt und die Herrschaft des Nationalsozialismus durch politische Unterstützung in besonderem Maße gefördert. Da somit die Voraussetzungen des § 1 Ziff. 1 und 2 des 2. EAG erfüllt sind, würde Thierack zu dem Kreise der Betroffenen gehören, wenn er noch am Leben wäre. Zu einem Verfahren vor dem Internationalen Militär-Tribunal in Nürnberg ist es nicht mehr gekommen, da er vorher freiwillig aus dem Leben geschieden ist.

...

Bei der Bemessung der Geldstrafe war davon auszugehen, daß es sich bei Thierack um einen Hauptschuldigen des NS-Regimes handelt, der die Befehle seines Führers mit Brutalität und Rücksichtslosigkeit vollstreckt hat, der in seiner Eigenschaft als Reichsjustizminister eine Fülle von Gesetzen und Verordnungen erlassen hat, mit denen der Nationalsozialismus sein Diktaturstreben durchgesetzt hat. Thierack hat sowohl als Präsident des Volksgerichtshofes, wie auch als Reichsminister der Justiz, eine unheilvolle und verderbliche Rolle gespielt. Er hat mit seinem Wirken schweres Leid über viele Menschen gebracht und damit eine große Schuld auf sich geladen. Er hat dem Ansehen der deutschen Justiz den denkbar schlechtesten Dienst geleistet und auch dem Ansehen des deutschen Volkes im Ausland geschadet. Bei dieser Sachlage war die Spruchkammer Berlin der Überzeugung, daß die Geldstrafe, die als Sühnemaßnahme zu verhängen ist, an der oberen Grenze seines hinterlassenen Vermögens liegen müsse.

...“[1364]

[1364] LA Berlin, SK 12708, Bd.2, Bl. 453 ff., Urteil der Spruchkammer Berlin vom 16.1.1961.

XII. Schlußbetrachtung

Thierack verlebte seine Jugend und seine Studienzeit noch im Kaiserreich. Nach seiner Teilnahme am Zweiten Weltkrieg setzte er seine Ausbildung als Referendar in der noch jungen Weimarer Republik fort. Dort begann er auch seine berufliche Laufbahn, in der er es bis zum Ende der Weimarer Republik zum Staatsanwalt am Dresdner Oberlandesgericht brachte. Er muß sich schon während der Weimarer Republik dem Nationalsozialismus zugewandt haben, anders wäre seine Berufung zum sächsischen Justizminister gleich nach der Machtergreifung der Nationalsozialisten nicht zu erklären.

Seine politische Karriere begann Thierack offiziell jedoch erst mit der Machtergreifung der Nationalsozialisten. So wurde er im März 1933 zunächst zum kommissarischen sächsischen Justizminister, im Mai 1933 dann zum Sächsischen Justizminister ernannt. Dieses Amt, von dem Thierack wußte, daß es aufgrund der Bestrebungen zur Verreichlichung der Justiz schon bald aufgelöst werden würde, führte Thierack schon ganz nach dem Willen der Nationalsozialisten. Er sorgte gleich nach seinem Amtsantritt für eine personelle Umgestaltung in der sächsischen Justiz, indem er für die Entlassung von jüdischen sowie politisch unliebsamen Justizangehörigen sorgte. Während seiner Zeit als sächsischer Justizminister richtete Thierack seine besondere Aufmerksamkeit zum einen auf den Bereich des Strafvollzugs und zum anderen auf die Ausbildung des juristischen Nachwuchses. Dabei war er bemüht, die Juristenausbildung nach nationalsozialistischen Grundsätzen umzugestalten. Neben seiner Arbeit im Bereich der sächsischen Justizverwaltung legte Thierack einen Schwerpunkt auf seine Mitarbeit an der Verreichlichung der Justiz. Als mit dem Abschluß dieser Arbeit im April 1935 die Länderjustizministerien endgültig aufgelöst wurden, mußte für Thierack eine neue Tätigkeit gefunden werden.

So wurde er im Mai 1935 zum Vizepräsidenten des Reichsgerichts ernannt. Der Grund für diese Ernennung scheint dabei weniger in einer besonderen Eignung Thieracks für dieses Amt gelegen zu haben, als in dem Bestreben, ihn nach dem Wegfall seines bisherigen Amtes angemessen unterzubringen. Thieracks Gastspiel am Reichsgericht war nur von kurzer Dauer und offensichtlich von persönlichen Abneigungen der anderen Mitglieder dieses Gerichts Thierack gegenüber geprägt.

Schon ein Jahr später wurde Thierack dann im Mai 1936 zum Präsidenten des Volksgerichtshofes ernannt, welcher zu diesem Zeitpunkt den Status eines ordentlichen Gerichts zuerkannt bekam. Dieses Amt behielt Thierack bis zum August 1942. Seine Amtsführung war unter anderem gekennzeichnet durch seine Bestrebungen, dem Volksgerichtshof die Anerkennung als höchstes und wichtigstes Gericht im Dritten Reich zu verschaffen und die Vormachtstellung des Reichsgerichts zu beseitigen. Die Aufgabe des Volksgerichtshofes und seiner Richter sah Thierack darin, die Gegner des nationalsozialistischen Regimes an

der sogenannten inneren Front zu bekämpfen und so den nationalsozialistischen Staat zu schützen. Die Rechtsprechung dieses Gerichts sollte im Einklang mit der Staatsführung stehen. Die Richter sollten die Absichten und Ideen der Staatsführung als das Primäre sehen, das Menschenschicksal als das Sekundäre. Diese Vorstellungen setzte Thierack auch in seiner richterlichen Tätigkeit im Ersten Senat des Volksgerichtshofes um.
Als im August 1942 Hitler Thierack zum Reichsjustizminister ernannte, wurde diesem damit das höchste Amt in der Justizverwaltung des Reichs übertragen. Dadurch daß Thierack gleichzeitig auch zum Präsidenten der Akademie für deutsches Recht und zum Leiter des Rechtswahrerbundes ernannt wurde, waren auch die beiden anderen leitenden Positionen in der Justizverwaltung in seiner Hand vereinigt.
Thieracks Amtsführung als Justizminister war dadurch gekennzeichnet, daß er die Justiz ganz im Sinne des Nationalsozialismus führte. Dabei hegte er offensichtlich keinerlei Bedenken, die Justiz vollkommen den Grundsätzen des Nationalsozialismus zu unterstellen und dabei ureigenste Prinzipien und Kompetenzen der Judikative zu beseitigen. Zwar waren auch schon unter seinen Vorgängern mehr und mehr einschneidende Maßnahmen zu Lasten der Justiz durchgeführt worden. Unter Thierack verstärkte sich diese Tendenz jedoch noch einmal erheblich.

Thierack arbeitete eng mit leitenden Personen der nationalsozialistischen Staatsführung, vor allem mit Bormann und Himmler zusammen. Den zahlreichen Forderungen, die von Seiten der Staatsführung, der Partei und deren Organisationen an ihn gestellt wurden, kam er in beinahe allen Fällen bedingungslos entgegen. Bedenkenlos und ohne Widerstand zu leisten gab Thierack Kompetenzen der Justiz an Himmler ab. Vor allem sind hier die Abgabe der Strafverfolgung gegen Juden, Polen, Russen und Zigeuner an die Himmlersche Polizei und die Auslieferung der sogenannten Asozialen zur „Vernichtung durch Arbeit" zu nennen. Er stimmte sogar der Urteilskorrektur durch polizeiliche „Sonderbehandlung" zu.
Damit trug Thierack wesentlich dazu bei, daß nunmehr die ungehemmte Verfolgung von Juden und Angehörigen der Ostvölker möglich war, nicht einmal mehr formell begrenzt durch die Kompetenzen der Justiz.
Das Prinzip der Unabhängigkeit der Justiz existierte für Thierack nicht. Er sah die Richter vielmehr als Gehilfen der Staatsführung. Getreu dieser Ansicht verstärkte Thierack die schon von seinen Vorgängern eingeleiteten Maßnahmen zur Lenkung der Rechtsprechung um ein Vielfaches, indem er den Druck auf die Richter durch die Staatsanwaltschaften verstärkte, das Instrument der Vor- und Nachschau sowie die Richterbriefe einführte und auch selbst in Verfahren eingriff.
Thierack zeigte auch keinerlei Hemmungen im Umgang mit der Vollstreckung von Todesurteilen. Das Strafrecht sah er als Instrument der „Volkshygiene" und

drängte die Richter zu harten Urteilen. Bezüglich der Gnadenverfahren, die nach jedem Todesurteil durchzuführen waren, verfolgte er eine strenge Praxis. Nur sehr selten machte er von dem ihm zustehenden Begnadigungsrecht Gebrauch. Mit Fortschreiten des Krieges drängte er immer mehr auf eine Beschleunigung der Vollstreckung von Todesurteilen und schreckte nicht davor zurück, auch zweifelhafte Urteile vollstrecken zu lassen.

Nach dem Zusammenbruch des Dritten Reiches geriet Thierack in britische Gefangenschaft. Der Anklage im Nürnberger Juristenprozeß, in dem er als ehemaliger Justizminister die Rolle des Hauptangeklagten eingenommen hätte, entzog er sich durch Selbstmord.

Thieracks politische Laufbahn ist insgesamt gekennzeichnet durch eine absolute Loyalität der nationalsozialistischen Staatsführung, der Partei und deren Organisationen gegenüber. Er war immer bedacht, sich den Machthabern anzudienen und sich durch sein Verhalten in den ihm zugewiesenen Ämtern für höhere Aufgaben zu empfehlen.
Es finden sich keinerlei Anzeichen dafür, daß Thierack offene Machtkämpfe um die begehrten Positionen in der Justizverwaltung mit den Personen führte, die als Konkurrenten in seinem Bereich auftraten, wie es zum Beispiel bei Kerrl, Frank und Freisler der Fall war. Es hat vielmehr den Anschein, daß Thierack die Machtkämpfe der anderen abwartete und sich währenddessen besonders loyal der Staatsführung gegenüber verhielt. Dieser Weg war schließlich auch der erfolgreichere, da Thierack derjenige war, dem schließlich das höchste Amt in der Justizverwaltung übertragen wurde, während die anderen drei letztendlich in Ungnade fielen.

Auf der anderen Seite verhielt Thierack sich Personen gegenüber, die ihm untergeordnet waren oder ihm im Weg standen, sehr rabiat. Dies zeigt besonders deutlich sein Verhalten gegenüber Schlegelberger und Lautz im Zusammenhang mit dem Fall Elias. Aber auch sein Vorgehen gegen Rothenberger und sein Verhalten seinen Mitarbeitern im Ministerium gegenüber bestätigen diesen Eindruck. Während er zu einem kleinen Kreis alter Bekannter, wie zum Beispiel zu Klemm, enge freundschaftliche Beziehungen pflegte, behandelte er die anderen Mitarbeiter von oben herab und pflegte einen sehr autoritären Führungsstil.

Insgesamt bietet Thierack das Bild des überzeugten, radikalen, brutalen Nationalsozialisten ohne jedes Gefühl für Menschlichkeit. In der Machtergreifung durch Hitler sah er offenbar die Chance, aus seiner bisher zwar anerkennenswerten aber doch durchschnittlichen beruflichen Laufbahn auszubrechen und im nationalsozialistischen Staat eine politische Karriere zu machen. Eine solche Möglichkeit wäre ihm in der Weimarer Republik sehr wahrscheinlich versagt gewesen.

Dieses Vorhaben setzte er gezielt in die Wirklichkeit um. Er erreichte das für ihn höchstmögliche Amt, indem er stetige Loyalität der Staatsführung gegenüber zeigte, deren Forderungen und Zielen er unbedingte Folge leistete.

Quellen- und Literaturverzeichnis

1. Quellen aus Archivbeständen

a) Bundesarchiv Berlin

R 3001 (alt R 22) pers. Nr. 78253	Personalakte Thierack
BA-GruF	SA Personalbogen Thierack
R 43 II	Reichskanzlei
R 3001 (alt R 22)	Reichsjustizministerium
R 3002	Reichsgericht
R 3016	Volksgerichtshof
R 3017	Oberreichsanwalt beim Volksgerichtshof
R 8034 III	Reichslandbund / Pressearchiv – Personalia
BDC, PK	Berlin Document Center, Partei-Korrespondenz, Thierack
NS 7	SS- und Polizeigerichtsbarkeit
NS 19	Persönlicher Stab Reichsführer-SS
Datenbank aus dem Forschungsprojekt der Universität Münster, Institut für Kriminalwissenschaften	Die Abgeurteilten des Volksgerichtshofes

b) Institut für Zeitgeschichte

ZS	Zeugenschrifttum
NG	Beweisdokumente aus dem Nürnberger Hauptkriegsverbrecherprozeß

c) Sächsisches Hauptstaatsarchiv Dresden

10702	Staatskanzlei, Nachrichtenstelle, Zeitungsausschnittssammlung
11018	Ministerium der Justiz
11025	Oberlandesgericht Dresden
11125	Ministerium für Kultus und öffentlichen Unterricht

NS- Gauverlag Texte Nr. 112

Sächsisches Verwaltungsblatt

d) Staatsarchiv Nürnberg

KV-Prozesse Fall 3
KV-Anklage, Handakten, Wanted Lists
KV-Prozesse geplant, Nr. 3

e) Landesarchiv Berlin

SK 122708 Bd. 1, 2

f) Bundesarchiv Koblenz

Sammlung von Repro-Negativen, Foto von Thierack, Bild 146-1969-167-57

2. Literaturverzeichnis

Anderson, Dennis LeRoy The Academy for German Law 1933 – 1944, New York 1987

Angermund, Ralph Deutsche Richterschaft 1919 – 1945, Krisenerfahrung, Illusion, politische Rechtsprechung, Frankfurt am Main 1990

Ayaß, Wolfgang „Gemeinschaftsfremde" Quellen zur Verfolgung von „Asozialen" 1933 – 1945, Koblenz 1998

Bästlein, Klaus Vom hanseatischen Richtertum zum nationalsozialistischen Justizverbrechen – Zur Person und Tätigkeit Curt Rothenbergers 1896 – 1959, in „Für Führer, Volk und Vaterland", Hamburger Justiz im Nationalsozialismus, Hamburg 1992

Bajohr, Frank Parvenüs und Profiteure – Korruption in der NS-Zeit, Frankfurt am Main 2001

Boberach, Heinz Richterbriefe, Dokumente zur Beeinflussung der deutschen Rechtsprechung 1942 – 1944, Boppard am Rhein 1975

Bose, Erika v. Carl Emil Mannsfeld (1865 – 1945). Sächsischer Justizminister vom Juli 1929 bis März 1933 – eine biographische Skizze, in: Sächsische Justizgeschichte - Von Weimar bis zur Gegenwart, Schriftenreihe des Sächsischen Staatsministeriums der Justiz, Band 7

Bracher, Karl Dietrich Die deutsche Diktatur – Entstehung Struktur Folgen des Nationalsozialismus, Köln 1993

Brandes, Detlef Die Tschechen unter deutschem Protektorat, Teil I, München, Wien, 1969

Broszat, Martin Zur Perversion der Strafjustiz im Dritten Reich in VfZ 1958, S. 390 ff.

Brückner, Ernst Der Müller-Arnold-Prozeß des Reichsgerichts, in DRiZ 1951 S. 196 ff.

Buchheit, Gert Richter in roter Robe, Freisler – Präsident des Volksgerichtshofes, München 1968

Degener, Herrmann A.L. *Wer* ist's?, X. Ausgabe, 1935

Düsing, Bernhard Die Geschichte der Abschaffung der Todesstrafe in der Bundesrepublik Deutschland unter besonderer Berücksichtigung ihres parlamentarischen Zustandekommens, Schwenningen/Neckar, 1952

Fieberg, Gerhard Justiz im nationalsozialistischen Deutschland, herausgegeben vom Bundesministerium der Justiz, Köln, 1984

Förster, Michael Jurist im Dienst des Unrechts, Leben und Werk des ehemaligen Staatssekretärs im Reichsjustizministerium, Franz Schlegelberger (1876 – 1970), Baden – Baden 1995

Frank, Hans Im Angesicht des Galgens, Deutung Hitlers und seiner Zeit auf Grund eigener Erlebnisse und Erkenntnisse, München-Gräfelfing 1953

Freisler, Roland Der Volksgerichtshof – das Reichsstrafgericht in ZAkDR 1935 S. 90 ff.

Fröhlich, Elke Die Tagebücher von Joseph Goebbels: sämtliche Fragmente, herausgegeben im Auftrag des Instituts für Zeitgeschichte und in Verbindung mit dem Bundesarchiv, Teil 2: Diktate 1941 – 1945

Band 3, Januar – März 1942, bearbeitet von Elke Fröhlich, München 1994

Band 4, April – Juni 1942, bearbeitet von Elke Fröhlich, München 1995

Band 5, Juli – September 1942, bearbeitet von Angela Stüber, München 1995

Band 10, Oktober – Dezember 1943, bearbeitet von Volker Dahm, München 1994

Band 12, April – Juni 1944, beabeitet von Hartmut Mehringer, München 1995

Gostomski, Viktor von / Loch, Walter Der Tod von Plötzensee, Erinnerungen – Ereignisse – Dokumente 1942 – 1944, Frankfurt/Main 1993

Gribbohm, Günter Der Volksgerichtshof in JuS 1969 S. 55 ff.

Gribbohm, Günter Nationalsozialismus und Strafrechtspraxis – Versuch einer Bilanz in NJW 1988 S. 2842 ff.

Grimm, Gerhard Der Nationalsozialismus – Programm und Verwirklichung, München, Wien 1981

Groß, Reiner Geschichte Sachsens, Leipzig 2001

Gruchmann, Lothar Justiz im Dritten Reich 1933 – 1940, Anpassung und Unterwerfung in der Ära Gürtner, München 1988

Gruchmann, Lothar „Hitler über die Justiz“ in VfZ 1964 S. 86 ff.

Hansen, Reimer Das Ende des Dritten Reiches - Die deutsche Kapitulation 1945, Stuttgart 1966

Hattenhauer, Hans Vom Reichsjustizamt zum Bundesministerium der Justiz, herausgegeben vom Bundesministerium der Justiz, Köln 1977

Hattenhauer, Hans Die Akademie für Deutsches Recht (1933 – 1944) in JuS 1986 S. 680 ff.

Hattenhauer, Hans Das NS-Volksgesetzbuch, in Festschrift für Rudolf Gmür zum 70. Geburtstag, 28.07.1983, herausgegeben von Arno Buschmann, Bielefeld 1983

Heiber, Helmut Der Fall Elias, in VfZ 1955, S. 275 ff.

Heiber Helmut Der Fall Grünspan, in VfZ 1957, S. 134 ff.

Hillermeier, Heinz „Im Namen des Deutschen Volkes“, Todesurteile des Volksgerichtshofes, Darmstadt, Neuwied 1980

Hillmann, Jörg Die „Reichsregierung“ in Flensburg, in Kriegsende 1945 in Deutschland, im Auftrag des Militärgeschichtlichen Forschungsamtes herausgegeben von Jörg Hillmann und John Zimmermann, München 2002

Hofer, Walther Der Nationalsozialismus, Dokumente 1933 – 1945, Frankfurt/M. 1983

Hoffmann, Peter Widerstand – Staatsstreich – Attentat, Der Kampf der Opposition gegen Hitler, 3. Auflage, München 1979

Johe, Werner Die gleichgeschaltete Justiz, Organisation des Rechtswesens und Politisierung der Rechtsprechung 1933 – 1945 dargestellt am Beispiel des Oberlandesgerichtsbezirks Hamburg, Frankfurt am Main 1967

Kaul, Friedrich Karl Der Fall des Herschel Grynszpan, Berlin 1965

Kaul, Friedrich Karl Geschichte des Reichsgerichts, Band IV 1933 – 1945, Berlin 1971

Keller, Katrin Landesgeschichte Sachsen, Stuttgart 2002

Kershaw, Ian Hitler 1936-1945, Stuttgart 2000

Kobuch, Agatha Otto Georg Thierack (1889 -1946), in Sächsische Justizminister 1831 – 1950, acht biographische Skizzen, Schriftenreihe des Sächsischen Staatsministeriums der Justiz

Koch, Hannsjoachim W. Volksgerichtshof, Politische Justiz im 3. Reich, München 1988

Kolbe, Dieter Reichsgerichtspräsident Dr. Erwin Bumke, Studien zum Niedergang des Reichsgerichts und der deutschen Rechtspflege, Karlsruhe 1975

Krausnick, Helmut Judenverfolgung in: Anatomie des SS-Staates, Band II, Konzentrationslager, Kommissarbefehl, Judenverfolgung, herausgegeben von Broszat, Martin/ Jacobsen, Hans-Adolf/ Krausnick, Helmut, Olten, Freiburg im Breisgau, 1965

Lapp, Benjamin Der Aufstieg des Nationalsozialismus in Sachsen, in Dresden unterm Hakenkreuz, herausgegeben von Reiner Pommerin, Köln, Weimar, Wien 1998

Lüdde-Neurath, Walter Regierung Dönitz, Die letzten Tage des Dritten Reiches, 5. Auflage, Leoni am Starnberger See 1981

Majer, Dietmut Zum Verhältnis von Staatsanwaltschaft und Polizei im Nationalsozialismus, in Reifner, Udo/ Sonnen, Bernd-Rüdiger, Strafjustiz und Polizei im Dritten Reich, Frankfurt/Main, New York 1984

Majer, Dietmut „Fremdvölkische" im Dritten Reich, Boppard am Rhein 1981

Majer, Dietmut Grundlagen des nationalsozialistischen Rechtssystems: Führerprinzip, Sonderrecht, Einheitspartei, Stuttgart 1987

Marxen, Klaus Das Volk und sein Gerichtshof: eine Studie zum nationalsozialistischen Volksgerichtshof, Frankfurt am Main, 1994

Müller, Ingo Furchtbare Juristen, Die unbewältigte Vergangenheit unserer Justiz, München 1987

Nathans, Eli Franz Schlegelberger in: Der Unrechts-Staat Band III, Baden-Baden 1990

Neliba, Günter Die vier Staatssekretäre des NS-Reichsjustizministeriums (1933 – 1945) in Die Verwaltung 1994 S. 195 ff.

Oehme, Usula Das Reichsgericht, anläßlich des 100. Jubiläums des Reichsgerichtsbaus 1995, Leipzig 1995

Ortner, Helmut Der Hinrichter, Roland Freisler – Mörder im Dienste Hitlers, Wien 1993

Pauli, Gerhard Die Rechtsprechung des Reichsgerichts in Strafsachen zwischen 1933 und 1945 und ihre Fortwirkung in der Rechtsprechung des Bundesgerichtshofes, Berlin, New York 1992

Peukert, Detlev Arbeitslager und Jugend-KZ: die „Behandlung Gemeinschaftsfremder" im Dritten Reich, in Die Reihen fast geschlossen, herausgegeben von Peukert Detlev/ Reulecke Jürgen Wuppertal 1981

Pichinot, Hans-Rainer Die Akademie für Deutsches Recht, Aufbau und Entwicklung einer öffentlich-rechtlichen Körperschaft des Dritten Reichs, Kiel 1981

Picker, Henry Hitlers Tischgespräche im Führerhauptquartier, Entstehung, Struktur, Folgen des Nationalsozialismus, 3. Auflage, Berlin 1999

Poelchau, Harald Die letzten Stunden – Erinnerungen eines Gefängnispfarrers, 3. Auflage, Berlin 1987

Radbruch, Gustav Des Reichsjustizministeriums Ruhm und Ende, in Süddeutsche Juristen-Zeitung 1948 S. 57 ff.

Rasehorn, Theo Richterbriefe und Rechtspflege heute, in Boberach, Heinz, Richterbriefe, Dokumente zur Beeinflussung der deutschen Rechtsprechung 1942 – 1944, Boppard am Rhein 1975

Reitter, Eckehard Franz Gürtner, Politische Biographie eines deutschen Juristen 1881 – 1941, Berlin 1976

Rothenberger, Curt Der Deutsche Richter, Hamburg 1943

Rüping, Hinrich „Streng aber gerecht. Schutz der Staatssicherheit durch den Volksgerichtshof“ in JZ 1984 S. 815 ff.

Schlüter, Holger Die Urteilspraxis des nationalsozialistischen Volkgerichtshofs, Berlin 1995

Schlüter, Holger Dr. Otto Georg Thierack, ein Nationalsozialist als Justizminister, in Zwischen Recht und Unrecht, Lebensläufe deutscher Juristen, herausgegeben vom Justizministerium des Landes NRW, 2004

Schmeitzner, Mike Erich Zeigner (1886 – 1949), Sächsischer Justizminister von 1921 – 1923, in Sächsische Justizminister 1831 – 1950, acht biographische Skizzen, Schriftenreihe des Sächsischen Staatsministeriums der Justiz, Band 4.

Schmidt-Cotta, Ralf-Roland / Wippermann, Wolfgang Kampf um die Erhaltung der Tradition – die Corps im Dritten Reich, in „Wir wollen Männer, wir wollen Taten!“, Deutsche Corpsstudenten 1848 bis heute, Berlin 1998

Schmitz, Gunther Die Vor- und Nachschaubesprechungen in Hamburg 1942 – 1945. Zur Justizlenkung im totalen Krieg, in „Von Gewohnheitsverbrechern, Volksschädlingen und Asozialen“ Hamburger Justizurteile im Nationalsozialismus, herausgegeben von der Justizbehörde Hamburg, Hamburg 1995, S. 447 ff.

Schoeps, Julius H. / Hillermann, Horst Justiz und Nationalsozialismus, Bewältigt – Verdrängt – Vergessen, Stuttgart, Bonn 1987

Schorn, Hubert Der Richter im Dritten Reich, Geschichte und Dokumente, Frankfurt am Main 1959

Schott, Susanne „Curt Rothenberger – eine politische Biographie“, Halle (Saale), 2001

Schubert, Werner Akademie für Deutsches Recht 1933 – 1945, Protokolle der Ausschüsse
Band I, Ausschuß für Aktienrecht, Berlin, New York 1986;

Band III,1, Volksgesetzbuch, Teilentwürfe, Arbeitsberichte und sonstige Materialien, Berlin, New York, 1988;

Band VII, Ausschüsse für Strafprozeßrecht und Strafrechtsangleichung (1934 – 1941), Frankfurt/M., Berlin, Bern, New York, Paris, Wien 1998;

Band VIII, Ausschüsse für Strafrecht, Strafvollstreckungsrecht, Wehrstrafrecht, Strafgerichtsbarkeit der SS und des Reichsarbeitsdienstes, Polizeirecht sowie für Wohlfahrts- und Fürsorgerecht (Bewahrungsrecht), Frankfurt/M., Berlin, Bern, New York, Paris, Wien 1999

Schudnagies, Christian Hans Frank, Aufstieg und Fall des NS-Juristen und Generalgouverneurs, Frankfurt/M., Bern, New York, 1989

Staff, Ilse Justiz im Dritten Reich, Eine Dokumentation, 2. Auflage, Frankfurt am Main 1979

Steinert, Marlis Die 23 Tage der Regierung Dönitz, Düsseldorf, Wien 1967

Szejnmann, Claus – Christian Vom Traum zum Alptraum – Sachsen in der Weimarer Republik, Leipzig 2000

Taddey, Gerhard Lexikon der Deutschen Geschichte, Personen, Ereignisse, Institutionen, 3. Auflage, Stuttgart 1998

Thieme, Andre Wilhelm Rudolf Ferdinand Bünger (1870 – 1937), Sächsischer Justizminister von 1924 – 1927, in Sächsische Justizminister 1831 – 1950, acht biographische Skizzen, Schriftenreihe des Sächsischen Staatsministeriums der Justiz, Band 4.

Thierack, Otto Georg Wem fällt das Vermögen eines rechtsfähigen Vereins des Bürgerlichen Gesetzbuchs nach dem Verluste seiner Rechtsfähigkeit zu und wie gestaltet sich dieser Anfall?, Leipzig 1914

Thierack, Otto Georg Die Aufgaben der Beauftragten des Reichsministers der Justiz, in DJ 1935 S. 3 f.

Thierack Otto Georg Das Berufsethos des Juristen, in Reich und Geist 1942 S. 62 ff.

Thierack, Otto Georg Aufgaben und Tätigkeit des Volksgerichtshofs, in ZAkDR 1936 S. 855 ff.

Thierack, Otto Georg Die Aufgaben des Nationalsozialistischen Rechtswahrerbundes, in DR 1942 S. 1473 ff.

Thierack, Otto Georg Grundzüge eines nationalsozialistischen Strafprozesses unter besonderer Berücksichtigung des Ergebnisses der Arbeiten des Ausschusses für Strafprozeßrecht der Akademie für Deutsches Recht, in ZAkDR 1935 S. 94 ff.

Thierack, Otto Georg Recht und Richter in den autoritären Staaten, in ZAkDR 1939 S. 219 ff.

Thierack, Otto Georg „Die Kriegsaufgaben der Akademie für Deutsches Recht für die Gesetzgebung", in ZAkDR 1943 S. 1 ff.

Ullemeyer, Rudolf Neumünster – Die Geschichte – von 1127 – 2000, Fakten, Zahlen, Dokumente, Fotos, 3. Auflage, Neumünster 1999

Vollnhals, Clemens Der gespaltene Freistaat: Der Aufstieg der NSDAP in Sachsen, in Sachsen in der NS-Zeit, Leipzig 2002

Wagner, Albrecht Die Umgestaltung der Gerichtsverfassung und des Verfahrens- und Richterrechts im nationalsozialistischen Staat, in Die Deutsche Justiz und der Nationalsozialismus Band I, Stuttgart 1968

Wagner, Albrecht Die Umgestaltung der Justiz im NS-Stat, in DRiZ 1970, S. 373 ff.

Wagner, Andreas Partei und Staat. Das Verhältnis von NSDAP und innerer Verwaltung im Freistaat Sachsen 1933-1945, in Sachsen in der NS-Zeit, Leipzig 2002

Wagner, Patrick Volksgemeinschaft ohne Verbrecher, Konzeptionen und Praxis der Kriminalpolizei in der Zeit der Weimarer Republik und des Nationalsozialismus, Hamburg 1996

Wagner, Patrick Das Gesetz über die Behandlung Gemeinschaftsfremder, Die Kriminalpolizei und die „Vernichtung des Verbrechertums", in Feinderklärung und Prävention, Kriminalbiologie, Zigeunerforschung und Asozialenpolitik, herausgegeben von Ayaß, Wolfgang/ Gilsenbach, Reimar/ Körber, Ursula/ Scherer, Klaus/ Wagner, Patrick/ Winter, Mathias, Berlin 1988

Wagner, Walter Der Volksgerichtshof im nationalsozialistischen Staat, in Die Deutsche Justiz und der Nationalsozialismus Band III, Stuttgart 1974

Wahl, Bernhard Die Richterbriefe, ein Beitrag zur Geschichte der nationalsozialistischen Justizpolitik, Heidelberg 1981

Weinkauff, Hermann Die Deutsche Justiz und der Nationalsozialismus Ein Überblick, in Die Deutsche Justiz und der Nationalsozialismus Band I, Stuttgart 1968

Weiß, Hermann Biographisches Lexikon zum Dritten Reich, Frankfurt am Main 2002

Werle, Gerhard Justiz-Strafrecht und polizeiliche Verbrechensbekämpfung im Dritten Reich, Berlin, New York 1989

Wieland, Günther Das war der Volksgerichtshof, Berlin 1989

Wilhelm, Friedrich Die Polizei im NS-Staat: die Geschichte ihrer Organisation im Überblick, 2. Auflage, Paderborn, München, Wien, Zürich 1999

Wistrich, Robert Wer war wer im Dritten Reich, ein biographisches Lexikon, Anhänger, Mitläufer, Gegner aus Politik, Wirtschaft, Militär, Kunst und Wissenschaft, Frankfurt am Main 1987

Wulff, Arne Staatssekretär Prof. Dr. Dr. h.c. Franz Schlegelberger 1876 – 1970, Frankfurt am Main, Bern, New York 1991

Wüllner, Fritz Die NS-Militärjustiz und das Elend der Geschichtsschreibung, Ein grundlegender Forschungsbericht, 2. Auflage, Baden-Baden 1997

Zarusky, Jürgen Politische Strafjustiz im nationalsozialistischen Doppelstaat, in Justiz im Zwielicht, herausgegeben von Piazolo, Michael/ Webr, Jürgen, München 1998

Zeidler, Manfred Das Sondergericht Freiberg, Zu Justiz und Repression in Sachsen 1933 – 1940, Dresden 1998

Zentner, Christian / Bedürftig, Friedemann Das Grosse Lexikon des Dritten Reiches, München 1985

Anhang

A. Zweites Gesetz zum Abschluß der Entnazifizierung vom 20. Dezember 1955[1365] - Auszug-

§ 1
Kreis der Betroffenen
Sühneverfahren wegen Teilnahme an der nationalsozialistischen Gewaltherrschaft werden nur noch gegen Personen fortgeführt oder eingeleitet, welche

1. sich in der NSDAP, in einer ihrer Gliederungen oder angeschlossenen Verbände oder seit dem 30. Januar 1933 in der Regierung, Verwaltung, Rechtsprechung, Wehrmacht oder Wirtschaft an führender oder besonders verantwortlicher Stelle aktiv im Sinne des Nationalsozialismus betätigt habe oder
2. die Machtergreifung oder Herrschaft des Nationalsozialismus durch politische, wirtschaftliche, propagandistische oder sonstige Unterstützung in besonderem Maße gefördert oder aus der Verbindung mit dem Nationalsozialismus für sich oder andere erheblichen Nutzen gezogen haben, oder
3. wegen einer aus politischen Beweggründen oder unter Verstoß gegen die Grundsätze der Menschlichkeit begangenen Straftat oder wegen Kriegsverbrechens zu einer Freiheitsstrafe von mindestens einem Jahr rechtskräftig verurteilt worden sind.

§ 2
Zuständigkeit
(1) Ein Verfahren gegen einen nach § 1 Betroffenen kann im Lande Berlin durchgeführt werden, wenn

a) er seinen Wohnsitz oder beim Fehlen eines Wohnsitzes seinen gewöhnlichen Aufenthalt im Lande Berlin hat oder im Zeitpunkt des Inkrafttretens dieses Gesetzes gehabt hat, oder
b) sein Vermögen oder Nachlaß sich ganz oder teilweise im Lande Berlin befindet oder im Zeitpunkt des Inkrafttretens dieses Gesetzes befunden hat.

Wohnsitz oder gewöhnlicher Aufenthalt im Sinne des Buchstaben a liegt nicht deshalb vor, weil sich jemand im Lande Berlin in behördlichem Gewahrsam befindet.
(2) Ein Verfahren gegen einen nach § 1 Betroffenen kann im Lande Berlin außerdem – auch im Wege des Wiederaufnahmeverfahrens – durchgeführt werden, wenn

a) ein Entnazifizierungsverfahren gegen ihn im Gebiet der Bundesrepublik Deutschland eingestellt oder nicht mehr eröffnet worden ist, weil die Entnazifizierungsabschlußgesetze die Einleitung oder Fortführung von Entnazifizierungsverfahren nicht mehr zuließen und eine der Voraussetzungen des Absatzes 1 vorliegt, oder
b) bei einem im Gebiet der Bundesrepublik Deutschland gegen ihn rechtskräftig abgeschlossenen Verfahren sein im Lande Berlin belegenes Vermögen bei der Verhängung von Sühnemaßnahmen nicht berücksichtigt worden ist, obwohl der

[1365] GVBl. Berlin 1955 S. 1022 ff.

Betroffene in die Gruppe der Hauptschuldigen eingestuft worden ist oder war, oder

c) bei einem im Lande Berlin gegen ihn rechtskräftig abgeschlossenen Verfahren eigene Vermögenswerte oder die seines Nachlasses nicht bekannt waren und nicht berücksichtigt worden sind, oder

d) neue Tatsachen oder Beweismittel bekanntgeworden sind, oder bekannt werden, welche in einem früheren Verfahren im Lande Berlin oder im Gebiet der Bundesrepublik Deutschland nicht berücksichtigt worden sind und die Durchführung eines Sühneverfahrens unter den Voraussetzungen der §§ 1 und 2 Abs. 1 rechtfertigen.

§ 3

Sühnemaßnahmen

(1) Folgende Sühnemaßnahmen können verhängt werden:

a) Entziehung der Wählbarkeit

b) Ausschluß von öffentlichen Ämtern und Stellungen

c) völlige oder teilweise Aberkennung des Rechtes, Versorgungsleistungen aus öffentlichen Mitteln zu beziehen,

d) Aberkennung des Rechtes auf politische Betätigung, soweit sie über die bloße Mitgliedschaft in einer Partei oder Vereinigung hinausgeht,

e) Aberkennung des Rechtes, als Lehrer, Verleger, Schriftsteller, Redakteur, Rundfunkkommentator, Filmproduzent oder Filmregisseur tätig zu sein.

(2) Darüber hinaus kann als Sühnemaßnahme eine Geldstrafe von unbegrenzter Höhe auferlegt werden.

(3) In den Fällen des § 2 Abs. 1 Buchst. b und Abs. 2 Buchst. b sind nur die Sühnemaßnahmen des Absatzes 2 zulässig.

§ 4

Sühnemaßnahmen gegen Verstorbene oder Verschollene

(1) Ist eine Person verstorben, für tot erklärt oder verschollen, gegen die nach diesem Gesetz ein Sühneverfahren einzuleiten wäre, so können zu Lasten des Nachlasses oder Vermögens die Sühnemaßnahmen des § 3 Abs. 2 ohne Rücksicht auf gesetzliche Erbfolge oder letztwillige Verfügung verhängt werden.

(2) Als Betroffene im Verfahren gelten bei Tod oder Todeserklärung des nach § 1 Betroffenen Erben, Pflichtteilsberechtigte und diejenigen Vermächtnisnehmer, die Nahlaßgegenstände erhalten haben. Die Vollstreckung der nach Abs. 1 angeordneten Sühnemaßnahmen ist gegen diese Personen zulässig.

§ 6

Einleitungsbehörde

(1) Einleitungsbehörde ist der Senator für Inneres.

(2) Die Einleitungsbehörde hat gegen Personen, bei denen der Verdacht besteht, daß sie zu dem Kreis der Betroffenen im Sinne des § 1 dieses Gesetzes gehören, und in den

Fällen der §§ 4 und 5 dieses Gesetzes die erforderlichen Ermittlungen zu führen. Alle Gerichte und Behörden haben ihr Rechts- und Amtshilfe zu leisten.
(3) Bieten die Ermittlungen genügend Anlaß, die Eröffnung eines Sühneverfahrens zu beantragen, so reicht die Einleitungsbehörde bei der Spruchkammer einen Antrag auf Eröffnung des Sühneverfahrens ein. Andernfalls teilt sie den Betroffenen oder den sonst am Verfahren Beteiligten (§ 5), soweit sie von den angestellten Ermittlungen Kenntnis erhalten haben, mit, daß ein Sühnverfahren nicht beantragt wird.

§ 7
Spruchkammer
(1) Die Spruchkammern sind unabhängige, von den Verwaltungsbehörden getrennte besondere Verwaltungsgerichte.
(2) Über die Eröffnung und Einstellung des Sühneverfahrens und die Verhängung von Sühnemaßnahmen entscheidet die Spruchkammer in der Besetzung von einem Vorsitzenden und zwei Beisitzern. Im übrigen regelt die Durchführungsverordnung (§ 8 Abs. 5), inwieweit der Vorsitzende allein zur Entscheidung berufen ist.
(3) Es können mehrere Abteilungen der Spruchkammer gebildet werden. In diesem Falle ist jede Abteilung Spruchkammer.
(4) Der Vorsitzende wird vom Senat bestellt. Die Beisitzer werden vom Abgeordnetenhaus gewählt und vom Senat bestellt. Die Bestellung erfolgt auf die Dauer von drei Jahren. Der Vorsitzende und die Beisitzer sind in ihrer Stellung den ehrenamtlichen Mitgliedern der Verwaltungsgerichte gleichgestellt.
(5) Die Mitglieder der Spruchkammer sind bei ihren Entscheidungen von Weisungen unabhängig und nur dem Gesetz unterworfen. Sie üben ihr Amt ehrenamtlich aus; ihre Entschädigung richtet sich nach der Verordnung zur Durchführung des Gesetzes über die Entschädigung der Mitglieder der Bezirksverordnetenversammlung der
§ 8 Deputationsmitglieder und sonstiger ehrenamtlich tätiger Personen vom 11. Juli 1953 (GVBl. S. 679) in der jeweils geltenden Fassung.

§ 8
Verfahren
(1) Die Spruchkammer hat von Amts wegen alle zur Aufklärung des Sachverhalts und zur Erforschung der Wahrheit erforderlichen Ermittlungen anzustellen und Beweise zu erheben. Sie ist zur Abnahme von Versicherungen an Eides Statt zuständig und kann das persönliche Erscheinen der Betroffenen, der am Verfahren Beteiligten und von Zeugen und Sachverständigen anordnen. Die Gerichte und Behörden haben ihr Rechts- und Amtshilfe zu leisten.
(2) Für die Erledigung von Ersuchen um eidliche Vernehmung von Zeugen und Sachverständigen ist das Amtsgericht Tiergarten zuständig. Die Vorschriften der Strafprozeßordnung finden insoweit entsprechende Anwendung.
(3) Die Spruchkammer entscheidet über die Verhängung von Sühnemaßnahmen nach mündlicher Verhandlung auf Grund von nichtöffentlicher und geheimer Beratung nach ihrer freien, aus der Verhandlung gewonnenen Überzeugung mit Stimmenmehrheit.

(4) Die Entscheidung wird mit der Zustellung an die Betroffenen oder die sonst am Verfahren Beteiligten (§ 5) oder, wenn sie unbekannt sind oder der Aufenthalt unbekannt ist, durch öffentliche Zustellung wirksam.
(5) Im übrigen wird das Verfahren durch Rechtsverordnung des Senats geregelt.

B. Zweites Gesetz zum Abschluß der Entnazifizierung vom 20. Dezember 1955 in der Fassung vom 24.10.1956[1366]

Artikel I

Das Zweite Gesetz zum Abschluß der Entnazifizierung vom 20. Dezember 1955 (GVBl. S. 1022) wird wie folgt geändert:

1. § 7 wird wie folgt geändert:
a) Es wird folgender neuer Absatz 1 eingefügt:
„ (1) Die Spruchkammern sind unabhängige, von den Verwaltungsgerichten getrennte besondere Verwaltungsgerichte."
b) Die bisherigen Absätze 1 und 2 werden Absätze 2 und 3.
c) Der bisherige Absatz 3 wird Absatz 4 und erhält folgende Fassung:
„(4) Der Vorsitzende wird vom Senat bestellt. Die Beisitzer werden vom Abgeordnetenhaus gewählt und vom Senat bestellt.
Die Bestellung erfolgt auf die Dauer von drei Jahren. Der Vorsitzende und die Beisitzer sind in ihrer dienststrafrechtlichen Stellung den ehrenamtlichen Mitgliedern der Verwaltungsgerichte gleichgestestellt. Die Dienststrafordnung für Minister und Staatsanwälte vom 14. März 1952 (GVBl. S. 149) in der jeweils geltenden Fassung findet entsprechende Anwendung."
d) Der bisherige Absatz 4 wird Absatz 5.

2. Im § 8 Abs. 1 wird folgender letzter Satz angefügt:
„Die Gerichte und Behörden haben ihr Rechts- und Amtshilfe zu leisten."

3. § 9 Abs. 4 erhält folgende Fassung:
„(4) Die Vorschriften des § 7 Absätze 1, 3 bis 5 und des § 8 finden entsprechende Anwendung."

Artikel II
Dieses Gesetz tritt am Tage nach seiner Verkündung im Gesetz- und Verordnungsblatt für Berlin in Kraft.

[1366] GVBl. Berlin 1956, S. 1095.

C. Protokoll der Verhandlung vor der Spruchkammer Berlin vom 16. Januar 1961- Auszug -

„...

II. Persönlicher, beruflicher und politischer Werdegang Thieracks

Der Vorsitzende gab aus der Auskunft des Document Center Bl. 13 – 28 bekannt sowie die Ernennung Thieracks zum Oberbefehlsleiter der NSDAP am 20. August 1942 (Bl. 333 d.A.), die Anerkennung in der Kampfzeit der NSDAP (Bl. 19) und die Teilnahme an den Reichsparteitagen (Bl. 21) und die Sterbeurkunde (Bl. 40).

III. Belastungen Thieracks

Zu den Belastungen des Verstorbenen wurden verlesen: Bl. 9 und 10, 4 Urteile des Volksgerichtshofs (Fotokopien), die unter Vorsitz Thieracks ergingen (Bl. 233 – 278), z.T. auszugsweise, die Aufstellung des Document Center (Bl. 279 ff), der Brief Thieracks an den Reichsminister für Justiz vom 14. August 1940 (Bl. 229), Reichsgesetzblatt 1942 Teil I S. 535, Gedanken Thieracks zum Neuaufbau der deutschen Rechtspflege („Deutsche Justiz 1942" S. 661 f), aus H. Schorn, „Der Richter im Dritten Reich" Bl. 57 ff. (Richterbriefe), Bl. 346, Bl. 347 (Rechtsanwaltsbriefe), Schreiben Thieracks an Freisler vom 18. Oktober 1944 auszugsweise verlesen (Bl. 388), Vereinbarung Thieracks mit Himmler vom 18. September 1942 (Bl. 197 ff) sowie die Schreiben des Reichsministers für Justiz zur Durchführung der Vereinbarung vom 22. Oktober 1942 und 21. April 1943.
Außerdem waren Gegenstand der Verhandlung der Brief Thieracks an Bormann vom 13. Oktober 1942, die 13. Verordnung zum Reichsbürgergesetz vom 1. Juli 1943 (RGBl. 1943 I S. 372), der Schnellbrief des Reichssicherheitshauptamtes vom 5. November 1942 (Bl. 199),
aus der protokollarischen Vernehmung Keitels – auszugsweise – (Bl. 205),
die Verordnung zur Sicherung des totalen Kriegseinsatzes vom 25. August 1944 (RGBl. 1944 I S. 184),
die 4. Verordnung zur Vereinfachung der Strafrechtspflege vom 13. November 1944 § 16 (RGBl. 1944 I S. 339 ff, siehe auch Bl. 394) und die Verordnung über die Errichtung von Standgerichten vom 15. Februar 1945 (Bl. 336).
..."

D. Entscheidung der Spruchkammer Berlin vom 16. Januar 1961[1367]

Im Namen des Volkes !

I. Der Nachlaß des am 26. Oktober 1946 im Lager Eselsheide bei Stukenbrock aus dem Leben geschiedenen Dr. Georg Thierack unterliegt Sühnemaßnahmen nach § 1 Ziff. 1 und 2 in Verbindung mit § 3 Abs. 2 und § 4 des zweiten Gesetzes zum Abschluß der Entnazifizierung vom 20.12.1955 (GVBl. S. 1022).

II. Es wird eine Geldstrafe in Höhe von DM 175.000,-- (in Worten: Einhundertfünfundsiebzigtausend Deutsche Mark) festgesetzt.

III. Die Vollstreckung der Geldstrafe ist gegen die Betroffenen:
a) Frau Eveline Thierack geb. Zumloh,
b) ...
c) ...
d) ...
e) ...
als Gesamtschuldner unter Beschränkung ihrer Haftung auf den Nachlaß zulässig.

IV. Die Kosten des Verfahrens in Höhe von 50,-- DM (in Worten: Fünfzig Deutsche Mark) werden den Betroffenen auferlegt.

Gründe:

Die Verfahrensbetroffenen sind Erben des am 26. Oktober 1946 im englischen Lager Eselsheide bei Stukenbrock freiwillig aus dem Leben geschiedenen Dr. Georg Thierack. Nach dem gemeinschaftlichen Erbschein des Amtsgerichts Berlin – Lichterfelde vom 28. September 1955 sind gesetzliche Erben des Dr. Otto Georg Thierack

...

Die Akten erhalten keinerlei Angaben darüber, daß gegen Thierack oder seinen Nachlaß ein Entnazifizierungsverfahren im Gebiete der Bundesrepublik durchgeführt worden ist. Thierack hatte seinen letzten Wohnsitz in Berlin-Lichterfelde, Berner Straße 50. Er hat vermögen in West-Berlin hinterlassen. Danach rechtfertigt sich nach § 2 Abs. 1 Buchst. b des Zweiten Gesetzes zum Abschluß der Entnazifizierung vom 20.12.1955 (GVBl. S. 1022) – im folgenden 2. EAG genannt – die Zuständigkeit der Spruchkammer Berlin für die Durchführung des Sühneverfahrens.
Zu Lasten des Nachlasses können nach § 4 in Verbindung mit § 3 Abs. 2 des 2. EAG Sühnemaßnahmen ohne Rücksicht auf gesetzliche Erbfolge oder letztwillige Verfü-

[1367] LA Berlin, SK 12708, Bd.2, Bl. 433 ff.; die Namen der neben Eveline Thierack Betroffenen sind der Verfasserin bekannt.

gung in Form einer Geldstrafe verhängt werden, wenn der Erblasser zum Kreis der Betroffenen im Sinne des § 1 des 2. EAG gehört.

In dieser Hinsicht hat die Beweisaufnahme folgendes ergeben:

Georg Thierack wurde am 19. April 1889 in Wurzen in Sachsen geboren. Nachdem er vier Jahre die Volksschule besucht hatte, kam er auf das humanistische Gymnasium. Nach Bestehen der Reifeprüfung widmete er sich in Marburg und Leipzig dem Studium der Rechts- und Staatswissenschaften. Am 20. Juli 1913 legte er die erste juristische Staatsprüfung ab und promovierte im Februar 1914 zum Dr. jur. Von 1914 bis 1918 nahm er am ersten Weltkrieg teil, wurde einmal verwundet und schied als Leutnant der Reserve aus dem Heeresdienst aus. Am 10. April 1920 bestand er die zweite juristische Staatsprüfung, wurde zum Gerichtsassessor ernannt und war von 1921 – 1926 bei der Staatsanwaltschaft in Leipzig tätig. Vom 1. Oktober 1926 bis 9. März 1933 war er Staatsanwalt am Oberlandesgericht in Dresden. Am 10. März 1933 wurde er mit der Leitung des Sächsischen Justizministeriums beauftragt und am 8. Mai 1933 zum Sächsischen Staatsminister der Justiz ernannt. Im Februar 1934 erhielt er den Auftrag, die Justizverwaltungen von Sachsen, Thüringen und Hessen auf das Reich überzuleiten. Nachdem er 1935 zum Vizepräsidenten des Reichsgerichts ernannt worden war, wurde er im Jahre 1936 Präsident des im Jahre 1934 neu gebildeten Volksgerichtshofes. Dieses hohe Richteramt hat er über 6 Jahre innegehabt, bis er am 20. August 1942 Reichsminister der Justiz wurde und bis zur Kapitulation im Jahre 1945 blieb. Er war gleichzeitig Mitglied der amtlichen Strafrechts- und Strafverfahrenskommission, Präsident der Akademie für deutsches Recht und Leiter des nationalsozialistischen Rechtswahrerbundes. Bei Kriegsende wurde er interniert. Er nahm sich, als er vor dem Internationalen Militär-Gerichtshof in Nürnberg wegen Kriegsverbrechens verantworten sollte, am 26. Oktober 1946 im Lager Eselsheide bei Stukenbrock das Leben.

Sein politischer Werdegang begann damit, daß er am 1. November 1932 in die Nationalsozialistische Arbeiterpartei eintrat. Er erhielt die Mitglieds-Nr. 1 378 794. In dem Personalbogen der Partei vom 10. Juli 1938 hat er angegeben, daß seine Tätigkeit für die NSDAP schon vor seinem Eintritt durch Schreiben der Ortsgruppe Dresden vom 11. August 1932 anerkannt worden sei. Auch andere Anerkennungen für seine Tätigkeit in der Kampfzeit von höchster Stelle seien vorhanden. Nach 1933 sei er oft als Redner aufgetreten, jedoch nicht bei Wahlen. Am 15. Februar 1934 trat er in die SA ein und wurde am 1. Mai 1934 der Sektion „Reichsleitung" zugeteilt. Am 1. Oktober 1937 wurde er zum Stabe der Obersten SA-Führung (z.V.) versetzt, am 30. Januar 1938 Brigadeführer, am 20. August 1942 Oberbefehlsleiter der NSDAP und am 9. November 1942 SA-Gruppenführer. Am 30. Januar 1943 wurde ihm vom Führer das Goldene Parteiabzeichen verliehen.

Der vorstehend aufgezeichnete Werdegang beweist, daß sich Thierack, als er noch Staatsanwalt beim Oberlandesgericht in Dresden war, bereits der nationalsozialistischen Bewegung verschrieben hatte, und daß er schon vor der sogenannten Macht-

übernahme als Beamter der Weimarer Republik der NSDAP beigetreten war. Durch sein aktives Eintreten für die NSDAP und ihre Ziele ist er sowohl beruflich wie parteipolitisch zu hohen und höchsten Ämtern aufgestiegen. Erwähnenswert und kennzeichnend ist ein Schreiben des damaligen Reichsministers der Justiz Dr. Gürtner an den Stellvertreter des Führers Rudolf Hess vom 11. März 1936, worin er Thierack zum Präsidenten des Volksgerichtshofes vorschlägt und dabei auf dessen bisherige Tätigkeiten hinweist und hinzufügt, daß Thierack „nach seiner ganzen Persönlichkeit in jeder Hinsicht die Gewähr böte, daß er auch die ihm zugedachten Aufgaben meistern werde.“ Daß Thierack diese in ihn gesetzten Erwartungen erfüllt hat, geht daraus hervor, daß er 6 ½ Jahre Präsident des Volksgerichtshofes war und im unmittelbaren Anschluß daran Reichsminister der Justiz wurde. Es ist gerichtsbekannt, daß der Volksgerichtshof als Sondergericht unter Leitung Thieracks gegen die Gegner des Nationalsozialismus unverhältnismäßig hohe Strafen verhängte, die sich im Laufe der Zeit immer mehr verschärften. Thierack hat als Vorsitzender eines Senats an dieser Rechtsprechung beispielgebend mitgewirkt. In 87 Fällen, die unter seinem Vorsitz zur Verhandlung kamen, ist in 33 Fällen – in diesen vorwiegend wegen Vorbereitung zum Hochverrat, begangen durch Mitarbeit in der illegalen tschechischen kommunistischen Partei – gegen Tschechen und Protektoratsangehörige auf Todesstrafe erkannt worden. Die nationalsozialistische Einstellung Thieracks wird aus einigen seiner Urteile gegen politische Gegner erkennbar. Der Leiter der Organisation „Widerstand“ Ernst Niekisch wurde am 10. Januar 1939 wegen Vorbereitung zum Hochverrat zu lebenslänglichem Zuchthaus verurteilt. Gegenstand der mündlichen Verhandlung vor der Spruchkammer Berlin waren die Urteile gegen ...[1368]
...
Vorbereitung zum Hochverrat zu 6 Jahren Zuchthaus verurteilt, weil er die illegale SPD durch Weitergabe von Auslandsbriefen unterstützt hatte. Die Urteilsbegründung beginnt: „Der Angeklagte ist Jude“ und enden damit, ... habe wissen müssen, daß er in Deutschland als Jude nur Gastrecht genieße und sich daher von allen Bestrebungen hätte fernhalten müssen, die der deutschen Volksgemeinschaft Schaden bringen konnten. ... Auf Ehrverlust zu erkennen, bestand kein Anlaß; denn der Angeklagte genieße als Jude in Deutschland keine staatsbürgerlichen Rechte.“ Hieraus ergibt sich mit aller Deutlichkeit, daß Thierack nicht mehr Recht gegen jedermann sprach, sondern daß die nationalsozialistischen Ideen bei seiner Rechtsfindung im Vordergrund standen. ... wurde am 7. Juli 1942 wegen Hochverrats durch Lügenhetze zu 6 Jahren Zuchthaus und 6 Jahren Ehrverlust verurteilt, weil er im Oktober 1941 in der Bahnhofsgaststätte in Basel zu Bekannten geäußert habe, der Krieg sei die gleiche Lausbüberei und der gleiche Schwindel wie 1914. Das alles sei wieder eine abgekartete Sache der Staatsoberhäupter und der Großindustrien. Die wollten alle wieder bloß viel Geld daran verdienen und kümmerten sich nicht darum, wenn ein Haufen Leute verreckten. Der Angeklagte habe in diesem Zusammenhang Roosevelt und Churchill, aber auch den Führer und Mussolini genannt und gesagt, die Soldaten seien verblödet, daß sie noch den Kopf hinhalten, man könne aber den jungen Leuten nichts sagen; denn sie seien durch die heutige Politik verblendet. Nach dem Kriege könne der Arbeiter genauso krampfen wie vorher und verdiene doch nichts. ... wurde am 16. Juni 1942 wegen Vorbereitung

[1368] Text im Original geschwärzt.

zum Hochverrat zu 10 Jahren Zuchthaus und 10 Jahren Ehrverlust um deswillen verurteilt, weil bei ihm ein offener Brief gefunden wurde, der Schmähungen Hitlers und der NSDAP enthielt. In der mündlichen Verhandlung vor der Spruchkammer Berlin kam auch ein Urteil des Ersten Senats vom 30. Juli 1942 zur Verlesung, durch das die Protektorats-Angehörigen ... und ... wegen Vorbereitung zum Hochverrat und Feindbegünstigung zum Tode und zum Verlust der bürgerlichen Ehrenrechte auf Lebenszeit verurteilt worden sind. Wie sich aus den Gründen über die Strafzumessung ergibt, hatte der Senat die Wahl zwischen Todesstrafe und lebenslanger Zuchthausstrafe. Der Senat hat gegen beide Angeklagte die Todesstrafe verhängt und zwar aus folgenden Gründen:

> „Das Deutsche Reich kann unter keinen Umständen dulden, daß, während seine besten Söhne im Kampf auf Leben und Tod gegen den Bolschewismus in Rußland stehen und dort zu Tausenden für die Freiheit Deutschlands und Europas ihr leben lassen müssen, im Rücken dieser Front der Kommunismus sein Haupt erhebt und bestrebt ist, die Früchte dieses heldenhaften Einsatzes der besten Deutschen zu vereiteln, um dem Bolschewismus zum Siege zu verhelfen. Es muß deshalb jedem, der es wagen sollte, auch nur im geringsten den Kommunismus in Deutschland oder im Protektorat zu fördern, auf das nachdrücklichste klargemacht werden, daß er damit sein Leben verwirkt hat. Nur auf diese Weise kann die Gefahr der Wiederholung der Zustände von 1918 gebannt werden. Es kommt deshalb nicht darauf an, ob der eine der Angeklagten sich intensiver und erfolgreicher oder an höherer Stelle für die KPD eingesetzt hat, als der andere, weil, wie gesagt, auch schon die geringste Förderung des Kommunismus mit allen Mitteln unterbunden werden muß. Kommunisten, die sich wie die Angeklagten noch nach Kriegsausbruch mit der Sowjetunion hoch- und landesverräterisch betätigt haben, haben sich im übrigen als so gefährliche Feinde des Staates und des Nationalsozialismus erwiesen, daß sie für alle Zeiten unschädlich gemacht werden müssen. Das wäre aber im Hinblick auf im Kriege mögliche Krisenzeiten selbst mit einer lebenslänglichen Zuchthausstrafe nicht unbedingt gewährleistet“.

Als Präsident des Volksgerichtshofes richtete Thierack am 14.8.1940 ein vertrauliches Schreiben an den Reichsminister der Justiz Dr. Gürtner, in dem er u.a. folgendes ausführte:

> „So richtig es auch ist, jede Saat des Aufruhrs, wie wir sie z.B. in Böhmen und Mähren sehen, hart auszurotten und mit den Wurzeln herauszureißen, so falsch ist es, daß jedem Mitläufer, auch dem kleinsten, die Ehre erwiesen wird, zur Verhandlung und Verurteilung wegen Hochverrats vor einem Volksgerichtshof oder anderenfalls vor einem Berufungsgericht zu erscheinen. Wenn diese kleinen und sogar die kleinsten behandelt werden, muß den Schuldigen unbedingt gezeigt werden, daß sich die deutsche Staatsgewalt nicht mit ihrem Verhalten abfindet und daß sie entsprechende Schritte ergreifen wird. Das kann aber auch in anderer Weise geschehen, und ich glaube in einer vorteilhafteren als durch

die umständlichen und auch sehr kostspieligen und schwerfälligen Methoden eines Gerichtsverfahrens.

Ich habe daher absolut nichts dagegen einzuwenden, wenn alle kleinen und kleinsten Mitläufer, die in irgendeiner Weise mit den hochverräterischen Plänen, die von anderen gesponnen und geschmiedet worden sind, dadurch zur Vernunft gebracht werden, daß sie für einige Zeit in ein KONZENTRATIONSLAGER überführt werden. Das würde den weiteren Vorteil haben, daß Maßnahmen schnell getroffen werden würden, und daß sie deshalb doppelt wirksam sein würden, und daß diese schnellen Maßnahmen schnell geändert werden könnten, wenn der Schuldige durch die getroffenen Maßnahmen zu einem besseren Verhalten gebracht wurde." ...... (Trials of War Criminals S. 341 Dokument NG. 369).

Dieses Schreiben beinhaltet nichts anderes, als alle kleinen und kleinsten Mitläufer bei hochverräterischen Plänen der ordentlichen Gerichtsbarkeit zu entziehen und sie den Konzentrationslagern zu überantworten, wo sie, wie Thierack genau wußte, der Polizeigewalt unterstanden und der Willkür eines Himmlers und seiner Trabanten ausgesetzt waren. Auch dieses Dokument beweist, daß die nationalsozialistischen Grundsätze für Thierack oberstes Gesetz waren. Es kam ihm anscheinend nicht mehr darauf an, nach rechtsstaatlichen Grundsätzen Recht zu sprechen, sondern Rechtsbrecher ohne ordentliche Gerichtsverfahren auf dem Wege über die Konzentrationslager zu strafen oder gar zu vernichten.

Am 20. August 1942 wurde Thierack Reichsminister der Justiz. Er nahm diese Ernennung an, wissend, daß Hitler die Unabhängigkeit der Richter nicht achtete und sie zu achten auch nicht willens war. Hitler hatte in der Sitzung des Reichstages vom 26. April 1942 sich durch Beschluß als „Oberster Gerichtsherr" bestätigen und bevollmächtigen lassen, ohne an bestehende Rechtsvorschriften gebunden zu sein, u.a. „jeden Richter mit allen ihm geeignet erscheinenden Mitteln zur Erfüllung seiner Pflichten anzuhalten und bei Verletzung dieser Pflichten nach gewissenhafter Prüfung ohne Rücksicht auf sogenannte wohlerworbene Rechte mit der ihm gebührenden Sühne belegen und ihm im besonderen ohne Einleitung vorgeschriebener Verfahren aus seinem Amte, aus seinem Rang und seiner Stellung entlassen zu dürfen" (vgl. RGBl 1942 Teil I, S. 247). Hitler erklärte in seiner am gleichen Tage vor dem Reichstag gehaltenen Rede:

> „Ich werde von jetzt ab in diesen Fällen eingreifen und Richter, die ersichtlich das Gebot der Stunde nicht erkennen, ihres Amtes entheben" (vgl. Schorn, Der Richter im Dritten Reich, Geschichte und Dokumente S. 14).

Diese Rede Hitlers liegt nur vier Monate vor der Ernennung Thieracks zum Reichsminister der Justiz. Mit dieser Vorbelastung übernahm Thierack also sein hohes Amt. Am gleichen Tage, an dem Thierack zum Reichsminister der Justiz ernannt wurde – 20. August 1942 -, gab Hitler einen Erlaß über die besonderen Vollmachten des Reichsministers der Justiz heraus (vgl. RGBl. 1942 I S. 535), der folgenden Wortlaut hatte:

„Zur Erfüllung der Aufgaben des Großdeutschen Reiches ist eine starke Rechtspflege erforderlich. Ich beauftrage und ermächtige daher den Reichsminister für Justiz, nach meinen Richtlinien und Weisungen und im Einvernehmen mit dem Reichsminister und Chef der Reichskanzlei und dem Leiter der Parteikanzlei eine nationalsozialistische Rechtspflege aufzubauen und alle dafür erforderlichen Maßnahmen zu treffen. Er kann hierbei vom bestehenden Recht abweichen."

Am 29. September 1942 führte Thierack in einer Ansprache an die Präsidenten der Oberlandesgerichte und an die Generalstaatsanwälte im Reichsjustizministerium folgendes aus (vgl. Deutsche Justiz 1942 S. 661 ff):

„Der Erlaß des Führers vom 20. August 1942 gibt mir eine sehr umfassende Vollmacht, eine starke Rechtspflege, wie sie der Führer wünscht, aufzubauen. Dazu sind mir restlos alle Organisationen des deutschen Rechtslebens in die Hand gegeben. Es gibt nunmehr zwischen der Justiz, dem NS-Rechtswahrerbund und der Akademie für Deutsches Recht kein Nebeneinander und auch kein Gegeneinander mehr, sondern nur noch ein Miteinander. Diese Organisationen werden von mir nach einem einheitlichen Plan mit abgegrenzten Aufgaben eingesetzt. Das Ministerium wird dabei im Mittelpunkt der Aufbauarbeit stehen.

Daß sich die Justiz seit langem in einer Krise befunden hat, kann nicht geleugnet werden. Diese Krise wollen und müssen wir beseitigen -, und wir werden sie beseitigen. Etwas haben wir schon restlos beseitigt: das ist das Mißtrauen, das von der Partei aus gegenüber der Justiz an den Tag getreten ist. Vertrauensvolle Zusammenarbeit mit der Partei wird der Aufbauarbeit das Gepräge geben. Wenn wir aufbauen wollen, gilt es aber zunächst, die Gründe der Justizkrise ganz klar zu erkennen:
1. Die Machtübernahme durch den Nationalsozialismus im Jahre1933 war eine echte Revolution. Es übernahm nicht eine neue Clique, es übernahmen nicht neue Menschen oder ein Teil des Volkes die Macht, sondern es brach etwas durch, was Jahre, ja Jahrzehnte, schon vor Beginn des Weltkrieges, in Deutschland gerungen und gekämpft und sich nicht durchgesetzt hatte: ein Besinnen auf uralte deutsche Werte, Kräfte und Maßstäbe. Sie werden sichtbar verkörpert durch diesen einzigartigen Mann, unseren Führer. Diese dynamische Kraft der nationalsozialistischen Bewegung ist vielfach in der Rechtspflege verkannt worden.
.....
3. Dazu kam noch die überkommene Überzeugung von einer Objektivität, die aber keine Objektivität mehr war, sondern eine einseitige Zurückhaltung gegenüber allen Problemen, die das politische und gesamtvölkische Leben aufwirft. Bei der sich hieraus ergebenden Denkweise des größten Teils der deutschen Rechtswahrer konnte es nicht ausbleiben, daß sich Konflikte mit der Dynamik des Nationalsozialismus ergaben.
.....

Die liberale Staatsauffassung hat das Wesen der Stellung des Richters in seiner „Unabhängigkeit“ gesehen. Das war im Kern gut und richtig. Was ist aber aus dieser „Unabhängigkeit“ gemacht worden? Sie wurde ein politisches Instrument, um der Justiz in dem wildbewegten Parteienstaat zu ermöglichen, unabhängig von der jeweiligen Staatsführung und ihrem politischen Kurs zu handeln. Sie wurde bisweilen ein Aushängeschild für die Herausstellung von Standesinteressen und schließlich sogar zur Kontrolle der Staatsführung benutzt. Ich erinnere nur an die Einrichtung von Staatsgerichtshöfen. Eine solche Erscheinungsform richterlicher Tätigkeit kann nur als ein Mißbrauch der Richterstellung gewertet werden. Denn da der Justiz als einem Teilstück der Staatsgewalt die Macht fehlt und notwendig fehlen muß, die Entscheidung eines solchen Staatsgerichtshofes gegen die Staatsführung durchzusetzen, kommt das Verfahren eines solchen Gerichts entweder zu einem Kompromiß oder zu einem Bruch mit der Staatsführung. Es ist übrigens bezeichnend, daß in vielen Staaten solche Staatsgerichtshöfe – zum mindesten aus dem Hintergrund – von Juden geleitet worden sind. Sie waren ein beliebtes Mittel der Juden, um unter der Tarnung des Richterspruchs Einfluß auf die Staatsführung zu gewinnen. Hier zeigt sich sehr deutlich die Begrenzung der Aufgaben des Richters: Er kann nicht dazu da sein, das Auslesesystem, das die Besten an die Führung des Staates bringen muß, durch kontrollierende Tätigkeit zu ersetzen. Dagegen kann der Richter (der niemals zur Dirne der Macht werden darf) in seinen Entschlüssen immer wieder die klare, anständige, redliche Linie aufzeigen, die sich durchsetzen muß, wenn der Staat nicht zugrunde gehen soll. Der Richter ist damit die Verkörperung des lebendigen Gewissens der Nation. Hierin liegt die staatserhaltende Tätigkeit des Richters, nicht in einer Kontrolle der Staatsführung.

Der Richter ist also nicht der Überwacher, sondern der unmittelbare Gehilfe der Staatsführung. Er ist der Staatsführung in seinem Aufgabenbereich für den Bestand der Volksgemeinschaft verantwortlich. Indem er die völkischen Werte schützt und die Schädlinge aus der Volksgemeinschaft ausmerzt, ist er – insoweit dem politischen Führer verwandt – Träger der völkischen Selbsterhaltung. Dieser Blickpunkt muß für den Richter entscheidend sein. Dem Richter, der ihn als Leitlinie für seine Entscheidungen betrachtet, wird vieles leichter, was ihm bisher schwer lösbar zu sein schien.

Diese Aufgabenstellung bringt den Richter in unmittelbare und engste Verbindung mit der Staatsführung. Diese Verbindung muß sich auswirken bis hinunter zum letzten Richter. Jeder Richter muß mit den Problemen, vor die sich die Staatsführung gestellt sieht, vertraut gemacht werden, soweit der Richter sie kennen muß, um seiner Aufgabe in der gesamtvölkischen Lebensordnung gerecht zu werden.

Daraus ergibt sich Sinn und Notwendigkeit einer Führung der Rechtspflege. Sie ist eine der schwierigsten Fragen der Rechtspflege überhaupt. Führung der Rechtspflege heißt nicht, den Führer an Weisungen der Staatsführung zu binden. Der richtige Kern der sogenannten „Unabhängigkeit“ des Richters – ein

> Wort, da aus den obigen Gründen aus dem Sprachschatz gestrichen werden sollte -, seine freie, weisungsgebundene Entscheidung soll bleiben und wird bleiben. Sonst gibt es keinen Richter mehr. Wohl aber kann und muß die Staatsführung dem Richter die allgemeine Linie geben, die eingehalten werden muß, wenn die Rechtspflege ihre Aufgaben erfüllen soll. Dieser Aufgabe dienen u.a. die von mir persönlich herausgegebenen vertraulichen Richterbriefe, die jedem deutschen Richter und Staatsanwalt zugehen." .....

Aus dieser Ansprache ergibt sich deutlich, wie Thierack sein Amt als Reichsminister der Justiz zu führen gedachte. Aufbau einer nationalsozialistischen Rechtspflege, wie sie der Führer wünschte, restlose Vereinigung aller Organisationen des Rechtslebens in seiner Hand, vertrauensvolle Zusammenarbeit mit der NSDAP, Besinnung auf deutsche Werte, Kräfte und Maßstäbe, sichtbar verkörpert durch den einzigartigen Mann, den Führer Adolf Hitler. Der Richter ist nach Thieracks Auffassung nicht der Überwacher, sondern der unmittelbare Gehilfe der Staatsführung, der für den Bestand der Volksgemeinschaft verantwortlich ist, und indem er die völkischen Werte schützt und die Schädlinge aus der Volksgemeinschaft ausmerzt, ist er Träger der völkischen Selbsterhaltung. Diese Ausführungen bringen die Absicht Thieracks, die Justiz nach nationalsozialistischen Grundsätzen zu lenken und auszurichten, klar zum Ausdruck.

Wie bereits am Schluß der Ansprache Thieracks vom 29. September 1942 bekanntgegeben worden ist, erschienen sehr bald die berüchtigten Richterbriefe (vgl. Schorn aaO. S. 57 ff). Sie beruhen auf einem Erlaß Thieracks vom 7. September 1942 – 3110/2 –IV a – 1902 -. Wie Schorn aaO. mit Recht ausführt, muß der Zeitpunkt ihres Erscheinens als Beweis dafür gewertet werden, daß die bisherige Rechtsprechung noch nicht den strengen Maßstäben der NS-Führung entsprach. Sie bezweckten ganz offensichtlich, die Richterschaft bei ihren Entscheidungen im Sinne der Grundsätze der NSDAP und ihrer Weltanschauung zu beeinflussen. Thierack als Erfinder der Richterbriefe war sich über die Rechtswidrigkeit seiner zur Rechtsbeugung auffordernden Maßnahmen durchaus im klaren; denn sonst wäre die immer wieder betonte Vertraulichkeit dieser Richterbriefe nicht verständlich. In dem Brief vom 17. November 1942 weist Thierack die Richter ausdrücklich an, „die Briefe sorgfältig unter Beschluß so aufzubewahren, daß sie nicht in die Hände Unbefugter geraten" (vgl. Schorn aaO S. 58). In einigen Fällen hat man sogar Richter, die nicht als unbedingt zuverlässig galten, von der Verteilung der Richterbriefe ausgeschlossen. In dem Geleitwort zu den Richterbriefen führt Thierack aus, er „möchte aufzeigen, wie eine bessere Entscheidung hätte gefunden werden können und müssen, andererseits sollen gute, für die Volksgemeinschaft wesentliche Entscheidungen als beispielhaft hervorgehoben werden". Thierack maßt sich damit an, den nur dem Gesetz und ihrem Gewissen unterworfenen Richtern Lob und Tadel zu erteilen. Was das zu bedeuten hatte, konnte sich jeder Richter nach den oben angeführten Äußerungen Hitlers in der Reichstagsrede vom 26. April 1942 vorstellen. Diese Briefe Thieracks flößten deshalb vielen Richtern Furcht und Schrecken ein und brachten sie in arge Gewissenskonflikte. Das war wahrscheinlich auch Zweck dieser Briefe. Im Richterbrief Nr. 1 S. 4 vom 1. Oktober 1942 führte Thierack aus: „Jede zu milde Strafe gegen einen Volksschädling schadet früher oder später der Gemeinschaft und trägt die Gefahr einer seuchenähnlichen Verbreitung und allmählichen Zersetzung der Abwehrfront in sich. Es ist aber immer besser, der Richter vernichtet einen solchen Seuchenträger rechtzeitig, als daß er später hilflos einer verseuchten Mehrheit gegenübersteht“. Die Richterbriefe befaßten sich auch mit Urteilen gegen Juden. So kritisierte der Reichsminister der Justiz den Beschluß des Amtsgerichts Berlin vom 24. November 1941 in den sogenannten „Berliner Kaffeesachen“ (vgl. Schorn S. 649 ff): „Der Beschluß des Amtsgerichts kennzeichnet nach Form und Inhalt eine Bloßstellung einer deutschen Verwaltungsbehörde gegenüber dem Judentum. Der Richter hätte sich fragen sollen, mit welchem Gefühl wohl der Jude diese Entscheidung des Gerichts aufnehmen würde, die ihm und seinen 500 Rassegenossen auf einer 20 Seiten langen Begründung sein Recht und seinen Sieg über eine deutsche Behörde bescheinigt, ohne auch nur ein Wort darüber zu verlieren, wie das gesunde Rechtsempfinden jenes freche und anmaßende Verhalten des Juden beurteilt.“ Welchen Anfeindungen dieser Richter auf Grund seines Beschlusses ausgesetzt war, hat Schorn S 649 ff dargelegt. Zu einem Strafurteil erging die Rüge, daß der Richter „bei der Strafzumessung die gleichen Erwägungen angestellt habe, wie wenn er einen deutschen Volksgenossen vor sich hätte. Das ist nicht zu billigen. Der Jude ist der Feind des deutschen Volkes, der diesen Krieg angezettelt, geschürt und verlängert hat. Er hat damit unzähliges Leid über unser Volk gebracht, er ist nicht nur von anderer, sondern auch von minderer rassischer Art. Dieser rassische Gesichtspunkt darf bei der Strafzumessung nicht unberücksichtigt bleiben“. Auch zu anderen Urteilen ergingen ähnliche Kritiken, so z.B. bei der Abstammungsfeststellung von Juden und jüdischen Mischlingen, die angeblich nicht den nationalsozialistischen Grundsätzen von der „Reinhaltung des deutschen Blutes“ entsprachen. Auch die Gnadenvorschläge der Richter wurden von Thierack beanstandet. In Nr. 4 der Briefe wird ausgeführt, daß die Gnadenvorschläge an innerer Unwahrhaftigkeit litten. Sie ließen erkennen, daß der Richter nur nach außen gesprochen habe, aber innerlich nicht voll zu seiner Entscheidung stehe. Solchen Zwiespalt dürfe es aber bei einem verantwortungsbewußten Richter nicht geben. Die Entscheidung, zu der er sich durchgerungen habe und die er für richtig halte, müsse in seinem Urteil zum Ausdruck kommen. Diese Entscheidung dürfe durch die Gnadenentscheidung nicht ohne weiteres umgestoßen werden. In diesem Zusammenhang verdient Erwähnung, daß Thierack während seiner Amtszeit als Reichsminister der Justiz von dem ihm übertragenen Begnadigungsrecht in Fällen, in denen mit rechtsstaatlichen Grundsätzen unvereinbare, überhöhte Strafen festgesetzt worden waren, nur wenig Gebrauch gemacht hat.

Am 18. September 1942 vereinbarten Himmler und Thierack auf Vorschlag Bormanns eine polizeiliche Sonderbehandlung bei nicht genügenden Justizurteilen (vgl. IMT Band XXVI Dokument 654 PS S. 220 ff). Zunächst einigte man sich über die Verfahrensweise. Sodann heißt es weiter:

> „2. Auslieferung asozialer Elemente aus dem Strafvollzug an den Reichsführer SS zur Vernichtung durch Arbeit. Es werden restlos ausgeliefert die Sicherungsverwahrten, Juden, Zigeuner, Russen und Ukrainer, Polen über 3 Jahre Strafhaft, Tschechen oder Deutsche über 8 Jahre Strafhaft nach Entscheidung des Reichsjustizministers. Zunächst sollen die übelsten asozialen Elemente unter letzteren ausgeliefert werden .....

6. Der von mir geplanten Regelung der vom Führer angeordneten Prügelstrafe stimmt Reichsführer SS im vollen Umfang zu .....

14. Es besteht Übereinstimmung darüber, daß in Rücksicht auf die von der Staatsführung für die Bereinigung der Ostfragen beabsichtigten Ziele in Zukunft Juden, Polen, Zigeuner, Russen und Ukrainer nicht mehr von den ordentlichen Gerichten, soweit es sich um Strafsachen handelt, abgeurteilt werden sollen, sondern durch den Reichsführer SS erledigt werden. Das gilt nicht für bürgerlichen Rechtsstreit und auch nicht für Polen, die in die deutschen Volkslisten angemeldet oder eingetragen sind."

Die Durchführung dieser Vereinbarung ergibt sich aus dem Schreiben Thieracks vom 22. Oktober 1942 an die Generalstaatsanwälte und den Oberreichsanwalt beim Volksgerichtshof (vgl. Trials of War Criminals S. 343 Dokument 648 PS). Diese Vereinbarung spricht für sich. Der Gedanke der Vernichtung von Menschenleben war dem Führer und seinen Parteigrößen durchaus geläufig. Hier findet aber die Absicht, ganze völkische Gruppen durch Arbeit auszumerzen, ihren sichtbarsten Ausdruck. Dieses Dokument trägt die Unterschrift des obersten Justizbeamten Thierack.

Am 13. Oktober 1942 sandte Thierack ein Schreiben an Bormann, in dem er u.a. ausführte, er beabsichtige, wegen der in Aussicht genommenen Besiedelung der in das Reich eingegliederten Ostgebiete durch Deutsche, Strafverfahren gegen Polen, Russen, Juden und Zigeuner dem Reichsführer SS zu übertragen. Dadurch könne die Justizverwaltung nur in kleinem Umfange dazu beitragen, Angehörige dieses Volkstums auszurotten. Die Justiz gehe damit sehr hart gegen diese Personen vor und doch könne das nicht als wesentlicher Beitrag zur Erreichung des oben angeführten Zieles angesehen werden. Es habe aber keinen Zweck, diese Menschen durch Jahre in deutschen Strafanstalten zu halten, auch wenn sie, wie das heute im großen Maße geschehe, zur Arbeit für Kriegszwecke benutzt werden.
Thierack ist der Auffassung, daß es besser sei, diese Personengruppen allgemein der Polizei zu übergeben, die dann die notwendigen Maßnahmen ergreifen könne, ohne an gesetzliche Beweismittel, wie sie im Strafverfahren üblich seien, gebunden zu sein (Trials of War Criminals aaO. S. 674 Dokument NG 558). Aus den während des Nürnberger Prozesses gegen die Hauptkriegsverbrecher gefertigten Sitzungsniederschriften IMT Band IV S. 66 und Band XX S. 55 ergibt sich, daß als Dokument L 316 ein Schnellbrief des Reichssicherheitshauptamtes an alle Parteiführer vom 5. November 1942 vorlag, der u.a. folgenden Wortlaut hatte:

„Der Reichsführer SS hat mit Reichsjustizminister Dr. Thierack vereinbart, daß die Justiz auf die Durchführung ordentlicher Strafverfahren gegen Polen und Angehörige der Ostvölker verzichtet. Diese fremdvölkischen Personen sollen zukünftig der Polizei abgegeben werden. Entsprechend sollen Juden und Zigeuner behandelt werden. Die Vereinbarung ist vom Führer gebilligt worden. .....
Polen und Angehörige der Ostvölker sind fremdvölkische und rassisch minderwertige Menschen, die im deutschen Reichsgebiet leben. .....

Die Tat eines Fremdvölkischen ist nicht unter dem Gesichtswinkel der justizmäßigen Sühne, sondern unter dem Gesichtswinkel der polizeilichen Gefahrenabwehr zu sehen.

Hieraus ergibt sich, daß die Strafrechtspflege gegen Fremdvölkische aus den Händen der Justiz in die Hände der Polizei überführt werden muß. Die vorstehenden Ausführungen dienen der persönlichen Information. Es bestehen jedoch keine Bedenken, im Bedarfsfalle die Gauleiter in entsprechender Form zu unterrichten."

Am 25. August 1944 gab Thierack eine Verordnung zur Sicherung des totalen Kriegseinsatzes heraus (vgl. RGBl Teil I, S. 184). Sie bestimmte, daß gegen Personen, die eine besonders ernste Gefahr für die Kriegsführung oder die Sicherheit des Reiches verschuldet hatten, auf zeitliches oder lebenslanges Zuchthaus oder auf Todesstrafe erkannt werden konnte. Am 4. September 1944 erging ein Befehl, der auch die Unterschrift Thieracks trägt, folgenden Inhalts:

„Nichtdeutsche Zivilpersonen der besetzten Gebiete, die wegen einer Straftat gegen sie Sicherheit oder Schlagfertigkeit der Besatzungsmacht von einem deutschen Gericht rechtskräftig verurteilt worden sind und sich in den besetzten Gebieten oder im Heimatkriegsgebiet in Strafhaft (Verwahrung) befinden, sind mit den Vorgängen der nächsten örtlichen Dienststelle der Sicherheitspolizei und des SD zu übergeben. Ausgenommen sind rechtskräftig zum Tode Verurteilte, bei denen die Vollstreckung der Strafe angeordnet ist."

Während der Amtszeit Thieracks als Reichsjustizminister hat er noch die Verordnung zur Vereinfachung der Strafrechtspflege vom 13. Dezember 1944 (RGBl Teil I, S. 339 ff) und die Verordnung über die Errichtung von Standgerichten vom 15. Februar 1945 erlassen. Diese Standgerichte bestanden aus einem Strafrichter als Vorsitzenden sowie einem politischen Leiter oder Gliederungsführer der NSDAP und einem Offizier der Wehrmacht, der Waffen-SS oder der Polizei als Beisitzer. Die Standgerichte waren für alle Straftaten zuständig, durch die die deutsche Kampfentschlossenheit gefährdet wurde. Das Urteil der Standgerichte hatte auf Todesstrafe, Freisprechung oder Überweisung an die ordentliche Gerichtsbarkeit zu lauten. Die Verordnung trat mit ihrer Verkündung im Rundfunk in Kraft.

Auf Grund dieser Beweisaufnahme hat die Spruchkammer Berlin zusammenfassend festgestellt:

Thierack ist als Präsident des Volksgerichtshofes nicht nur für die immer drakonischer werdenden Strafen bei diesem Gerichtshof verantwortlich. Er hat auch im immer zunehmenden Maße nationalsozialistischen Ideen Eingang in die Rechtsprechung verschafft und bereits damals versucht, Teile der Rechtsprechung an die Polizei abzutreten. Als Reichsminister der Justiz hat er die letzten Reste eines Rechtsstaates beseitigt, sich als gefügiges Werkzeug seines Führers gezeigt und Himmler und seiner geheimen Staatspolizei freie Verfügungsgewalt über Rechtsbrecher eingeräumt. In seiner Vereinbarung mit Himmler vom 18. September 1942 hat er die Ausmerzung völkischer Minderheiten durch Arbeit beschlossen und damit die Menschenrechte mißachtet. Thierack hat sich deshalb seit dem 30. Januar 1933 in der Regierung, Verwaltung und Rechtsprechung an führender oder besonders verantwortlicher Stelle aktiv im Sinne des Nationalsozialismus betätigt und die Herrschaft des Nationalsozialismus durch politische Unterstützung in besonderem Maße gefördert. Da somit die Voraussetzungen des § 1 Ziff. 1 und 2 des 2. EAG erfüllt sind, würde Thierack zu dem Kreise der Betroffenen gehören, wenn er noch am Leben wäre. Zu einem Verfahren vor dem Internationalen Militär-Tribunal in Nürnberg ist es nicht mehr gekommen, da er vorher freiwillig aus dem Leben geschieden ist.

Bei der danach nach § 4 in Verbindung mit § 3 Abs. 2 des 2. EAG zu verhängenden Geldstrafe war davon auszugehen, daß das in Berlin befindliche Nachlaßvermögen nach Aussonderung der von Thierack verwalteten, der Frau M. gehörenden Wertpapiere hauptsächlich in folgenden von dem Haupttreuhänder für NSDAP-Vermögen verwalteten Wertpapieren besteht:

......

	zusammen: DM 191.685, 78
Hiervon gehen ab: Treuhändergebühren bis 30.6.1961 In Höhe von 3,6 % pro anno	- DM 4000,--
	DM 187.685,78

Bei der Bemessung der Geldstrafe war davon auszugehen, daß es sich bei Thierack um einen Hauptschuldigen des NS-Regimes handelt, der die Befehle seines Führers mit Brutalität und Rücksichtslosigkeit vollstreckt hat, der in seiner Eigenschaft als Reichsjustizminister eine Fülle von Gesetzen und Verordnungen erlassen hat, mit denen der Nationalsozialismus sein Diktaturstreben durchgesetzt hat. Thierack hat sowohl als Präsident des Volksgerichtshofes, wie auch als Reichsminister der Justiz, eine unheilvolle und verderbliche Rolle gespielt. Er hat mit seinem Wirken schweres Leid über viele Menschen gebracht und damit eine große Schuld auf sich geladen. Er hat dem Ansehen der deutschen Justiz den denkbar schlechtesten Dienst geleistet und auch dem Ansehen des deutschen Volkes im Ausland geschadet. Bei dieser Sachlage war die Spruchkammer Berlin der Überzeugung, daß die Geldstrafe, die als Sühnemaßnahme zu verhängen ist, an der oberen Grenze seines hinterlassenen Vermögens liegen müsse. Wenn die Spruchkammer sich nicht entschlossen hat, den vollen Wert des Nachlasses in Anspruch zu nehmen, so waren dafür folgende Gründe maßgebend. Der Nachlaß besteht nur aus Wertpapieren, hauptsächlich aus Aktien. Diese Aktien haben einen sehr variablen Wert. Zur Zeit der Urteilfindung zeigten sie eine sinkende Tendenz. Die Höhe des Nachlasses ist auch nicht durch eine Bereicherung Thieracks während der Nazizeit bedingt. Er erklärt sich vielmehr zwangsläufig aus den in den letzten 10 Jahren erheblich gestiegenen Börsenkursen. Wie der Vertreter der Betroffenen zu 1. ausgeführt hat, war das Aktienvermögen im Jahre 1950 erheblich geringer. Er hat ferner vorgetragen, daß Frau Thierack bei Eingehung der Ehe nicht ganz vermögenslos war und daß sie sich bereits im Jahre 1940 von ihrem Ehemann getrennt habe, ein Vorbringen, das die Spruchkammer nicht näher geprüft hat. Die Spruchkammer hat ferner berücksichtigt, daß Frau Thierack im 66. Lebensjahr steht, in der SBZ entnazifiziert ist, eine kleine Rente bezieht und durch Erteilung von Klavierunterricht noch etwas hinzuverdient. Eine andere Betroffene, ..., ist 73 Jahre alt, lebt ebenfalls in wirtschaftlich sehr bescheidenen Verhältnissen, bezieht eine Rente von monatlich 96,30 DM und hat angegeben, daß sie und ihr Ehemann niemals der NSDAP oder einer ihrer Gliederungen angehört haben. Auch die übrigen Betroffenen sind wirtschaftlich nicht besonders gut gestellt. Die Spruchkammer hat dem Antrag der Einleitungsbehörde, eine Geldstrafe von DM 187.600,-- festzusetzen, nicht stattgeben können, andererseits aber auch dem Antrag des Bevollmächtigten der Frau Thierack, die Geldstrafe auf 120 – 150.000,-- DM zu bemessen, nicht folgen können. Die Spruchkammer hat vielmehr unter Abwägung aller Umstände eine Geldstrafe von DM 175.000,-- als Sühnemaßnahme für angemessen, aber auch für ausreichend erachtet.

Die Kostenentscheidung beruht auf § 30 der Ersten Durchführungsverordnung vom 15.3.1956 (GVBl. S. 251) des Zweiten Gesetzes zum Abschluß der Entnazifizierung vom 20.12.1955 (GVBl. S. 1022).

Gegen diese Entscheidung kann innerhalb von zwei Wochen nach erfolgter Zustellung Berufung bei der Berufungsspruchkammer Berlin, Berlin-Wilmersdorf, Fehrbelliner Platz 2, eingelegt werden. Sie kann binnen weiterer zwei Wochen schriftlich begründet werden.

E. Tabellarischer Lebenslauf Otto Georg Thieracks

19.4.1889	Thierack wird in Wurzen geboren
1900/1901	Einschulung in das königliche Gymnasium zu Wurzen
Ostern 1910	Abitur
15.4.1910	Aufnahme des Studiums der Rechts- und Staatswissenschaften an der Philipps-Universität in Marburg
	Eintritt in das Corps Guestphalia Marburg
7.11.1911	Wechsel an die Universität Leipzig
Sommersemester 1913	Erstes Juristisches Examen
1.8.1913	Vereidigung als Referendar
12.2.1914	Promotion zum Dr. iur.
August 1914 – Dezember 1918	Teilnahme am Ersten Weltkrieg
Frühjahr 1920	Zweites Juristisches Examen
20.4.1920	Eintritt in den sächsischen Justizdienst als Gerichtsassessor am Landgericht Leipzig
9.6.1920	Thierack heiratet Karoline Bernardine Eveline Zumloh
1.4.1921	Ernennung zum Staatsanwaltschaftsrat
1.10.1926	Wechsel als Staatsanwalt an das Oberlandesgericht Dresden
1.8.1932	Eintritt in die NSDAP
10.3.1933	Übernahme der Geschäfte des sächsischen Justizministers
6.5.1933	Ernennung zum sächsischen Justizminister
15.2.1934	Eintritt in die SA, Gruppe Sachsen
1.5.1935	Ernennung zum Vizepräsidenten des Reichsgerichts in Leipzig
	Vorsitzender des Sechsten Strafsenats
1.5.1936	Ernennung zum Präsidenten des Volksgerichtshofes in Berlin
	Vorsitzender des Ersten Senats
1936	Beförderung zum SA Oberführer
	Überführung in das SA-Führerkorps
Januar 1938	Beförderung zum SA Brigadeführer
August 1939 – April 1940	Teilnahme am Zweiten Weltkrieg
1.4.1941 – 1.5.1941	
20.8.1942	Ernennung zum Reichsjustizminister, Präsident der Akademie für Deutsches

	Recht und zum Leiter des Rechtswahrerbundes
	Ernennung zum Oberbefehlsleiter der NSDAP
9.11.1942	Ernennung zum SA Gruppenführer
30.1.1943	Verleihung des goldenen Ehrenzeichens der NSDAP
20./21.4.1945	Thierack verläßt Berlin
6.5.1945	Dönitz entläßt Thierack
26.10.1946	Selbstmord im Lager Eselheide bei Paderborn
1960	Sühneverfahren vor der Spruchkammer Berlin

RECHTSHISTORISCHE REIHE

Band 1 Studien zu den germanischen Volksrechten. Gedächtnisschrift für Wilhelm Ebel. Vorträge gehalten auf dem Fest-Symposion anläßlich des 70. Geburtstages von Wilhelm Ebel am 16. Juni 1978 in Göttingen. Götz Landwehr (Hrsg.) 1982.

Band 2 Hans Poeschel: Die Statuten der Banken, Sparkassen und Kreditgenossenschaften in Hamburg und Altona von 1710 bis 1889. 1978.

Band 3 Thomas Kolbeck: Juristenschwemmen, Untersuchungen über den juristischen Arbeitsmarkt im 19. und 20. Jahrhundert. 1978.

Band 4 Norbert Hempel: Richterleitbilder in der Weimarer Republik. 1978.

Band 5 Rolf Stratmann: Die Scheinbußen im mittelalterlichen Recht. 1978.

Band 6 Martin C. Lockert: Die niedersächsischen Stadtrechte zwischen Aller und Weser. Vorkommen und Verflechtungen. Eine Bestandsaufnahme. 1979.

Band 7 Joachim Rückert/Wolfgang Friedrich: Betriebliche Arbeiterausschüsse in Deutschland, Großbritannien und Frankreich im späten 19. und frühen 20. Jahrhundert. Eine vergleichende Studie zur Entwicklung des kollektiven Arbeitsrechts. 1979.

Band 8 Peter Bender: Die Rezeption des römischen Rechts im Urteil der deutschen Rechtswissenschaft. 1979.

Band 9 Friedrich Karl Alsdorf: Untersuchungen zur Rechtsgestalt und Teilung deutscher Ganerbenburgen. 1980.

Band 10 Dietmar Willoweit/Winfried Schich (Hrsg.): Studien zur Geschichte des sächsisch-magdeburgischen Rechts in Deutschland und Polen (Sammelband). 1980.

Band 11 Brigitte Hempel: Der Entwurf einer Polizeiordnung für das Herzogtum Sachsen-Lauenburg aus dem Jahre 1591. 1980.

Band 12 Klaus-Detlev Godau-Schüttke: Rechtsverwalter des Reiches. Staatssekretär Dr. Curt Joël. 1981.

Band 13 Rainer Polley: Anton Friedrich Justus Thibaut (AD 1772-1840) in seinen Selbstzeugnissen und Briefen. Teil 1: Abhandlung. Teil 2: Briefwechsel. Teil 3: Register zum Briefwechsel. 1982.

Band 14 Michael Wettengel: Der Streit um die Vogtei Kelkheim 1275-1276. Ein kanonischer Prozeß.1981.

Band 15 Otto Wilhelm Krause: Naturrechtler des sechzehnten Jahrhunderts. Ihre Bedeutung für die Entwicklung eines natürlichen Privatrechts. 1982.

Band 16 Helga Spindler: Von der Genossenschaft zur Betriebsgemeinschaft. Kritische Darstellung der Sozialrechtslehre Otto von Gierkes. 1982.

Band 17 Holger Otte: Gustav Radbruchs Kieler Jahre 1919 - 1926. 1982.

Band 18 Rüdiger Teuner: Die fuldische Ritterschaft 1510 - 1656. 1982.

Band 19 Gerhard Dilcher/Rudolf Hoke/Gian Savino Pene Vidari/Hans Winterberg (Hrsg.): Grundrechte im 19. Jahrhundert. 1982.

Band 20 Karl-Hans Schloßstein: Die westfälischen Fabrikengerichtsdeputationen - Vorbilder, Werdegang und Scheitern. 1982.

Band 21 Birger Schulz: Der Republikanische Richterbund (1921-1933). 1982.

Band 22 Engelbert Krause: Die gegenseitigen Unterhaltsansprüche zwischen Eltern und Kindern in der deutschen Privatrechtsgeschichte. 1982.

Band 23 Meent W. Francksen: Staatsrat und Gesetzgebung im Großherzogtum Berg (1806-1813). 1982.

Band 24 Gerd von Sonnleithner: Bearbeitung des Handelsrechts durch Ignaz von Sonnleithner in seinem "Leitfaden über das österreichische Handels- und Wechselrecht". 1982.

Band 25 Rudolf Palme: Rechts-, Wirtschafts- und Sozialgeschichte der inneralpinen Salzwerke bis zu deren Monopolisierung. 1983.

Band 26 Helen Bosshard: Pestalozzis Staats- und Rechtsverständnis und seine Stellung in der Aufklärung. 1983.

Band 27 Jens Jessen: Die Selbstzeugnisse der deutschen Juristen. Erinnerungen, Tagebücher und Briefe. Eine Bibliographie. 1983.

Band 28 Günter Martin Jensen: Das Domanium Waldeck. Die rechtliche Zuordnung eines Fürstenvermögens. 1984.

Band 29 Johann Heinrich Kumpf: Petitionsrecht und öffentliche Meinung im Entstehungsprozeß der Paulskirchenverfassung 1848/49. 1983.

Band 30 Sabine Frey: Rechtsschutz der Juden gegen Ausweisungen im 16. Jahrhundert. 1983.

Band 31 Dietrich Joswig: Die germanische Grundstücksübertragung. 1984.

Band 32 Andreas Baryli: Konzessionssystem contra Gewerbefreiheit. Zur Diskussion der österreichischen Gewerberechtsreform 1835 bis 1860. 1984.

Band 33 Gerhard Oberkofler: Studien zur Geschichte der österreichischen Rechtswissenschaft. 1984.

Band 34 Rudolf Lauda: Kaufmännische Gewohnheit und Burgrecht bei Notker dem Deutschen. Zum Verhältnis von literarischer Tradition und zeitgenössischer Realität in der frühmittelalterlichen Rhetorik. 1984.

Band 35 Jens Jensen: Die Ehescheidung des Bischofs Hans von Lübeck von Prinzessin Julia Felicitas von Württemberg-Weiltingen AD 1648-1653. Ein Beitrag zum protestantischen Ehescheidungsrecht im Zeitalter des beginnenden Absolutismus. 1984.

Band 36 Horst Schröder: Friedrich Karl von Savigny. Geschichte und Rechtsdenken beim Übergang vom Feudalismus zum Kapitalismus in Deutschland. 1984.

Band 37 Andreas Hatzung: Dogmengeschichtliche Grundlagen und Entstehung des zivilrechtlichen Notstands. 1984.

Band 38 Matthias Klasen: Das Billwerder Landrecht. Landrecht und Landgericht in den Hamburger Elbmarschen. 1985.

Band 39 Rainer Jamin: Aufbau, Tätigkeit und Verfahren der Auseinandersetzungsbehörden bei der Durchführung der preußischen Agrarreformen. 1985.

Band 40 Henry Winter: Teilschuld, Gesamtschuld und unechte Gesamtschuld. Zur Konzeption der §§ 420 ff. BGB - Ein Beitrag zur Entstehungsgeschichte des BGB. 1985.

Band 41 Hermann Eichler: Verfassungsbewegung in Amerika und Europa. 1985.

Band 42 Dagmar Bandemer: Heinrich Albert Zachariae. Rechtsdenken zwischen Restauration und Reformation. 1985.

Band 43 Eva-Christine Frentz: Das Hamburgische Admiralitätsgericht (1623-1811). Prozeß und Rechtsprechung. 1985.

Band 44 Karl Lillig: Rechtsetzung im Herzogtum Pfalz-Zweibrücken während des 18. Jahrhunderts. Ein Beitrag zur Geschichte der territorialen Rechtsbildung. 1985.

Band 45 Walter Weber: Die Entwicklung der Sparkassen zu selbständigen Anstalten des öffentlichen Rechts. Ein Beitrag zur Entwicklung des Anstaltsbegriffs im 19. Jahrhundert. 1985.

Band 46 Bärbel Baum: Der Stabreim im Recht. Vorkommen und Bedeutung des Stabreims in Antike und Mittelalter. 1986.

Band 47 Hans Popp: Die nationalsozialistische Sicht einiger Institute des Zivilprozeß- und Gerichtsverfassungsrechts. 1986.

Band 48 John Karl-Heinz Montag: Die Lehrdarstellung des Handelsrechts von Georg Friedrich von Martens bis Meno Pöhls. Die Wissenschaft des Handelsrechts im ersten Drittel des 19. Jahrhunderts. 1986.

Band 49 Volker D. Anhäusser: Das internationale Obligationenrecht in der höchstrichterlichen Rechtsprechung des 19. Jahrhunderts. 1986.

Band 50 Udo Beer: Die Juden, das Recht und die Republik. Verbandswesen und Rechtsschutz 1919-1933. 1986.

Band 51 Herbert Grziwotz: Der moderne Verfassungsbegriff und die "Römische Verfassung" in der deutschen Forschung des 19. und 20. Jahrhunderts. 1986.

Band 52 Ralf Conradi: Karl Friedrich Eichhorn als Staatsrechtslehrer. Seine Göttinger Vorlesung über "Das Staatsrecht der deutschen Bundesstaaten" nach einer Kollegmitschrift aus dem Wintersemester 1821/22. 1987.

Band 53 Dieter Dannreuther: Der Zivilprozeß als Gegenstand der Rechtspolitik im Deutschen Reich 1871 - 1945. Ein Beitrag zur Geschichte des Zivilprozeßrechts in Deutschland. 1987.

Band 54 Stephan Felix Pauly: Organisation, Geschichte und Praxis der Gesetzesauslegung des (Königlich) Preußischen Oberverwaltungsgerichtes 1875 - 1933. 1987.

Band 55 Rüdiger Schulz: Die Entstehung des Seerechts des Allgemeinen Deutschen Handelsgesetzbuches unter besonderer Berücksichtigung der Bestimmungen über die Reederei, den Schiffer und die Schiffsmannschaft. 1987.

Band 56 Reinhold Reis: Deutsches Privatrecht in den Weistümern der Zenten Schriesheim und Kirchheim. 1987.

Band 57 Jürgen Christoph: Die politischen Reichsamnestien 1918 - 1933. 1987.

Band 58 Gerhard Oberkofler/Eduard Rabofsky: Hans Kelsen im Kriegseinsatz der k.u.k.-Wehrmacht. Eine kritische Würdigung seiner militärtheoretischen Angebote. 1988.

Band 59 Arne Wulff: Staatssekretär Prof. Dr. Dr. h.c. Franz Schlegelberger. 1876-1970. 1991.

Band 60 Gerhard Köbler (Hrsg.): Wege europäischer Rechtsgeschichte. Karl Kroeschell zum 60. Geburtstag. 1987.

Band 61 Rüdiger Hütte: Der Gemeinschaftsgedanke in den Erbrechtsreformen des Dritten Reichs. 1988.

Band 62 Markus Göldner: Politische Symbole der europäischen Integration. Fahne, Hymne, Hauptstadt, Paß, Briefmarke, Auszeichnungen. 1988.

Band 63 Wolfgang Kröner: Freiheitsstrafe und Strafvollzug in den Herzogtümern Schleswig, Holstein und Lauenburg von 1700 bis 1864. 1988.

Band 64 Werner Gaile: Die Norder Theelacht. 1988.

Band 65 Karl v. Kempis: Andreas Gaill (1526 - 1587). Zum Leben und Werk eines Juristen der frühen Neuzeit. 1988.

Band 66 Wolf-Rüdiger Osburg: Die Verwaltung Hamburgs in der Franzosenzeit. 1811-1814. 1988.

Band 67 Christian Schudnagies: Hans Frank. Aufstieg und Fall des NS-Juristen und Generalgouverneurs. 1988.

Band 68 Otmar Jung: Senatspräsident Freymuth. Richter, Sozialdemokrat und Pazifist in der Weimarer Republik. Eine politische Biographie. 1989.

Band 69 Joachim Lohner: Das landeshauptmannschaftliche Gericht in Oberösterreich zu Beginn der Neuzeit. Eine Darstellung des oberösterreichischen Prozeßrechts am obersten Territorialgericht des Landes anhand der oberösterreichischen Landtafel.1989.

Band 70 Bernd Klemann: Rudolf von Jhering und die Historische Rechtsschule. 1989.

Band 71 Adalbert Langer: Männer um die österreichische Zivilprozeßordnung 1895. Zusammenspiel / Soziales Ziel. 1990.

Band 72 Robert-Dieter Klee: Die Landessuperintendentur Lauenburg. Ursprung und Entwicklung sowie Ende der Sonderstellung des Kirchenkreises Herzogtum Lauenburg durch die nordelbische Kirchenvereinigung. 1989.

Band 73 Heinrich Herrmann: Die Gehöferschaften im Bezirk Trier. 1989.

Band 74 Wilhelm Brauneder, Franz Baltzarek (Hrsg.): Modell einer neuen Wirtschaftsordnung. Wirtschaftsverwaltung in Österreich 1914 - 1918. 1991.

Band 75 Thomas Dreyer: Die "Assecuranz- und Haverey-Ordnung" der Freien und Hansestadt Hamburg von 1731. 1990.

Band 76 Bernhard Sendler: Die Rechtssprache in den süddeutschen Stadtrechtsreformationen. 1990.

Band 77 Brigitte Lehmann: Ehevereinbarungen im 19. und 20. Jahrhundert. 1990.

Band 78 Michael Sunnus: Der NS-Rechtswahrerbund (1928-1945). Zur Geschichte der nationalsozialistischen Juristenorganisation. 1990.

Band 79 Stefan Schulz: Die historische Entwicklung des Rechts an Bienen. (§§ 961 - 964 BGB). 1990.

Band 80 Gerhard Lingelbach, Heiner Lück (Hrsg.): Deutsches Recht zwischen Sachsenspiegel und Aufklärung. Rolf Lieberwirth zum 70. Geburtstag dargebracht von Schülern, Freunden und Kollegen, herausgegeben von Gerhard Lingelbach und Heiner Lück. 1991.

Band 81 Manfred Krohn: Die deutsche Justiz im Urteil der Nationalsozialisten 1920 - 1933. 1991.

Band 82 Angelika Kühn: Privilegierung nationaler Minderheiten im Wahlrecht der Bundesrepublik Deutschland und Schleswig-Holsteins. 1991.

Band 83 Georg Brun: Leben und Werk des Rechtshistorikers Heinrich Mitteis unter besonderer Berücksichtigung seines Verhältnisses zum Nationalsozialismus. 1991.

Band 84 Wolfgang Simon: Claudius Freiherr von Schwerin. Rechtshistoriker während dreier Epochen deutscher Geschichte. 1991.

Band 85 Friedrich-Carl Wachs: Das Verordnungswerk des Reichsdemobilmachungsamtes. Stabilisierender Faktor zu Beginn der Weimarer Republik. 1991.

Band 86 Jens-Uwe Petersen: Die Vorgeschichte und die Entstehung des Mieterschutzgesetzes von 1923 nebst der Anordnung für das Verfahren vor dem Mieteinigungsamt und der Beschwerdestelle. 1991.

Band 87 Ulrike Haibach: Familienrecht in der Rechtssprache. Die historische Entwicklung zentraler Ausdrücke des geltenden Familienrechts. 1991.

Band 88 Joern Christian Nissen: Die Beratungen des Seeversicherungsausschusses der Akademie für Deutsches Recht zu einem neuen Seeversicherungsgesetz (1934-1939). Ein Beitrag zur Entwicklung der allgemeinen Lehren des Seeversicherungsrechts unter besonderer Berücksichtigung des Handelsgesetzbuchs und der Allgemeinen Deutschen Seeversicherungs-Bedingungen 1919. 1991.

Band 89 Diethard Bühler: Die Entstehung der allgemeinen Vertragsschluß-Vorschriften im Allgemeinen Deutschen Handelsgesetzbuch (ADHGB) von 1861. Ein Beitrag zur Kodifikationsgeschichte des Privatrechts im 19. Jahrhundert. 1991.

Band 90 Gerhard Oberkofler: Die Vertreter des Römischen Rechts mit deutscher Unterrichtssprache an der Karls-Universität in Prag. Vom Vormärz bis 1945. 1991.

Band 91 Ulrich Andermann: Ritterliche Gewalt und bürgerliche Selbstbehauptung. Untersuchungen zur Kriminalisierung und Bekämpfung des spätmittelalterlichen Raubrittertums am Beispiel norddeutscher Hansestädte. 1991.

Band 92 Heinz Marcus Hanke: Luftkrieg und Zivilbevölkerung. Der kriegsvölkerrechtliche Schutz der Zivilbevölkerung gegen Luftbombardements von den Anfängen bis zum Ausbruch des Zweiten Weltkrieges. 1991.

Band 93 Kirsten Kraglund: Familien- und Erbrecht. Materielles Recht und Methoden der Rechtsanwendung in der Rechtsprechung des Oberappellationsgerichts der vier Freien Städte Deutschlands zu Lübeck. 1991.

Band 94 Reinhard Lorenz: Die politische und rechtliche Stellung des Proletariats in Preußen in der Zeit zwischen den Reformen und der Revolution 1848/49. 1991.

Band 95 Eric Hilgendorf: Die Entwicklungsgeschichte der parlamentarischen Redefreiheit in Deutschland. 1991.

Band 96 Hans J. Reiter: Die Handelsgesellschaft Villeroy & Boch von der Gründung 1836 bis zum Jahr 1878. 1992.

Band 97 Martin Johannes Heller: Reform der deutschen Rechtssprache im 18. Jahrhundert. 1992.

Band 98 Michael Kotulla: Die Tragweite der Grundrechte der revidierten preußischen Verfassung vom 31.01.1850. 1992.

Band 99 Michael Siefener: Hexerei im Spiegel der Rechtstheorie. Das crimen magiae in der Literatur von 1574 bis 1608. 1992.

Band 100 Andreas Ebert-Weidenfeller: Hamburgisches Kaufmannsrecht im 17. und 18. Jahrhundert. Die Rechtsprechung des Rates und des Reichskammergerichtes. 1992.

Band 101 Enno Bommel: Die Entstehung der Verwirkungslehre in der Krise des Positivismus. 1992.

Band 102 Ralph Steppacher: Die Berücksichtigung der bäuerlichen Postulate bei der Entstehung des ZGB und der Revision des OR. Ein Beitrag zur schweizerischen Kodifikationsgeschichte (1893 - 1912). 1992.

Band 103 Martin Fleckenstein: Die Todesstrafe im Werk Carl Joseph Anton Mittermaiers (1787 - 1867). Zur Entwicklungsgeschichte eines Werkbereichs und seiner Bedeutung für Theorie- und Methodenbildung. 1992.

Band 104 Jörn Eckert: Der Kampf um die Familienfideikommisse in Deutschland. Studien zum Absterben eines Rechtsinstitutes. 1992.

Band 105 Jörg Grotkopp: Beamtentum und Staatsformwechsel. Die Auswirkungen der Staatsformwechsel von 1918, 1933 und 1945 auf das Beamtenrecht und die personelle Zusammensetzung der deutschen Beamtenschaft. 1992.

Band 106 Andreas Rohde: Die Garantiehaftung des Vermieters und ihr Verhältnis zum Unmöglichkeitsrecht in dogmengeschichtlicher und modernrechtlicher Sicht. 1992.

Band 107 Tjark Siefke Kunstreich: Gesamtvertretung. Eine historisch-systematische Darstellung. 1992.

Band 108 Jürgen Krüger: Blindheit und Königtum. Die Blindheit des Königs Georg V. von Hannover als verfassungsrechtliches Problem. 1992.

Band 109 Wolfgang Putschek: Ständische Verfassung und autoritäre Verfassungspraxis in Österreich 1933-1938 mit Dokumentenanhang. Verfassung und Verfassungswirklichkeit. Mit einem Anhang: Denkschriften von Rechtsanwalt Dr. Erich Führer 1936/37. 1993.

Band 110 Klaus Hofmann: Die Verdrängung der Juden aus öffentlichem Dienst und selbständigen Berufen in Regensburg 1933-1939. 1993.

Band 111 Franz Kilger: Die Entwicklung des Telegraphenrechts im 19. Jahrhundert mit besonderer Berücksichtigung der technischen Entwicklung. Telegraphenrecht im 19. Jahrhundert. 1993.

Band 112 Wilhelm Brauneder (Hrsg.): Heiliges Römisches Reich und moderne Staatlichkeit. 1993.

Band 113 Thomas Heinrich: Das preußische Nichtehelichenrecht: Von der Aufklärung zur Reaktion. 1993.

Band 114 Gerald Kohl: Jagd und Revolution. Das Jagdrecht in den Jahren 1848 und 1849. 1993.

Band 115 Christian Schudnagies: Der Kriegs- oder Belagerungszustand im Deutschen Reich während des Ersten Weltkrieges. Eine Studie zur Entwicklung und Handhabung des deutschen Ausnahmezustandsrechts bis 1918. 1994.

Band 116 Elisabeth Bellmann: Die Internationale Kriminalistische Vereinigung (1889-1933). 1994.

Band 117 Julia Pfannkuch: Volksrichterausbildung in Sachsen 1945-1950. 1993.

Band 118 Jörg Offen: Von der Verwaltungsgemeinschaft des BGB von 1896 zur Zugewinngemeinschaft des Gleichberechtigungsgesetzes von 1957. 1994.

Band 119 Dorothee Kohlhas-Müller: Untersuchungen zur Rechtsstellung Theoderichs des Großen. 1995.

Band 120 Monika Rose: Das Gerichtswesen des Herzogtums Pfalz-Zweibrücken im 18. Jahrhundert. Ein Beitrag zur territorialen Gerichtsbarkeit im Alten Reich. 1994.

Band 121 Jörn Eckert / Hans Hattenhauer (Hrsg.): Bibel und Recht. Rechtshistorisches Kolloquium 9. - 13. Juni 1992 an der Christian-Albrechts-Universität zu Kiel. 1994.

Band 122 Robert Martin Mizia: Der Rechtsbegriff der Autonomie und die Begründung des Privatfürstenrechts in der deutschen Rechtswissenschaft des 19. Jahrhunderts. 1995.

Band 123 Walther Graf von Plettenberg: Das Fortleben des Liber Iudiciorum in Asturien/León (8. - 13. Jh.). 1994.

Band 124 Wolfgang Schulz: Das deutsche Börsengesetz. Die Entstehungsgeschichte und wirtschaftlichen Auswirkungen des Börsengesetzes von 1896. 1994.

Band 125 Frank Hagemann: Der Untersuchungsausschuß Freiheitlicher Juristen. 1949 – 1969. 1994.

Band 126 Andreas Rethmeier: "Nürnberger Rassegesetze" und Entrechtung der Juden im Zivilrecht. 1995.

Band 127 Edith Grether: Die Poesie der Throne. Die Juristen in der Fruchtbringenden Gesellschaft. 1995.

Band 128 Anna Bartels-Ishikawa: Der Lippische Thronfolgestreit. Eine Studie zu verfassungsrechtlichen Problemen des Deutschen Kaiserreiches im Spiegel der zeitgenössischen Staats. 1995.

Band 129 Jörg Schmidt: Otto Koellreutter 1883-1972. Sein Leben, sein Werk, seine Zeit. 1995.

Band 130 Christian Hattenhauer: Wahl und Krönung Franz II. AD 1792. Das Heilige Reich krönt seinen letzten Kaiser - Das Tagebuch des Reichsquartiermeisters Hieronymus Gottfried von Müller und Anlagen. 1995.

Band 131 Jutta v. der Decken: Das Seearbeitsrecht im Hamburger Stadtrecht von 1301 bis 1603. 1995.

Band 132 Detlev Schmidt: Die Reform des Rechts der Handelsvertreter von 1953. 1995.

Band 133 Gabi Roßdeutscher: Privatautonomie im Scheidungsrecht. Scheidungsbezogene Vereinbarungen in den letzten 200 Jahren. 1995.

Band 134 Harald Kahlenberg: Leben und Werk des Rechtshistorikers Walther Merk. Ein Beispiel für das Verhältnis von Rechtsgeschichte und Nationalsozialismus. 1995.

Band 135 Michael Steitz: Adelbert Düringer am Reichsgericht (1902-1915). Seine aktienrechtlichen Entscheidungen und sein Einfluß auf das Aktienrecht in Deutschland. 1995.

Band 136 Christian Becker: Beata Justorum Translatio. Juristen in schleswig-holsteinischen Leichenpredigten. 1996.

Band 137 Christoph Seiler: Vom Allgemeinen Landrecht zum Bürgerlichen Gesetzbuch. Dargestellt am Beispiel der höchstrichterlichen Judikatur zum kaufrechtlichen Sachmängelgewährleistungsrecht. 1996.

Band 138 Bernd Mayer: Die Vertrauensmännerausschüsse auf den preußischen Steinkohlegruben an der Saar. Entstehung und Wirken. Eine rechtshistorische Untersuchung. 1996.

Band 139 Rochus Scholl: Juden und Judenrecht im Herzogtum Pfalz-Zweibrücken. Ein Beitrag zur Rechtsgeschichte eines deutschen Kleinstaates am Ende des alten Reiches. 1996.

Band 140 Meike Bursch: Judentaufe und frühneuzeitliches Strafrecht. Die Verfahren gegen Christian Treu aus Weener/Ostfriesland 1720-1728. 1996.

Band 141 Markus Hillenbrand: Fürstliche Eheverträge. Gottorfer Hausrecht 1544 - 1773. 1996.

Band 142 Ulf Häder: Das gemeinschaftliche Oberappellationsgericht thüringischer Staaten in Jena. Ein Beitrag zur Geschichte des Gerichtswesens im 19. Jahrhundert. 1996.

Band 143 Andreas Bauer: Das Gnadenbitten in der Strafrechtspflege des 15. und 16. Jahrhunderts. Dargestellt unter besonderer Berücksichtigung von Quellen der Vorarlberger Gerichtsbezirke Feldkirch und des Hinteren Bregenzerwaldes. 1996.

Band 144 Christian Wirth: Der Jurist Johann Andreas Georg Friedrich Rebmann zwischen Revolution und Restauration. 1996.

Band 145 Stefanie Müller: Die Rechtsprechung des Hanseatischen Oberlandesgerichts zum persönlichen Eherecht in Hamburgischen Gerichtsfällen von 1879 -1900. 1996.

Band 146 Jean-Nicolas Morisset: Der Frachtvertrag in der *Ordonnance de la marine* von 1681. 1996.

Band 147 Dirk Lentfer: Die Glogauer Landesprivilegien des Andreas Gryphius von 1653. 1996.

Band 148 Wencke Mull: Die Haftung für Einsturzschäden nach den §§ 836-838 BGB in der Rechtsprechung des Reichsgerichts. 1996.

Band 149 Renate Zelger: Teufelsverträge. Märchen, Sage, Schwank, Legende im Spiegel der Rechtsgeschichte. 1996.

Band 150 Guido Kraß: Das Arrestverfahren in Frankfurt am Main im Spätmittelalter. 1996.

Band 151 F. Benedict Heyn: Die Entwicklung des Eisenbahnfrachtrechts von den Anfängen bis zur Einführung des Allgemeinen Deutschen Handelsgesetzbuches (ADHGB). 1996.

Band 152 Thomas Lang: Die Staats- und Verfassungslehre Carl Salomo Zachariaes. 1996.

Band 153 Michael Hebeis: Karl Anton von Martini (1726-1800). Leben und Werk. 1996.

Band 154 Gerald Hubert: Die Diskussion um die rechtliche Natur der Bizone in den Jahren 1947-1949. 1996.

Band 155 Christof Horn: Die Rechtsprechung des Reichsgerichts in Ehescheidungssachen der Jahre 1900 bis 1905. 1996.

Band 156 Hermann Nehlsen / Georg Brun (Hrsg.): Münchener rechtshistorische Studien zum Nationalsozialismus. 1996.

Band 157 Jan Otto Clemens Kehrberg: Die Entwicklung des Elektrizitätsrechts in Deutschland. Der Weg zum Energiewirtschaftsgesetz von 1935. 1997.

Band 158 Johannes Tradt: Der Religionsprozeß gegen den Zopfschulzen (1791-1799). Ein Beitrag zur protestantischen Lehrpflicht und Lehrzucht in Brandenburg-Preußen gegen Ende des 18. Jahrhunderts. 1997.

Band 159 Dietmar Olsen: Das kaufrechtliche Sachmängelgewährleistungsrecht des Code civil in der Rechtsprechung deutscher Gerichte im 19. Jahrhundert. Ein Beitrag zur Ablösung der Partikularrechte durch das BGB. 1997.

Band 160 Ulrich Bernhardt: Die Deutsche Akademie für Staats- und Rechtswissenschaft „Walter Ulbricht" 1948-1971. 1997.

Band 161 Claudia Susan Hoppe: Die Bürgschaft im Rechtsleben Hamburgs von 1600 bis 1900. 1997.

Band 162 Franz-Rudolf Ecker: Die Entwicklung des Bergrechts im Saarbrücker Steinkohlenrevier bis zum Ende des 18. Jahrhunderts. Ein Vergleich mit dem älteren deutschen Bergrecht. 1997.

Band 163 Anne Katrin Rückert: Politik und Privatrecht in der „konservativen Revolution". 1997.

Band 164 Gisbert Laube: Der Reichskunstwart. Geschichte einer Kulturbehörde 1919-1933. 1997.

Band 165 Nicolas Lührig: Die Diskussion über die Reform der Juristenausbildung von 1945 bis 1995. 1997.

Band 166 Regula Gerber Jenni: Die Emanzipation der mehrjährigen Frauenzimmer. Frauen im bernischen Privatrecht des 19. Jahrhunderts. 1997.

Band 167 Mischa A. Färber: Das gemeinschaftliche Testament in der höchstrichterlichen Rechtsprechung zum Allgemeinen Preußischen Landrecht und zum BGB. Ein Beitrag zur Ablösung der Partikularrechte durch das BGB. 1997.

Band 168 Catherine Antoinette Gasser: Philipp Lotmar 1850-1922. Professor der Universität Bern. Sein Engagement für das Schweizerische Arbeitsrecht. 1997.

Band 169 Lars Immisch: Der sozialistische Richter in der DDR und seine Unabhängigkeit. Der Versuch eines Rechtsvergleiches zum Unabhängigkeitsbegriff in der bundesdeutschen Rechtsordnung. 1997.

Band 170 Jessica Jacobi: Besitzschutz vor dem Reichskammergericht. Die friedenssichernde Funktion der Besitzschutzklagen am Reichskammergericht im 16. Jahrhundert, dargestellt anhand von Kameralisten. 1998.

Band 171 Ewald Hügemann: Die Geschichte des öffentlichen und privaten Mietpreisrechts vom Ersten Weltkrieg bis zum Gesetz zur Regelung der Miethöhe von 1974. 1998.

Band 172 Lutz Rentzow: Die Entstehungs- und Wirkungsgeschichte der Vernewerten Landesordnung für das Königreich Böhmen von 1627. 1998.

Band 173 Sabine Stürmer: Mühlenrecht im Herzogtum Pfalz-Zweibrücken während des 18. Jahrhunderts. Ein Beitrag zum Wirtschaftsrecht eines deutschen Kleinstaates im Alten Reich. 1998.

Band 174 Mario Bogisch: *Nemo testis in re sua*. Das Problem der Zeugnisfähigkeit bei der Anwendung der deutschen Zivilprozeßordnung von 1877. 1998.

Band 175 Rainer Oßwald: Pactane sunt servanda? Freiwilligkeit, Zwang und Unverbindlichkeitserklärungen im islamischen Vertragsrecht malikitischer Schule. 1998.

Band 176 Bettina Kern: Der preußische BGB-Entwurf von 1842. 1998.

Band 177 Inken Fuhrmann: Die Diskussion über die Einführung der fakultativen Zivilehe in Deutschland und Österreich seit Mitte des 19. Jahrhunderts. 1998.

Band 178 Annette Rieck: Der Heilige Ivo von Hélory (1247-1303). Advocatus pauperum und Patron der Juristen. 1998.

Band 179 Frank Bottenberg: Die Hamburgische Strafprozeßordnung von 1869. 1998.

Band 180 Matthias Krauß: Das kursächsische Postrecht von seinen Anfängen bis zum Ende des Alten Reichs. 1998.

Band 181 Torsten Schmidt: Die Entmündigung von den Anfängen des BGB bis zu ihrer Ablösung durch das Institut der Betreuung. 1998.

Band 182 Christian Nunn: Rudolf Müller-Erzbach. 1874-1959. Von der realen Methode über die Interessenjurisprudenz zum kausalen Rechtsdenken (Leben und Werk). 1998.

Band 183 Christian Ortloff: Das staatskirchenrechtliche System Wilhelm Traugott Krugs. Glaubens- und Gewissensfreiheit – eine Forderung der Vernunft. 1998.

Band 184 Christian Hattenhauer: Schuldenregulierung nach dem Westfälischen Frieden. Der sog. § *de indaganda* und seine Umsetzung im Jüngsten Reichsabschied (AD 1648 und 1654). 1998.

Band 185 Werner Schubert: Preußen im Vormärz. Die Verhandlungen der Provinziallandtage von Brandenburg, Pommern, Posen, Sachsen und Schlesien sowie – im Anhang – von Ostpreußen, Westfalen und der Rheinprovinz (1841-1845). 1998.

Band 186 Silvia Schumacher: Das Rechtsverhältnis zwischen Eltern und Kindern in der Privatrechtsgeschichte. 1999.

Band 187 Kai Sommer: Die Strafbarkeit der Homosexualität von der Kaiserzeit bis zum Nationalsozialismus. Eine Analyse der Straftatbestände im Strafgesetzbuch und in den Reformentwürfen (1871-1945). 1998.

Band 188 Jan Erik Backhaus: Volksrichterkarrieren in der DDR. 1999.

Band 189 Ralf Ruhnau: Die Fürstlich Thurn und Taxissche Privatgerichtsbarkeit in Regensburg. Ein Kuriosum der deutschen Rechtsgeschichte. 1999.

Band 190 Antonio Grilli: Die französische Justizorganisation am linken Rheinufer 1797-1803. 1999.

Band 191 Stephanie Kammerloher-Lis: Die Entstehung des Gesetzes über die religiöse Kindererziehung vom 15. Juli 1921. 1999.

Band 192 Jan Telp: Ausmerzung und Verrat. Zur Diskussion um Strafzwecke und Verbrechensbegriffe im Dritten Reich. 1999.

Band 193 Kurt von Pannwitz: Die Entstehung der Allgemeinen Deutschen Wechselordnung. Ein Beitrag zur Geschichte der Vereinheitlichung des deutschen Zivilrechts im 19. Jahrhundert. 1999.

Band 194 Sylvia Busch: Die Entstehung der Allgemeinen Gerichtsordnung für die Preussischen Staaten von 1793/95. Ein Beitrag zur Geschichte der Kodifikationsbewegung und der Reform des Zivilprozesses in Preußen im 18. Jahrhundert. 1999.

Band 195 Dirk Bieresborn: Klage und Klageerwiderung im deutschen und englischen Zivilprozeß. Eine rechtshistorische und rechtsvergleichende Untersuchung unter besonderer Berücksichtigung der Beeinflussung durch das römisch-kanonische Verfahren. 1999.

Band 196 Andreas Thier / Guido Pfeifer / Philipp Grzimek (Hrsg.): Kontinuitäten und Zäsuren in der Europäischen Rechtsgeschichte. Europäisches Forum Junger Rechtshistorikerinnen und Rechtshistoriker München 22.-24. Juli 1998. 1999.

Band 197 Franz Smola: Die Fürstlich Liechtenstein'sche Kunstsammlung. Rechtsfragen zur Verbringung der Sammlung von Wien nach Vaduz in den Jahren 1944/45. 1999.

Band 198 Frank Martin Krauss: Das geteilte Eigentum im 19. und 20. Jahrhundert. Eine Untersuchung zum Fortbestand des Teilungsgedankens. 1999.

Band 199 Matthias Frey: Die spanische Aktiengesellschaft im 18. Jahrhundert und unter dem Código de Comercio von 1829. 1999.

Band 200 Alexandra Gilde: Die Stellung der Frau im Reichsstrafgesetzbuch von 1870/71 und in den Reformentwürfen bis 1919 im Urteil der bürgerlichen Frauenbewegung. Eine Analyse ausgewählter Straftatbestände. 1999.

Band 201 Malte Dießelhorst / Arne Duncker: Hans Kohlhase. Die Geschichte einer Fehde in Sachsen und Brandenburg zur Zeit der Reformation. 1999.

Band 202 Jörg Hillmann: Territorialrechtliche Auseinandersetzungen der Herzöge von Sachsen-Lauenburg vor dem Reichskammergericht im 16. Jahrhundert. 1999.

Band 203 Carsten Engler: Die Kommanditgesellschaft (KG) und die stille Gesellschaft im Allgemeinen Deutschen Handelsgesetzbuch (ADHGB) von 1861. 1999.

Band 204 Vesta Hoffmann-Steudner: Die Rechtsprechung des Reichsgerichts zu dem Scheidungsgrund des § 49 EheG (EheG 1938) in den Jahren 1938-1945. 1999.

Band 205 Michaela Thiele: Die Auflösung von Arbeitsverhältnissen aufgrund Anfechtung und außerordentlicher Kündigung nach der Rechtsprechung des Reichsarbeitsgerichts (1927-1945). 2000.

Band 206 Peter Landau / Hermann Nehlsen / Mathias Schmoeckel (Hrsg.): Karl von Amira zum Gedächtnis. 1999.

Band 207 Marcus Flinder: Die Entstehungsgeschichte des Zivilgesetzbuches der DDR. 1999.

Band 208 Boris Franz Leo Bromm: Die Entstehungsgeschichte des Berufs des Handelsvertreters. Unter besonderer Berücksichtigung der Sozialgesetzgebung in den Jahren von 1871-1933. 2000.

Band 209 Winfried C. J. Eberstein: Das Tierschutzrecht in Deutschland bis zum Erlaß des Reichs-Tierschutzgesetzes vom 24. November 1933. Unter Berücksichtigung der Entwicklung in England. 1999.

Band 210 Patrick Deller: Der „nach dem Vertrage" vorausgesetzte Gebrauch (§ 459 Absatz 1 Satz 1 BGB). Eine kaufrechtliche Untersuchung unter Berücksichtigung rechtshistorischer wie rechtsvergleichender Grundlagen. 2000.

Band 211 Eckard Freiherr von Bodenhausen: Haftung des Geschäftsherrn für Verrichtungsgehilfen im Straßen- und Schienenverkehr. Eine Analyse der Entscheidungen des Reichsgerichts zu § 831 BGB (1900-1945). 2000.

Band 212 Birte Gast: Der Allgemeine Teil und das Schuldrecht des Bürgerlichen Gesetzbuchs im Urteil von Raymond Saleilles (1855-1912). 2000.

Band 213 Hansjörg Michael Huber: Koloniale Selbstverwaltung in Deutsch-Südwestafrika. Entstehung, Kodifizierung und Umsetzung. 2000.

Band 214 Ulf Björner: Die Verfassungsgerichtsbarkeit im Norddeutschen Bund und Deutschen Reich (1867-1918). Eine rechtshistorische Untersuchung über Gerichtsbarkeit im Spannungsfeld von Politik und Recht innerhalb der von Bismarck geschaffenen deutschen Bundesstaaten. 2000.

Band 215 Mathias Freiherr von Rosenberg: Friedrich Carl von Savigny (1779-1861) im Urteil seiner Zeit. 2000.

Band 216 Reinhard Binder-Krieglstein: Österreichisches Adelsrecht 1868-1918/19. Von der Ausgestaltung des Adelsrechts der cisleithanischen Reichshälfte bis zum Adelsaufhebungsgesetz der Republik unter besonderer Berücksichtigung des adeligen Namensrechts. 2000.

Band 217 Claudia-Regine Nerius: Johannes Lehmann-Hohenberg (1851-1925). Eine Studie zur völkischen Rechts- und Justizkritik im Deutschen Kaiserreich. 2000.

Band 218 Ludger Meuten: Die Erbfolgeordnung des Sachsenspiegels und des Magdeburger Rechts. Ein Beitrag zur Geschichte des sächsisch-magdeburgischen Rechts. 2000.

Band 219 Christoph Alexander von Wilcken: Die Reformbestrebungen zum Genossenschaftsgesetz in der Frühzeit der Bundesrepublik. Die Beratungen der Sachverständigenkommission zur Überprüfung des Genossenschaftsrechts 1954 bis 1958 und der Referentenentwurf von 1962. 2000.

Band 220 Verein Junger RechtshistorikerInnen Zürich (Hrsg.): ¿Rechtsgeschichte(n)? ¿Histoire(s) du droit? ¿Storia/storie del diritto? ¿Legal Histori(es)? Europäisches Forum Junger Rechtshistorikerinnen und Rechtshistoriker Zürich 28.-30. Mai 1999. 2000.

Band 221 Hans Christian Schüler: Die Entstehungsgeschichte der Bundesnotarordnung vom 24. Februar 1961. 2000.

Band 222 Nils-Eberhard Schramm: Die Vereinigung demokratischer Juristen (1949-1999). 2000.

Band 223 Silke Anke Torp: Das Rechtsverhältnis zwischen den Eltern und ihren Kindern. Dienstleistungspflicht, Aussteuer und Ausstattung. Eine Analyse der Rechtsprechung des Reichsgerichts und des Reichsarbeitsgerichts zu den Vorschriften der §§ 1616 bis 1625 des Bürgerlichen Gesetzbuches in der Zeit von 1900 bis 1945. 2000.

Band 224 Martin Jürgen Maaß: Die Geschichte des Eigentumsvorbehalts, insbesondere im 18. und 19. Jahrhundert. 2000.

Band 225 Stefanie Langer: Rechtswissenschaftliche Itinerarien. Lebenswege namhafter europäischer Juristen vom 11. bis zum 18. Jahrhundert. 2000.

Band 226 Ulrich Schmitz: Der Unterhaltsanspruch des nichtehelichen Kindes gegen seinen Erzeuger. Die rechtsgeschichtliche und dogmatische Entwicklung im deutschen Recht. 2000.

Band 227 Sebastian Günther: Friedrich Carl von Savigny als Grundherr. 2000.

Band 228 Henning Ibs: Hermann J. Held (1890-1963). Ein Kieler Gelehrtenleben in den Fängen der Zeitläufe. 2000.

Band 229 Matthias Rücker: Wirtschaftswerbung unter dem Nationalsozialismus. Rechtliche Ausgestaltung der Werbung und Tätigkeit des Werberats der deutschen Wirtschaft. 2000.

Band 230 Hendrik Sandmann: Die Entwicklung von Begriff und Inhalt des Wirtschaftchsrechts durch die Rechtswissenschaft in der Weimarer Republik. 2000.

Band 231 Sibylle Müller: Gibt es Menschenrechte bei Samuel Pufendorf? 2000.

Band 232 Karin Olechowski-Hrdlicka: Die gemeinsamen Angelegenheiten der Österreichisch-Ungarischen Monarchie. Vorgeschichte – Ausgleich 1867 – Staatsrechtliche Kontroversen. 2001.

Band 233 Johannes Mierau: Die juristischen Abschluß- und Diplomprüfungen in der SBZ/DDR. Ein Einblick in die Juristenausbildung im Sozialismus. 2001.

Band 234 Jörg Wolff (Hrsg.): Stillstand, Erneuerung und Kontinuität. Einsprüche zur Preußenforschung. 2001.

Band 235 Friedo Schröder: Die anwaltliche Tätigkeit während der nationalsozialistischen Herrschaft. Eine Analyse der anwaltlichen Argumentation in Zivilprozessen anhand der vorhandenen Prozeßakten der Landgerichte Frankenthal, Wiesbaden, Limburg und Frankfurt und der Handakten der *jüdischen Konsulenten* des OLG-Bezirks Frankfurt. 2001.

Band 236 Der Code pénal des Königreichs Westphalen von 1813 mit dem Code pénal von 1810 im Original und in deutscher Übersetzung. Herausgegeben und mit einer Einleitung versehen von Werner Schubert. 2001.

Band 237 Klaus Richter: Deutsches Kolonialrecht in Ostafrika 1885-1891. 2001.

Band 238 Kai von Lewinski: Deutschrechtliche Systembildung im 19. Jahrhundert. 2001.

Band 239 Alexander Herzog: Sittenwidrige Rechtsgeschäfte in der höchstrichterlichen Rechtsprechung aus den Jahren 1948-1965. 2001.

Band 240 Claudia Rönnau: Die Beratungen des Wasserrechtsausschusses der Akademie für Deutsches Recht zu einem Reichswassergesetz (1934-1941). Ein Beitrag zur Dogmatik der Begriffe *Gemeingebrauch* und *Sondergebrauch* in der Zeit des Nationalsozialismus. 2001.

Band 241 Momme Rohlack: Kriegsgesellschaften (1914-1918). Arten, Rechtsformen und Funktionen in der Kriegswirtschaft des Ersten Weltkrieges. 2001.

Band 242 Rolf Geyer: Der Gedanke des Verbraucherschutzes im Reichsrecht des Kaiserreichs und der Weimarer Republik (1871-1933). Eine Studie zur Geschichte des Verbraucherrechts in Deutschland. 2001.

Band 243 Felix Lorenz Benjamin Lehmann: Der Rote Adlerorden. Entstehung und rechtliche Grundlagen (1705-1918). 2002.

Band 244 Marc Ludwig: Der Pfändungsschutz für Lohneinkommen. Die Entstehungs- und Entwicklungsgeschichte der Vorschriften zum Schutz vor Lohnpfändung in Deutschland. 2001.

Band 245 Alexander Wachter: Dorfschule zwischen Pastor und Schulmeister. Zur Säkularisierung des niederhessischen Schulwesens im 19. Jahrhundert. 2001.

Band 246 Richard Scholz: Analyse der Entstehungsbedingungen der reichsgerichtlichen Aufwertungsrechtsprechung. Untersuchung unter besonderer Berücksichtigung der konservativen Geldpolitik der Reichsbank und der Inflationspolitik der Reichsregierung. 2001.

Band 247 Judith Laeverenz: Märchen und Recht. Eine Darstellung verschiedener Ansätze zur Erfassung des rechtlichen Gehalts der Märchen. 2001.

Band 248 Christina Schenk: Bestrebungen zur einheitlichen Regelung des Strafvollzugs in Deutschland von 1870 bis 1923. 2001.

Band 249 Nils Werner: Die Prozesse gegen die Landvolkbewegung in Schleswig-Holstein 1929/32. Ein Beitrag zur Justizkritik in der späten Weimarer Republik. 2001.

Band 250 Wolfgang Walter: Das Duell in Bayern. Ein Beitrag zur bayerischen Strafrechtsgeschichte. 2002.

Band 251 Jörn Eckert / Kjell Å. Modéer (Hrsg.): Geschichte und Perspektiven des Rechts im Ostseeraum. Erster Rechtshistorikertag im Ostseeraum 8.–12. März 2000. 2001.

Band 252 Jan Könighaus: Die Inauguration der Christian-Albrechts-Universität zu Kiel 1665. Symbolgehalt und rechtliche Bedeutung des Universitätszeremoniells. 2002.

Band 253 Andreas Görgen: Rechtssprache in der Frühen Neuzeit. Eine vergleichende Untersuchung der Fremdwortverwendung in Gesetzen des 16. und 17. Jahrhunderts. 2002.

Band 254 Ralf Schäfer: Die Rechtsstellung der Haigerlocher Juden im Fürstentum Hohenzollern-Sigmaringen von 1634-1850. Eine rechtsgeschichtliche Untersuchung. 2002.

Band 255 Regine Schmalhorst: Die Tierhalterhaftung im BGB von 1896. Die Entstehung und Änderung des § 833 BGB sowie eine Analyse der Rechtsprechung des Reichsgerichts bis 1908. 2002.

Band 256 Thomas Hense: Konrad Beyerle. Sein Wirken für Wissenschaft und Politik in Kaiserreich und Weimarer Republik. 2002.

Band 257 Christian Mahlmann: Die Strafrechtswissenschaft der DDR. Klassenkampftheorie und Verbrechenslehre. 2002.

Band 258 Henning Kahmann: Die Bankiers von Jacquier & Securius 1933–1945. Eine rechtshistorische Fallstudie zur "Arisierung" eines Berliner Bankhauses. Mit einem Geleitwort von John Kornblum. 2002.

Band 259 Volker Friedrich Drecktrah: Die Gerichtsbarkeit in den Herzogtümern Bremen und Verden und in der preußischen Landdrostei Stade von 1715 bis 1879. 2002.

Band 260 Andreas Klass: Standes- oder Leistungselite? Eine Untersuchung der Karrieren der Wetzlarer Anwälte des Reichskammergerichts (1693-1806). 2002.

Band 261 Wolfgang Eder: Das italienische Tribunale Speciale per la Difesa dello Stato und der deutsche Volksgerichtshof. Ein Vergleich zwischen zwei politischen Gerichtshöfen. 2002.

Band 262 Albrecht Cordes / Bernd Kannowski (Hrsg.): Rechtsbegriffe im Mittelalter. 2002.

Band 263 Thomas Hildebrandt: Die Brandenburgischen Provinziallandtage von 1841, 1843, und 1845 anhand ausgewählter Verhandlungsgegenstände. 2002.

Band 264 Jan Finzel: Georg Adam Struve (1619–1692) als Zivilrechtler. 2003.

Band 265 Björn Carsten Frenzel: Das Selbstverständis der Justiz nach 1945. Analyse der Rolle der Justiz unter Berücksichtigung der Reden zur *Wiedereröffnung* der Bundes- und Oberlandesgerichte. 2003.

Band 266 Nils Reichhelm: Die marxistisch-leninistische Staats- und Rechtstheorie Karl Polaks. 2003.

Band 267 Raik Schneider: Altrechtliche Personenzusammenschlüsse. Ihre Entwicklung unter besonderer Berücksichtigung des Rechts des Großherzogtums Sachsen-Weimar-Eisenach sowie der Herzogtümer Sachsen-Meiningen und Sachsen-Gotha. 2003.

Band 268 Anke Meier: Die Geschichte des deutschen Konkursrechts, insbesondere die Entstehung der Reichskonkursordnung von 1877. 2003.

Band 269 Stefan Jens Jordan: Leben und Werk des Tübinger Rechtsprofessors Wilhelm Gottlieb Tafinger 1760–1813. 2003.

Band 270 Stefanie Hubig: Die historische Entwicklung des § 23 ZPO. Zum Ursprung und Fortleben des Vermögensgerichtsstandes im deutschen Prozeßrecht des 19. Jahrhunderts. 2003.

Band 271 Michael G. Perband: Der Grundsatz der freien Beweiswürdigung im Zivilprozeß (§ 286 ZPO) in der Rechtsprechung des Reichsgerichts. 2003.

Band 272 Mathias Bouveret: Die Stellung des Staatsoberhauptes in der parlamentarischen Diskussion und Staatsrechtslehre von 1848 bis 1918. 2003.

Band 273 Barbara Széchényi: Rechtliche Grundlagen bayerischer Zensur im 19. Jahrhundert. 2003.

Band 274 Sylvia Scharfenberg: Die Entstehungsgeschichte des Beurkundungsgesetzes vom 28. August 1969. 2003.

Band 275 Urte Nesemann: Die schwedische Familiengesetzgebung von 1734 bis zu den Reformgesetzen von 1915 bis 1920 und deren Einfluss auf die Gesetzgebungsprojekte der Weimarer Republik. Unter besonderer Berücksichtigung der Rechtsstellung der Frau und des unehelichen Kindes. 2003.

Band 276 Alexandra Brück: Die Polizeiordnung Herzog Christians von Braunschweig-Lüneburg vom 6. Oktober 1618. 2003.

Band 277 Torsten Landwehr: Das Kommissionsgeschäft in Rechtswissenschaft, Gesetzgebung und Rechtspraxis vom 16. bis zum Ende des 18. Jahrhunderts. 2003.

Band 278 Tassilo Wilhelm Maria Englert: Deutsche und italienische Zivilrechtsgesetzgebung von 1933–1945. Parallelen in der Rechtsetzung und gegenseitige Beeinflussung unter besonderer Berücksichtigung des Familien- und Erbrechts. 2003.

Band 279 Tobias Prang: Der Schutz der Versicherungsnehmer bei der Auslegung von Versicherungsbedingungen durch das Reichsgericht. 2003.

Band 280 Thorsten Lieb: Privileg und Verwaltungsakt. Handlungsformen der öffentlichen Gewalt im 18. und 19. Jahrhundert. 2004.

Band 281 Michael Rühling: Das Ladenschlussgesetz vom 28. November 1956. Vorgeschichte, Entstehung des Gesetzes und weitere Entwicklung. 2004.

Band 282 Kathrin Nawotki: Die schleswigsche Deichstavengerechtigkeit. Vom 17. Jahrundert bis in die Gegenwart. Eine gewohnheitsrechtliche Superfizies an nordfriesischen Deichgrundstücken und ihre Entwicklung. 2004.

Band 283 Erik Nils Voigt: Die Gesetzgebungsgeschichte der militärischen Ehrenstrafen und der Offizierehrengerichtsbarkeit im preußischen und deutschen Heer von 1806 bis 1918. 2004.

Band 284 Dorothea Riedi Hunold: Die Einführung der allgemeinen Wechselfähigkeit in der Schweiz in der zweiten Hälfte des 19. Jahrhunderts. Unter besonderer Berücksichtigung der politischen, wirtschaftlichen und sozialen Verhältnisse. 2004.

Band 285 Thomas Gergen: Pratique juridique de la paix et trêve de Dieu à partir du concile de Charroux (989–1250). Juristische Praxis der Pax und Treuga Dei ausgehend vom Konzil von Charroux (989–1250). 2004.

Band 286 Kathrin Bethkenhagen: Die Entwicklung des Luftrechts bis zum Luftverkehrsgesetz von 1922. 2004.

Band 287 Heiko Lüpkes: Die Verbrechen der Diener des Staats im Allgemeinen Landrecht für die Preußischen Staaten von 1794 und ihre Entwicklung zu den Vergehen und Verbrechen im Amte im Strafgesetzbuch für die Preußischen Staaten von 1851. 2004.

Band 288 Mirco Peter Hirsch: Von der Erbbescheinigung des Preußischen Rechts zum Erbschein des Bürgerlichen Gesetzbuchs. 2004.

Band 289 Bettina Günther: Die Behandlung der Sittlichkeitsdelikte in den Policeyordnungen und der Spruchpraxis der Reichsstädte Frankfurt am Main und Nürnberg im 15. bis 17. Jahrhundert. 2004.

Band 290 Seunghyeon Seong: Der Begriff der *nicht gehörigen Erfüllung* aus dogmengeschichtlicher und rechtsvergleichender Sicht. 2004.

Band 291 Steffen-Werner Meyer: Bemühungen um ein Reichsgesetz gegen den Büchernachdruck. Anläßlich der Wahlkapitulation Leopolds II. aus dem Jahre 1790. 2004.

Band 292 Ulrich Löffler: Instrumentalisierte Vergangenheit? Die nationalsozialistische Vergangenheit als Argumentationsfigur in der Rechtsprechung des Bundesverfassungsgerichts. 2004.

Band 293 Norbert Koch: Die Entwicklung des deutschen privaten Immissionsschutzrechts seit Beginn der Industrialisierung. Unter besonderer Berücksichtigung des Einflusses der höchstrichterlichen Rechtsprechung. 2004.

Band 294 Julius Ludwig Pfeiffer: Das Tierschutzgesetz vom 24. Juli 1972. Die Geschichte des deutschen Tierschutzrechts von 1950 bis 1972. 2004.

Band 295 Bert-Hagen Strodthoff: Die richterliche Frage- und Erörterungspflicht im deutschen Zivilprozeß in historischer Perspektive. 2004.

Band 296 Tim Kannewurf: Die Höfeordnung vom 24. April 1947. Entstehungsgeschichte und Einordnung in die Entwicklung des Anerbenrechts. 2004.

Band 297 Steffi Heine: Die Methodendiskussion nach Inkrafttreten des Bürgerlichen Gesetzbuches und die Gründung des Vereins *Recht und Wirtschaft*. 2004.

Band 298 Anne Marlene Simon-Holtorf: Geschichte des Familienwahlrechts in Frankreich (1871 bis 1945). 2004.

Band 299 Jürgen Busch: Das Germanenbild der deutschen Rechtsgeschichte. Zwischen Wissenschaft und Ideologie. Mit einem Vorwort von Herwig Wolfram. 2004.

Band 300 Jan Kohlmann: Der Marsch zu den Gräbern von Karl und Rosa. Geschichte eines Gedenktages. 2004.

Band 301 Christian Rainer Schlicht: Die kumulative Schuldübernahme in der Rechtsprechung des Reichsgerichts und in der zeitgenössischen Literatur. 2004.

Band 302 Hans Peter Glöckner: Positive Vertragsverletzung. Die Geburt eines Rechtsinstituts. 2004.

Band 303 João Manuel Azevedo Alexandrino Fernandes: Die Theorie der Interpretation des Gesetzes bei Francisco Suárez. 2005.

Band 304 René Funk: Die Wahlprüfung der volksgewählten Abgeordneten der Volksvertretungen im Frühkonstitutionalismus. Eine Untersuchung der Wahlprüfung in den Kammern der Abgeordneten des Großherzogtums Baden, des Königreichs Württemberg und des Großherzogtums Hessen. 2005.

Band 305 Carolin O'Sullivan. Die Ahndung von Rechtsbrüchen der Seeleute im mittelalterlichen hamburgischen und hansischen Seerecht (1301–1482). 2005.

Band 306 Martin Jürgens: Staat und Reich bei Ernst Rudolf Huber. Sein Leben und Werk bis 1945 aus rechtsgeschichtlicher Sicht. 2005.

Band 307 Florian G. Dürselen: Franz Beyerle (1885–1977). Leben, Ära und Werk eines Rechtshistorikers. 2005.

Band 308 Kai Bandilla: Urheberrecht im Kaiserreich. Der Weg zum Gesetz betreffend das Urheberrecht an Werken der Literatur und Tonkunst vom 19. Juni 1901. 2005.

Band 309 Stefan Mieth: Die Entwicklung des Denkmalrechts in Preußen 1701–1947. 2005.

Band 310 Catharina Lodemann: Die Geschichte des französischen *acte de gouvernement*. 2005.

Band 311 Christina Wicke: Kodifikationsbestrebungen und Wissenschaft in Hessen-Darmstadt im vorkonstitutionellen Zeitalter. Zu der Beteiligung der Gießener Rechtsprofessoren an den Gesetzgebungsarbeiten in Hessen-Darmstadt in der Zeit zwischen 1769 und 1820. 2005.

Band 312 Christiane Chlosta: Nur dem Gesetz unterworfen? Eine rechtsgeschichtliche Untersuchung zu Idee und Wirklichkeit richterlicher Gesetzestreue unter besonderer Berücksichtigung der Aufwertungsrechtsprechung und des richterlichen Prüfungsrechts. 2005.

Band 313 Kathrin Dirr: Hoheitsrechtliche Streitigkeiten zwischen den Kölner Erzbischöfen und der Stadt Köln auf Grundlage reichskammergerichtlicher Verfahren des 16. und 17. Jahrhunderts. 2005.

Band 314 Michael Racky: Die Diskussion über Gewaltenteilung und Gewaltentraining im Vormärz. 2005.

Band 315 Petra Thiemrodt: Die Entstehung des Staatshaftungsgesetzes der DDR. Eine Untersuchung auf der Grundlage von Materialien der DDR-Gesetzgebungsorgane mit zeitgeschichtlichen Bezügen. 2005.

Band 316 Julius F. Reiter: Entstehung und staatsrechtliche Theorie der italienischen *Carta del Lavoro*. 2005.

Band 317 André Book: Die Justizreform in der Frühzeit der Bundesrepublik. Die Beratungen der Kommission zur Vorbereitung einer Reform der Zivilgerichtsbarkeit in den Jahren 1955 bis 1961. 2005.

Band 318 Frank Zentz: Das amerikanische Strafverfahren als Element der Besatzungspolitik in Deutschland. Erziehung zur Demokratie durch den *Court of Appeals* 1948–1955. 2005.

Band 319 Friederike Quaisser: Mietrecht im 19. Jahrhundert. Ein Vergleich der mietrechtlichen Konzeptionen im Allgemeinen Landrecht für die Preußischen Staaten von 1794 und dem gemeinen Recht. 2005.

Band 320 Stefan Burghard: Professor Dr. Wilhelm Kahl – Leben zwischen Wissenschaft und Politik. 2005.

Band 321 Günter Baranowski: Die *Russkaja Pravda* – ein mittelalterliches Rechtsdenkmal. 2005.

Band 322 Christina Schneider: Die SS und „das Recht". Eine Untersuchung anhand ausgewählter Beispiele. 2005.

Band 323 Werner Schubert (Hrsg.): Zivilprozessreform in der Weimarer Zeit. Quellen zur Emminger-Zivilprozessverordnung vom 13.2.1924 und zu den Arbeiten der Zivilprozesskommission des Reichsjustizministeriums (1922–1930). Eingeleitet und herausgegeben von Werner Schubert. 2005.

Band 324 Felix Gaul: Der Jurist Rudolf Isay (1886–1956). Ein verantwortungsbewusster Vermittler im Spannungsfeld zwischen dynamischer Rechtsschöpfung, ökonomischem Wandel und technischem Fortschritt. 2005.

Band 325 Konstanze Braun: Dr. Otto Georg Thierack (1889–1946). 2005.